Bouhier.

Ce Volume est considérable par les Notes
critiques, & marginales, escrites de la main
de nostre célèbre Poëte, François de
Malherbe. Il a appartenu à M. de Balzac,
qui en parle ainsi à M. Conrart, en ses lettres
livr. 25. lett. 29.

Je vous dirai, pour nouvelles de mon Cabinet,
que j'ai ici un exemplaire des œuvres de Desportes,
marqué de la main de feu M. de Malherbe, & cor-
rigé d'une semble manière. Toutes les marges sont
bordées de ses observations critiques, & j'ai resolu, avec
vostre licence, d'en choisir les plus belles, pour en faire
un chapitre de mes Remarques.

Bibliothèque
du Roi

Réserve
Y.e. 2069

Manque le feuillet 222, dont le recto blanc porte, dans les deux copies de l'Arsenal, la remarque suivante :
« Dieu et adieu sont rimés comme luy et à luy, moy et à moy, &c. Car adieu n'est autre chose qu'une recommandation que nous faisons à Dieu de la personne de qui nous nous séparons ou qui se sépare de nous. »
Sur le verso de ce feuillet 222 sont imprimés sept distiques latins, intitulés : Ad Philippum Porceum, et signés P. P.

LES
PREMIERES
OEVVRES DE
PHILIPPES
DES-PORTES

DERNIERE EDITION,
reueüe & augmentee.

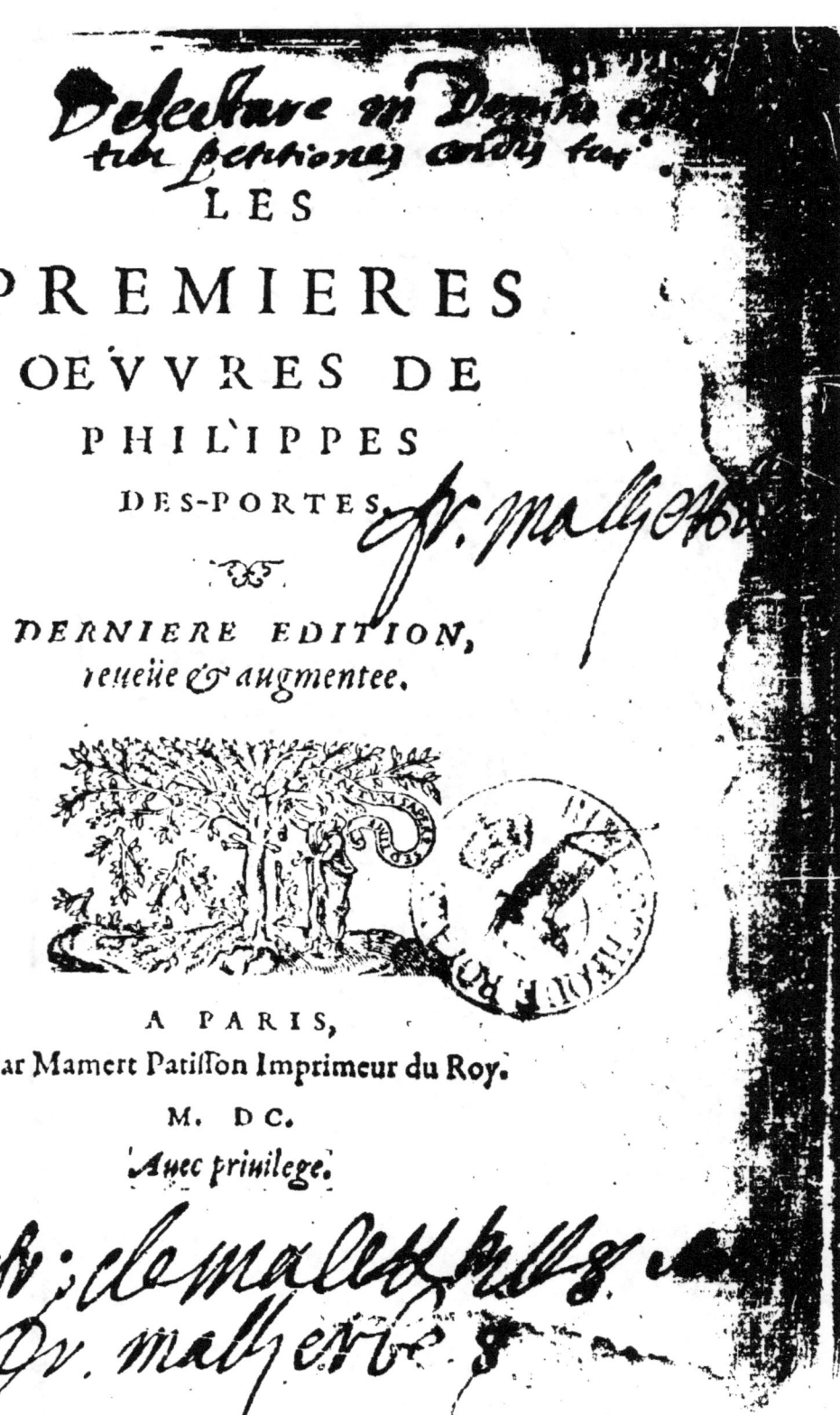

A PARIS,
Par Mamert Patisson Imprimeur du Roy.

M. DC.

Auec priuilege.

AD HENRICVM POLONIAE REGEM,

IN POEMA PORTÆI G. VALENS GVELLIVS.

STA tibi genióque tuo monumen-
ta reponit
Regna Dei pharetram volucris
modulatus & arcum
PORTÆVS, primæ attollens hinc omina fa-
mæ,
Et Phœbo & mentem inuenilē afflatus amore,
Vt tantis, HENRICE, tuis proluderet actis,
Antè tubam & gracili horrentē molliret auena:
Arma virúq. Maro sic post Amaryllida dixit,
Nec Veneri dominæ Mars tantum inuidit ho-
norem,
In capta hæserunt sic Teucrûm fata puella,
Principiù & lento dedit illa morámque duello.
Scilicet ille tuus vates noua regna petentem

ã ij

Te sectans, tardi & felicia plaustra Bootæ
Te domino, & nostro longùm fruitura dolore,
Hæc eadem laribus patrijs anathemata liquit
Pignora grata sui, tu sceptra oblata capess
Deserta externas patria & moliris habenas,
Hic desideriũ, hic lacrymas, hic mentibus æquis
Indigenûm mixtim confundens gaudia luctu.
Moscouon aduentu ergo tuo iam contrahit
　horror,
Cæruleos Istérque sinus iam pandit, & ingens
Assurgit rapidis toto tibi corpore ab vndis,
Populeæ vitta comptos dans frondis honores,
Stipat & Herculeæ lauro tibi texta coronæ.
Vertice te arrecto venientem prospicit arctos,
Sẽper & vt videat, semper fugit æquore tingi.
Audijt hanc famámque tuã, comitísque poetæ
Elysium vaga per magnum Nasonis vt vmbra,
Sarmaticum exilium dixit solata Corinnæ
Delitias, lingua HENRICI fauítque tro-
　phæis.

IN HENRICI REGIS PO-
LONIÆ INVICTISSIMI,
ET
PORTÆI EIVS POETÆ
elegantissimi è Gallia digressum,

Io. AVRATVS *Poeta Regius.*

GALLIA quem genuit, quem omni perfecit alumnum
Virtute HENRICVM: cuius nutricia quõ-
dam
Præmia magna quidẽ cepit, maiora sed olim
Sperabat: regni sceptra ad moderanda Poloni
Dimittit lacrymans, Thetis vt pia mater Achillem
Expugnanda viris quæsitum ad Pergama Graijs:
Húncque secuta foret Chironis amica fidelis
Testudo AVRATI, seros nisi (vt illa) per annos
Ægra neget maris & terræ tolerare labores.
Non ita tu PORTÆE, senex cui cesserit ille
Semifer & pulsare fides, & dicere versus
Iam iuueni: æqualem tu penè æqualis Achillem
Prosequeris, cunctis caput obiectare periclis
Intrepidus, rebus præsens & adesse gerendis
Assiduus, noua mox scribatur vt Ilias à te
In res HENRICI, quas non vetus æquet Achilles.
Tu velut Argiuæ classis comes Orpheus alter,
Bistonia fretus cithara, sectaris euntem
Æsoniden: tu, dum gelidi petit ostia Ponti,
Lenibísque vias cantu, & Symplegadis iras
Mulcebis fidibus, figésque natantia saxa,
Transuolet incolumis dum classis Iasona portans.

á iij

IANI ANTONII BAIFII IN PHILIPPI PORTII CARMINA.

Qui properat charo patriam pro Principe linquens
  Inter Sauromatas omnia dura pati,
Portius hos tibi dat primos, ô Francia, flores,
  Quos iuuenis campis legit in Aonijs.
Accipite hos desiderio commune leuamen,
  Túque tui ciuis, túque tuæ patriæ.
Dúmque tuis absens gratus celebrabere Porti,
  Gallia carminibus gaudeat aucta nouis.

In eiusdem Poëma.

Si tantùm antiquis Colis laudatur Apelles
  Idaliæ incœptam matris ob effigiem:
Quantos, ingenio super æthera notus, honores
  Auo Portabys posteriore feret?
Hic cui perfectâ quacunque ex parte tabellâ
  Tam doctâ Idalius pingitur arte puer.
Pinguntur Puero, Matríque innata venustas,
  Risus, deliciæ, gratia blanda, iocus:
Cúmque arcu quas felle linit, quas melle sagittas,
  Ira, venena, dolus, vincula, flamma, faces:
Viderit vt quisquis Portæi carmen, Amoris
  Et cultum, & mores ipse videre putet.
Nec tanquam vidisse satis, simul ipsa profundo
  Numina cum flammis pectore fixa gerat.

       I. GROIANVS.

ELEGIE,

Sur les œuures de monsieur DES-PORTES.

E n'aime plus les vers, & toute ma colere
Est de voir tant d'esprits qui se meslent
   d'en faire,
Nous brouiller des papiers que pour li-
   ures on vent,
Et ce sont toutesfois des caprices de vent.
Ces causeurs despourueus de forces naturelles,
D'vn plumage emprunté se façonnent des ailes:
Et comme oyseaux blessez ils s'eleuent en haut,
Et puis tout à la fois la force leur defaut.
  Il ne peut qu'vne mere en enfans trop feconde,
N'en mette de boiteux ou de bossus au monde:
Entre tant de rymeurs, que la langue a tous faits,
On ne doit s'ebahir s'il en est d'imparfaits:
Par le trop d'ornement sa gloire est oppressee,
Comme par trop d'espis la moisson est versee.
Les Muses ont perdu toute leur chasteté,
Et comme on voit en tout nostre siecle effronté,
A ceste heure chacun met la main sous leur robe,
Entre dedans leur temple & leurs secrets derobe
  En ces âges naissans pleins de rusticité,
Où les premiers mortels en leur simplicité
Veirent d'vn cœur contant, ainsi que de fontaines,
Decouler le Nectar des montagnes hautaines:
Et sans chaud & sans froid vn aimable Printems
Ioindre la fleur, la fueille, & le fruit en tout tems:

ã iiij

Lors que sans nul trauail aux hommes inutile
La terre aux plus oysifs se monstroit plus fertile.
Ceux qui du mont Parnasse au Ciel pouuoyent monter,
Du peuple estoient tenus enfans de Iupiter,
Comme és oracles saincts croiant à leurs paroles
Leurs images estoient des autres les idoles.
On voyoit en leur nom des temples éleueZ
Et pour garder leurs corps on tenoit reserueZ
Des tombeaux enrichis de pilliers & d'arcades
Qui soustenoyent les lis & les roses muscades,
Tandis que leurs esprits alloyent en d'autres lieux,
Où des astres plus nets éclairoyent à leurs yeux.
 Depuis que de ce Dieu la nourrice secrete
L'eut tiré doucement de son antre de Crete,
Et qu'il nous eust donné par des mois si diuers
Apres de doux Printemps de si fascheux hyuers:
Que l'on n'eut desormais plus de fruit sans semence,
Et qu'il fallut des loix pour garder l'innocence,
Tous ces premiers honneurs que l'on auoit rendus
A cét art tout diuin, furent presque perdus:
Les Rois pourtant encor y mettoyent leur estude.
Mais depuis qu'vne langue est hors de seruitude,
Et qu'il est tant de mots que chacun peut parler,
Ce grand nombre de vers qui sont bons à bruler,
Des sçauans & des grans les esprits importune
Et leur fait mespriser ceste gloire commune:
Pour dedaigner l'obiet qui nous est le plus cher,
C'est assés quand beaucoup en osent aprocher.
 Comme vne fleur secrete, vne odorante rose,
Qui seule seurement sur l'espine repose

Dans vn iardin bien clos, ou dans quelque verger,
Qui n'est veu des troupeaux ny conneu du Berger.
Le Soleil en fait cas, & rayonnant sur elle
Accroist de ses presens sa beauté naturelle:
L'aube sur l'orient deployant ses habis
Sur elle de son sin fait tomber des rubis.
Ceste fleur en passant est de tous desiree,
La fille en veut parer sa perruque doree:
Le rosier la cachant montre de ne faillir
A repousser la main qui la viendra cueillir.
Mais si par les troupeaux sa couleur est fanee
Et par l'œil des bergers sa beauté profanee,
Ses fueilles sans odeur tombent sous l'Eglantier,
Et perd en vn instant son ornement entier.
  Ces pudiques Beautez à la fin trop faschees,
De voir de gens de peu leurs faueurs recherchees,
Leurs saincts ruisseaux troublés, & par impunité
Tout le monde attenter à leur virginité,
Laissent le temple ouuert, & toutes en colere
En retournant s'asseoir aux costez de leur pere:
Abandonnent leur art sans honneur & sans pris,
Profané par la voix de tant de bas espris.
  Ainsi par les saisons tout fleurit & s'efface,
Les choses pour vn temps l'vne à l'autre font place,
Et toutes à la fin cedent au changement,
Quand il n'est plus de lieu pour leur accroissement:
Lors que du plus haut Ciel les Muses descendues
N'auoient qu'en peu d'espris leurs flammes espandues,
De leurs chastes amours les premiers inspirez,
Ouurirent des tresors de la France admirez:

Lors que sans nul trauail aux hommes inutile
La terre aux plus oysifs se monstroit plus fertile,
Ceux qui du mont Parnasse au Ciel pouuoyent monter,
Du peuple estoient tenus enfans de Iupiter,
Comme és oracles saincts croiant à leurs paroles
Leurs images estoient des autres les idoles.
On voyoit en leur nom des temples éleuez
Et pour garder leurs corps on tenoit reseruez
Des tombeaux enrichis de pilliers & d'arcades
Qui soustenoyent les lis & les roses muscades,
Tandis que leurs esprits alloyent en d'autres lieux,
Ou les astres plus nets éclairoyent à leurs yeux.
  Depuis que de ce Dieu la nourrice secrete
L'eut tiré doucement de son antre de Crete,
Et qu'il nous eust donné par des mois si diuers
Apres de doux Printemps de si fascheux hyuers:
Que l'on n'eut desormais plus de fruit sans semence,
Et qu'il fallut des loix pour garder l'innocence,
Tous ces premiers honneurs que l'on auoit rendus
A cét art tout diuin, furent presque perdus:
Les Rois pourtant encor y mettoyent leur estude.
Mais depuis qu'vne langue est hors de seruitude,
Et qu'il est tant de mots que chacun peut parler,
Ce grand nombre de vers qui sont bons à bruler,
Des sçauans & des grans les esprits importune
Et leur fait mespriser ceste gloire commune:
Pour dedaigner l'obiet qui nous est le plus cher,
C'est assés quand beaucoup en osent aprocher.
  Comme vne fleur secrete, vne odorante rose,
Qui seule seurement sur l'espine repose

Dans vn iardin bien clos, ou dans quelque verger,
Qui n'est veu des troupeaux ny conneu du Berger.
Le Soleil en fait cas, & rayonnant sur elle
Accroist de ses presens sa beauté naturelle:
L'aube sur l'orient deployant ses habis
Sur elle de son sin fait tomber des rubis.
Ceste fleur en passant est de tous desiree,
La fille en veut parer sa perruque doree:
Le rosier la cachant montre de ne faillir
A repousser la main qui la viendra cueillir.
Mais si par les troupeaux sa couleur est fanee
Et par l'œil des bergers sa beauté profanee,
Ses fueilles sans odeur tombent sous l'eglantier,
Et perd en vn instant son ornement entier.
　Ces pudiques Beautez à la fin trop faschees.
De voir de gens de peu leurs faueurs recherchees,
Leurs saincts ruisseaux troublés, & par impunité
Tout le monde attenter à leur virginité,
Laissent le temple ouuert, & toutes en colere
En retournant s'asseoir aux costez de leur pere:
Abandonnent leur art sans honneur & sans pris,
Profané par la voix de tant de bas espris.
　Ainsi par les saisons tout fleurit & s'efface,
Les choses pour vn temps l'vne à l'autre font place,
Et toutes à la fin cedent au changement,
Quand il n'est plus de lieu pour leur accroissement:
Lors que du plus haut Ciel les Muses descendues
N'auoient qu'en peu d'espris leurs flammes espandues,
De leurs chastes amours les premiers inspirez,
Ouurirent des tresors de la France admirez:

Mais rien n'estant iamais parfait de sa naissance,
Ils ne peurent trouuer parmi tant d'ignorance
Ce qu'auecque plus d'art les autres ont cherché,
Voyant par les premiers le chemin defriché.
 Quand de si peu de mots la France auoit l'vsage,
C'estoit estre sçauant que d'auoir du langage:
Rien ne se peut former & pollir à la fois,
Et faut beaucoup de mots pour en faire le chois.
 Ces esprits emportoyent la gloire toute entiere,
Si tousiours la façon eust suiui la matiere:
Mais souuent à leurs vers defailloit la beauté,
Comme aux corps qui n'ont rien qu'vne lourde santé.
A ces vieux bastimens ils estoyent comparables,
Dont le fondement ferme & les portes durables
De l'orage & des vents mesprisent les efforts:
Mais qui sans ornement & dedans & dehors
N'ont nul éclat riant, où l'œil se puisse plaire.
L'émail des chiffres d'or dans les chambres n'eclaire,
Ni des marbres diuers la luisante clairté,
Et n'ont rien qui ne soit pour la necessité
Non plus que ces guerriers vestus d'armes pesantes,
Qui les pourroient auoir & bonnes & luisantes:
Mais voulant aux combats seulement s'asseurer,
Ont soin de se couurir, & non de se parer.
 Les derniers qui vouloyent s'eloigner de ces vices,
Ont assis Apollon au throsne des delices:
Mais de trop de liens contraint sa maiesté,
Luy qui comme vn grand Dieu n'a rien de limité,
Qui dessus tous les arts estendant son empire,
De pompe & d'appareil par tout souloit reluire:

En cet âge dernier chassé de sa maison
Se voit dedans l'enclos d'vne estroite prison,
Et reduit sous le ioug de pointes figurees,
Souffre contre son gré ses bornes mesurees
Par de ieunes esprits, dont le foible cerueau
Veut produire à la Cour vn langage nouueau,
Qui plaist aux ignorans, & nostre langue infecte
De rymes & de mots pris en leur dialecte.
Et comme ces portraits de long temps commencez
D'vn pinceau delicat craintiuement poussez,
Qui ne sont releuez que par la patience,
Monstrent en leur douceur plus d'art que de science.
Leurs vers ont par trauail plus de subtilité
Que de force requise à l'immortalité,
Semblables aux muguets plus soigneux du visage
Que des effects d'honneur, qui partent du courage.
Car comme ces beaux fils, remplis de vanité,
Recherchent le parfum premier que la santé:
Ces ignorans fardez de parolles déjointes
Premier que leur suget vont recercher les pointes,
Si bien que les premiers sont trop pres du berceau,
Les derniers en naissant ont trouué leur tombeau.
  DESPORTES tout rempli de lumiere & de gloire,
Qui de l'eternité limite sa memoire,
Ny trop pres de la fin ny du commencement,
Seul quand & la fureur a eu le iugement.
Car pour estre tousiours à luy mesme semblable,
Il empesche qu'aucun ne luy soit comparable:
Et sans monter trop haut, ny trop bas deualler,
Fait qu'estant tout egal on ne peut l'egaller:

L'Amour n'auroit sans luy ny flame ny cordage
Et comme cet Amour debrouilla le nuage
De la masse confuse, où tout le monde estoit,
Lors que chasque element sans ordre combatoit,
De tant d'esprits confus cet esprit nous degage,
Et la France luy doit la regle du langage.
On devient tout sçauant quand on sçait l'admirer,
Et cet œuure si net ne se peut comparer
Qu'à ce chemin de laict, que marqua dans la nue
Ceste belle Iunon, quand dormant toute nue
Et sur vn lict d'œillets ses nymphes attendant,
Hercule à ses tetins elle trouua pendant,
Et veit à son reueil vne sente blanchie
Des perles de son laict à iamais enrichie,
Et des lis argentez que la terre conceut
De la blanche liqueur qu'apres elle receut.

    Esprit, qui des plus grans les loüanges surpasses,
Dormant dedans le sein des Muses & des Graces,
Tu nous fis vn chemin net & delicieux
Qui peut en le suiuant nous mettre dans les cieux.
Ces parolles d'Amour qu'amour t'a reuelees,
Plus pures que les lis qui croissent és vallees,
Sont lis pris sur vn mont où personne n'atteint,
Qui ne perdront iamais la couleur de leur teint.
Car aux iardins du Ciel ils ont eu leur naissance,
Et plantez en la terre à l'honneur de la France
D'vne immortelle main, la mere des Amours
Les va d'vne eau de Meurthe arrouser tous les iours.

    Escrire encore apres ces parolles diuines,
C'est bien aupres des lis approcher les espines,

Si ce qu'on peut de mieux c'est de les imiter,
Puis qu'il est impossible il ne faut plus chanter.
 Rare exemple d'amour & des ames fidelles,
Qui mets dans nos esprits des creances nouuelles
De ton sexe tenu plein d'infidelité,
Belle Anne, qui fais honte à la pudicité
D'vne qui la perdant la rendit eternelle,
Et fist quitter aux Rois leur terre paternelle,
Qui portes sur le front vn Printems de beautez,
Ouurant deuant nos yeux des fleurs de tous costez:
Ie ne laisseray pas, belle & chaste maistresse,
Auant que de mourir d'acquiter ma promesse,
Sans espoir du renom des autres attendu.
Et tandis que ie vay chercher ce qui t'est deu,
Comme vn qui de l'amour, comme moy tributaire,
Se rencontre en reuant sur vne eau solitaire,
Et parmy tous les lieux d'vn desert ecarté
Songeant tousiours aux yeux, Rois de sa liberté,
Voit dedans le crystal de ceste onde de verre
Les monts, les prez, les bois, comme il fait sur la terre:
Dans ce liure tout plein de nos affections,
Contemple mon tourment & tes perfections.

DES YVETEAVX.

SONNET.

PLACE place à ces vers, ces courriers de la gloire
Du plus beau, du plus clair, de tous ces grans esprits,
Qui sont de Calliope heureusement appris,
Pour sacrer ses honneurs au temple de Memoire.
C'est luy qui ieune d'ans remporta la victoire
De tous ceux dont la France adore les escrits,
Et qui si ieune d'ans a cet œuure entrepris,
Que quand l'Esprit y pense il a peine à le croire.
Ouurage inimitable, eternel, glorieux,
Qui dedaignant la terre est volé dans les Cieux,
Pour auec le Soleil combatre de lumière:
Mais qui voudroit chanter combien il est parfait,
Le temps & le loisir faudroyent à la matiere,
C'est assez le vanter que DESPORTES l'ait faict.

FR. CHOVAYNE.

A MONSIEVR DES PORTES.

TOY qui pour t'affranchir de l'ombre du tumbeau
Suiuis les pas d'Amour guidé de son flambeau,
Donnant iour à tes iours & lustre à ta memoire,
Encor d'un roide vol n'irois-tu dans les Cieux
Si la Muse asseurant ton audace & tes yeux,
N'attachoit à ton dos les ailes de la Gloire.
Amour en t'esclairant les tenebres chassa,
Et la Muse ton ame à l'Olympe addressa:
La Gloire te feit voir les choses inconnues,
Le flambeau de l'Amour fut suiui de ton los,

Et ton esprit poussa tant de beaux vers esclos,
Que leurs ailes ont peu s'auoisiner des nues.
La nuict chasse le iour, le iour chasse la nuict,
Par contraires effets toute chose se suit,
Mille morts en amour te donnent mille vies,
Et la Mort pour tribut du labeur de nos ans
Fait mourir par tes vers tous les vers de ce temps,
Et le temps sur tes vers fait naistre mille enuies.

BIARD.

SVR LES AMOVRS DE PH. DES PORTES,
SONNET.

QV'AVSSES tu faict, Amour ? ta flamme estoit esteinte,
Ton arc vaincu du temps s'en alloit tout vsé,
Et ton doré carquois de flesches espuisé
Nous faisoit desormais moins de mal que de crainte.
Si lon monstroit d'aimer ce n'estoit que par feinte,
Pour tromper seulement quelque esprit peu rusé:
Car tu n'auois vn trait qui ne fust tout brisé,
Ny cordage qui peust rendre vne ame contrainte.
Par ces vers seulement tu as repris naissance,
Ils t'ont armé de traits, d'attraits, & de puissance,
Et te sont de rechef triompher des vainqueurs.
Et d'autant plus, Amour, surpassent ils ta gloire,
Que tu n'acquiers sans eux vne seule victoire,
Et qu'ils peuuent sans toy captiuer mille cœurs.

M. D. L.

ET FLORIDA PVNGVNT.

Le contenu de ce volume.

DIANE, PREMIERES AMOVRS LIV. II.

AMOVRS D'HIPPOLYTE.

CLEONICE, DERNIERES AMOVRS.

ELEGIES LIV. II.

IMITATIONS DE L'ARIOSTE.

MESLANGES contenans les
- DIVERSES AMOVRS.
- BERGERIES.
- CARTELS ET MASQVARADES.
- EPITAPHES.

DIANE.
PREMIERES AMOVRS
DE PH. DES PORTES.

LIVRE PREMIER.

SONNET I.

IE VOVS offre ces vers qu'Amour
m'a faict escrire,
De vos yeux ses flambeaux ardem-
ment agité,
Non pour sacrer ma peine à l'im-
mortalité:
Car à si hault loyer ma ieunesse n'aspire.
C'est le but de mes vœux, que ie vous face lire
Le variable estat de ma captiuité,
Celebrant vos honneurs si ie suis bien traitté,
Accusant vos rigueurs si ie sens du martyre.
Ie n'agrandiray point, riche d'inuentions,
Vos beautez, vos dedains, ma foy, mes passions,
Il suffira qu'au vray mon crayon se rapporte.
Et puis ie n'escry pas pour gloire en acquerir,
Ains plustost ie m'escrie au mal qui me transporte,
Ainsi qu'vn patient qui languit sans mourir.

DIANE,

II.

Le penser qui m'enchante, & qui le plus souuent
Selon ses mouuemens m'attire ou me repousse,
Me rauissant au monde vn iour d'vne secousse
Iusqu'au troisiéme ciel m'alloit hault eleuant:
Et comme ie tâchoy de voller plus auant,
Amour qui m'apperçoit contre moy se courrouce,
Et choisit de vos yeux la flâme heureuse & douce
Pour m'empécher l'entree, & se mettre au deuant.
Ie ne peu passer outre, etonné de la flâme,
Qui de ses chauds rayons brûla toute mon ame,
Qui m'eblouit la veuë, & me fist trebûcher.
Mais bien que de vos yeux ce malheur me procede,
Toûsiours ie les desire, & m'en veux approcher,
En la cause du mal recherchant le remede.

III.

Ie me laisse brûler d'vne flamme couuerte,
Sans pleurer, sans gemir, sans en faire semblant:
Quand ie suis tout en feu, ie feins d'estre tremblât,
Et de peur du peril ie consens à ma perte.
Ma bouche incessamment aux cris d'Amour ouuerte,
N'ose plaindre le mal qui mes sens va troublant,
Bien que ma passion sans cesser redoublant
Passe toute douleur qu'autrefois i'ay souffert.
Amans qui vous plaignez de vostre ardant vouloir,
D'aimer en lieu trop haut, de n'oser vous douloir,
N'egalez vostre cendre à ma flamme incogneuë.
Car ie suis tant, par force, ennemy de mon bien,
Que ie cache ma peine à celle qui me tuë,
Et quand elle me plaint ie dy que ce n'est rien.

LIVRE I.

IIII.

Le iour que ie fu né l'impitoyable archer
Amour, à qui le Ciel rend humble obeissance,
Se trouua sur le poinct de ma triste naissance,
Tenant son arc bandé tout prest à decocher.
Aussi tost qu'il me veit, il se mist à lâcher
Vn trait enuenimé de toute sa puissance ;
Et m'attaignit au cœur de telle violance,
Qu'il eust peu de ce coup percer tout vn rocher.
M'ayant ainsi blessé, tout ioyeux il s'adresse
A la Crainte, aux Regrets, au Dueil, à la Tristesse,
Qui m'assisterent tous à ce malheureux poinct.
Voila (dit-il) pour vous, ie vous le recommande,
Suiuez-le tout par tout, ne l'abandonnez point,
Et faites que tousiours il soit de vostre bande.

V.

Voicy du gay Printemps l'heureux aduenement,
Qui fait que l'Hiuer morne à regret se retire :
Desia la petite herbe au gré du doux Zephyre
Naurè de son amour branle tout doucement.
Les forests ont repris leur verd accoutrement,
Le Ciel rit, l'air est chaud, le vent mollet soupire,
Le Rossignol se plaint, & des accords qu'il tire
Fait languir les esprits d'vn doux rauissement.
Le Dieu Mars & l'Amour sont parmi la campagne :
L'vn au sang des humains, l'autre en leurs pleurs se
L'vn tiet le coutelas, l'autre porte les dars. (bagne,
Suiue Mars qui voudra mourant entre les armes,
Ie veux suiure l'Amour, & seront mes allarmes
Les courroux, les soupirs, les pleurs & les regars.

A ij

DIANE.
VI.

O grand démon volant, arrête la meurtriere
Qui fuit deuant mes pas, car pour moy ie ne puis,
Ma course est trop tardiue : & plus ie la poursuis,
Et plus elle s'auance, en me laissant derriere.
O Dieu fay l'vn des deux : consens à ma priere,
Qui ne me laisse plus en l'estat que ie suis :
Rens moy còme i'estois, sans Dame & sans ennuis,
Et deliure ma vie en ses yeux prisonniere.
Si tu es iuste, Amour, tu me dois délier,
Ou par vn doux effort ceste dure plier :
Mais las que mon attente est folle & miserable!
I'importune vn tyran qui de nos maux se plaist,
Qui s'abreuue de pleurs, qui d'ennuis se repaist,
Et plus il est prié, moins il est pitoyable.

VII.

O Lict, s'il est ainsi que tu sois inuenté
Pour prēdre vn doux repos quãd la nuit est venue,
D'où vient que dedans toy ma douleur continue,
Et que ie sens par toy mon tourment augmenté?
Ie ne fay que tourner d'vn & d'autre costé,
Ie choisi tous tes coings, ie cherche & me remue :
Et mon cœur qui resemble à la marine esmue,
D'ennuis & de pensers est tousiours agité.
I'assemble bien souuent mes paupieres lassees,
I'inuoque le Sommeil pour guarir mes pensees,
Mais il fuit de mes yeux & n'y veut demeurer.
D'vn seul bien, ô mon Lict, mes langueurs tu consoles,
Ie m'ouure tout à toy, cœur, pensers, & paroles,
Et ie n'ose autre part seulement respirer.

LIVRE I.
VIII.
Si la foy plus certaine en vne ame non feinte,
Vn desir temeraire, vn doux languissement,
Vne erreur variable, & sentir viuement,
Auec peur d'en guarir, vne profonde atteinte,
Si voir vne pensee au front toute depeinte,
Vne voix empeschee, vn morne estonnement,
De honte ou de frayeur naissint soudainement,
Vne palle couleur de lis & d'amour teinte:
Bref, si se mespriser pour vne autre adorer,
Si verser mille pleurs, si tousiours soupirer,
Faisant de sa douleur nourriture & bruuage:
Si, loin estre de flamme, & de pres tout transi,
Sont cause que ie meurs par defaut de merci,
L'offense en ist sur vous, & sur moy le dommage.

IX.
Dés le iour que mon ame, amoureuse insensee,
Se rendant à vos yeux les fist Roys de mon cœur,
Il n'y a cruauté de barbare vainqueur,
Qu'Amour n'ait dedans moy fierement exercee.
Las Ie tire mon feu d'vne roche glacee,
Qui n'a ny sentiment, ny pitié, ny rigueur:
Elle ignore sa force & ma triste langueur,
Et du mal qu'elle fait n'a soucy ny pensee.
Elle est toute de marbre, aucun trait ne la poingt,
Elle verse la flamme & ne s'echauffe point,
Et n'ayant point d'amour elle en peuple la terre.
O Beauté, dont les traits sont si victorieux,
Apprenez par ma mort les efforts de vos yeux,
Et voyez desormais à qui vous faites guerre!

DIANE,

X.

Ie suis chargé d'vn mal qui sans fin me trauaille,
Quelque part que ie tourne il me suit obstiné:
Tout conseil, tout secours sans profit m'est donné:
Car tousiours plus au vif sa rigueur me tenaille.
Le lict à mes pensers est vn champ de bataille,
Si ie saute du lict i'en suis plus mal mené:
Si ie sors, le tyran, qui me tient enchaisné,
A toutes les fureurs pour conduite me baille.
Icy l'ardent desir m'anime à bien aimer,
Plus pres le desespoir me veut faire abysmer:
Ie suis en mesme temps tout de flamme & de glace.
Sans fin mesmes discours ie refais & desfais,
O miserable esprit! quel Amour, quelle paix
D'vn chaos si confus debrouillera la masse?

XI.

Du bel œil de Diane est ma flamme empruntee,
En ses nœuds blons-dorez mon cœur est arrêté,
Sa main victorieuse a pris ma liberté,
Et sa douce parole a mon ame enchantee:
Son œil rend la splendeur des astres surmontee,
Ses cheueux du soleil ternissent la beauté,
Sa main passe l'iuoyre, & la diuinité
De ses sages discours à bon droit est vantee:
Son bel œil me rauit, son poil doré me tient,
La rigueur de sa main mes douleurs entretient,
Et par son doux parler ie sens croistre ma flame.
Voila quelle est ma vie, & n'ay plus de repos
Depuis l'heure qu'Amour m'engraua dedans l'ame
Son œil, son poil, sa main, & ses diuins propos.

LIVRE I. 4

XII.

VALLON, ce Dieu tyran, qui me fait endurer
Tant de viuantes morts qu'immortel ie supporte,
Nous a tous deux rágez presque en la mesme sorte,
Et presque vn mesme mal nous contraint soupirer.
Aimant comme tu fais, tu ne dois esperer
Qu'aucun allegement tes ennuis reconforte:
Aimant comme ie fays, mon esperance est morte:
Car ce n'est aux mortels d'y penser aspirer.
Tous deux nous endurons mille & mille destresses,
Tous deux nous adorons en esprit nos maistresses,
N'osans leur decouurir nos soucis rigoureux.
Console toy, VALLON, comme ie me console:
» Encor est-ce vn confort à l'homme malheureux,
» D'auoir vn compagnon au malheur qui l'affole.

XIII.

Durant les grand's chaleurs i'ay veu cent mille fois
Qu'en voyant vn eclair flamboyer en la nuë,
Soudain comme transie & morte deuenue
Tu perdois tout à coup la parole, & la vois:
De pouls ny de couleur tant soit peu tu n'auois.
Et bien que de l'effroy tu fusses reuenuë,
Si n'osois-tu pourtant dresser en haut la veuë,
Voire vn long temps apres parler tu ne pouuois.
Donc si quand vn propos deuant toy ie commence,
Tu me vois en tremblant changer de contenance,
Demeurer sans esprit, palle & tout hors de moy,
Ne t'en etonne point, belle & cruelle Dame,
C'est lors que les eclairs de tes beaux yeux ie voy,
Qui m'eblouissent tout de leur luisante flame.

DIANE,

XIIII.

Las! qui languit iamais en si cruel martyre,
En si penibles nuicts, en si malheureux iours?
Qui s'égara iamais dans si confus destours
Qui iamais recongneut si rigoureux Empire?
Ie souffre vn mal present, i'en doute encor vn pire:
Ie voy renfort de guerre, & n'attens nul secours:
Mes maus sôt grãs et forts, mes biẽs foibles et cours
Et plus ie vais auant, plus ma douleur s'empire.
A toute heure en tous lieux, de tout ie me déplais,
La nuict est mon soleil, le discord est ma paix,
Ie cours droit au naufrage, & fuy ce qu'il faut sui-
Ie me fâche en fâchãt les hõmes & les Dieux, (ure:
Ie suis las de moymesme & me suis odieux,
Bref ie ne puis mourir & si ie ne puis viure.

XV.

Vn iour l'aueugle Amour, Diane, & ma Maistresse,
Ne pouuans s'accorder de leur dexterité,
S'essayerent de l'arc à vn but limité,
Et mirent pour le prix leur plus belle richesse.
Amour gaigea son arc, & la chaste Deesse
Qui commande aux forests, sa diuine beauté:
Ma Maistresse gaigea sa fiere cruauté,
Qui me fait consommer en mortelle tristesse.
Las! Madame gaigna, remportant pour guerdon
La beauté de Diane, & l'arc de Cupidon,
Et la dure impitié dont son ame est couuerte.
Pour essayer ses traits elle a percé mon cueur,
Sa beauté m'ebloüit, ie meurs par sa rigueur:
Ainsi sur moy chetif tombe toute la perte.

LIVRE I.

XVI.

Ayant (bruſlé d'amour) gemi, crié, pleuré,
  Sans que voſtre froideur s'en peuſt voir attiedie,
I'inuoquay tant la mort qu'vne aſpre maladie
S'offre à me deliurer du martyre enduré.
I'auoy l'œil & le teint caue & defiguré,
I'auoy perdu l'eſprit, la parole, & l'ouïe:
Et m'eſtimois heureux que la fin de ma vie
Donnaſt fin aux rigueurs d'vn mal ſi deploré.
Mais vous, belle tyranne, aux Nerons comparable,
Feignant vn œil pitieux de me voir miſerable,
Me rendiſtes l'eſprit pour reuiure au tourment.
Las! ſi quelque pitié peut en vous trouuer place,
Conſentez à ma mort, ie la requiers pour grace.
  Le tyran eſt benin qui meurtrit promptement.

XVII.

Ie le ſçay trop, qu'il ne faut que i'eſpere
  Bruſlant pour vous, de me voir alleger:
Et toutesfois ie ne veux m'eſtranger
De vos beaux yeux, ainçois de ma miſere.
Le deſeſpoir m'a rendu temeraire,
Ie voy le gouffre & ie m'y vay plonger:
  Quand on ne peut euiter vn danger,
  C'eſt le meilleur d'y courir volontaire.
Sentant au cœur l'amoureuſe poiſon,
Ie ſerois fol d'eſperer guariſon,
Veu de quel trait ma poitrine eſt attainte.
Puis des malheurs qui ſont predeſtinez,
Le ſeul remede aux cœurs determinez,
C'eſt de n'auoir eſperance ny crainte.

DIANE,

XVIII.

Ny les dédains de son ieune courage,
   Moqueur d'Amour & de sa deïté:
   Ny mon desir trop hautement porté,
   Ny voir ma mort escrite en son visage:
Ny mon vaisseau prest à faire naufrage,
   Le mast rompu, sans voile & sans clairté?
   Ny les soucis dont ie suis agité,
   Ny la fureur du feu qui me saccage:
Ny tant de pleurs sans profit respandus,
Ny ses propos qui me sont defendus,
Ny de mon mal auoir la cognoissance,
Ny la rigueur d'vn triste eloignement
Me sortiront de son obeissance.
" Douce est la mort qui vient en bien aimant.

XIX.

Las! que me sert de voir ces belles plaines
   Pleines de fruicts, d'arbrisseaux & de fleurs
   De voir ces prez bigarrez de couleurs,
   Et l'argent vif des bruyantes fontaines?
C'est autant d'eau pour reuerdir mes peines,
   D'huile à ma braise, à mes larmes d'humeurs,
   Ne voyant point celle pour qui ie meurs
   Cent fois le iour de cent morts inhumaines.
Las! que me sert d'estre loin de ses yeux
Pour mon salut, si ie porte en tous lieux
De ses regars les sagettes meurtrieres?
Autre penser dans mon cœur ne se tient:
Comme celuy qui la fiévre soustient,
Songe tousiours des eaux & des riuieres.

LIVRE I.

XX.

L'aspre fureur de mon mal vehement
 Si hors de moy m'estrange & me retire,
 Que ie ne sçay si c'est moy qui soupire,
 Ny sous quel ciel m'a iette mon tourment.
Suis-ie mort? Non, i'ay trop de sentiment,
 Ie suis trop vif & passible au martyre.
 Suis ie viuant? Las ie ne le puis dire
 Loin de vos yeux par qui i'ay mouuement!
Seroit-ce vn feu qui me brule ainsi l'ame?
 Ce n'est point feu: i'eusse esteint toute flame
 Par le torrent que mon dueil rend si fort.
Comment, BELLEAU, faut-il que ie l'appelle?
 Ce n'est point feu que ma peine cruelle,
 Ce n'est point vie, & si ce n'est point mort.

CHANSON.

Ceux qui peignent Amour sans yeux
 N'ont pas bien sa force cogneue,
 Il voit plus clair qu'aucun des Dieux:
 Las i'ay trop essayé sa veue!
Souuent en pensant me sauuer,
 Ie m'egare aux lieux solitaires:
 Mais il ne faut à me trouuer
 Dans les plus sauuages repaires.

DIANE,

Quoy que ie coure inceſſamment
Par deſerts, montaignes, & plaines,
Il ne m'eloigne aucunement,
Et me fait ſouffrir mille paines.
Helas! a til mauuais regard?
De cent mille traits qu'il m'adreſſe,
Il ne me frape en nulle part
Qu'au cœur, où touſiours il me bleſſe.
Il ha donc des yeux & voit bien,
A quelque but qu'il vueille atteindre:
Mais il eſt ſourd & n'entend rien,
On a beau ſoupirer & plaindre.
S'il euſt ouy tant de regrets,
De cris, de ſanglots & de plaintes,
Que ie lache aux lieux plus ſecrets,
Teſmoins de mes dures attaintes:
Quand il n'euſt point eu d'amitié,
Et qu'il euſt tout brûlé de rage,
Ie ſuis ſeur qu'il euſt eu pitié,
Et qu'il euſt changé de courage.
Que me faut-il donc eſperer
Suiuant ce Dieu plein de furie?
Il voit bien pour me martyrer,
Et n'entend rien quand ie le prie.

LIVRE I. 7

XXI.

On ne voit rien qui soit si solitaire,
  Comme ie suis lors que ie ne puis voir
  Ces deux beaux yeux, ma gloire & mon pouuoir,
  Dont l'Orient mes tenebres eclaire.
Tout esperdu ie ne sçaurois rien faire
  Que soupirer, me plaindre & me douloir,
  Blasmant la nuict qui me fait receuoir
  De deux Soleils vn eclipse ordinaire.
Et dy tout bas, Ah ce n'est pas à tort
  Que lon te nomme, ô Nuict, sœur de la Mort,
  Qui tant de fois as mon ame rauie!
Durant le iour ie voy, i'ay mouuement:
  Es tu venue? helas cruellement
  On me rauit ma lumiere & ma vie!

XXII.

Eloignant vos beautez ie vous laisse en ma place
  Mon cœur, qui comme moy point ne vous laissera:
  Plustost d'vn trait doré Venus vous blessera,
  Plustost de vos rigueurs s'amollira la glace.
Ne vous attendez pas qu'aucun malheur le chasse:
  Car aupres de vos yeux rien ne l'offensera,
  Veu que mesme en brûlant assez fier il sera
  Qu'autre feu que du Ciel n'ait puny son audace.
Traittez-le bien ou mal, ie n'en seray touché:
  Car pour dire le vray, c'est vn cœur debauché,
  Que le plaisir des sens iournellement enyure.
Quand ie veux l'étonner d'vn mauuais traittement,
  Il me respond, helas trop veritablement!
  Que quiconque vous laisse est indigne de viure.

DIANE,

XXIII.

Or que mon beau Soleil loin de moy se retire,
Que verrés vous, mes Yeux, qui vous puisse éclairer?
Il vous faudra tousiours aueuglez demeurer,
Soit que le iour s'abaisse, ou qu'il commence à luire.
Or que le Ciel malin pour assouuir son ire,
Me rauit mon espoir, que pourray-ie esperer?
De tous contentemens ie me veux separer,
Regrets, soucis, trauaux, c'est vous que ie desire.
On me verra seulet par les bois écarter,
Pour en mille hauts cris tristement m'éclater,
Guidé de desespoir & d'amoureuse rage.
Si vous pouuiez, mes Yeux, me fournir tant de pleurs,
Que ie peusse noyer ma vie & mes douleurs,
Helas i'auroy tiré profit de mon dommage!

XXIIII.

Pour estre absent du bel œil qui me tue,
Las mon desir ne va diminuant!
Mais dedans moy tousiours continuant,
Plus il me ronge & plus il s'euertue.
Vn vain obiet se presente à ma veue,
De cent pensers m'affolant & tuant:
Et sens Amour perçant & remuant
Mon cœur sanglant de sa griffe pointue.
Misericorde, Amour, ie te supply,
Fay tant pour moy que ie mette en oubly
Ceste beauté, dont ma douleur procede:
Las qu'ay-ie dit? Amour, garde t'en bien:
I'aime trop mieux ne m'alleger en rien.
Le mal est grand, mais pire est le remede.

LIVRE I. 8

XXV.

Lors que le trait par vos yeux decoché
  Rompit le roc de ma poitrine dure,
  Ce mesme trait dont vous m'auiez touché, *superflu*
  Dans mon esprit graua vostre figure.
Vous n'auez rien de rare & de caché,
  De beau, de sainct, du Ciel & de nature,
  Qu'Amour subtil n'ait par tout recherché,
  Pour faire en moy vostre viue peinture:
Bref, mon esprit ardant d'affections, *cela ne vaut rien*
  Est vn miroir de vos perfections, *mesmes ty placet*
  Où vous pouuez vous voir toute depeinte.
Si ma foy donc ne vous peut enflamer,
  A tout le moins vous me deuez aimer
  Pour le respect de vostre image sainte. *froid*

XXVI.

Mon Dieu mon Dieu que i'aime ma deesse,
  Et de son chef les tresors precieux!
  Mon Dieu mon Dieu que i'aime ses beaux yeux,
  Dont l'vn m'est doux, l'autre plein de rudesse!
Mon Dieu mon Dieu que i'aime la sagesse
  De ses discours qui rauiroyent les Dieux,
  Et la douceur de son ris gracieux,
  Et de son port la Royale hautesse!
Mon Dieu que i'aime à me resouuenir
  Du temps qu'Amour me fist serf deuenir,
  Tousiours depuis i'adore mon seruage!
Mon mal me plaist plus il est violant,
  Vn feu si beau m'esgaye en me brulant,
  Et la rigueur est douce en son visage.

*Je ne me puis [imaginer] comment [seroient] les [deux]
  deux, et l'autre rigoureux. d'au[ ] les yeux
  tantost cruels et tantost rigoureux [ ]
  poeul. mais non le reste*

DIANE,

XXVII.

Elle pleuroit toute palle de crainte,
Lors que la mort sa moitié menaſſoit,
Et tellement l'air de cris rempliſſoit,
Que la Mort meſme à pleurer euſt contrainte.
Helas mon Dieu que ſa grace eſtoit ſainte!
Que beau ſon teint qui les lis effaçoit!
Le trait d'Amour ce pendant me bleſſoit,
Et dans mon ame engrauoit ſa complainte.
L'air en pleurant ſa douleur teſmoigna,
Le beau ſoleil de pitié s'eloigna,
Les Vens eſmeus retenoyent leurs haleines:
Et ſur la terre où tomberent les pleurs
De ſes beaux yeux, amoureuſes fontaines,
Tout s'eſmailla de verdure & de fleurs.

XXVIII.

Ie ne me plains de voſtre cruauté,
A mes deſirs iniuſtement contraire:
Ie ne me plains que tout me deſeſpere,
Ny que le tans cede à ma loyauté.
Ie ne me plains du vol que i'ay tenté,
Ieune Dedale, aux perils temeraire,
Quoy qu'il en ſoit, i'auray de quoy me plaire,
Fondant aux rais d'vne telle beauté.
Ie ne me plains que l'effort des ialoux
De moy me priue en me priuant de vous:
Ie ne me plains que tout me face craindre!
Mais en ſouffrant tant de punitions,
De deſeſpoirs, de morts, d'afflictions,
Las ie me plains que ie ne m'oſe plaindre!

LIVRE I.

XXIX.

Si c'est aimer que porter bas la veuë,
　Que parler bas, que soupirer souuant,
　Que s'égarer solitaire en rêuant
　Brûlé d'vn feu qui point ne diminue.
Si c'est aimer que de peindre en la nuë,
　Semer sur l'eau, ietter ses cris au vant,
　Chercher la nuit par le soleil leuant,
　Et le soleil quand la nuit est venue.
Si c'est aimer que de ne s'aimer pas,
　Haïr sa vie, embrasser son trespas,
　Tous les Amours sont campez en mon ame.
Mais nonobstant si me puis-ie louër
Qu'il n'est prison, ny torture, ny flame,
Qui mes tourmens me sceust faire auouer.

XXX.

Que me sert quand la douleur me blesse,
　Et que mon feu me cuit plus viuement,
　Que ie proteste & iure incessamment
　De iamais plus ne reuoir ma Princesse:
Si chaud desir m'aiguillonne & me presse
　Quittant ses yeux trop beaux pour mon tourment,
　Qu'oubliant tout & douleurs, & serment,
　Ie cours au lieu que iamais ie ne laisse?
Des ieunes cueurs l'enchanteur dangereux
　Y tient caché quelque charme amoureux,
　Qui m'ensorcelle & rend mon ame folle:
Ie veux tousiours la suiure & l'adorer,
　Et sans rien voir qui me face esperer,
　Mon œil s'y tourne, & mon penser y volle.

B

DIANE.

XXXI.

Ie le confesse, Amour, ie te suis redeuable,
M'ayant fait auiourd'huy de tãt d'heur iouissant:
Et si tu m'as trouué ferme en t'obeissant,
I'en suis recompensé d'vn heur incomparable.
Sur la plus grand chaleur de ce iour desirable,
La beauté qui me blesse & me tient languissant,
Nonchalamment sus moy son beau chef abaissant,
S'est laissee assoupir d'vn sommeil agreable.
Ah Dieu que de clartez sur son front reluisoyent!
Que les lis blanchissans de son sein me plaisoyent!
Que de fleurs, que d'œillets, que de roses vermeil-
Que de cœurs prisonniers en ses dorez cheueux! (les,
Tu deuois faire, Amour fauorable à mes vœux,
Que ie fusse tout œil pour voir tant de merueilles.

XXXII.

Marchans, qui recherchez tout le riuage More
Du froid Septentrion, & qui sans reposer
A cent mille dangers vous allez exposer,
Pour vn gain incertain qui vos esprits deuore:
Venez seulement voir la beauté que i'adore,
Et par quelle richesse elle a sceu m'attiser:
Et ie suis seur qu'apres vous ne pourrez priser
Le plus rare thresor, dont l'Afrique se dore.
Voyez les filets d'or de ce chef blondissant,
L'eclat de ces rubis, ce coral rougissant,
Ce crystal, cest ebene, & ces graces diuines,
Cest argent, cest iuoyre, & ne vous contentez
Qu'on ne vous monstre encor mille autres raritez,
Mille beaux diamans, & mille perles fines.

LIVRE I.   10

XXXIII.

Si tost qu'au plus matin ma Diane s'éueille
  (O Dieux iugez mon heur!) ie suis à son leuer,
  Et voy tout le plus beau qui se puisse trouuer
  Depuis les Indiens iusqu'où Phebus sommeille.
Ce n'est rien que le teint de l'Aurore vermeille,
  Ce n'est rien que de voir aux longues nuits d'hiuer
  Parmy le firmament mille feux arriuer,
  Et n'est vray que le Ciel cache plus de merueille. *mal exprimé*
Ie la voy quelque fois s'elle se veut mirer,
  Esperdue, estonnee, & long temps demeurer
  Admirant ses beautez, dont mesme elle est rauie:
Et cependant (chetif!) immobile & poureux,
  Ie pense au beau Narcis de soymesme amoureux,
  Craignant qu'vn sort pareil mette fin à sa vie.

XXXIIII.

Celuy que l'Amour range à son commandement,
  Change de iour en iour de façon differente:
  Helas i'en ay bien fait mainte preuue apparente,
  Ayant esté par luy changé diuersement.
Ie me suis veu muer pour le commencement,
  En Cerf, qui porte au flanc vne fleche sanglante:
  Apres ie deuins Cygne, & d'vne voix dolente
  Ie presagé ma mort me plaignant doucement.
Apres ie deuins fleur languissante & panchee,
  Puis ie fu fait fontaine aussi soudain seichee,
  Espuisant par mes yeux toute l'eau que i'auois:
Or ie suis Salemandre & vy dedans la flame,
  Mais i'espere bien tost me voir changer en Voix,
  Pour dire incessamment les beautez de Madame.

B ij

A vn participe & vn Infinitif assembler par vne copulation on mauuaise grace

DIANE,

XXXV.

Par vos graces, Madame, & par le dur martyre
Qui me rend en aimant triste & desesperé:
Par tous les lieux secrets où i'ay tant soupiré,
Et par le plus grand bien qu'vn amoureux desire.
Par ces beaux traits qu'Amour dedãs vos yeux retire,
Par les lis de vos mains, par vostre poil doré,
Et où rien de plus grand pourroit estre tiré,
Ie l'appelle à tesmoin de ce que le veux dire.
Iamais d'autres beautez mon œil ne sera pris,
Doux espoir de mes maux, cher feu de mes esprits,
Vous serez ma recherche & premiere & derniere:
Et mon cœur cessera d'idolatrer vos yeux,
Lors qu'on ne verra plus au Soleil de lumiere,
D'eaux en mer, d'herbe aux prez, & d'estoiles aux
Cieux.

XXXVI.

Pour me recompenser de tant de passion,
Que supporte mon cœur deuot à ton seruice,
Te l'offrant pour victime en piteux sacrifice,
Et me rendant pour toy compagnon d'Ixion:
Non, ne paye ma foy d'aucune affection,
Puis que c'est ton vouloir il faut que i'obeisse:
Paye moy de rigueur, paye moy d'iniustice,
Ie n'en puis estre moins à ta deuotion.
Preste moy seulement ceste œillade diuine,
Qui me remplit d'amour le cœur & la poitrine,
Et qui d'vn feu cuisant m'embrasa les esprits:
A fin qu'en me iouant soudain ie te regarde,
Et que cent mille amours dans le sein ie te darde,
Alors tu seras prise au ieu que tu m'as pris.

LIVRE I.
XXXVII.

Amour, quand fus-tu né? Ce fut lors que la terre
S'esmaille de couleurs, & les bois de verdeur.
De qui fus tu conceu? D'vne puissante ardeur,
Qu'oisiueté lasciue en soy mesmes enserre.
Qui te donne pouuoir de nous faire la guerre?
Les diuers mouuemens d'Esperance & de Peur.
Où te retires-tu? Dedans vn ieune Cœur,
Que de cent mille traits cruellement i'enserre.
De qui fus-tu nourry? D'vne douce Beauté,
Qui eut pour la seruir Ieunesse & Vanité.
De quoy te repais-tu? D'vne belle lumiere.
Crains-tu point le pouuoir des ans & de la Mort?
Non: car si quelquefois ie meurs par leur effort,
Aussi tost ie retourne en ma forme premiere.

XXXVIII.

Celle à qui i'ay sacré ces fleurs de ma ieunesse,
Mes vers (enfans du cœur) mon seruice, & ma foy,
Par qui seule i'espere, en qui seule ie croy,
DES-IARDINS, c'est ma Cour, ma Royne &
 ma princesse.
Ceux qui sont alterez d'honneurs, ou de richesse,
Importuns seront pressé à la suyte du Roy:
Les biens & la grandeur que ie brigue pour moy,
C'est de finir ma vie en seruant ma Maistresse.
Tout ce qui vit au monde aux destins se rangeant,
Est serf de la Fortune, ou serf de son argent,
La peur le tyrannise, ou quelque autre manie:
C'est vne loy forcee. Or quelle autre prison
Pourroit plus dignement captiuer ma raison,
Qu'vne ieune deesse en beautez infinie?

DIANE.

XXXIX.

Doncques sera-til vray que l'ennuy qui me ronge,
A l'enuy de ma foy viue eternellement?
Et que mon feu cruel s'embrase mesmement
Dans la mer des pensers où mon ame se plonge?
Me payra-l'on tousiours d'vne vaine mensonge?
Bastiray-ie tousiours sans aucun fondement?
N'ay-ie tousiours veu pour aimer ardemment,
Discourir à par moy comme vn homme qui songe?
Ne sentiray-ie plus au dedans de mon cœur
Qu'vn debat obstiné d'Esperance & de Peur,
Où chacune à son tour s'entredonnent la chasse?
Helas! ie croy que non. Car que puis-ie esperer
Si ie voy ton secours de moy se retirer,
Estans mes ennemis les maistres de la place?

XL.

Puis-ie pas à bon droit me nommer miserable,
Et maudire l'aspect sous lequel ie fu né,
A tant d'ennuis diuers me voyant condamné,
Sans que i'attende rien qui me soit fauorable?
Si ie suis trauaillé d'vn mal insupportable,
Sans relasche il me presse & me suit obstiné:
Et si quelque plaisir (peu souuent) m'est donné,
Il auorte en naissant & n'est iamais durable.
I'estimoy que le Sort qui m'est si rigoureux,
Las de sa cruauté me voulust rendre heureux
Par l'obiet tant aimé de ma seule Deesse:
Mais ce trait de bonheur comme vn songe est passé,
Apprenant à mon cœur en tenebres laissé,
Qu'apres vn peu de ioye on sent mieux la tristesse.

LIVRE I.

XLI.

S'il est vray que le Ciel ait sa course eternelle,
Que l'air soit inconstant, la mer sans fermeté,
Que la terre en Hiuer ne resemble à l'Esté,
Et que pour varier la Nature soit belle.
S'il est vray que l'esprit d'origine immortelle,
Cherchãt tousiours d'apprẽdre aime la nouueauté,
Et si mesme le corps pour durer en santé
Change auec les saisons de demeure nouuelle:
D'où vient qu'estant forcé par la rigueur des Cieux
À changer non de cœur, mais de terre & de lieux,
Ie ne guarisse point de ma viue pointure?
D'où vient que tout me fasche & me déplaise tant?
Helas c'est que ie suis seul au monde constant,
Et que le changement est contre ma nature.

CHANSON.

HELAS tyran plein de rigueur,
    Modere vn peu ta violence!
    Que te sert si folle despense?
    C'est trop de flammes pour vn cœur.
Espargnes-en quelque estincelle,
    Et la garde, à fin d'emouuoir
    La fiere, qui ne veut point voir
    En quel feu ie brule pour elle.
Execute, Amour, ce dessein,
    Et rabaisse vn peu son audace:
    Son cœur ne doit estre de glacé,
    Bien qu'elle ait de neige le sein.

B iiij

DIANE,

XLII.

Or que bien loin de vous ie languy soucieux,
Fuyant tout entretien, ie pense à mon martyre:
Et ne sçauroy rien voir quelque part que ie tire,
Qui ne blesse aussi tost mon esprit par mes yeux.
Quand ie voy ces hauts monts qui voisinêt les cieux,
Ie pense à la grandeur du bien que ie desire:
Et pense oyant les vents en leur cauerne bruire,
Aux vents de mes soupirs & sanglots furieux.
Quand ie voy des rochers les sources distilantes,
Il me va souuenir de mes larmes brulantes,
Qui ruisselent d'vn cours tousiours s'entresuiuant:
Et le fueillage sec dont la terre est couuerte,
Semble à mon esperance en autre tans si verte:
Mais qui seche à present sert de iouet au vant.

XLIII.

Solitaire & pensif dans vn bois ecarté,
Bien loin du populaire & de la tourbe espesse
Ie veux bastir vn temple à ma chaste Deesse,
Pour appendre mes vœux à sa diuinité:
Là de iour & de nuict par moy sera chanté
Le pouuoir de ses yeux, sa gloire & sa hautesse:
Et, deuôt, son beau nom i'inuoqueray sans cesse,
Quand ie seray pressé de quelque aduersité.
Mon œil sera la lampe, & la flamme immortelle,
Qui m'ard incessamment, seruira de chandelle:
Mon corps sera l'autel, & mes soupirs les vœux.
Par mille & mille vers ie chanteray l'office,
Puis espanchât mes pleurs, & coupât mes cheueux,
I'y feray tous les iours de mon cœur sacrifice.

LIVRE I.

XLIIII.

O Songe heureux & doux! où fuis-tu si soudain
  Laissant à ton depart mon ame desolee?
  O douce vision, las! où es-tu volee,
Me rendant de tristesse & d'angoisse si plein?
Helas Somme trompeur, que tu m'es inhumain!
  Que n'as tu plus long temps ma paupiere sillee?
  Que n'avez vous encor', ô vous troupe estoilee,
Empesché le Soleil de commencer son train?
O Dieux permettez moy que tousiours ie sommeille,
  Si ie puis receuoir vne autre nuict pareille,
  Sans qu'vn triste réueil me debande les yeux?
Certes on dit bien vray: Le bien qui nous contente,
" Tousiours traine à sa queuë vn regret ennuieux:
" Et n'y a chose aucune en ce monde constante.

XLV.

Ie me trauaille assez, pour ne faire apparoir
  La douleur qui me rend si triste & si debile
  Mais helas ie ne puis! il est trop difficile
De porter vn grand feu sans qu'on le face voir.
Ie baillonne mes maux, ie contrains mon vouloir,
  Et tâche à le couurir d'vne façon subtile:
  Mais mon vague penser, & mon œil qui distile
Declarent haut & clair ce qui me fait douloir.
Ne m'en accusez point, belle & fiere deesse:
  Aux cueurs sans passion facile est la sagesse,
  Ceux qui feignent d'aimer sont aisément discrets:
Il en prend autrement aux mortelles attaintes.
  " Les fleurs de la douleur ce sont larmes et plaintes:
  " Les tyrans en tuant permettent les regrets.

DIANE,

XLVI.

Quand i'approche de vous, & que ie prens l'audace
De regarder vos yeux rois de ma liberté,
Vne ardeur me saisit, ie suis tout agité,
Et mille feux ardens en mon cœur prennent place.
Helas! pour mon salut que faut-il que ie face,
Sinon vous eloigner contre ma volonté?
Ie le fay: toutesfois ie n'en suis mieux traitté:
Car si i'estois en feu, ie suis tout plein de glace.
Ie ne sçauroy parler, ie deuiens palle & blanc,
Vne tremblante peur me gele tout le sang,
Le froid m'estreint si fort que plus ie ne respire.
Hé donc puis-ie pas bien vous nommer mon Soleil,
Si ie sens vn Hiuer m'eloignant de vostre œil,
Puis vn Esté bouillant lors que ie le voy luire?

XLVII.

Malheureux fut le iour, le mois, & la saison,
Que le cruel Amour ensorcela mon ame,
Versant dedás mes yeux par les yeux d'vne Dame,
Vne trop dangereuse & mortelle poison.
Helas! ie suis tousiours en obscure prison:
Helas! ie sens tousiours vne brulante flame:
Helas! vn trait mortel sans relâche m'entame,
Serrant, brulant, naurant, esprit, ame, & raison.
Que sera-ce de moy? le mal qui me tourmente,
En me desesperant d'heure en heure s'augmente,
Et plus ie vais auant, plus ie suis malheureux.
Que maudite soit donc ma dure destinee,
L'heure, le iour, le mois, la saison & l'annee,
Que le cruel Amour me rendit amoureux.

LIVRE I.
XLVIII.

Les premiers iours qu'Amour range sous sa puissance
Vn cœur qui cherement garde sa liberté,
Dans des filets de soye il le tient arrêté,
Et l'emeut doucement d'vn feu sans violence:
Mille petits Amours luy font la reuerence,
Il se bagne en liesse & en felicité,
Les Ieux, la Mignardise, & la douce Beauté
Vollent tousiours deuãt quelque part qu'il s'auãce.
Mais las! presque aussi tost cest heur se va perdant,
La prison s'etrecist, le feu deuient ardant,
Les filets sont changez en rigoureux cordage.
Venus est vne rose espanie au Soleil,
Qui contente les yeux de son beau teint vermeil,
Et qui cache vn Aspic sous vn plaisant fueillage.

XLIX.

Ces eaux qui sans cesser coulent dessus ma face,
Les tesmoins découuerts des couuertes douleurs,
Diane, helas! voyez, ce ne sont point des pleurs.
Tãt de pleurs dedãs moy ne sçauroyẽt trouuer pla-
C'est vne eau, que ie fay de tout ce que i'amasse (ce.
De vos perfections, & de cent mille fleurs
De vos ieunes beautez, y meslant les odeurs,
Les roses & les lis de vostre bonne grace.
Mon amour sert de feu, mon cœur sert de fourneau,
Le vent de mes soupirs nourrit sa vehemence:
Mon œil sert d'alambic par où distile l'eau.
Et d'autant que mon feu est violant & chaud,
Il fait ainsi monter tant de vapeurs en haut,
Qui coulent par mes yeux en si grand' abondance.

DIANE

L.

Helas! de plus en plus le malheur qui m'outrage
Renforce sa furie, & me va pourfuiuant:
Ie fens en pleine mer les ondes & le vant,
A l'heure que ie penfe eftre pres du riuage.
Dieux foyez moy benins! deftournez ce prefage,
Faites que ma frayeur ne marche plus quant,
Ou ne permettez pas que ie refte viuant,
Pour voir de mes deux yeux vn fi piteus naufrage.
Les fantômes plaifans qui fouloyent m'enchanter,
Triftement deguifez, viennent m'efpouuanter,
Offrans deuant mes fens mainte idole funefte.
O mort fi c'eft le Ciel, qui te face auancer
Pour rauir la beauté qu'adore mon penfer,
Las change à mon deftin la fortune d'Alcefte!

LI.

Heureux anneau de ma belle Inhumaine,
Que ie t'eftime & combien tu me plais!
C'eft toy, mignon, qui mes ennuis desfais,
Par les vertus dont ta pierre eft fi plaine.
A ton obiet mon œil fe rafferene,
La Peur me fuit, d'Efpoir ie me repais:
Toute ma guerre eft conuertie en paix,
Et ne connois ny trifteffe ny paine.
Tu es tout rond: parfaite eft la rondeur.
Tu es tout d'or, pour monftrer la grandeur
De mon amour epuré par la flame.
Du Lydien l'anneau tant renommé,
Qui le fift Prince & iouïr de fa Dame,
S'il eftoit mien ne feroit mieux aimé.

LIVRE I. 15

LII.

Quand la fiere beauté qu'vniquement i'admire,
 Faisoit luire à Paris les Soleils de ses yeux,
 On ne voyoit par tout qu'vn Printemps gracieux,
 Et tousiours mollement soupiroit vn Zephyre.
Mais depuis que son œil autre part alla luire,
 La France n'a rien veu qu'vn Hyuer soucieux,
 Tout noirci de brouillas, obscur & pluuieux,
 Et les fiers Aquilons furieusement bruire.
Or les monts où elle est, qui souloyent parauant
 En l'Esté plus ardant estre battus du vans
 De frimas, de gelee, & de glace eternelle,
Sont au mois de Ianuier doucement euentez,
 Les eaux parlent d'Amour, & de tous les costez
 On ne voit rien que fleurs, & verdure nouuelle.

LIII.

Ie recherche à toute heure auec la souuenance
 Ceste vnique beauté, qui l'esprit m'a rauy,
 Et qui fait que loin d'elle aussi triste ie vy
 Comme i'eu de liesse en sa douce presance.
Pour tenir verte en moy la peine & l'esperance,
 Et faire que mon cœur soit plus fort asserui,
 Amour qui n'est iamais de mes pleurs assouui,
 Par mille inuentions refraichit ceste absence.
A mes yeux languissans il fait voir tout exprés
 Les vulgaires beautez, & les foibles attraits
 De celles que nostre âge entre toutes reuere:
Lors ie cognoy ma perte en voyant leurs defauts,
 Et cōbien de vos yeux les rayons sont plus chauds.
 Car rien qui ne soit vous à mō cœur ne peut plaire.

DIANE,
LIIII.
Ie te l'auois bien dict, pauure Cœur desolé,
Que tu ne deuois pas si lâchement te rendre,
Mais onc à mes propos tu ne voulus entendre:
Car l'attrait d'vn bel œil t'auoit ensorcelé.
Tu vois comme il t'en prend, ton heur s'est enuolé,
Tu demeures captif, ton bien est mis en cendre.
De tes propres desirs tu ne te peux defendre:
Et d'aucun bon espoir tu n'es plus consolé.
Et vous, mes pauures Yeux conuertis en fontaines,
Las! que vous faites biẽ d'ainsi pleurer vos peines,
Et la dure prison où ie suis retenu:
Vous ne verrez plus rien desormais qui vous plaise:
Mais ce m'est grãd cõfort de vous voir en mal-aise:
Car pour vostre plaisir ce mal m'est aduenu.

LV.
Amour brule mon cœur d'vne si belle flame,
Et suis sous son pouuoir si doucement traité,
Que languissant ainsi captif & tourmenté
Ie beny la prison, & le feu de mon ame.
Vous autres prisonniers, que son ardeur enflame
Souhaitez moins de peine, & plus de liberté:
De moy ie veux mourir en ma captiuité,
Consommé par le feu des beaux yeux de Madame.
Les trauaux, les rigueurs, la peine & le malheur
Embellissent ma gloire, & n'ay plus grãd'douleur
Que quand cest œil felon autre que moy tourmẽte.
Ie n'ay pas toutesfois perdu le iugement:
Car on dit bien-heureux celuy qui se contente,
Et ie trouue à l'aimer mon seul contentement.

LVI.

Si la pitié trouue en vous quelque place,
    Si vostre cœur n'est en roche endurcy,
    D'vn doux regard, qui respire mercy,
De vos courroux temperez la menace.
Depuis le tans que leur rigueur me chasse,
    I'eusse l'enfer de ma plainte adoucy:
    Des supplians Nemesis a soucy,
Et tost ou tard leur defense elle embrasse.
L'ardant amour qu'en mon cœur i'ay receu,
    Naist de vos yeux, leurs rayons l'ont conceu,
    Enflant d'espoir mon ame outrecuidee.
C'est vostre enfant, vous le deuez cherir,
    Au lieu qu'helas vous le faites mourir,
Verifiant la fable de Medee.

LVII.

Si i'aime & n'ais plus pour viure mal-contant,
    Et ne rapporter rien de ma poursuite vaine
    Que les poignans refus d'vne Dame inhumaine,
Et pour languir tousiours que ie meure à l'instant.
Hé qui fait suiure Amour, si ce n'est pour autant
    Qu'on pense en recueillir quelque faueur certaine?
    Car cil qui seroit seur de n'en auoir que peine,
Seroit-ce pas vn sot s'il s'en trauailloit tant?
Ce qui nous fait trouuer le trauail agreable,
    C'est quand nous esperons quelque fin desirable,
    Qui doit donner repos à nos longues douleurs.
Pourquoy donc vainement veux-ie par ma constace,
    Par regrets, par souspirs, trauaux, flames & pleurs,
Acheter des refus pour toute recompanse?

DIANE

LVIII.

J'ay long temps voyagé courant tousiours fortune
Sus vne mer de pleurs, à l'abandon des flots,
De mille ardans soupirs & de mille sanglots,
Demeurant quinze mois sans voir Soleil ny Lune.
Ie reclamois en vain la faueur de Neptune,
Et des astres iumeaux, sourds à tous mes propos:
Car les vents irritez combatans sans repos,
Auoyent iuré ma mort sans esperance aucune.
Mon desir trop ardant ainsi qu'il luy plaisoit,
Sans voile & sans timon la barque conduisoit,
Qui couroit incertaine au vouloir de l'orage.
Mais durant ce danger vn ecueil ie trouuay,
Qui brisa ma nacelle, & moy ie me sauuay
A force de nager euitant le naufrage.

LIX.

Puis que ie ne fay rien en vous obeïssant,
Qui vous donne plaisir, & vous soit agreable:
Puis que vous estimez que mon cœur soit muable,
Bié qu'aux flots des malheurs il s'aille endurcißát,
Puis que vostre rigueur d'heure en heure accroissant
Se plaist à me gesner, & me voir miserable:
Puis que ma passion ne vous sert que de fable,
Et que mieux ie vous sers plus ie suis languissant:
Puis que comme ma foy vostre orgueil continue,
Puis que le chemin croist & le iour diminue,
Et que ie ne voy rien qui me promette mieux,
Adieu, Madame, adieu, aussi bien ie confesse
Qu'il faudroit pour seruir vne telle Deesse
Non vn hôme mortel, mais le plus grád des dieux.

Ie suis

LX.

Ie suis repris, helas! ie suis repris,
 Plus que iamais vne ardeur me consume:
 Ie suis tout cuit du venin que ie hume,
 Qui boit mon sang, & trouble mes esprits.
Aussi, mes yeux, s'estoit trop entrepris.
 Comment? desia vous en faisiez coustume
 De vous mirer au feu qui vous allume.
 Hé! pensiez-vous n'en estre point surpris?
Puis que par vous i'ay receu ce dommage,
 Ie ne me plains que soyez en seruage:
 Seruage? non, ains douce liberté.
Mais mon esprit qui n'a point fait d'offense,
 Meritoit-il d'estre ainsi tourmenté,
 Et que mon cœur pour l'œil fist penitence?

LXI.

Madame, apres la mort, qui les beautez efface,
 Ie tiens que nous irons à l'infernal tourment:
 Vous pour vostre rigueur, moy pour trop follement
 Auoir creu mon desir & suiuy son audace.
Mais pourueu que Minos nous loge en mesme place,
 Vostre mal pres de moy sera plus vehement:
 Où i'auray, vous voyant, tant de contentement,
 Que ie ne sentiray douleur, flamme, ny glace.
Car mon ame rauie en l'obiet de vos yeux,
 Au milieu des enfers establira les cieux,
 De la gloire eternelle abondamment pourueue.
Et quand tous les damnez se voudront emouuoir
 Pour empescher ma gloire, ils n'auront le pouuoir,
 Pourueu qu'estant la bas ie ne perde la veue.

DIANE,
LXII.
Las! on dit que l'espoir nourrit l'affection,
Et qu'il garde qu'Amour ne meure à sa naissance:
Et i'aime toutesfois, n'ayant nulle esperance,
Car trop haut est l'obiet de ma presomption.
Il n'y a cruauté, peril, ny passion,
Qui me sceust démouuoir de ma perseuerance:
Et la seule douleur, qui vainc ma patience,
C'est que ie sois contraint d'vser de fiction.
Ie considere assez qu'en si haute entreprise,
Trop de discretion ne peut estre requise:
Mais s'il en faut vser ie m'y force à regret.
Las contre ma raison, mes sens sont en querelle,
Mille debats confus renuersent ma ceruelle!
En ces troubles d'esprit pourrois-ie estre discret?

LXIII.
Amour a mis mon cœur comme vn rocher à l'onde,
Cōme enclume au marteau, cōme vne tour au vent,
Et comme l'or au feu, dont ie pleure souuent
Et crie à haute voix sans qu'aucun me responde.
Las! tes yeux sont luisans, & ta tresse m'est blonde
Seulement pour mon mal: car ie vay receuant
Les flots, les coups, l'haleine, & le feu trop viuant
Sans varier ma foy qui plus ferme se fonde.
L'onde c'est ton orgueil, le marteau mon tourment,
Le vent ta volonté tournant legerement,
Qui pourtant ne m'émeut, ne me rōpt, ne m'encline.
Puis ton ardant courroux plein de froide rigueur,
Cōme vn feu deuorant veut consommer mon cœur,
Mais tout ainsi que l'or dans la braise il s'affine.

LIVRE I.   18

LXIIII.

Comme vn pauure malade en la couche arresté,
  Qui pour sa guarison prend maint diuers bruuage
  Herbes, charmes, billets, mais tout à son dommage;
  Car son mal incurable en est plus irrité,
En fin perdu d'espoir, quand il a tout tenté,
  Remet à Dieu sa vie, & n'a plus de courage
  D'attendre aucun secours, ny que rien le soulage
  Que celle qui des maux est le but limité.
De mesme, en mes douleurs i'auoy pris esperance
  Que l'oubly, la raison, les dédains, ou l'absence
  Me pourroyent alleger ou du tout me guarir:
Mais voyant que sans fruict mon attente se treuue,
  I'obeis au destin, & sans faire autre preuue,
  Des beaux traits de vos yeux ie consens de mourir.

LXV.

Si ce n'est qu'amitié, c'est la plus enflamee,
  Et qui mieux tout à coup va gaignant les esprits
  Qu'autre qui fut iamais : n'en deplaise à Cypris,
  Les brandons de son fils ne sont rien que fumee.
Expert i'en puis parler : mon ame accoustumee
  Dans les fourneaux d'Amour plus ardāment éprise,
  Recognoist à l'essay, que tout n'est rien au prix
  De ceste amitié neuue en mon sang allumee.
Quoy? ie ne puis dormir! ô Dieu quelle amitié,
  Qui comme vne fureur me poursuit sans pitié,
  Et qui du desespoir les desirs fait renaistre:
Bref, qui fait qu'à tous vens mon vaisseau ie remets
  " Non ce n'est amitié. L'amitié n'est iamais
  " Du Prince à son subiet, de l'esclaue à son maistre.

DIANE,
LXVI.

I'ay par long temps, comme Amour m'affolloit,
Suiuy ton œil, dont la flamme est si claire:
Et mon regard, papillon volontaire,
Tousiours autour volloit & reuolloit.
Ie m'egayois au feu qui me bruloit:
Mais quand ie voy que tu veux le contraire,
Ie m'en éloigne, & pour te satisfaire
I'oste à mon cœur l'heur qui le consoloit.
En t'éloignant i'éloigne aussi ma vie,
Puis toutesfois que telle est ton enuie
Ie ne me plains de mourir en ce point.
Las ie te rens entiere obeissance,
Fors que tu veux que ie ne t'aime point,
Mais les destins m'en ostent la puissance.

LXVII.

I'accompare Madame au serpent furieux,
Que le diuin Thebain surmonta par la flame:
Ce serpent eut sept chefs, & ma cruelle Dame
A sept moyës vainqueurs des hômes et des dieux.
Le teint, le frõt, la main, la parole, & les yeux,
Le sein, & les cheueux qui retiennent mon ame.
Auec ces sept beautez les rochers elle entame,
Et tousiours son pouuoir reuient victorieux.
De chacun de ces chefs, sept autres nouueaux sortent,
La mort, les traits, le feu, les desirs qui transportẽt,
L'espoir, la deffiance, & l'aspre deconfort.
Ils sont de ce seul poinct differens de nature,
C'est qu'auecque du feu l'Hydre fut mis à mort,
Et l'autre de mon feu prend vie & nourriture.

LIVRE III.

LXVIII.

Ma nef passe au destroit d'vne mer courroucee,
  Toute comble d'oubly, l'hiuer à la mi-nuict:
  Vn aueugle, vn enfant, sans soucy la conduit,
Desireux de la voir sous les eaux renuersee.
Elle ha pour chaque rame vne longue pensee,
  Coupant au lieu de l'eau l'esperance qui fuit:
  Les vents de mes soupirs effroyables de bruit,
Ont arraché la voile à leur plaisir poussee.
De pleurs vne grand' pluye, & l'humide nuage
  Des dédains orageux detendent le cordage,
  Retors des propres mains d'Ignorāce & d'Erreur.
De mes astres luisans la flamme est retiree,
  L'art est vaincu du tēps, du bruit & de l'horreur:
  Las! puis-ie donc rien voir que ma perte asseuree?

PLAINTE.

LAS ie me meurs en presence de celle,
  Dont les beaux yeux auācent mō trespas!
  Ie puis m'aider, & ie ne le fay pas:
Ie veux guarir, & mon mal ie luy celle.
De chaud crystal elle arrouse sa face,
  Voyant ma peine, & s'enquiert de ma mort,
  Mais i'aime mieux mourir sans reconfort,
Qu'en m'allegeant confesser mon audace.
Las ie pensois pource qu'elle est diuine,
  Que mes desirs luy seroient cuidans,
  Et que son œil veist dehors & dedans,
Et de mon mal decouurit l'origine.

C iij

DIANE.

Vn feu cruel me deuore & ſaccage,
Il boit mon ſang, il deſſeche mes os:
Las! ie l'eſtouffe & le veux tenir clos,
Mais ſa fureur me paroiſt au viſage.
Monſtrons-le donc : Madame eſt pitoyable,
Mais, ô mon Cœur, garde de t'abuſer:
Car ce ſeroit de ma mort l'accuſer,
Bien qu'elle en ſoit innocemment coupable.
Non, il n'eſt point de geſnes ſi cruelles,
De feux ſi chauds, ny de ſi griefs tourmens
Dans les enfers pleins de gemiſſemens,
Pour les pechez des ames criminelles.
Si la douleur y peut faire ſes plaintes,
Et qu'on s'y lâche aux regrets & aux cris,
Conſolez vous (miſerables eſprits)
Vos paſſions ne ſont que douleurs paintes.
O Cieux cruels ſi i'ay fait quelque offence,
Dreſſant au ciel mon vol precipité,
Puniſſez moy, ie l'ay bien merité:
Mais à ma faute egalez ma ſouffrance.
O durs rochers, ô deſerts ſolitaires,
Où mes ennuis ie ſoulois euanter:
Ce n'eſt plus vous qui m'orrez lamanter,
Mes ſeuls penſers ſeront mes ſecretaires.
Car mon ardeur eſt d'vne telle ſorte,
Qu'en la ſouffrant ie crains de ſoupirer,
Comme inſenſible on me voit endurer:
Ma peine eſt viue, & ma parole eſt morte.
Ce ſeul eſpoir adoucit mon angoiſſe,
Qu'vn feu retrains qui cuit ſi viuement,

LIVRE I.

Ne peut durer : il est trop vehement,
Il faut qu'il cesse, ou que ie prenne cesse.
Toute ma gloire en si triste auanture,
C'est que ie meurs diuinement brulé.
Que mon desir ie n'ay point reuelé,
Et que mon cœur en est la sepulture.

COMPLAINTE.

DEPVIS l'aube du iour ie n'ay point eu de cesse
De pleurer, de crier, & de me tourmenter,
Maudissant l'inhumain qui iamais ne me laisse,
Et semble que mon mal serue à le contenter.
Helas ie n'en sens point mon ame estre allegée!
Les pleurs ne rendent point mon cœur plus deschargé :
Ma fureur par despit s'en fait plus enragee,
Et plus cruel l'amour dans mon sang hebergé.
  Le iour s'est retiré, voicy la nuict venuë,
Qui soulage les cœurs des hommes trauaillez :
Mais plus fiere tousiours ma douleur continuë,
Et vainqueurs du sommeil mes maux sont eueillez.
  Si i'ay souffert le iour quelque angoisse pressante,
Quelque ialoux penser en fureur conuerty,
La nuict propre aux soucis fait que mieux ie les sante,
N'estant plus mon esprit des obiets diuerty.
  Le iour ne m'est pas iour puis que ie ne voy chose
Qui me donne liesse & me face esperer :
La nuict ne m'est pas nuict puis que ie ne repose,
Et que ie sens la nuict ma douleur s'empirer.

C iiij

DIANE.

Ah Dieu que de pensers tournent dedans ma teste!
Que i'en voy sans repos voller deuant mes yeux!
Que ie suis agité d'orage & de tempeste,
Et si ne voy rien qui me promette mieux!
 I'auois eu d'autres fois la poitrine allumee
Des bluettes qu'Amour lance au commencement:
Mais helas! ce n'estoit qu'vne simple fumee
Aupres du feu couuert qui me va consumant.
Car ce faux enchanteur pour nous donner courage,
Et nous rendre des siens se monstre gracieux:
Puis si tost qu'il nous tient il change de visage,
Et s'il faisoit le doux il fait l'audacieux.
 Comme le simple oiseau qui ne se peut defendre
De la douceur du chant dont il est abusé:
Et comme le poisson trop goulu se va prendre,
Voulant prendre l'appast du Pescheur plus rusé.
Ainsi ie me suis pris dans l'embusche traitresse
Qu'Amour auoit tenduë à fin de m'attraper,
L'amorçant des regars d'vne belle Deesse,
Dõt le plus grand des Dieux n'eust sceu libre echaper.
 Si tost que ie la vey mon ame en fut esmeuë,
Et ma pauure Raison soudain m'abandonna:
Mille petits esprits qui sortoyent de sa veuë,
Passerent par mes yeux, dont mon cœur s'estonna:
Et vey tant de beautez, que sans faire defanse
Vaincu ie me rendy, ne pouuant mesurer
Comme ie me perdois, & que pour ma souffrance
Ie ne trouueroy rien qui me fist esperer.
 Las que depuis ce temps i'ay supporté de peine!
Que i'ay perdu de iours, que i'ay veillé de nuits,

LIVRE I.

Poursuiuy sans cesser d'vne rage inhumaine,
Qui de la fin d'vn mal fait naistre mille ennuis
Sa rigueur toutesfois me seroit agreable
Si i'auoy quelque espoir d'alleger ma douleur:
„ Mais c'est vn trop grãd mal de languir miserable,
„ Et n'esperer ny paix ny trefue à son malheur.
 Si la fleche d'Amour dont mon ame est blessee,
8 Ne m'eust touché qu'vn bras, ie l'eusse separé:
I'eusse coupé d'vn coup la partie offensee
Pour finir le tourment trop long temps enduré
Mais las! ceste poison tout partout espanduë
M'enuenime le sang, l'ame & l'entendement,
Mon cœur en est saisi. C'est donc peine perduë
D'esperer que le temps m'y trouue allegement.
 Ce qui plus me tourmête, & qui croist mon malaise,
9 C'est qu'encor en souffrant tant d'aspres passions,
(O cruauté du ciel!) il faut que ie me taise,
Et feigne vne liesse en mes afflictions.
Car durant mes trauaux ie prendroy patience,
Voire & m'honoreroys de beaucoup endurer,
Si celle que ie sers en auoit cognoissance,
Et si ie luy pouuoy librement declarer.
 Ma Diane mon cœur, ma lumiere, & mon ame,
10 Clef de tous mes pensers, source de mon souci,
Helas! sentez vous point que ma cuisante flame
S'allume de vos yeux & s'en nourrist aussi?
Ils font que mon ardeur tousiours viue demeure:
Ils font que mes desirs ne sont iamais lassez,
Et feront que bien tost il faudra que ie meure,
Bien-heureux toutesfois si vous le cognoissez.

DIANE.

LXIX.

Puis qu'on veut que l'image en mõ cœur si bien peinte
S'efface auec le temps contre ma volonté,
Ie prens congé de vous, ô diuine Beauté,
Qui reteniez mon ame heureusement contrainte.
En moy toute autre ardeur desormais soit etainte,
Tout espoir, tout desir, toute felicité :
Arriere, ô foible Amour, qui fais place à la crainte,
Adieu flambeaux & traits, adieu captiuité :
Adieu Lut, compagnon de mes tristes pensées,
Adieu nuicts en discours comme vn songe passees,
Desirs, souspirs, regards si gracieux & doux :
Douleurs, soucis, regrets saisiront vostre place.
Car puis que mon amour par la crainte s'efface,
O plaisirs, pour Iamais ie prens congé de vous.

DIALOGVE.

AMOVR, ame des cœurs, esprit des beaux
    esprits,
Ie te coniure, Enfant, par ta mere Cypris,
Par ton arc, par tes traits, par ta plus chere flame,
Par ces yeux où si fier tu sied en Maiesté,
Par les cris & les pleurs, fruicts de ma loyauté,
De dire à ce depart vn Adieu à Madame.

AMOVR.

Que veux-tu que ie die ? Hé ne vaut-il pas mieux
Toy-mesme en distilant ta douleur par tes yeux,
La baiser doucement, & prendre congé d'elle ?

Tes pleurs, ta contenance, & la triste langueur
Qui se lit sur ton front, contraindront sa rigueur,
Si son cœur n'est cruel autant comme elle est belle.

D.

Las Amour, ie ne puis ! le coup que ie reçoy
M'eloignant de ses yeux me met si hors de moy,
Que ma langue ne peut former vne parolle:
Ie ne fay que crier, gemir, & soupirer,
Les petites douleurs se peuuent declarer,
Mais non le desespoir qui rend mon ame folle.

AMOVR.

Bien dōc, puis qu'il te plaist, ie m'en vay la trouuer:
Mais ie me veux armer, à fin de n'esprouuer
Ses yeux, qui tant de fois m'ont la pensé contraindre,
Tes tourmens me font peur d'essayer leur effort:
Conte moy ce pendant, quel est ton deconfort,
Et de quelles rigueurs pour toy ie me doy plaindre.

D.

Amour, Roy des esprits à ton gré flechissans,
Qui luy peut mieux conter les douleurs que ie sans
Que toy, qui les fais naistre en mon ame captiue?
Qui luy peut mieux monstrer ma constāce & ma foy
Que sa rigueur extreme? Et qui peut mieux que toy
Amolir ceste Dame, ains ceste roche viue?
Dy luy le desespoir où ie me voy reduit
Or' qu'vn depart forcé loing d'elle me conduit,
Et qu'vne mort prochaine est ma seule esperance.
Apres coniure-la par ma ferme amitié,
Et par ses doux regars qui promettent pitié,
Qu'elle ait aucunesfois de mon dueil souuenance.

DIANE.

Comme aussi de ma part ie ne veux rien penser,
Entreprendre, inuenter, parfaire, ou commencer,
Exilé de ses yeux, qu'en sa seule memoire,
N'escriuant vn seul vers, qui n'ait pour argument
Mes desirs sans espoir, ma constance au tourment,
Sa vertu, ses beautez, sa fortune, & sa gloire.

Amour, tu luy diras pour mes maux enchanter,
Qu'elle a mille moyens de se represanter.
Qu'elle sera ma vie en tenebres laissee:
Soit en voyant le ciel, l'air, la terre, ou les eaux,
Soit oyant dans vn bois le doux chant des oiseaux,
L'image de ma peine en tous lieux est tracee.

Est-elle en vn taillis à l'ecart quelquefois?
Qu'elle pense me voir au plus secret d'vn bois
Decouurant mes ennuis aux buissons & aux arbres.
Voit-elle vn haut rocher, ou vn vieux bastiment?
Qu'elle pense me voir par mon dueil vehement
Attendrir de pitié les rochers & les marbres.

S'il pleut aucunefois, pense aux eaux de mes pleurs:
Et quand l'Esté bouillant nous cuira de chaleurs,
Pense au feu plus ardant qui me brule & saccage.
Si le Ciel de tonnerre ou d'orage est noirci,
Pense que mon cœur trouble est esmeu tout ainsi
D'ennuy, de desespoir, de tempeste & d'orage.

Bref que ses yeux si clairs ne puissent plus rien voir
Qu'aussi tost ma douleur ne la vienne emoussoir,
Et n'arrache vn soupir de son ame cruelle.
Car si par son depart ie doy tant endurer,
Quel bien pour mon salut puis-ie helas! desirer,
Fors qu'elle ait sentiment du mal que i'ay pour elle?

LIVRE I.

PLAINTE.

SUS sus mon Lut, d'vn accord pitoyable
Plains le depart qui me rend miserable:
Et sur le ton conuenable aux douleurs,
Tristement doux, solennise mes pleurs.
Et vous, mes Yeux, coupables de mes paines,
Debondez-vous, changez vous en fontaines:
Mais pour pleurer des malheurs si nuisans,
Les yeux d'Argus ne seroyent suffisans.
Il ne faut plus que i'aye aucune attente
De voir iamais d'objet qui me contente:
Retirez vous, ô plaisirs peu constans,
Les desespoirs maintenant ont leur tans.
Las à quel bien faut-il plus que i'aspire?
Mon beau soleil loin de moy se retire:
Et le flambeau, qui souloit m'eclairer,
Trahist ma veue & me laisse egarer.
Ces doux attraits pleins de chaste rudesse,
Ces viues fleurs d'vne belle ieunesse,
L'œil de la Cour, son printemps gracieux,
O ciel cruel! se derobe à mes yeux.
Maudit Amour, aueugle à ma souffrance,
As-tu donc fait que i'aye eu connoissance
De ses beautez, pour rendre en m'en priuant
Mon cœur aux maux plus sensible & viuant?
Toute rigueur m'estoit douce auprès d'elle,
De ce seul trait la playe estoit mortelle:
Ie ne crains plus Iupiter courroucé,
Le Ciel sur moy tout son pis a versé.

DIANE,

Le triste iour qu'elle me fut rauie
Il falloit bien que ie fusse sans vie,
Et que ce coup m'eust d'esprit denué;
Car autrement la douleur m'eust tué.
Las ne viuant qu'en des nuicts solitaires,
A quoy, mes Yeux, m'estes vous necessaires?
Et n'oyant plus vn langage si doux,
Oreilles, las! dequoy me seruez-vous?
Heureux oiseau dont l'Inde est renommee,
L'œil au Soleil ta vie est consommee:
Pourquoy du Ciel n'eu-ie vn destin pareil,
Mourant aux rais de mon diuin soleil?

COMPLAINTE.

PVIS que le Ciel cruel trop ferme en mes malheurs,
S'obstine à me poursuiure & iamais n'a de cesse,
Donnons à sa rigueur des sanglots & des pleurs:
Les pleurs & les sanglots sont fleurs de la tristesse.
Puis que i'esprouue tant de diuers changemens,
Et qu'vn seul à mes maux n'apparoist fauorable,
Pourquoy veux-ie languir dauantage aux tourmens?
Il vaut mieux n'estre point que d'estre miserable.
Puis que mon clair soleil sur moy plus ne reluit,
Et que de ses rayons la France est depourueue:
Fermons nos tristes yeux en l'eternelle nuit.
,, A qui ne veut rien voir inutile est la veue.
Puis que mes vrais soupirs n'ont iamais sceu mou-
Les Cieux à diuertir ceste cruelle absance,   (uoir

LIVRE I. 24

Las ! croiray-ie qu'Amour dans le Ciel ait pouuoir,
Et qu'il range les Dieux sous son obeissance?
   En vain deçà delà ie vay tournant mes pas,
Mon œil ne choisist rien qu'obiets qui le tourmentent:
Ie me cherche en moymesme, & ne me trouue pas,
Et plus ie vais auāt plus mes malheurs s'augmentent.
   Comme celuy qui veit au Printemps emaillé
Vn iardin bigarré de diuerse peinture,
Ne le recognoist plus quand il est despouillé
Par l'Hyuer mal-plaisant, de grace & de verdure.
   De mesme, en ne voyant, ainsi que ie soulois,
Tant de douces beautez de ma chere Maistresse,
Ie ne recognoy plus tous ces lieux où ie vois,
Et m'égare en resuant sans voye & sans adresse.
   I'erre seul, tout pensif, ignorant qui ie suis,
8 Ma face étrange à voir d'eaux est tousiours couuerte:
Tous les ieux de la Court me sont autant d'ennuis,
Seruans de refraichir ma douleur & ma perte.
   Quand ie voy ces combats dressez pompeusement,
A l'espee, à la hache, à la picque, à la lance,
9 Las (ce dy-ie) qu'Amour me bat bien autrement!
D'vn mortel contre vn Dieu foible est la resistance.
   Tout ce qui s'offre à moy ne me fait qu'offenser,
Et redoubler l'ennuy, dont mon ame est attainte:
10. Seulement ie me plais me mettant à penser
Que iusqu'à ton oreille Amour porte ma plainte.
   O Dieu s'il est ainsi, comme ie croy qu'il est,
11 Que i'estime ma peine vn repos agreable!
Que mō soucy m'est doux, que mon trespas me plaist!
La mort en bien aimant est tousiours honorable.

DIANE,

Chanson, cesse ta plainte, & sors d'auecque moy
Pour trouuer la beauté dont ie pleure l'absance:
Dy luy que le malheur ne peut rien sur ma foy,
Et que i'ay plus d'amour quãd i'ay moins d'esperãce.

COMPLAINTE.

Rque ie suis absent des beaux yeux de
   Madame,
Or que ie vy sans cœur, sans esprit &
   sans ame,
Et que les plus clairs iours me sont obscures nuits:
A fin que tout le monde estonné la reuere
Iusqu'au moindre arbrisseau de ce bois solitaire,
Ie veux chanter sa gloire & pleurer mes ennuis.
O sommets orgueilleux des montagnes cornues
Portez portez son nõ iusqu'au plus haut des nues,
Mais il est toutesfois assez cogneu aux cieux,
Car dés l'eternité les troupes immortelles
La firent au patron des Graces les plus belles,
A fin qu'elle embellit ce monde vicieux.
Le Dieu qui dans le Ciel a fondé son empire
Ne voit par tout là haut, lors que Phebus retire
Ses cheuaux du labeur, vn astre si diuin:
Hardy ie l'en deffie, & ne crains qu'il y mette
Celle qu'il changea d'Ourse en luisante planette,
Et sert aux mariniers de guide en leur chemin.
Qu'on vante du Soleil la cheuelure blonde,
De ce qu'elle esiouit tout l'enclos de ce monde,
Et l'enflamme au dedans de desir & d'amour

LIVRE I. 25

Ie dy que ce n'est rien, si la nuict coustumiere
Empesche les effets de sa belle lumiere,
Et la moitié du temps luy derobe le iour.
Où Madame tousiours tousiours dure en sa gloire,
Soit que le iour se monstre, ou la nuict la plus noire
Le feu de ses beaux yeux heureusement reluit:
Elle ne disparoist pour vne obscure nuë:
Ains peut en se iouant d'vn seul trait de sa veuë
Allumer vn beau iour au plus fort de la nuit.
Quelque part qu'elle arriue il y croist des fleurettes,
Et de ses doux regards naissent les amourettes,
Qui de leurs aiguillons peuuent tout emouuoir.
La terre sous ses pieds s'émaille de verdure,
Le ciel se plaist en elle, & louans la nature
Les mortels bien-heureux s'égayent de l'auoir.
Si tost que ie la vey si diuine & si belle,
Mon ame incontinant recogneut bien en elle
Le parfait qu'autrefois elle auoit veu aux cieux:
C'est pourquoy du depuis saintement ie l'adore
Pour la diuinité qui la suit & l'honore,
Et croy qu'en l'adorant ie fais honneur aux dieux.
On dit que nous auons vne estoile pour guide,
Qui forte, nous arreste, ou nous lâche la bride,
Et qui tient de nos iours le terme limité:
Mais ma deesse seule est mon astre prospere.
C'est la loy de ma vie, & ne pourroy rien faire,
Ny ne voudrois aussi, contre sa volonté.
Tous les astres diuins, qui dans le ciel ont place,
Sont nourris des vapeurs de ceste terre basse,
Et de là puis apres ils causent nos humeurs.

D

DIANE,

C'est tout ainsi de moy. Car ma belle planette
Se repaist des soupirs & des pleurs que ie iette,
Puis m'inspire au dessus tant d'ardantes chaleurs.
Et quand aucunefois sa clairté se retire
De dessus moy, chetif, rien plus ie ne voy luire:
Vne ombre espesse & noire obstinément me suit,
Mes yeux côme aueuglez, demeurêt sans côduitte,
Ie n'ay rien que tristesse & malheur à ma suitte,
Et si ie fais vn pas toute chose me nuit.
Ie me pers bien souuent, pensant perdre ma paine,
De rocher en rocher, de fontaine en fontaine,
Côme il plaist au destin qui me rend malheureux:
Mais ie pers seulement mes pas & mon estude,
Car parmy le silence & par la solitude
I'ay tousiours à l'oreille vn chaos amoureux.
Si ie suis par les champs ie reçoy fascherie,
Si ie suis par les prez ie hay l'herbe fleurie,
Si ie suis dans vn bois ie n'y puis demeurer.
Car sa belle verdeur accroist ma doleance,
Et vay disant, Le verd est couleur d'Esperance,
Mais loin de mon espoir que sçaurois-ie esperer?
En hyuer que ie voy les montagnes desertes,
Blanchissantes par tout & de neiges couuertes,
Las, ce dy-ie, Madame ha le teint tout pareil:
Mais que mon noir destin à la neige est contraire!
Car la neige se fond quand le Soleil éclaire,
Et ie me fonds si tost que ie pers mon Soleil.
Quand ie voy les torrens qui des roches dessandent,
Et d'vn cours furieux à bouillons se repandent,
Ils me font souuenir de mes pleurs abondans,

LIVRE I.

Et dis en soupirant : Toutes ces eaux ensemble,
Ny tout ce que la mer de rivieres assemble,
N'éteindroyent pas le feu qui m'embrase au dedãs.
I'ay mille autres pensers, & mille & mille & mille,
Qui font qu'incessamment mon esprit se distile.
Mais cesse, O ma chanson, vainement tu pretens :
Conte plustost la nuict les troupes estoilees,
Le granier & les flots des campagnes salees,
Les fruitages d'Automne, & les fleurs du Printẽps.

CHANT D'AMOVR.

PVIS que ie suis épris d'vne beauté diuine,
Puis qu'vn Amour celeste est Roy de ma poitrine,
Puis que rien de mortel ie ne veux plus sonner :
Il faut à ma Diane eriger ce trofee,
Et faut qu'à ce grãd Dieu, qui m'a l'ame echauffee,
Ie consacre les vers que ie veux entonner.
Escriuant de l'amour, Amour guide ma plume :
En parlant de Beauté, la beauté qui m'allume
Vienne seule à ce coup mon courage emouuoir :
De deux grand's deitez la faueur ie desire,
Aussi les deitez qu'en ces vers ie veux dire,
N'ont rien qui soit egal à leur diuin pouuoir.
C'est vn grãd dieu qu'Amour, il n'a point de sẽblable,
De luy mesme parfait, à luy-mesme admirable,
Sage, bon, connoissant, & le premier des dieux :
Sa puissance inuincible en tous lieux est connue.
Son feu prompt & subtil, qui trauerse la nuë,

puis qu'il a dit la marine, la terre et les cieux, il devoit dire DIANE,

Bruſle l'eſp[rit] Bruſle enfer, la marine, & la terre & les cieux.
et celà eſt Si c'eſt vn dieu puiſſant, la Beauté n'eſt moins grande,
ſans doute. La Beauté comme Amour en la terre commande,
Son pouuoir regne au ciel ſur la diuinité:
L'homme s'en eſmerueille, & l'angelique eſſence
chauſſe 4 Se rauit bien-heureuſe en voyant ſa preſence;
Auſſi l'Amour n'eſt rien qu'vn deſir de Beauté.
Durant le grand debat de la maſſe premiere,
Que l'air, la mer, la terre, & la belle lumiere,
il ne ſert 5 Meſlez confuſément faiſoyent vn peſant corps:
a prime pas Amour qui fut marry de leur longue querelle,
De la matiere lourde en baſtit vne belle,
Rangeant les elemens en paiſibles accords.
D'vne choſe ſans forme il en fit vne ronde,
Que pour ſon ornement on appelle le Monde,
6 Entretenu d'Amour, dont il eſt tout rempli.
Car cet Amour touſiours par la Beauté l'attire,
Et ſuiuant la Beauté belle forme il deſire:
Voila comme l'Amour rend le Monde accompli.
S'il a formé le monde il luy donne duree,
Et rend par bonne paix ſa matiere aſſeuree,
En diſcordans accords toute choſe vniſſant.
7 Tout ce qui vit icy recognoiſt ſa puiſſance:
Car en entretenant ce qui eſt en eſſence,
il faut Fait que ce qui ha fin n'eſt iamais finiſſant.
il eſt finiſſant En la grandeur des cieux, en l'air, & en la terre,
mal pour ne Et en toutes les eaux que l'Ocean enſerre,
finir iamais Il ne ſe trouue rien qui n'en ſoit agité.
Le poiſſon au printemps le ſent deſſous les ondes,
Les Ours & les Lyons aux cauernes profondes,

LIVRE I.   27

Et l'oiseau mieux volant n'a son trait culté.
Les plus lourds animaux parmi les gras herbages,
Sentans cest aiguillon qui leur poind les courages,
Bondissent, furieux, pleins d'amoureux desir:
Le Toreau suit la Vache à trauers les montagnes,
Le Cheual la Iument par bois & par campagnes,
Conseruans leur espece attirez du plaisir.
Iupiter par luy mesme ayant l'ame enflamee
Coule dedans le sein de son espouse aimee,
Ioyeuse de sentir vn tel embrassement:
Dont grosse puis apres, orgueilleuse elle enfante
Cent mille & mille fleurs qu'elle nous represente,
Resiouissant nos yeux de son riche ornement.
C'est donc, Amour, par toy que les bois reuerdissent,
C'est par toy que les blez és campagnes iaunissent,
C'est par toy que les prez se bigarrent de fleurs,
Par toy le doux Printemps suiui de la Ieunesse,
De Flore & de Zephyre, estale sa richesse,
Peinte diuersement de cent mille couleurs.
Nos ancestres grossiers qui viuoyent aux bocages,
Hideux, velus & nus comme bestes sauuages,
Errans deçà delà sans police & sans loix,
Se sont par ton moyen assemblez dans les villes,
Ont policé leurs mœurs par coustumes ciuiles,
Ont fait les deïtez, se sont eleus des Rois.
Les lettres & les arts te doiuent leur naissance,
Tu nous as fait aimer la coulante Eloquence,
La haute Astrologie, & la Iustice aussi:
Mesme encor à present l'accord de la Musique,
En te recognoissant, languist melancholique,

DIANE,

S'il ne plaint la rigueur de ton poignant souci.
Tout rit par où tu passe, & ta veuë amoureuse
Qui brule doucement, rend toute chose heureuse:
La Grace quãd tu marche, est tousiours au deuant,
La Volupté mignarde en chantant t'enuironne,
Et le Soing deuorant qui les hommes tallonne,
Quand il te sent venir s'enfuit comme le vent.
Par toy le Laboureur en sa loge champestre,
Par toy le Pastoureau menant ses brebis paistre,
Se plaist en sa fortune & benit ton pouuoir:
Et d'vne villanele en chantant il essaye
D'amollir Galatee, & de guarir sa playe,
Moderant la chaleur qui le fait emouuoir.
Les Rois par ta douceur animez d'allegresse,
Donnent quelquefois trefue au souci qui les presse:
Des graues magistrats les pensers tu desfais,
Tu te prens, courageux, aux plus rudes gẽdarmes,
Et souuent au milieu des combats & des armes
Tu chasses la querelle & nous donnes la paix.
Bien que tu sois premier de la bande celeste
En âge & en pouuoir, tu as pourtant le geste
D'vn enfant delicat, gracieux & seant:
Tu es plaisant & beau, tu as le corps agile,
Prompt, allegre & dispost, à se courber facile,
Subtil, gaillard, volage, & tousiours remuant.
Tu delectes les bons, tu contentes les sages,
Tu bannis les frayeurs des plus lâches courages:
Rendant l'homme craintif, hautain & genereux,
Tu es le vif surgeon de toute courtoisie,
Et sans toy ne peut rien la douce poesie,

Car vn parfait Poëte est tousiours amoureux.
O Dieu puissant & bon, seul suiet de ma Lyre,
Si iamais que de toy ie n'ay rien voulu dire,
Et si ton feu diuin m'a tousiours allumé.
Donne moy pour loyer qu'vn iour ie puisse faire
Vn œuure à ta loüange éloigné du vulgaire,
Et qui ne suiue point le trac accoustumé,
Purge moy tout par tout, le cœur, l'esprit & l'ame,
Et m'eschauffe si bien de ta diuine flame,
Que ie puisse monstrer ce que ie vay suiuant :
Et que l'Amour volât qui iusqu'au ciel m'emporte
Apres la Beauté sainte, est bien d'vne autre sorte
Que l'aueugle appetit qui nous va deceuant.

PROCEZ CONTRE AMOVR
AV SIEGE DE LA RAISON.

Hargé du desespoir, qui trouble ma pensee
Entre mille douleurs, dont mon ame est pressee
Par la rigueur d'Amour dãs sa dure prisõ,
Vn iour ne pouuant plus supporter ses allarmes,
Ayant l'œil & le cœur gros d'ennuis & de larmes,
Ie le fey conuenir au siege de Raison.
Là ie me presentay si changé de visage,
Que s'il n'eust eu le cœur d'vne fere sauuage
Ie pouuoy l'émouuoir & le rendre adouci :
Puis confus & tremblant auec la contenance
D'vn pauure criminel prest d'ouïr sa sentence,
Parlant à la Raison ie me suis plaint ainsi,

DIANE,

ROYNE, qui tiens en nous la diuine partie
Qui nous rameine au Ciel, lieu dont tu es sortie,
A toy de ce Cruel i'ose me lamanter:
A fin qu'ayant ouy quelle est sa tyrannie,
Et comme estrangement ses suiets il manie,
Par ton iuste support ie m'en puisse exanter.

Sur l'Auril gracieux de ma tendre ieunesse
Que i'ignorois encor que c'estoit de tristesse,
Et que mon plé volloit quand & ma volonté:
Ce trompeur que tu vois, ialoux de ma franchise,
Masquant de deux beaux yeux sa cruelle entreprise,
Auec vn doux accueil deceut ma liberté.

Mais qui se fust gardé de se laisser surprendre,
Et qui de son bon gré ne se fust venu rendre
Voyant auecques luy tant de douces beautez?
Qui ne se fust promis vn bien-heureux voyage
Ayant la mer paisible, estant pres du riuage,
Et les petits Zephyrs soufflans de tous costez?

Il se monstroit à moy sur tout autre aimable,
Il ne me faisoit voir qu'vn Printemps desirable,
Son visage estoit doux, doux estoyent ses propos:
Et l'œil qui receloit tous les traits de sa trousse,
Me perça l'estomach d'vne façon si douce
Que i'estimoy ma peine vn desiré repos.

Mais il ne dura guere en ceste douce sorte:
Car si tost que mon cœur luy eut ouuert la porte,
Et que mes sens craintifs eurent receu sa loy,
Il despouilla soudain sa feinte couuerture,
M'enseignant mon erreur d'auoir fait ouuerture
Ainsi legerement à plus puissant que moy.

LIVRE I. 29

Il troubla mon esprit d'vne guerre immortelle,
Il emeut mes pensers, il les mit en querelle,
Et fist pour me laisser en eternel tourment
De mõ cœur son fourneau, ses charbõs de mes vaines,
Mes poulmons ses soufflets, de mes yeux ses fontaines,
Qui sans iamais tarir coulent incessamment.
  Il bannit mes plaisirs & leur donna la fuitte,
Dont le libre repos que i'auois à ma suitte
M'abandonna soudain de frayeur tout surpris:
Le trauail print sa place, & la tristesse extréme,
Les veilles, les soucis, le mespris de soy-méme,
Qui ne m'ont point laissé depuis que ie fu pris.
  Ie quittay tout soudain ce qui me souloit plaire,
Ma façon se changea, ie deuins solitaire,
Ie portay bas les yeux, le visage & le front:
I'entretins mon desir d'vne esperance vaine,
Ie discouru tout seul, & moy-mésme pris paine
De nourrir les douleurs que deux beaus yeus me font.
  Ie mouru dedans moy pensant trouuer ma vie
Au cœur de la beauté qui me l'auoit rauie:
Mais depuis ie n'ay peu, dont i'ay souffert la mort:
Et si ie semble vif, las! ne t'en émerueille,
Le tyran fait en moy ceste estrange merueille,
Pour monstrer clairement qu'il est puissant & fort.
  Il me fait voir assez d'autres faits admirables,
Rentamant sans cesser mes playes incurables,
Brulant mon triste cœur sans qu'il soit consommé,
Me donnant pour repas le venin qui me tue,
Et faisant que mon feu dedans l'eau continuë
Sans que pour tant de pleurs il soit moins allumé.

DIANE,

13 Il croist de iour en iour sans espoir mon martyre,
Il me fait voller haut sur des ailes de cire,
Puis me fait trebuscher quand ie vay m'eleuant.
Il me rend si pensif que ie me trouue estrange,
Et fait que ma couleur en plus palle se change,
Seiche comme la fleur qui a senty le vent.

Helas ie change assez de teint & de visage,
Mais ie ne puis changer cest obstiné courage
Qui me rend pour aimer tristement esperdu!
L'amoureuse poison tous mes sens ensorcelle,
Et ce que i'ay du ciel que mon esprit recelle,
Est en pleurs & en cris pauurement despendu.

Soit de iour, soit de nuict iamais ie ne repose,
Ie ronge mon esprit, ie resue, ie compose,
I'enfante des pensers qui me vont deuorant.
Quand le iour se depart la clairté ie desire,
Ie souhaitte la nuict lors qu'elle se retire,
Puis attendant le iour ie languis en mourant.

Dés que l'Aube apparoist ie me pers aux valees,
Et dans le plus espais des forests recelees,
Pour sans estre entendu plaindre ma passion,
I'emeu l'air & le ciel de ma douleur profonde,
Et bref en me lassant ie lasse tout le monde,
Sans que cest inhumain en ait compassion.

En ce lieu ie mey fin à mon triste langage:
Car mille gros soupirs qui gardoyent le passage,
Par où couloit ma voix, l'empeschoyent de sortir:
Puis ie fremissoy tout de voir mon aduersaire,
Qui trepignoit des piés, qui bouilloit de colere,
Me menaçant tout bas d'vn tardif repentir.

LIVRE I.   30

    Raison, disoit Amour, enten l'autre partie,
  Et ne conclu deuant qu'estre bien aduertie: *mauuaise cesure*
18 Il faut balancer tout pour iuger droitement.
  Doncques sans t'émouuoir de complaintes si vaines,
  Escoute entierement l'histoire de ses paines,
  Et voy que cest ingrat m'accuse iniustement.
    Ingrat est-il vrayment, & sans recognoissance,
  De me rendre à present si pauure recompense
  Pour cent mille biens-faicts qu'il a receus de moy.
  I'ay purgé son esprit par ma diuine flame,   *I'ay ∞ purgé son*
  L'esleuant iusqu'au ciel, & remplissant son ame   *esprit, remply*
  D'amour, de beaux desirs, de constance, & de foy.   *son ame* ...
    I'ay forcé son desir trop ieune & volontaire,   *adire*
  Qui suit le plus souuent ce qui luy est contraire,
  Et contre son vouloir ie l'ay fauorisé:
  D'vn de mes plus beaux traits i'ay son ame entamée,
  I'ay fait luire en cent lieux sa viue renommée,
  Et des meilleurs esprits ie l'ay rendu prisé.
    Ie l'ay fait ennemy du tumulte des villes,   *il vient de dire*
  I'ay repurgé son cœur d'affections seruiles,   *qu'il a purgé son*
  Compagnon de ces Dieux qui sont parmi les bois: *esprit ∞ icy*
  I'ay chassé loin de luy l'ardante Conuoitise,   *Some il dit qu'il a*
  L'Orgueil, l'Ambition, l'Enuie & la Feintise,   *repurgé son ame*
+ Cruels bourreaux de ceux qui font la cour aux Rois.   *au lieu de*
    I'ay fait par ses escrits admirer sa ieunesse,   *ce repurgé il est*
  I'ay reueillé ses sens engourdis de paresse,   *dit ou nettoyé son*
  Hautain & genereux ie l'ay fait deuenir: *despouillé*
  Ie l'ay separé loing des sentiers du vulgaire,
  Et luy ay enseigné ce qu'il luy falloit faire,
  Pour au mont de Vertu seurement paruenir.

+ *Sont monosyllabes de suitte, & mauuaise cesure*

DIANE.

Ie luy ay fait dresser & la veue & les aîles
23.   Au bien-heureux sejour des choses immortelles,
Ie l'ay tenu captif pour le rendre plus franc.
Or si quelque douleur luy a liuré la guerre,
Hé qui sans passion pourroit viure sur terre
Ayant des os, des nerfs, des poulmons & du sang?
L'inuincible Thebain nompareil en prouësse,
Le preux fils de Thetis lumiere de la Grece,
Aiax, Agamemnon peuuent mieux se douloir:
Car ie les ay rendus serfs de leurs prisonnieres,
Et leur ay fait aimer de simples chambrieres,
Rabaissant leur orgueil par mon diuin pouuoir.
Où cestuy qui se plaint de sa peine cruelle,
Ie le tiens sous le ioug d'vne deité telle,
Qu'il se doit estimer entre tous bien-heureux.
Car de si grand' beauté son amour i'ay fait naistre,
Que moy qui suis des dieux & des hômes le maistre,
I'atteste mon pouuoir, que i'en suis amoureux.
    Pense vn petit, Raison, aux thresors desirables,
Graces, beautez, douceurs, & clartez admirables
Que tu as veu là haut au cabinet des Cieux:
Ie ne sçay quoy de plus qui ne se peut bien dire,
Reluit dedans ses yeux où ie tiens mon empire:
Car ie n'ay peu choisir thrône plus precieux.
    Or, de ces yeux diuins naist sa peine obstinee,
Dans eux sa liberté demeure emprisonnee,
D'eux viennent les tourmens si fâcheux à sentir.
Si c'est vne prison, prisonniere est mon ame:
Car ie fay ma demeure aux beaux yeux de sa Dame,
Et si n'ay pas vouloir de iamais en sortir.

LIVRE I.

Voyla de ses pensers la grand'troupe mutine,
Voyla les chauds soupirs qui brulent sa poitrine,
Voyla l'ardant fourneau dont il est consommé,
C'est de son triste cœur le sanglant sacrifice.
,, Mais qui à l'homme ingrat fait quelque benefice,
,, Recueille mauuais fruict de ce qu'il a semé.
Ainsi parloit Amour auec grand' violence:
Puis nous teusmes tous deux, attendant la sentence
De Raison, qui vers nous son regard adressa.
VOSTRE debat (dit-elle) est de chose si grande,
Que pour le bien iuger plus long terme il demande.
Et finis ces propos en riant nous laissa.

CHANSON.

HELAS que me faut-il faire,
Pour adoucir la rigueur
D'vn tyran, d'vn aduersaire,
Qui tient fort dedans mon cœur?
Il me brule, il me saccage,
Il me perce en mille pars,
Puis m'abandonne au pillage
De mille outrageux soldars.
L'vn se loge en ma poitrine,
L'autre me succe le sang:
Et l'autre qui se mutine,
De traits me pique le flanc.
L'vn a ma raison troublee,
L'autre a volé mes esprits,
Laissant mon ame comblee
De feux, d'horreur, & de cris.

DIANE,

Tous les moyens que i'essaye,
Au lieu de me profiter
Ne font qu'enaigrir ma playe,
Et ces cruels irriter.
En vain ie respan des larmes
Pour les penser emouuoir:
Et n'y puis venir par armes,
Car ils ont trop de pouuoir.
Puis ils ont intelligence
A mon cœur qui s'est rendu:
Qui où i'auoy ma fiance
M'a vilainement vendu.
Mais ce qui me reconforte
En ce douloureux esmoy,
C'est que le mal que ie porte,
Luy est commun comme à moy.

COMPLAINTE.

IE veux maudire Amour, Dieu de sang &
 de flame,
Et le Ciel contre luy par cõtrainte emouuoir,
Outré des passions qui trauersent mon ame,
Depuis qu'elle est reduitte aux fers de son pouuoir:
Son pouuoir! qu'ay-ie dict? helas i'ay fait offense!
C'est le vostre, Diane, auquel ie suis soumis,
Et ne reconnoy plus Amour ny sa puissance,
Puis que ie voy qu'Amour est de vos ennemis.
Vostre œil seul me cõmande, & mon cœur tributaire
Ne connoist autre amour, autre empire, autre loy:
Ie supporte ce ioug comme vn mal necessaire,
Et plus i'en suis contraint plus s'augmente ma foy!

LIVRE I. 32

Pour tant d'assauts diuers, dont mon ame oppressee
S'est veue en vous seruant sans pitié recharger,
Iamais ie ne changeay ceste ferme pensee:
La mort mesme & le temps ne la pourroyent chäger.

    Ie ne déguise point, mon cœur n'est point volage,
Vous sçaueZ la grandeur de ma fidelité:
Car les rays de vostre œil passent dans mon courage:
3 Puis on ne peut tromper vne diuinité.

Si donc vous le sçaueZ, & qu'ayeZ connoissance
Que ie n'espere rien pour ma ferme amitié,
Aumoins faites semblant pour toute recompanse
Que vous plaigneZ ma peine & qu'en aueZ pitié.

    Las ie sçay que le mal dont mon ame est saisie,
Vient de m'estre à vos yeux follement hazardé,
I'en ay perdu la veue ainsi que Tireste:
Le decret de Saturne est pour moy trop gardé.

Toutesfois ie ne puis, ny ne veux me distraire
De ces flambeaux diuins, mon aimable tourment,
Et me plais de languir en si belle misere,
Trouuant au malheur mesme vn vray contentement.

    Vous pouueZ bien iuger mon amour estre extréme,
Puis que le desespoir ne la peut offenser:
Et que pour vous aimer ie fay guerre à moymérne,
Secondé seulement de mon triste penser.

Celuy qui bien aimant d'espoir se reconforte,
Ne se peut dire aimer s'il m'est accomparé:
Veu que sans reconfort ma douleur ie supporte,
Et que ie suis constant estant desesperé.

    Les herbes que lon voit au Printemps desirable,
Ont leurs effets diuers & leur proprieté:

DIANE,

Et de tant d'animaux l'vn est doux & traitable,
L'autre se bagne au sang & à la cruauté.
Or la proprieté que le ciel m'a donnee,
C'est d'adorer vos yeux, leur faueur poursuiuant:
Et la vostre au contraire est de m'estre obstinée
Et croistre en cruauté: mieux i'iray vous seruant.
De vous donc ie ne puis iustement me complaindre,
Mais du ciel inhumain & du malheureux sort,
Qui iusqu'à vn tel poinct m'ont biē voulu côtraindre,
Qu'aimant vos yeux diuins ie dois aimer ma mort.
Vrayment ie l'aime aussi. Car prompt & volontaire,
Voire auccque plaisir, ie volle à mon trespas,
Et lors que la Raison me remonstre au contraire
Et m'en veut retirer, ie ne l'escoute pas.
Si croy-ie aucunefois qu'il est bon que i'euite,
Pour adoucir mon mal, le feu de vos beaux yeux:
Ie le fay, mais en vain. Car rien ne me profite,
Et pour vous éloigner ie ne m'en trouue mieux.
Le Cerf qui sent d'vn trait sa poitrine entamee,
Eloignānt le Chasseur n'amoindrit sa douleur:
Aussi pour vous fuir, l'ardeur trop allumee
Qui fait bouillir mon sang, n'a pas moins de chaleur.
Si donc ie ne voy rien qui me soit secourable,
Que ne fais-ie dessein de mourir malheureux,
Sans espoir que le ciel quelque iour fauorable
Change en benin aspect mon astre rigoureux?
Voila tout le loyer où il faut que i'aspire,
Pour auoir si long temps seruy fidellement:
Toutesfois c'est loyer, quoy que l'on vueille dire.
Car il meurt bien-heureux qui meurt en bien aimant.

CHAN;

LIVRE I.
CHANSON.

Amour qui loge en ma poitrine,
Qui mes sens diuise & mutine,
Et les fait bander contre moy,
Le traistre est de l'intelligence
De ceux qui reuoltent la France,
Ennemis de leur ieune Roy.

Comme eux il est grand en cautelle,
Trauaillant de guerre immortelle
Mon cœur qui l'a si bien receu:
Et d'vne modeste feintise
Ses cruels projets il déguise,
C'est ainsi comme il m'a deceu.

Il m'a fait changer de pensée,
I'ay ma foy premiere laissee,
Et la loy des bons peres vieux:
Or' pour toute deité sainte
I'adore en honneur & en crainte
La belle clairté de vos yeux.

Les mutins surprennent les villes,
Et par leurs discordes ciuiles
Comblent tout de sang & de feu:
Et luy me prenant à l'emblee
De maux a mon ame comblee,
Et me fait mourir peu à peu.

L'vn d'eux des honneurs se propose,
L'vn des biens, l'autre plus grand' chose,
L'autre vn paradis bien-heureux:
Les biens, les honneurs, & l'empire,

DIANE.

Et le paradis où t'aspire;
C'est d'estre tousjours amoureux.

PLAINTE.

Quand ie pense aux plaisirs qu'on reçoit en
  aimant,
Et que le feu d'Amour est vne viue flame,
Qui fait esmouuoir l'esprit & qui réueille l'ame,
Rien ne me plaist si fort que l'estat d'vn amant.
Mais quand ie voy qu'Amour ses suiets tyrannise,
Qu'il les tient prisonniers, qu'il les paist de douleurs:
Quãd i'oy tãt de regrets, quãd ie voy tãt de pleurs
I'estime bien-heureux qui garde sa franchise.
O Dieu que de douceur de croire asseurémant
Que l'vnique beauté qui nostre ame a rauie,
Auprès de nostre amour n'estime rien sa vie,
Lors il n'est rien si doux que l'estat d'vn amant.
Mais si lon trouue apres que c'est toute feintise,
Et que son cœur volage ailleurs est departi,
Tout ce premier plaisir en rage est conuerti:
Il est donc bien-heureux qui garde sa franchise.
C'est pourtant vn grand heur que d'aimer hautement,
Car vn esprit diuin tend aux choses hautaines,
Puis mille beaux pensers adoucissent les paines:
Il n'est donc rien si doux que l'estat d'vn amant.
Ouy mais le grand peril suit la grand' entreprise,
Et qui monte bien haut, peut bien bas trebuscher:
Et puis en se brûlant il faut son feu cacher:
Il est donc bien-heureux qui garde sa franchise.

LIVRE I.

Celuy qui tout rauy contemple incessamment
La royne de son cœur, que le Ciel a fait telle
Qu'il y trouue tousiours quelque beauté nouuelle
N'estime rien plus doux que l'estat d'vn amant.
Mais quand il voit apres que la belle se prise,
Ou qu'elle est fantastique et se plaist à changer,
Il maudit la fureur qui le fait enrager,
Et nomme bien-heureux qui garde sa franchise.
Si est-ce vn grand plaisir apres vn long tourment
D'adoucir à la fin la rigueur de sa Dame,
Baiser son front, sa bouche, et ses yeus pleins de flame,
Non, il n'est rien si doux que l'estat d'vn amant.
Mais si durant le temps qu'elle nous fauorise,
Vn rigoureux depart nous force à la laisser,
Quelle extreme douleur peut la nostre passer?
Il est donc bien-heureux qui garde sa franchise.
Encor on se contente en cet eloignement:
Car l'esprit s'entretient de douces souuenances,
On pense à la reuoir, on se paist d'esperances:
Il n'est donc rien si doux que l'estat d'vn amant.
Mais apres le retour trouuer sa place prise,
Luy voir le cœur changé, n'estre plus reconnu,
Et se voir delaisser pour vn nouueau venu,
Est-il pas plus-heureux qui garde sa franchise?
Vous qui goustez d'Amour le doux contentement,
Chantez qu'il n'est rien tel que l'estat d'vn amant:
Vous qui la Liberté pour Deesse auez prise,
Chantez qu'il n'est rien tel que garder sa franchise.

DIANE,

CONTR'AMOUR.

CE malheureux Amour, ce tyran plein de rage,
Qui s'est fait si long temps vainqueur de mon courage,
Qui m'a troublé les sens, qui m'a fait égarer,
Sans plus bagner sa plume aux ruisseaux de mes larmes,
Est contraint tout confus, de me quitter les armes,
Et chercher autre lieu propre à se retirer.
Ma Raison s'est renduë à la fin la maistresse,
Et pour se faire voir ma faute, & la finesse
De ce traistre enchanteur m'a debandé les yeux:
Ce qui fait qu'à par moy ie rougisse de honte,
Voyant vn petit nain, dont i'ay tant fait de conte,
Et que i'ay reueré cóme vn des plus grands Dieux.
Ie connoy mon erreur, ie connoy la folie,
Qui profonde a tenu mon ame ensevelie,
Ie connoy les flambeaux dont ie fus embrasé,
Ie connoy le venin qui troubla ma pensee,
Et regrette en pleurant ma ieunesse passee,
Maudissant le pipeur qui m'a tant abusé.
Que mon cœur, que ma voix, que mon esprit se change,
Au lieu de tant d'escrits sacrez à sa louange,
Ce pendant qu'vn chaud mal me rendoit insensé:
Que mon vers desormais deteste sa puissance,
Afin que pour le moins chacun ait connoissance
Que ie n'ay pas grand peur qu'il en soit offensé.

LIVRE I.
35

Amour tyran cruel, monarque de martyre,
   La seule occasion qui fait que lon soupire,
   Oracle de mensonge ennemy de pitié,
   Large chemin d'erreur, barque mal-asseuree,
   Temple de trahison, foy de nulle duree,
   Bref en tous tes effets contraire à l'amitié.
Amour, Roy des sanglots, prison cruelle & dure,
   Meurtrier de tout repos, monstre de la Nature,
   Breuuage empoisonné, serpent couuert de fleurs,
   Sophiste Iniurieux, artisan de malice,
   Passagere fureur, exemple de tout vice,
   Plaisir meslé d'ennuis, de regrets, & de pleurs.
Amour, que dis ie Amour ? mais inimitié forte
   Appetit dereiglé, qui les hommes transporte,
   Racine de malheur, source de desplaisir,
   Labyrinthe subtil, passion furieuse,
   Nid de deception, peste contagieuse,
   Entretenu d'espoir, de crainte & de desir.
Si tost que nostre esprit s'abandonne à te suiure,
   Helas! presqu'aussi tost nous delaissons de viure:
   Nous mourōs sans mourir, nous perdons la raison,
   Nous changeons à l'instant nostre forme premiere,
   Nos yeus chargez d'erreur sont priuez de lumiere,
   Et n'auons pour logis qu'vne obscuré prison.
Tu romps l'heur de la vie auec mille trauerses,
   Tu rechanges nos cœurs de cent sortes diuerses,
   Bouillans & refroidis, craintifs & genereux:
   Or nous vollons au ciel sans partir de la terre,
   Or nous auons la paix, or nous auons la guerre,
   Et n'auons rien de seur que d'estre malheureux.

E iij

DIANE,

10. S'il aduient quelquefois que parmy nos destresses
Tu mesles finement quelques fausses liesses,
Ce n'est pas qu'il te plaise alors nous contenter,
Ce n'est pas q̃ nos pleurs plus dous t'ayẽt peu rẽdre:
Mais à fin que la peine en nous venant reprendre
Nous soit plus difficile & forte à supporter.
Tout ce qu'on peut apprendre en tes vaines escoles,
Ce sont des trahisons, des feintes, des paroles,
Escrire dessus l'onde, errer sans iugement,
Suiure en la nuict trompeuse vne idole fuitiue,
Faire guerre à son ame & la rendre captiue,
Et pour se retrouuer se perdre folement.
Les fruits qu'on en reçoit pour toute recompense,
C'est d'vn long temps perdu la vaine repentence,

12. Vn regret deuorant, vn ennuyeux mespris:
Helas i'en puis parler, ie sçay comme on s'en treuue,
I'en ay fait à ma honte vne trop longue espreuue,
Honte, le seul loyer des trauaux que i'ay pris.
Ie ne me puis tenir de remettre en memoire
Le temps que cest aueugle, ennemi de ma gloire,
Possedoit mon esprit yure de son erreur:
Et pensant de mes faits l'estrange frenaisie
Presqu'il ne peut entrer dedans ma fantaisie
Que i'aye esté troublé d'vne telle fureur.
Ores i'estoy craintif, ores plein d'asseurance:
Ores i'estoy constant, ore plein d'inconstance:
Ores i'estoy contant, or' plein de passions:
Or ie desesperoy d'vne chose asseuree,
Puis ie me tenoy seur d'vne desesperee,
Peignant en mon cerueau mille conceptions.

LIVRE I.

Quantesfois par les prez, les bois, & les riuages
Ay-ie conté ma peine aux animaux sauuages,
Comme s'ils eussent peu mes douleurs secourir?
Les antres pleins d'effroy, les rochers solitaires,
Les deserts separez estoyent mes secretaires,
Et leur contant mon mal ie pensoy me guarir.
Quantesfois plus ioyeux ay-ie allegé ma peine
Me laissant endormir d'vne esperance vaine,
Qui s'enuollant en songe augmentoit mon tourmēt?
Combien de mes deux yeux ay-ie versé de pluye!
Et combien de bon cœur ay-ie maudit ma vie
Me forgeant sans raison vn mescontentement?
Celuy qui veut conter les douloureuses paines,
Les regrets, les soucis, les fureurs inhumaines,
Les remors, les frayeurs qu'on supporte en aimant,
Qu'il conte du Printemps la richesse amassee,
Les vagues de la mer quand elle est courroussee,
Et par les longues nuits les yeux du firmament.
Le Forçat enchaisné quelquefois se repose,
Le pauure prisonnier dedans sa prison close
Clost quelquefois les yeux & soulage ses maux:
Au soir le laboureur met ses bœufs en l'estable,
Et doucement forcé d'vn sommeil agreable
Remet iusques au iour sa peine & ses trauaux.
Seulement le chetif qui couue en sa pensee
Le poignant aiguillon d'vne rage insensee,
Ne sent point de relâche entre tant de malheurs:
Si le iour le fuschoit, la frayeur solitaire
Et le silence coy rentament sa misere,
Renueniment sa playe & r'ouurent ses douleurs.

E iiij

DIANE,

Est-il dedans le lict ? les pensers qui l'assaillent,
Mutins & furieux sans repos le trauaillent :
L'vn çà, l'autre delà, chacun à qui mieux mieux.
De ses cuisans regrets le Ciel il importune,
Il resue, il se despite, il maudit sa fortune
Noyant toute esperance au torrent de ses yeux.

S'il s'endort quelquefois, aggraué de tristesse,
Helas par le dormir sa douleur ne prend cesse,
Mais plus fort que deuant il se sent trauailler.
Car au premier sommeil les songes l'espouuantent,
Et mille visions à ses yeux se presantent,
Qui le font en sursaut rudement esueiller.

Ou si le corps vaincu du trauail & du somme
Ne se reueille point, & qu'vn dormir l'assomme,
Le cœur qui n'ha repos ne fait que souspirer,
L'esprit tremble & fremît de la frayeur horrible,
L'ame crie & se plaint pour sa douleur terrible,
Et les yeux iamais clos ne cessent de pleurer.

Le iour est-il venu ? sa douleur recommence,
Il deteste le bruit, il cherche le silence,
La clairté luy desplaist, & la voûte des cieux,
Le murmure des eaux, la fraischeur des ombrages,
Herbes, riues & fleurs, forests, prez & bocages,
Et ne sçauroit rien voir qui contente ses yeux.

Amour, quiconque fut qui te mit de la race
De ce debat confus, lourde & pesante masse,
Il parloit sagement & disoit verité :
Car las ! qui veit iamais confusion si grande
Qu'aux miserables lieux où ta dextre commande
Tousiours teinte de sang, d'ire & de cruauté ?

LIVRE I.
37

C'est pitié que d'ouir les estranges merueilles,
25. Les miracles diuers, les douleurs nompareilles,
Et les cris de ces foux trauaillez sans repos:
L'vn dit que l'esprit seul a gaigné sa pensee,
L'autre accuse des yeux, l'autre a l'ame insensee
Pour des cheueus trop beaus ou de trop doux pro-
L'vn sera captiué par vne larme feinte, (pos.
Et à l'autre vn beau teint donne mortelle atteinte:
L'vn transira de froid, l'autre mourra de chaud:
L'vn compare aux rochers celle qui le tourmente,
L'autre fait de sa Dame vne Lune inconstante:
L'vn se plaint d'aimer bas, l'autre d'aimer trop
Ainsi dans les Enfers les Ombres criminelles (haut.
Se plaignent vainement de leurs peines cruelles,
Et des tourmens diuers qu'il leur faut supporter:
Mais las ie croy qu'Amour plus de tourmēs assēble
Dās vn cœur amoureus qu'ō n'en voit tout ensēble
Aux plus creux des Enfers les esprits tourmenter.
Ie n'auray iamais fait si ie veux entreprendre
De ce bourreau cruel les rigueurs faire entendre,
Rigueurs qui chacun iour se font assez sentir:
Il est assez connu, sa rage est manifeste,
Mais helas! c'est le pis qu'vn chacun le deteste,
Et ne peut, ou ne veut, de luy se garantir.
Or de moy qui le puis, & qui me delibere
D'estre franc pour iamais d'vne telle misere,
Ie pren congé d'Amour, & de ses feux cuisans:
Adieu Amour, adieu enfant plein de malice,
Adieu l'Oysiueté, ta mere & ta nourrice,
Adieu tous ces escrits où i'ay perdu mes ans.

DIANE,

Ie pren congé de vous, amoureuses pensees,
Ie pren congé de vous, nuicts vainement passees,
Discours, propos, sermens, l'vn sur l'autre amassez:
Et vous tristes sanglots de ma poitrine cuite,
Plaintes, pleurs & regrets ie vous donne la fuite,
Bien marry que plustost ie ne vous ay laissez.
Bien-heureuse Raison, royne de mon courage,
Pour m'auoir garanty de l'amoureux naufrage,
Lors que i'estoy priué de tout humain secours,
Ie t'appens en ce lieu ma robe dépouillee,
Des flots de la tempeste encor toute mouillee,
Ayant à l'aduenir deuers toy mon recours.

RYMES TIERCES.

SI iamais plus ma liberté i'engage
 An faux Amour, iadis Roy de mon cueur,
Que ie languisse en eternel seruage.
Si iamais plus son feu brûle mon ame,
 Que ie n'esprouue en aimant que rigueur,
Et que mes pleurs facent croistre ma flame.
Si iamais plus vne beauté mortelle
 Tient mon esprit en la terre arresté,
Que mon mal serue à la rendre plus belle.
Si iamais plus pour ses yeux ie soupire,
 Que mes soupirs croissent sa cruauté,
Et de mes cris ne se face que rire.
Qu'elle soit folle, inconstante & volage,
 Que i'en enrage, & qu'en me despitant
De la laisser ie perde le courage.

LIVRE I.

Que de l'aimer ie rougisse de honte,
Et toutesfois que ie luy sois constant
En luy voyant d'vn vallet faire conte.
Que toute nuict à son huis ie lamente,
Et qu'elle soit à se mocquer de moy,
Aux bras d'vn autre heureusement contente.
Qu'vn chaud martel, qu'vne aspre ialousie
De cent fureurs recompensent ma foy,
Et que tousiours mon ame en soit saisie.
Que mon teint palle & mon visage blesme,
De tant d'ennuis maigre & defiguré,
Me soit horrible & m'estonne moy-mesme.
Que le Soleil à regret me regarde,
Bref, que le Ciel contre moy coniuré
Pour mon salut ma mort mesme retarde.
Mais si d'Amour la sagette meurtriere
Ne me peut plus desormais entamer,
O iustes Dieux accordez ma priere.
Qu'en peu de iours cest œil mon aduersaire,
Flambeau d'Amour qui m'a fait consumer,
Perde sa flamme & sa lumiere claire.
Que ses cheueux dont mon ame fut prise,
Laissent son chef, apres auoir changé
Leur couleur d'or en vne couleur grise.
Que de ses mains son miroir elle rompe
Voyant sa face, & que ie sois vangé
De ce crystal qui maintenant la trompe
Qu'elle ait regret à sa ieunesse folle,
Et qu'elle apprenne, helas! trop cherement,
Que la beauté comme le vent s'enuolle.

DIANE, LIV. I.

Lors sans danger, sans douleur & sans crainte
Ie me riray d'auoir si longuement
A la seruir ma liberté contrainte.
Puis ie prendray sa vaine repentance,
Et ses soupirs pour heureux payement
De mes douleurs, & de son arrogance.

VOEV AV DEDAIN.

LXIX.

Puis que par ton secours mon brasier est estaint,
Et qu'auec la raison ma volonté ie donte,
Dedain, maistre d'Amour le dieu qui tout surmōte,
I'appen ces hameçons deuant ton temple saint.
I'appen ces traits brisez, dont mon cœur fut attaint:
I'appen ces nœuds dorez, dōt i'ay tant fait de cōte:
I'appen ces tristes vers messagers de ma honte:
I'appen ces pesans fers qui long tēps m'ont estraint.
Plus libre à l'aduenir ie viuray pour moy-mesme,
Ie n'auray l'œil piteux, ny le visage blesme,
Semant tout mon seruice & mes soupirs au vent:
La volonté d'autruy ne regira ma vie,
Ie ne bruleray plus d'vne ialouse enuie,
Et ne changeray plus de pensers si souuent.

FIN DV PREMIER LIVRE DE DIANE.

DIANE.
PREMIERES AMOVRS
DE PH. DES PORTES.
LIVRE II.

SONNET I.

AMOVR, trie & choisi les plus
beaux de ces vers,
Et raye à ton plaisir ceux de moin-
dre merite:
Qu'à ce fascheux labeur ta louange
t'excite,
C'est dessous ton beau nõ qu'ils vont par l'vniuers.
Ils sont naiz de ta flamme & des tourmens diuers,
Dont tu me fis present quand ie vins à ta suite:
Ma prise & ta victoire au vray s'y voit descrite,
C'est le papier iournal des maux que i'ay souffers.
Ceux qui ne t'ont connu sinon par ouïr dire,
Ne doiuent curieux s'arrester à les lire:
Aux seuls vrais amoureux ce liure est reserué.
Les autres ne croiroyent tant d'estranges allarmes:
Las! si n'ay-ie rien dit que ie n'aye esprouué,
Et chacun de ces vers me couste mille larmes.

DIANE,
II. Dialogue.

Arreste vn peu, mon Cœur, où vas-tu si courant?
Ie vay trouuer les yeux qui sain me peuuent rendre.
Ie te prie atten moy, Ie ne te puis attendre,
Ie suis pressé du feu qui me va deuorant.
Il faut bien, ô mon Cœur, que tu sois ignorant,
De ne pouuoir encor ta misere comprendre:
Ces yeux d'vn seul regard te reduiront en cendre:
Ce sont tes ennemis, t'iront-ils secourant?
Enuers ses ennemis si doucement on n'vse.
Ces yeux ne sont point tels. Ah c'est ce qui t'abuse.
Le fin Berger surprend l'oiseau par des appas.
Tu t'abuses toy-mesme, ou tu me porte enuie:
Car l'oiseau malheureux s'enuolle à son trespas,
Moy ie volle à des yeux qui me donnent la vie.

III.

Si ie me sies à l'ombre, aussi soudainement
Amour, laissant son arc, s'assied & se repose:
Si ie pense à des vers, ie le voy qui compose:
Si ie plains mes douleurs, il se plaint hautement:
Si ie me plais au mal, il accroist mon tourment:
si ie respan des pleurs, son visage il arrose:
si ie monstre la playe en ma poitrine enclose,
Il defait son bandeau l'essuyant doucement.
Si ie vay par les bois, aux bois il m'accompagne:
Si ie me suis cruel, dans mon sang il se bagne:
Si ie vais à la guerre, il deuient mon soldart.
Si ie passe la mer, il conduit ma nacelle:
Bref, iamais l'inhumain de moy ne se depart,
Pour rendre mon desir & ma peine eternelle.

LIVRE II.

IIII.

Las! trop iniuste Amour, veux-tu iamais cesser?
N'as-tu point d'autre but qu'vn cœur plein d'inno-
Ie recognois assez ta diuine puissance,   (cence?
Et suis tousiours tremblant craignant de t'offencer.
Ay-ie vn seul lieu sur moy qui te reste à percer?
Suis-ie pas tout couuert des traits de ta vengeance?
Et tu laisses, couard, ceux qui font resistance,
Pour sus moy ton suget ta colere passer?
Ie sors d'vne prison, tu renchaisnes mon ame,
Ie suis guary d'vn trait vn autre me rentame,
Eschapé du peril i'entre en plus grand danger.
Quand ie pense estre seur des flots & de l'orage,
Que ie suis prest du port, que ie voy le riuage,
Tu repousses ma nef & la fais submerger.

V.

O mon petit Liuret, que ie t'estime heureux!
Seul tu cueilles le fruict de mon cruel martyre,
Ton contentemēt croist quand mō tourmēt empire,
Et ton heur est plus grand, plus ie suis douloureux.
Tu retiens doucement ces beaux yeux rigoureux,
Dont il faut qu'à regret sans cœur ie me retire:
Tu vois tous les tresors de l'amoureux empire,
Et reçois tous les biens dont ie suis desireux.
Tu couches tous les soirs aupres de ma Deesse,
Mais las! en y pensant ce souuenir me blesse,
Ie suis de ialousie ardamment allumé.
Car hé! que sçay-ie moy si l'Amour par cautelle
S'est point ainsi luy-mesme en Liure transformé,
Pour luy baiser le sein, & coucher auec elle?

DIANE,

VI.

Priué des doux regars qui mon ame ont rauie,
Et la vont nourrissant de mille & mille appas,
Ie vy trop malheureux : Mais non ie ne vy pas,
Ou ie vy d'vne vie à cent morts asseruie.
Las ie vy voirement, mais c'est mourant d'ennie
De voir nourrir mes maux qui iamais ne sont las!
Aussi bien puis-ie viure entre tant de trespas,
Sãs cœur, sans mouuemēt, sans lumiere & sans vie?
Ie ne vy point : si fay. Car s'il n'estoit ainsi,
Sentirois-ie estant mort tant d'amoureux souci,
Tãt de feux, tãt de traits, qui tourmētent mon ame?
Quoy donc? ie vy sans cœur contre l'humaine loy!
Non non ie ne vy point, ie suis mort dedans moy:
Helas! si fais, ie vy, mais c'est en vous Madame.

PLAINTE.

EN quel desert, quel bois, ou quel riuage,
Amour vollant, me pourray-ie sauuer,
Pour t'empescher de me venir trouuer,
Et m'affranchir de ton cruel seruage?
Las ie pensois cuitant l'influence
De ces beaux yeux, aux rayons si nuisans,
Que mes brasiers en seroyent moins cuisans,
Et que mon mal perdroit sa violence.
Mais c'est en vain qu'ainsi ie me destourne
Par les halliers plus facheux à passer:
Car ie m'emporte, & ie me dois laisser,
Partant du pied du penser ie retourne.

LIVRE II. 41

Plus ie suis loin, plus mon desir s'allume,
  Ie ne puis plus ses efforts endurer:
  Iugez, Amans, si ie dois esperer,
  Plus loin du feu plus fort ie me consume.
Ie ne voy rien qu'obiets qui me deplaisent,
  Toute clairté rend mes yeux languissans:
  Ie n'entens rien qui n'offense mes sens,
  Et par le temps mes douleurs ne s'appaisent.
Tu as beau faire, ô Soleil, ta reueuë,
  Enflammant l'air d'amoureuse clairté:
  Tu ne sçaurois chasser l'obscurité,
  Qui m'enuironne & qui couure ma veuë.
Tu luis par tout, fors que dedans mon ame,
  Mais dedans moy tu n'as point de pouuoir:
  Nulle clarté ie ne puis receuoir
  S'elle ne vient des beaux yeux de Madame.
Rien ne s'egale à ma dure souffrance,
  Belle Diane, & i'atteste vos yeux
  Que mon trespas me plairoit beaucoup mieux
  Aupres de vous, que viure en vostre absance.
Mais on ne meurt d'vne extreme tristesse,
  Bien que l'esprit soit du corps separé:
  S'il estoit vray, ie n'eusse tant duré,
  Et par ma fin ma douleur eust pris cesse.
Comme des monts les ombrages descendent,
  Quand le soleil loin de nous se depart:
  Si mon soleil tourne ailleurs son regard,
  Mille frayeurs dans mon ame s'espandent.
Le desespoir aussi tost s'en rend maistre,
  Rien ne sçauroit contre luy m'asseurer:

DIANE,

Et les pensers qui me font soupirer,
D'vn soucy mort cent mille en font renaistre.
Helas! perdez ceste rage importune,
Hostes cruels des espris angoissez:
Ie sçay mon mal & le connois assez,
I'ay trop d'Amour & trop peu de fortune.
Soit que Phebus enuironne la terre,
Soit que la nuict mette fin à son cours,
Ostinément vous me pressez tousiours:
Ie suis le champ où vous faites la guerre.
L'vn veut troubler l'espoir dont ie me flate,
L'autre combat ma constance & ma foy,
L'autre soustient que ie ne suis plus moy,
M'estant perdu pour gaigner vne ingrate.
L'autre me dit qu'en vain ie m'encourage,
Dessus l'arene ayant fait fondement,
Et que son cœur se change incessamment
Comme vn miroir qui reçoit toute image.
Tais toy, Penser, ie sçay bien le contraire,
Et sens nos feux trop viuement épris:
Amour qui fist les nœuds de nos espris,
Quand il voudroit ne les sçauroit défaire.
Mais si son cœur changeoit comme l'Euripe,
Sept fois le iour deçà delà porté:
Ie n'aurois loy que de sa volonté,
C'est mon obiet & ie suis son polype.

LIVRE II.

VII.

Madame, Amour, Fortune & tous les Elemens
Animez contre moy sont bandez pour me nuire:
Sans plus le doux sommeil de leurs fers me retire,
Et fait peur à mes maux par ses enchantemens.
O Songe, ange divin, sorcier de mes tourmens,
Ie voy par ta faueur ce que plus ie desire:
Tu me fais voir ces yeux, qui font que ie souspire,
Et fais naistre en mon cœur mille contentemens.
Mais la rage d'Amour qui point ne diminuë,
Auec tous ses efforts empesche ta venuë,
Et ne sens pas souuent ton doux allegement.
Donc puis qu'il est ainsi, lors que tu me visites,
Helas! Songe amoureux, dure plus longuement,
Afin que tes faueurs ne soyent pas si petites.

VIII.

Ie me veux rendre Hermite, & faire penitence
De l'erreur de mes yeux pleins de temerité,
Dressant mon hermitage en vn lieu deserté,
Dont nul autre qu'Amour n'aura la connoissance.
D'ennuis & de douleurs ie feray ma pitance,
Mon bruuage de pleurs : & par l'obscurité
Le feu qui m'ard le cœur seruira de clairté,
Et me consommera pour punir mon offense.
Vn long habit de gris le corps me couurira,
Mon tardif repentir sur mon front se lira,
Et le poignant regret qui tenaille mon ame.
D'vn espoir languissant mon baston ie feray,
Et tousiours pour prier deuant mes yeux i'auray
La peinture d'Amour, & celle de Madame.

DIANE,

IX. Response par Passerat.

Vous voulez estre Hermite, Hermite allez vous rēdre,
Cachez-vous dans les bois pour fuir Cupidon :
Et pour monstrer qu'en vous est esteint son brandon
Habillez-vous de gris, c'est la couleur de cendre.
Vinez de patience, il le vous faut apprendre,
Vostre espoir mensonger soit changé en bourdon,
Le dédain du refus à requerir pardon
D'auoir plus demandé que ne deuiez attendre.
Mais sur tout que l'Amour en ce lieu ne soit paint,
Pour guarir du chaud mal c'est vn dāgereux saint:
S'il r'allume vne fois vos flammes amorties,
Ne pouuant supporter ceste tentation,
Vous sortirez des bois & de deuotion,
Et ietterez bien tost vostre froc aux orties.

X. D'vn portraict.

Amour de sa main propre a portrait cest' image,
A fin qu'vn païs froid, lourd, barbare, indonté,
Qui demeuroit rebelle à sa diuinité,
Fust contraint de se rendre, & de luy faire hōmage.
Il choisit le parfait d'vn si diuin ouurage
Dans le ciel, sur le vray de la mesme Beauté,
Vaquant à son labeur d'esprit tant arresté
Que sur la Beauté mesme on voit quelque auantage.
Les Amours luy seruoyent : l'vn brassoit les couleurs,
L'autre les destrempoit en l'argent de mes pleurs,
L'autre plus curieux admiroit l'artifice.
Quand il eut acheué, luy-mesme en fut épris,
En deuint idolatre, & soudain le surpris,
A fin que de mon cœur il luy fist sacrifice.

XI.

HE ne suffit-il pas qu'Amour trop animé
   Tiéne mõ cœur en feu qui s'accroist d'heure en heure
   S.is que mes chauds soupirs sortãs de leur demeure,
   Donnent force à l'ardeur dont ie suis consommé?
O vent impetueux, excessif, enflamé,
   Tu es cause en soufflant que ma flamme ne meure,
   Laisse faire à mes yeux : ces ruisseaux que ie pleure
   Esteindront le fourneau dans mon cœur allumé.
Mais c'est trop vainement qu'en espoir ie me fonde,
   L'e.tu n'esteint pas l'amour : Neptune au creux de
   S'est trouué mille fois amoureux & brûlãt. (l'onde
Sus donc, ardans soupirs, monstrez vostre puissance,
   Rendez mõ feu plus chaud, croissez sa vehemence,
   Il en durera moins s'il est plus violant.

XII.

SI le mary ialoux de la belle Cypris,
   Qui forge à Iupiter le tonnerre & l'orage,
   Forgeoit les traits d'Amour, il eust maudit l'ouura-
   Et quitté, tout lassé, son labeur entrepris.   (ge,
Car ce cruel volleur des cœurs & des espris,
   Nourri d'vne Tigresse en quelque lieu sauuage,
   De mille coups mortels ne contente sa rage,
   Et fait tousiours des cœurs sa victoire & son prix.
On perd temps contre luy de se mettre en defanse:
   Vn homme n'est pour faire à vn Dieu resistance,
   Mesme vn Dieu si puissant qu'il surmõte les Dieux.
Maudits soyent tous ses traits & leur puissance forte:
   Helas! i'en suis couuert en tant & tant de lieux,
   Que le maudit archer pour sa trousse me porte.

DIANE,
XIII.

Ie sçay qu'ell'ont des yeux les autres damoiselles,
Pour rēdre en regardāt maint & maint amoureux:
Mais non pas des Soleils ardens & vigoureux,
Qui remplissent les cœurs de flammes immortelles.
I'auoûe & veux penser qu'il y en a de belles
Assez pour trauailler vn esprit desireux:
Mais quelle autre a ces traits si doux & rigoureux
Qui font gouster la vie entre cent morts cruelles?
Quelle autre a cest esprit qui le mien a charmé?
Ces propos, ces discours, dont ie fu transformé?
Où sont tāt d'hameçōs, d'amours, de feux, de glaces?
Souffrons donc sans blaspheme vn extreme tourment,
Croyant qu'on ne sçauroit aimer qu'extremement
Celle qui est extreme en beautez & en graces.

XIIII.

Malheureux que ie suis! ie vous soulois descrire
Mon naturel leger iamais ne s'arrestant,
Prenant à grand honneur que ie fusse inconstant,
Et tel comme i'estois me plaisant à le dire.
Maintenant que vostre œil sans pitié me martyre,
Ma nouuelle douleur d'heure en heure augmentāt,
Ie maudy mon offense, honteux & repentant,
Et trop tard pour mon biē ie cherche à m'en dédire.
Quel confort? quel remede? Amour, conseille moy,
Pourra-telle iamais s'asseurer de ma foy,
M'ayant connu deuant si leger de courage?
Helas mon inconstance à sa gloire a esté
Car quel plus grand honneur que d'auoir arresté
Celuy qui s'asseuroit d'estre tousiours volage?

Priere au Sommeil.

SOmme, doux repos de nos yeux,
Aimé des hommes & des Dieux,
Fils de la Nuict & du Silence,
Qui peux les espris delier,
Qui fais les soucis oublier,
Endormant toute violence.
Approche, ô Sommeil desiré,
Las! c'est trop long temps demeuré,
La nuict est à demy passee,
Et ie suis encore attendant
Que tu chasses le Soin mordant,
Hoste importun de ma pensee.
Clos mes yeux, fay moy sommeiller
Ie t'atten sur mon oreiller,
Où ie tiens la teste appuyee:
Ie suis dans mon lict sans mouuoir
Pour mieux ta douceur receuoir,
~~Douceur dont la peine est noyee.~~
Haste toy, Sommeil, de venir:
Mais qui te peut tant retenir?
Rien en ce lieu ne te retarde,
Le Chien n'abbaye icy autour,
Le Coq n'annonce point le iour,
On n'entend point l'Oye criarde.
Vn petit ruisseau doux-coulant
A dos-rompu se va roulant,
Qui s'inuite de son murmure:
Et l'obscurité de la nuit

DIANE.

Moëte, sans chaleur & sans bruit,
Propre au repos de la nature,
Chacun, fors que moy seulement,
Sent ore quelque allegement
Par le doux effort de tes charmes:
Tous les animaux trauaillez
Ont les yeux fermez & sillez,
Seuls les miens sont ouuerts aux larmes.
Si tu peux selon ton desir,
Combler vn homme de plaisir
Au fort d'vne extreme tristesse:
Pour monstrer quel est ton pouuoir,
Fay moy quelque plaisir auoir
Durant la douleur qui m'oppresse.
Si tu peux nous representer
Le bien qui nous peut contenter,
Separé de longue distance,
O Somme doux & gracieux
Represente encor à mes yeux
Celle, dont ie pleure l'absance.
Que ie voye encor ces soleils,
Ces lys, & ces boutons vermeils,
Ce port plein de maiesté sainte:
Que i'entr'oye encor ces propos,
Qui tenoyent mon cœur en repos,
Raul de merueille & de crainte.
Le bien de la voir tous les iours,
Autrefois estoit le secours
De mes nuicts alors trop heureuses:
Maintenant que i'en suis absant,

[marginalia, left side:] Il ne doit demander autre chose que repos et (...) de non du plaisir. Il confond donc imagination (...) Celuy qui ne peut dormir (...) demander (...) Celuy qui dort peut demander (...) ses songes plaisans (...)

[marginalia, bottom:] les nuicts heureuses n'auoyent point besoin de secours, elles eussent esté (...) si elles eussent esté malheureuses. 8

LIVRE II.
   Rens-moy par vn songe plaisant
   Tant de delices amoureuses.
Si tous les songes ne sont rien,
   C'est tout vn ils me plaisent bien,
   I'aime vne telle tromperie.
   Haste toy donc pour mon confort:
   On te dit frere de la Mort,
   Tu seras pere de ma vie.
Mais las! ie te vais appelant,
   Tandis la Nuict en s'enuolant
   Fait place à l'Aurore vermeille:
   O Amour tyran de mon cueur,
   C'est toy seul qui par ta rigueur
   Empesches que ie ne sommeille.
Hé quelle estrange cruauté!
   Ie t'ay donné ma liberté,
   Mon cœur, ma vie & ma lumiere,
   Et tu ne veux pas seulement
   Me donner pour allegement
   Vne pauure nuict toute entiere?

          XV.

Yeux, qui guidez mon ame en l'amoureux voyage,
   Mes celestes flambeaux, benins & gracieux,
   C'est vous qui fournissez de traits victorieux
   Amour, le iuste archer, seul Dieu de mon courage.
C'est vous qui me rendez contant en mon seruage,
   C'est vo9 qui m'enseignés le beau chemin des cieux,
   Vous purgez mon esprit de pensers vicieux,
   Et retenez mon cœur autrefois si volage.

DIANE,

Vous pouuez d'vn clin d'œil faire viure & mourir,
Faire au mois de Ianuier vn dous Printéps fleurir,
Et au fort de la nuict la lumiere nous rendre.
Vous estes le soleil qui me donnez le iour,
Et ie suis le Phenix qui se brûle alentour,
Puis quand ie suis brûlé ie renais de ma cendre.

XVI.

Au saint siege d'Amour, des grāds dieux le vainqueur
I'ay fait venir plaider ceste beauté rebelle:
Et l'accuse, en pleurant, comme vne criminelle,
De vol, d'ingratitude, & de trop de rigueur.
Helas! Amour(ce dy-ie)elle a vollé mon cœur,
Et ne reconnoist point mon seruice fidelle:
Elle m'a trauersé d'vne fleche mortelle,
Et me fait consommer en cruelle langueur.
Ie ne te puis prouuer comme elle me tourmente,
Mon cœur en est tesmoin, qu'elle le represente,
Tu verras, le voyant, sa rigueur & son tort.
Et si tu crains trop fort les traits de son visage,
Ne donne pas sentence à son desauantage:
Mais fay tant qu'elle & moy nous demeuriōs d'accord.

XVII.

Si vous voulez que ma douleur finisse,
Et que mon cœur qui vous est destiné,
Soit de son mal doucement guerdonné,
Et que mon ame en brûlant s'éjouisse.
Si vous voulez qu'à iamais ie benisse
L'heure & le poinct qu'à vous ie me donné,
Et que l'ennuy qui me suit obstiné,
Comme vn ombrage en l'air s'éuanouisse:

LIVRE II. 46

Sans grand trauail soudain vous le pouuez,
 La guarison en vos mains vous auez
Du mal d'Amour qui iusqu'au cœur me touche.
Car s'il vous plaist de le faire cesser,
 Il ne vous faut seulement prononcer
Qu'vn doux Ouy du cœur & de la bouche.

CHANSON.

Vn doux trait de vos Yeux, ô ma fiere Deesse,
 Beaux Yeux mon seul confort,
Peut me remettre en vie, et m'oster la tristesse
 Qui me tient à la mort.
Tournez ces clairs Soleils, & par leur viue flame
 Retardez mon trespas:
Vn regard me suffist: le voulez-vous, Madame?
 Non, vous ne voulez pas.
Vn mot de vostre bouche à mon dam trop aimable,
 Mais qu'il soit sans courroux,
Peut changer le destin d'vn amant miserable,
 Qui n'adore que vous.
Il ne faut qu'vn Ouy meslé d'vn doux sous-rire
 Plein d'amour & d'appas.
Mõ Dieu que de lõgueurs! le voulés-vo° point dire?
 Non, vous ne voulez pas.
Roche sourde à mes cris, de glaçons toute plaine,
 Ame sans amitié,
Quãd i'estoy moins brulãt tu m'estois plus humai-
 Et plus prompte à pitié. (ne,
Cessons donc de l'aimer, & pour nous en distraire
 Tournons ailleurs nos pas:

DIANE,
Mais peut-il estre vray que ie le vueille faire?
Non, ie ne le veux pas.
CHANSON.

Ie ne veux iamais plus penser
De voir vn iour recompenser
Le mal qu'en aimant ie supporte,
Puis que celle qui tient mon cueur
Me monstre vn extreme rigueur
Parmi l'amour qu'elle me porte.
Mais pourrois-ie esperer aussi
Qu'elle eust iamais de moy merci,
Veu qu'à soy-mesme elle est cruelle,
Se priuant des plus doux plaisirs,
Meurtrissant ses propres desirs,
Et perdant sa saison nouuelle?
Cruelle, où auez vous les yeux?
Voyez ce Printemps gracieux,
Voyez ceste belle verdure,
Vn iour des prochaines chaleurs
Fera languir toutes ces fleurs,
Ores beautez de la nature.
Si le temps leger & coulant
Deuore tout en s'enuolant,
S'il rend toute chose effacee,
Est-ce pas trop de cruauté
De laisser perdre vne beauté
Si chere & si soudain passee?
Si c'est la peur qui vous retient,
Pensez que la crainte ne vient
Qu'à faute d'amitié parfaite.

LIVRE II. 47

Amour est vne viue ardeur,
Et la crainte est vne froideur,
Soudain par vraye amour deffaite.
Si ma foy vous fait differer,
  Qui vous en peut mieux asseurer
  Que vostre œil qui lit dans les ames?
Helas aimay-ie ardantement?
Quand ie parle à vous seulement
Il sort de ma bouche des flames.
Si vous m'aimez faites le voir,
Sans plus mes douleurs deceuoir,
Les entretenant d'esperance:
Ou bien si vous ne m'aimez pas,
Ne retardez plus mon trespas,
Ie le prendray pour recompance.

XVIII.

Depuis que sous vos loix mon ame est retenuë,
  L'an desia quatre fois s'est veu recommencer:
  Et ma foy, que le temps n'a iamais sceu faulser,
  Mieux que le premier iour n'est de vous reconnuë.
Si pour voir vostre sein i'abaisse vn peu la veuë,
  Si i'ose vostre main de la mienne presser,
  Ou baiser vostre gant ie vous voy courrousser,
  A tel heur en quatre ans ma fortune est venuë.
Les propos plus cômuns qu'il vous plaist m'affermer,
  C'est que vous n'aimez rien ny ne pouuez aimer,
  Et qu'il ne faut de vous attendre autre asseurance,
Donc si par vostre aduis ie prens de moy pitié,
  Changeant mon amour forte en commune amitié,
  A sçauoir si lon peut m'accuser d'inconstance?

DIANE,

XIX.

Helas chassez ce vouloir obstiné,
Helas changez ceste étrange nature,
Et n'étaignez faute de nourriture,
Mon foible espoir aussi tost mort que né.
N'est-il pas temps que ie sois guerdonné?
N'est-il pas temps qu'vne heureuse auanture
Donne allegence au tourment que i'endure,
Et de chetif me rende fortuné?
Si vous sçauez que ma foy soit certaine,
Si vous voyez la grandeur de ma paine,
Si vous pouuez mes langueurs secourir,
Que vous sert il que ie sois miserable?
Las hâtez vous de m'estre fauorable,
Ou vous hastez de me faire mourir!

XX.

Que trop d'amour me seiche & me deuore ainsi
Deuant vos yeux cruels embellis de ma paine:
Que ie m'aille appastant d'vne esperance vaine,
Plus pour aigrir mon mal que le rendre adouci:
Que ie ne trouue en vous ny pitié ny mercy,
Que ie meure de soif au bord de la fontaine:
Non il n'en sera rien, Beauté trop inhumaine,
I'ay soin de mon salut, dont vous n'auez souci.
Par vos feintes douceurs ne sortans point de l'ame,
Quãd vous m'auès rêdu tout de soulfre et de flame
Vous pesez-vous moquer d'Amour & de ma foy?
Mais vos deguisemens forcent ma patience,
Vostre froid mon ardeur, les tourmens ma constãce,
Ie ne puis estre à vous si vous n'estes à moy.

LIVRE II.

XXI.

Vous le voulez, & i'ay trop de coustume
De vous seruir, pour ne le faire pas:
Sors, traistre Amour, tourne arriere tes pas,
Tu me brûlois, le dédain te consume.
Si iamais plus vostre beauté m'allume,
Yeux qui pleuuez des traits & des appas,
Ma flamme esteinte, & qui seulement fume
Reuiue encor par mon cruel trespas.
Malgré Madame, & malgré que i'en aye
Qu'à chauds bouïllons tousiours saigne la playe
Qu'elle me feit à ses pieds estendu.
Ie sens ma braise en glaçons conuertie,
Mon cœur tout sien comme elle elle a rendu:
Tousiours le Tout se suit de sa partie.

XXII.

Encor aucune fois cest Archer deceuant,
Au combat me desfie, & tasche à me reprendre
Auec des yeux trôpeurs, qui sous ma vieille cendre
Font reuiure des feux brulans comme deuant:
Mais la nuict solitaire à mon aide arriuant,
Fait qu'en moy ie retourne, & me mets à cõprẽdre
Le mal qui m'est prochain: parquoy sãs plus atẽdre
Tous ces brasiers ie plonge en Lethés bien auant.
Comme vn petit oiseau i'approche de la proye,
Puis la peur des gluaux me fait prendre autre voye,
I'y reuien, ie la laisse, & fay maint & maint tour:
I'ose & ie n'ose pas, ie m'arreste & galope,
Bref i'ourdis vne toile ainsi que Penelope,
Dont ie desfay la nuict ce que i'ay fait le iour.

DIANE.

XXIII.

Puisque mon plus bel âge en seruant despensé,
Puisque ma loyauté, mon ardeur, ma tristesse,
Mō teint palle et ma voix, mō œil pleurāt sans cesse
N'ont sceu donter vn cœur qui se disoit forcé:
Espoir, que tant de fois loin de moy t'ay chassé
Comme vne idole feinte, & vaine & tromperesse,
Vers quelque autre abusé desormais trouue adres-
Ie ne puis en tes rets estre plus enlacé. (se,
Les Cieux ny les Enfers n'ont de toy connoissance,
Les humains seulement sont long sous ta puissance
Qui desseins sur desseins ne cessent d'enfiler.
Tu n'es qu'vn songe faux des veillans miserables,
Tu repais les esprits de chansons & de fables,
Et te cuidant tenir on te voit envoler.

XXIIII.

Ie ne suis point ialoux, ny ne le veux point estre,
Quand vn plus fortuné sera de vous receu:
M'apperceuant trop tard que ie me suis deceu
Ie cesseray de suiure vn Enfant pour mon maistre.
Bien que vostre beauté mon desir ait fait naistre,
Il fust mort toutesfois aussi tost que conceu
Sans l'espoir tout riant qu'en vos yeux i'apperceu,
Qui ma flame a nourrie & l'a faict ainsi croistre.
I'ay sur vostre constance assis mon bastiment,
C'est vne eternité s'il ha bon fondement,
Sinon au premier vent adieu l'architecture:
Si ce malheur m'aduient, sainctement ie promets
Qu'aus sermens & aux pleurs ie ne croiray iamais,
Ny qu'au cœur d'vne femme vne seule amour dure.

Belle

LIVRE II.

XXV.

Belle & guerriere Main apprise à la victoire,
  Iamais de l'arc d'Amour vn seul trait ne perdant:
  Main, qui de son beau char les resnes vas guidant,
  Quãd il retourne en Cypre orgueilleus de ta gloire.
Main, dont le blanc esclat obscurcist tout l'yuoire,
  Qui fais de ta froideur naistre vn desir ardant,
  Qui le sceptre & l'estat des Amours vas gardant,
  Qui m'escris en l'esprit la loy que ie veux crotre.
Main, qui sur tes beautez as fait l'œil enuieux,
  Main, qui sçais triompher des plus audacieux,
  Et qui rens de mon cœur les tempestes sereines:
Las ! ne t'oppose point, ô belle & blanche Main,
  Quãd ie cherche, embrasé, le secours de mes peines
  Qu'vne ingrate me cache en la bouche & au sein.

XXVI.

Chassez de vostre cœur l'iniuste cruauté,
  Qui vous rend contre Amour fierement obstinee:
  Et n'estimez iamais qu'vne Dame bien nee
  Puisse auoir sans aimer quelque felicité.
Mais que vous seruira ceste fleur de beauté,
  De ieunesse & d'amour richement couronnee,
  Si sans estre cueillie elle deuient fennee,
  Et perd sa desirable & chere nouueauté ?
Il ne suffist d'auoir vn champ gras & fertile,
  Car s'il n'est labouré c'est vn friche inutile,
  La terre en deuient dure & ne rapporte rien.
Celle qui ne se sert de sa belle ieunesse,
  Fait comme vn vsurier qui cache sa richesse,
  Et se laisse mourir sans vser de son bien.

G

DIANE.

XXVII.

Si vous m'aimez Madame, helas! si vous m'aimez,
Et si le trait d'Amour comme moy vous entame;
Donc ainsi comme moy vous sentez dedans l'ame,
Aux esprits & au cœur cent fourneaux allumez.
Hé! pourquoy souffrez-vous que soyons consumez,
Seruans de nourriture à l'amoureuse flame?
N'est ce vne grād' rigueur, si vous pouués, Madame,
Moderer ceste ardeur qui nous tient enflamez?
Nous sentons bien tous deux vne égale souffrance,
Mais de nous en sortir seule auez la puissance,
Encor vous ne voulez nos langueurs secourir.
C'est estre en mesme temps cruelle & miserable
De nourrir vn tourment dont on se peut guarir,
Et pour n'aider autruy ne s'estre secourable.

XXVIII.

Hé! que n'est-il permis aussi bien qu'à mes yeux,
A tous mes autres sens d'exercer leur puissance?
L'accez qui m'affoiblit perdroit sa violance,
Et sans plus despiter ie beniroy les cieux.
O iour bien fortuné, iour clair & radieux,
Où de tant de beautez mon œil eut iouissance,
Que le seul souuenir chasse au loin ma souffrance,
Et d'vn homme mortel me rend egal aux dieux.
Ie vey dans vn beau sein sur deux fraises nouuelles
Amour comme vne abeille errer d'vn vol soudain,
Laissant dedans les cœurs mille pointes mortelles.
Ie le vey le mechant, le meurtrier, l'inhumain,
O si lon m'eust permis d'y mettre vn peu la main
Ie l'eusse bien puny de mes peines cruelles.

LIVRE II.

SONGE.

CELLE que i'aime tant, lasse d'estre cruelle,
Est venue en songeant la nuict me consoler:
Ses yeux estoyẽt rians, doux estoit son parler,
Et mille & mille amours voloyent à l'entour d'elle.
Pressé de ma douleur i'ay pris la hardiesse
    De me plaindre à hauts cris de son cœur endurci:
    Et d'vn œil larmoyant luy demander merci,
    Et que mort ou pitié mist fin à ma tristesse.
Ouurant ce beau Coral qui les baisers attire,
    Me dist ce doux propos: Cesse de soupirer,
    Et de tes yeux meurtris tant de larmes tirer,
    Celle qui t'a blessé peut guarir ton martyre.
O douce illusion! ô plaisante merueille!
    Mais cõbiẽ peu durable est l'heur d'vn amoureux!
    Voulant baiser ses yeux, helas moy malheureux!
    Peu à peu doucement ie sens que ie m'éueille.
Encor long temps depuis d'vne ruse agreable
    Ie tins les yeux fermez, & feignois sommeiller:
    Mais le songe passé, ie trouue au réueiller
    Que ma ioye estoit fausse, & mon mal veritable.

RYMES TIERCES.

PLeurs & soupirs ie vous ouure la porte,
Allez trouuer la beauté que i'admire,
Plaignez sa peine, & ma douleur trop
    forte:
Faites luy voir ce que ie n'ose dire
Puis que le Ciel ennieux & contraire
Ne me permet ce que plus ie desire.

DIANE.

Plaignez l'ennuy qui fait que ie n'espere
Pour tout salut qu'vne mort souhaitee,
Heureux repos de ma longue misere.
Las! quand mon ame est plus fort tourmentee,
C'est quand ie suis ioyeux en apparance.
Couurant mon dueil d'vne ioye empruntee:
Et toutesfois auec sa violance,
Bien que ma peine en ma face soit painte,
Aucun pourtant n'en a la connoissance.
Helas! ie n'ose alleger d'vne plainte
Ny d'vn soupir mes malheurs deplorables,
Que ie retiens d'vne force contrainte.
Cessez vos cris, Amoureux miserables,
Tous les tourmens de l'amoureuse flame
A mes tourmens ne sont point comparables.
C'est vn grand mal de couuer dedans l'ame
Le chaud desir & la viue estincelle,
Qui se nourrit des beaux yeux d'vne Dame.
C'est vn grand mal de la seruir cruelle,
Et toutesfois pour le mal qu'on supporte,
On a plaisir quand on la voit si belle.
C'est vn grand mal d'aimer de telle sorte
Qu'on n'ose pas decouurir son martyre,
Pour vn respect que la grandeur apporte.
C'est vn grand mal & qui ne se peut dire,
Que d'estre serf d'vne Dame volage,
Qui sans repos la nouueauté desire.
C'est vn grand mal, voire vne extreme rage,
Quand Ialousie auec Amour s'assemble,
Troublant les cœurs d'vn violant orage.

LIVRE II.

Et toutesfois tous ces maux mis ensemble
  N'approchent point de ma griefue tristesse,
  Qui seulement à soy seule resemble.
Las! ma douleur seulement ne me blesse,
  L'ire du Ciel n'en seroit assouuie,
  Mais la douleur de ma belle Maistresse.
Celle qui m'est plus chere que la vie,
  Est (ô regret!) durement affligee
  D'vn faux ialoux plein de haine & d'enuie.
Et ce qui rend mon ame plus chargee,
  C'est que son mal de mon malheur procede,
  Sans que ie puisse en la rendant vangee,
  Vanger ma mort, & luy donner remede.

COMPLAINTE.

La Terre nagueres glacee,
  Est ores de verd tapissee:
  Son sein est embelly de fleurs,
  L'air est encore amoureux d'elle,
Le ciel rit de la voir si belle,
  Et moy i'en augmente mes pleurs.
Les champs sont verds, & le boccage
  Se pare de ieune fueillage,
  Les prez ouurent mille tresors:
  Et moy depouillé de ma gloire,
  Ie n'aime couleur que la noire,
  La portant dedans & dehors.
Des oiseaux les bandes legeres,
  Renforçans leurs voix ramageres,
  Donnent l'ame aux bois & aux champs:

G iij

DIANE,

Leur doux bruit reueille ma peine,
Et les plaintes de Philomene
Me sont au cœur glaiues tranchans.
Les oiseaux cherchent la verdure,
Moy ie cherche vne sepulture
Pour voir mon malheur limité:
Vers le ciel ils ont leur volee,
Et mon ame deconsolee
Se nourrit en l'obscurité.
Orès l'amant sent dedans l'ame
Plevuoir des beaux yeux de sa Dame,
L'espoir, qui plus doucement point:
Et l'œil, dont ie pleure l'absence,
M'a priué de toute esperance.
Las i'ay crainte, & n'espere point
Orès les animaux sauuages
Courent les champs, bois, & riuages,
Comme amour les rend furieux:
Mais le regret qui me transporte
D'vne pointe encore plus forte,
Pressant me poursuit en tous lieux.
Ore on voit la rose nouuelle,
Qui se decouure & se fait belle,
Monstrant au iour son teint vermeil:
Où las mon pallissant visage
Se seche en l'auril de mon âge,
Priué des rais de mon soleil.
Or' on voit d'vne tiede halaine
Zephyre emouuoir par la plaine
Mollement les bleds verdoyans:

LIVRE II.   52

8 Et moy ie couue en mon courage
   Des soupirs, qui font vn orage
   De cent mille flots ondoyans.
O belle ieunesse du monde
   Des desirs la source feconde,
   Mere des nouuelles amours,
   De tout l'vniuers reconnue,
   Que me sert ta douce venue
   Si mon hiuer dure tousiours?
Royne des fleurs & de l'annee
   Tousiours pompeuse & couronnee,
   Doux soulas des cueurs oppressez:
   Par tout où tes Graces arriuent,
   Les Ieux & les Plaisirs te suiuent:
   Les miens où les as tu laissez?
Quand ie voy tout le monde rire,
   C'est lors qu'à part ie me retire
   Tout morne en quelque lieu caché:
   Comme la veufue Tourterelle
   Perdant sa compagne fidelle
   Se branche sur vn tronc seché.
Le Soleil iamais ne m'eclaire,
   Tousiours vn horreur solitaire
   Couure mes yeux de son bandeau:
   Ie ne voy rien que des tenebres,
   Ie n'entens que des cris funebres,
   Ie n'aime rien que le tombeau.
La France en partis diuisee,
   Sent en fin sa rage accoisee
   Au doux leniment d'vne paix:

G iiij

DIANE,

Las pourquoy l'ay-je souhaitée,
Si la guerre est plus irritée
Entre mes pensers que iamais?
Pensers, qui font dedans ma teste
Vn bruit estrange, vne tempeste,
Et dressent cent mille combats:
Mais quoy qui gaigne l'auantage,
Sur moy seul tombe le dommage
Et la perte de leurs debats.
Las qu'Amour me rend miserable!
Las que la ioye est peu durable!
Las que constante est la douleur!
Que du Sort la roue est legere,
Que l'esperance est mensongere,
Que l'homme est subiet au malheur!
Non non sous le ciel de la Lune
Tout va comme il plaist à Fortune,
Elle seule est Royne icy bas:
S'il y a quelque prouidence,
Au ciel elle a sa residence,
Ailleurs on ne la connoist pas.
Car quel ordre & quelle conduite
De voir en tenebres reduite
Vne beauté digne des cieux?
Et qu'ainsi soit viue enterrée
Celle qui deust estre adoree
De tous ceux qui portent des yeux.
Aux Ours & aux Tigres sauuages
Il faut des treillis & des cages
Pour les garder d'estre nuisans:

LIVRE II.

Mais la rigueur est trop extréme
Qui traitte vne beauté de mème,
Que les animaux mal-faisans.
Que n'ay-ie tes guides fidelles,
Tes passes, & tes colombelles,
Et ton char, diuine Cypris:
Afin qu'en despit de l'enuie
Ie peusse voller à ma vie,
Et au lieu qui clôt mes espris.
Mais sans fruit i'inuoque en ma paine
Des Amours la mere inhumaine,
Recours peu fidele aux amans:
Le ciel est sourd à mes complaintes,
Et toutes ses deïtez saintes
Ne sont que vains amusemens.
La Parque aux traits ineuitables,
Seule est propre aux maux incurables:
Vien donc, ô palle deïté,
Tu n'as autels ny sacrifices:
Mais si tes dars me sont propices,
Mourant ie lo⁾ray ta bonté.

DIANE,

XXIX.

Mary ialoux, qui me defens la veue
De la beauté si bien peinte en mon cœur,
De tes fureurs mon desir prend vigueur,
Et mon amour plus forte continue.
Plus vne place est cherement tenue,
Plus elle acquiert de louange au vainqueur:
Plus tu seras vers moy plein de rigueur,
Plus ie rendray ma constance connue.
Quand on ne peut vn cœur froid allumer,
Il faut sans plus luy defendre d'aimer:
Tout aussi tost le voila plein de flamme.
Donc si tu veux viure bien asseuré,
Ferme les yeux, ne garde point ta femme.
" Le bien permis est le moins desiré.

XXX.

I'excuse le mary de celle qui m'a pris,
D'estre si deffiant, de n'aller point sans elle:
Ie voudroy deux cens yeux de peur d'estre surpris,
Si i'estoy possesseur d'vne chose si belle.
Le Gouuerneur d'vn fort, vigilant & fidelle,
Iamais d'vn long sommeil n'assoupit ses espris,
Il s'éueille en sursaut, court à la sentinelle,
Et craint tousiours qu'on ait sur sa place entrepris.
Le maudit vsurier qui sa richesse adore,
Sent dés qu'il en est loin qu'vn soucy le deuore,
Et que mille glaçons le transissent de peur.
Hé! qu'est-ce qu'vn thresor, ou qu'vne forteresse
Aupres de la beauté qui fait viure mon cœur?
Son mary fait donc bien gardant telle richesse.

[marginalia: Il n'y a pas grand merveille qu'un amant / son triste en l'absence de sa dame]

LIVRE II.

XXXI.

D'où vient qu'vne beauté qui m'est tousiours presente
  Au cœur & en l'esprit, n'est presente à mes yeux?
Et comment fait le ciel, de mon aise enuieux,
  Que sans vous, ma douleur, tãt d'angoisses ie sente?
Plus ie suis loin du feu, plus ma flamme est cuisante,
  Et mes bouillans desirs plus chauds & furieux:
Et n'y a bois, rocher, ny distance de lieux,
  Qui serue à me sauuer d'ardeur si violante.
Tu peux luire à ton gré, Soleil du firmament,
  Pour les autres mortels, mais pour moy nullement,
Ma nuict dure tousiours loin de l'œil que i'adore.
Ie voudroy que le Ciel me permist sommeiller
  Durant si longues nuicts qui cachent mon Aurore,
Puis qu'apres son retour il me fist réueiller.

XXXII.

Iunon Royne des Dieux, de courroux toute plaine
  Ainsi que le despit la faisoit enrager,
Alla iusqu'aux Enfers les Fureurs deloger,
  Allumant leurs brandons contre Inon la Thebaine:
Vne Deesse helas! beaucoup plus inhumaine
  Sans descendre aux Enfers pour de moy se vanger,
Me poursuit, me tourmente, & mon ame mal-saine
  Par cent & cent Fureurs elle fait outrager. *[marg: Elle superflu]*
La miserable Inon d'Athamas pourchassee,
  Portant son fils d'vn bras, esperdue, insensee
S'elança dans la mer & noya ses douleurs:
Et moy de vos courroux fuyant la violance, *[marg: estrange fureur]*
  Et portant sous le bras ma debile esperance, *[marg: nation prise]*
Troublé ie me submerge en la mer de mes pleurs.

[marginalia: de S. Gelais. et faite partout]

DIANE,

XXXIII.

Puis que pour mon malheur ceste vnique beauté,
   L'espoir de mon amour, fait aimer tout le monde,
   Il ne faut pas penser que la douleur profonde,
   Si viue en mon esprit, perde sa cruauté.
Ie suis transi de froid au plus chaud de l'Esté,
   Tât la crainte en mō cœur d'vn pié ferme se fonde:
   Le Soleil me fait peur, le Ciel, la terre & l'onde,
   Les vens, les fleurs, les bois, l'ombrage, et la clairté,
Las! si pour la voir telle, vne aspre Ialousie
Doit posseder mon cœur comblé de frenaisie,
Faites pour mon salut (ô pitoyables Dieux)
Afin que la fureur de ce mal diminuë,
Que toyt cé qui la voit soit priué de la veuë,
Ou pour ne les voir point que ie perde les yeux.

DE LA IALOVSIE.

AMOVR à petit feu fait consommer mon ame,
   Et m'attaint si souuent des regards de Madame,
   Que ie n'ay pas vn lieu qui n'en soit tout percé.
Helas! ce n'est pas tout la froide Ialousie
M'enuenime l'esprit, trouble ma fantasie,
Et me poursuit si fort que i'en suis insensé.
Amour est bien cruel, sa pointure est mortelle,
Mais l'aspre Ialousie est beaucoup plus cruelle,
Tout autre mal n'est rien aupres de ce tourment.
Amour aucunesfois se lasse de nos peines,

LIVRE II.

Et soulage nos maux par des liesses vaines,
Mais ceste autre fureur nous presse incessamment.

Las! quand quelque faueur en aimant me contente,
C'est quand la Ialousie en mon esprit s'augmente,
Tous les plaisirs d'Amour viennent pour ma douleur:
Quand ie doy m'égayer ie renforce ma plainte,
Quand ie doy m'asseurer ie soupire de crainte,
Et fay lire mon mal sur ma palle couleur.

En vain ie veux flechir par pleurs ceste furie,
En vain i'essaye aussi, quelque part que ie fuie,
A me garantir d'elle, elle conte mes pas.
En vain i'ay mon recours aux fortes medecines:
Ce mal ne se guarist par ius ny par racines,
Ains nous fait sans mourir souffrir mille trespas.

Amour, tu es aueugle & d'esprit & de veue
De ne voir pas comment ta force diminue,
Ton empire se perd, tu reuoltes les tiens,
Fante que tu ne chasse vne infernale peste,
Qui fait que tout le monde à bon droit te deteste,
Pour ne pouuoir iouïr seurement de tes biens.

C'est de ton doux repos la mortelle ennemie,
C'est vne mort cruelle au milieu de la vie,
C'est vn Hyuer qui dure en la verte saison,
C'est durant ton Printemps vne Bize bien forte,
Qui fait secher tes fleurs, qui tes fueilles emporte,
Et parmy tes douceurs vne amere poison.

Car bié que quelque peine en aimát nous tourmete
Si n'est-il rien si doux, ne qui plus nous contente
Que de boire à longs traits le breunage amoureux:
Les refus, les trauaux, & toute autre amertume

DIANE,

D'absence ou de courroux font que son feu s'allume,
Et que le fruit d'Amour en est plus sauoureux.
   Mais quand la Ialousie ennuieuse & despite
Entre au cœur d'vn Amant, rien plus ne luy profite,
Son heur s'euanouist, son plaisir luy deplaist,
Sa clairté la plus belle en tenebres se change:
Amour dont il chantoit si souuent la loüange,
Est vn monstre affamé qui de sang se repaist.
   Helas ie suis conduit par ceste aueugle rage,
Mon cœur en est saisi, mon ame & mon courage:
Elle donne les loix à mon entendement,
Elle trouble mes sens d'vne guerre eternelle,
Mes propos, mes pensers, mes regrets viennent d'elle,
Et tous mes desespoirs sont d'elle seulement.
   Elle fait que ie hay les graces de Madame,
Ie veux mal à son œil qui les astres enflame,
De ce qu'il est trop plein d'attraits & de clairté:
Ie voudrois que son front fust ridé de vieillesse,
La blancheur de son teint me noircist de tristesse,
Et dépite le Ciel voyant tant de beauté.
   Ie veux vn mal de mort à ceux qui s'en approchent
Pour regarder ses yeux qui mille amours decochent,
A ce qui parle à elle, & à ce qui la suit:
Le Soleil me deplaist, sa lumiere est trop grande,
Ie crains que pour la voir tant de rais il espande,
Mais si n'aimay-ie point les ombres de la nuit.
   Ie ne sçaurois aimer la terre où elle touche,
Ie hay l'air qu'elle tire & qui sort de sa bouche,
Ie suis ialoux de l'eau qui luy laue les mains,
Ie n'aime point sa chambre, & i'aime moins encore

LIVRE II.

L'heureux miroir qui voit les beautez que i'adore,
Et si n'endure pas mes tourmens inhumains.
  Ie hay le doux Sommeil qui luy clost la paupiere:
Car il est (s'ay-ie peur) ialoux de la lumiere
Des beaux yeux que ie voy, dont il est amoureux.
Las! il en est ialoux & retient sa pensee,
Et sa memoire aussi de ses charmes pressee,
Pour luy faire oublier mon souci rigoureux.
  Ie n'aime point ce vent qui folastre se iouë
Parmi ses beaux cheueux, & luy baise la iouë:
Si grande priuauté ne me peut contenter.
Ie couue au fond du cœur vne ardeur ennemie
Contre ce fascheux Lict, qui la tient endormie,
Pour la voir toute nue & pour la supporter.
  Ie voudrois que le Ciel l'eust fait deuenir telle,
Que nul autre que moy ne la peust trouuer belle;
Mais ce seroit en vain que i'en prirois les Dieux,
Ils en sont amoureux: & le Ciel qui l'a faite,
Se plaist en la voyant si belle & si parfaite,
Et prēd tāt de clairté pour mieux voir ses beaux yeux
  Tous ceux que ie rencōtre en quelque part que i'erre,
Sont autant d'ennemis qui me liurent la guerre:
S'ils sont vestus de noir, ie croy soudainement
Que c'est pour faire voir à la beauté que i'aime,
Qu'ils sont pleins de cōstance ou de tristesse extreme,
Et deuiens ennemi de leur accoustrement.
  L'incarnat me fait foy de leur dure souffrance,
Le verd me fait trembler auec son esperance,
Ie connois par le bleu les ialoux comme moy:
Le bleu c'est ialousie, & la mer en est peinte.

DIANE.

» Mariniers côme Amans viuẽt tousiours en crainte,
» Car en mer & en femme il ne faut auoir foy.
  Si quelqu'vn est pensif, soudain ie croy qu'il pense
  En ce bel œil guerrier, qui comme moy l'offense:
  Si ie le voy ioyeux, ie crains qu'il soit contant,
  Et souhaitte en pleurant que mes yeux me deçoiuent:
· Bref tous ceux que ie voy, i'estime qu'ils reçoiuent
  Plus de faueurs que moy, bië qu'ils n'aiment pas tant.
  Suis-ie pas malheureux de viure en telle sorte?
19. Ma fureur par le temps se rend tousiours plus forte,
  Mille loups affamez me tiraillent le cœur,
  Or i'ay la face blesme, or elle est enflammée,
  Or ie voudrois donner au trauers d'vne armée,
  Or ie n'ose paroistre & meurs presque de peur.
  Viue source d'ennuis, Harpye insatiable,
  Ennemie à toy-mesme, enragee, incurable,
  Portant au chef cent yeux incessamment ouuerts,
  Ouuerts pour nostre mal, clos pour nostre liesse,
  Las! plus ie parle à toy plus tu crois ma tristesse,
· Et remplis mon esprit de serpens & de vers.
  Tu rens mes yeux si clairs, qu'vne longue distance
  Ne les peut empescher de voir en leur presance
  La beauté que i'adore entre dix mille amans.
  Ie voy sa blanche main, qui de l'vn est touchee,
  A l'autre elle sous-rit, sur l'autre elle est couchee,
  Et voy qu'elle se plaist en ces contentemans.
  Tu fais que mon esprit en cent lieux se transporte,
  Mon penser ennemi sur tes ailes se porte,
  Pressé d'vn aiguillon qui viuement le poind:
  Tu fais trouuer mon corps où il ne sçauroit estre,
                                            Et réueilles

LIVRE II.   57

Et réueilles mes sens pour leur faire connoistre
Ce que ie voudrois bien qu'ils ne connussent point.
   Vous, que comme Deesse ici bas ie reuere,
Si vous auez pitié de ma longue misere,
Et si vous desirez de me voir secourir,
Tuez ceste sorciere acharnee à ma perte,
Et de son sang tout chaud oignez ma playe ouuerte:
Ce remede tout seul est propre à me guarir.

XXXIIII.

Celle à qui mes escrits ont donné tant de gloire,
   Qu'on l'estimoit vnique en sa perfection,
   A du tout, comme on dit, changé d'affection,
Et de nos feux premiers enterré la memoire.
Non non la glace est chaude, & la blācheur est noire,
   Le Soleil tenebreux, l'air sans mutation:
   Le Ciel, la peur des Dieux, tout n'est que fiction,
Bref, ce qui est n'est point, à rien il ne faut croire:
Ie ne croiray plus rien, ou croiray seulement
   Que les sens & l'esprit iugent tout faulsement,
   Et ne iugent de rien qui soit sans imposture:
Ie croiray que la femme, & n'en seray blasmé,
   Entre tout ce qui est, ou fut iamais formé,
   Est de la plus changeante & plus faulse nature.

DIANE.

XXXV.

Iamais fidelle Amant n'eut plus douces pensées,
Plus aimables trauaux, desirs plus eleuez,
Que i'auoy, quand vos yeux d'inconstance priuez
Tenoyent toutes vers moy leurs lumieres dressées:
Quand vn seul trait rendoit nos deux ames blessées,
Quand vn mesme filet nous tenoit captiuez,
Quãd d'vn mesme cachet nos cœurs estoyẽt grauez
Ayans perdu deuant toutes marques passées.
Quels destins rigoureux, quel horrible meffait
Rend vn si ferme nœud soudainement deffait,
Et couure vne clairté si luisante & si belle?
Ma faute & les destins à tort en sont blasmez,
Ce sont des tours communs & tout accoustumez
D'Amour, de la Fortune, & d'vn sexe infidelle.

XXXVI.

Ma vie à vn Enfer peut estre comparee,
I'ay pour mes trois Fureurs maints soucis violans
Au lieu de noirs Serpens le venin distilans,
De ialouses poisons mon ame est deuoree.
L'Esperance est de moy pour iamais separee,
Comme elle est de ces lieux malheureux & dolãs,
Mes pleurs ont fait vn Styx, & mes soupirs brulãs
Du bouillant Phlegethon l'ardeur demesuree.
Ma bouche est vn Cerbere à toute heure aboyant:
L'infernale valee en fumee ondoyant,
Ressemble à mon esprit si comble de tristesse.
Tous les tourmens d'Enfer à moy seul sont donnez,
La iustice de Dieu tourmente les damnez,
Et ie suis tourmenté d'vne iniuste Deesse.

LIVRE II.

XXXVII.

Vostre cœur s'est changé, Maistresse, & ie l'endure,
  Non qu'vn bouillant despit ne me rende embrasé:
  Mais pource qu'en aimant ie me suis proposé
  D'accepter la fortune ou fauorable, ou dure.
Ie n'ignoray iamais l'heur de mon aduenture,
  Quand de vostre œil diuin i'estoy fauorisé:
  Mais aussi mon esprit n'est pas si peu rusé,
  Qu'il ne sçache des vents l'inconstante nature,
Ie suis tout plein d'amour quand vous me tenez cher,
  Quãd vous me dédaignez ie crain de vous fâcher,
  Et fuy de vos beaux yeux la lumiere infidelle:
Ie ne seray iamais importun si ie puis,
  I'aime mieux seul à part soupirer mes ennuis.
,, L'amy qui m'importune ennemy ie l'appelle.

STANSE.

Vous m'auez fait ietter au plus vif de la
    flame
  Vn Sonnet que du cœur l'Amour m'a fait
    sortir:
Si c'est pour appaiser les courroux de vostre ame,
La vengeance est petite, il n'en peut rien sentir.
Ah! non, vous l'auez fait pour sauuer vostre gloire,
Qui couroit grand peril sans cest embrasement:
Car en brûlant mes vers, ie brûle aussi l'histoire
De vostre tyrannie, & de mon long tourments.

H ij

DIANE,

XXXVIII.

Vous l'auiez inuenté, Rapporteurs malheureux,
Que celle à qui je suis auoit fait nouueau change,
Et par ce mechant bruit contraire à sa louange,
M'auiez comblé l'esprit de soucy douloureux:
Son vouloir est trop ferme, & son cœur genereux
Amy de la franchise aisément ne se range:
I'n'ay que trop connu combien elle est estrange,
Et prend peu de pitié des tourmens amoureux.
Auec tant de trauaux quatre ans ie l'ay seruie
Que la peine à tout autre en eust osté l'enuie,
Voyant ses passions si mal recompenser.
Car il faut bien aimer & rien ne se promettre,
Quiconque à ce voyage apres moy s'ose mettre,
Ne fera long chemin auant que se lasser.

XXXIX.

Ne dites plus, Amans, que l'absence inhumaine
Tourmente vostre esprit d'vn mal demesuré:
Car qui laisse sa Dame & s'en voit separé,
N'a point de sentiment pour souffrir de la paine.
Ce n'est plus rien de luy qu'vne semblance vaine,
Ou vn corps qui ne sent rien, palle & defiguré:
Son ame est autre part, son esprit egaré
Erre de place en place où son desir le maine.
Celuy qui sent son mal & qui le connoist bien,
Est encore viuant: mais on ne sent plus rien
Aussi tost que le corps est laissé de son ame.
Donc si c'est vne mort, on peut voir clairement
Que celuy ne fut onc eloigné de sa Dame,
Qui surnomma douleur vn tel eloignement.

LIVRE II.

XL.

Las ie ne verray plus ces soleils gracieux,
 Qui seruoyent de lumiere à mon ame egaree,
 Leur diuine clairté s'est de moy retiree,
Et me laisse esperdu, dolent & soucieux.
C'est en vain desormais, ô grand flambeau des cieux,
 Que tu sors au matin de la plaine azuree,
 Ma nuict dure tousiours, & ta tresse doree,
Qui sert de iour au monde, est obscure à mes yeux.
Mes Yeux helas! mes Yeux, sources de mō dommage,
 Vous n'aurez plus de guide en l'amoureus voyage,
 Perdant l'astre luisant qui souloit m'eclairer.
Mais si ie ne voy plus sa clairté coustumiere,
 Ie ne veux pas pourtant en chemin demeurer:
 Car du feu de mon cœur ie feray ma lumiere.

CHANSON.

Las! en vous eloignant, Madame,
Au moins n'emportez point mon ame
Et mon cœur que vous m'auez pris.
Il sied mal à vne Deesse
Ieune & belle comme Cypris,
D'estre cruelle & larronnesse.

Huguenots qui courez la France,
 De grace faites moy vengeance
D'vne aussi mauuaise que vous:
Sa main est apprise au pillage,
Et ses yeux qui feignent les doux,
N'ont plaisir qu'à faire dommage.

DIANE.

Guettez ceste belle meurtriere,
Qu'elle soit vostre prisonniere,
Elle qui met tout en prison:
Liez ses mains de chaisnes fortes,
Las! qui m'ont volé ma raison,
L'ayant navree en mille sortes.
Ainsi donc, Ma fiere ennemie,
De ma mort vous serez punie,
Et des torts que vous m'auez faits:
Mais i'ay peur que l'ennemi blesmé,
Voyant vos yeux armez de traits,
Se rende prisonnier luy-mesme.

XLI.

Cheueux, present fatal, de ma douce contraire,
Mõ cœur plus que mõ bras est par vous enchaisné:
Pour vous ie suis captif en triomphe mené,
Sans que d'vn si beau ret ie cherche à me deffaire.
Ie sçay qu'on doit fuir les dons d'vn aduersaire,
Toutesfois ie vous aime & me tiens fortuné
Qu'auec tant de cordons ie sois emprisonné:
Car toute liberté commence à me deplaire.
Cheueux mes vainqueurs, vâtez-vous hardiment
D'enlacer en vos nœuds le plus fidelle amant,
Et le cœur plus deuõt qui fut oncq en seruage.
Mais voyez si d'amour ie suis bien transporté,
Qu'au lieu de m'essayer à vivre en liberté,
Ie porte en tous endroits mes ceps & mon cordage.

LIVRE II.   69

XLII.

Aimons-nous, ma Deesse, & monstrons à l'espreuue
  Qu'vne si belle ardeur ne se peut allumer:
  Nostre amour s'en fera d'autant plus estimer
  Qu'en ce têps la constance en peu d'amans se treuue.
Bien que le ciel, l'ennuie, & la fortune pleuue
  Sur nous tout ce qu'ils ont d'angoisseus & d'amer,
  Iamais ils ne pourront nos cœurs desenflamer,
  Le têps mesmê en passât rêdra nostre amour neuue.
Lisant en vostre cœur i'y verray mon vouloir,
  Ce sera mesme ennuy qui nous fera douloir,
  Et ne garderons rien que nous nous voulions taire:
Nous n'aurons en deux corps qu'vn esprit seulement:
  Car l'amour si commune est comme vn diamant,
  Qui demeure sans prix és mains du populaire.

STANSES.

LORS qu'vn de vos rayons doucement
    me blessa,
  Et que mon ame libre en prison fut re-
    duitte,
Mon cueur rauy d'Amour aussi tost me laissa,
Et sans autre conseil se mit à vostre suitte.
Mais comme vn voyageur qui s'arreste pour voir
S'il trouue en son chemin quelque chose nouuelle,
Alors qu'il veit vos yeux de passer n'eut pouuoir,
Et demeura surpris d'vne clairté si belle.
  Puis il reprend courage, & s'asseure à la fin,
Desireux d'acheuer l'entreprise premiere:
Soit qu'Amour le guidast, ou son heureux destin,

H iij

DIANE.

Ou que vostre œil luisant luy fournit de lumiere.
Hazardeux fugitif il vient iusques au lieu,
Siege de vostre cœur, qu'il embrassa sur l'heure,
Et me dist en riant vn eternel Adieu,
Ne voulant plus partir de si belle demeure.
Vostre cœur qui ne veut plein d'vn braue desir,
Souffrir vn compagnon, autre empire pourchasse:
Et delaissant le sien d'vn lieu se vient saisir,
Où nul autre que luy ne pourroit auoir place:
C'est l'endroit que mõ cœur plein d'amour & de foy,
Diuinement guidé delaissa pour vous suiure.
Voila donc comme Amour du depuis nous fait viure,
Mon cœur est dedans vous, le vostre est dedans moy.

XLIII.

J'ay fait de mes deux yeux vne large riuiere,
  Que de vos fiers regards les feux estincelans,
  Et de mon estomach les brasiers violans,
Au lieu de la tarir font deuenir plus fiere.
Contre vostre rigueur ie veux (belle Meurtriere)
  Mettre auec mes soupirs ces pleurs tousiours coulãs,
  Puis les ietter aux vens: les vens, courriers volans,
Les porteront en l'air d'vne course legere:
Puis l'element du feu de l'air les tirera,
  Mais leur humidité pourtant ne tarira:
  Car des eaux de mes pleurs la source est eternelle.
Ils viendront iusqu'au Ciel, lors les Dieux, de pitié,
  Puniront vos rigueurs, vengeans mon amitié:
  Car ils me feront sage, & vous feront moins belle.

LIVRE II.

XLIIII.

Vostre bouche, ô Deesse, a mal prophetisé :
 (Pardonnez si l'Amour me fait vous contredire)
 Car Philene a bouché ses oreilles de cire,
 Et des charmes trompeurs ne l'ont point amusé.
C'est œil qui a rendu quelquefois embrasé
 Obscurci d'vn plus beau pour luy cesse de luire,
 Il le voit sans danger, sans ioye & sans martyre:
» Iamais vn bel esprit n'est deux fois abusé.
Reste donc, que Diane en voyant sa constance
 Souffre qu'Amour la touche, & douce ore comence
 A plaindre vn peu le mal d'vn cœur qui est tout sie.
Sinon vous iugerez si l'Amant est bien sage,
 Qui fuit les doux appas d'vne Dame volage,
 Pour se perdre aux rigueurs d'vne qui n'aime rien.

XLV.

Cent & cent fois le iour ie fay nouueaux discours
 Mal contant, mal payé des trauaux que i'endure:
 Et lassé de porter vne charge si dure
 Ie rebelle mon cœur du grand Roy des Amours.
La Raison aussi tost s'auance à mon secours,
 Qui m'ouure les prisons & guarit ma pointure;
 Libre alors ie maudy sa mechante nature,
 Et consens que sa loy n'ait en moy plus de cours.
Mais presqu'au mesme instant sans oser me defendre,
 Vn clin d'œil, vn propos mõ cœur viẽnent reprẽdre,
 Rechassent ma Raison, renserrent mes esprits:
Et l'Amour par vengeance en rigueur se renforce,
 Lors comme vn pauure serf nouuellement repris,
 I'endure, & tout honteux de seruir ie m'efforce.

DIANE,

CHANSON.

ELVY que le Ciel tout-puissant
Fait d'vn cœur ardant en naissant,
Veut que chacun luy obeïsse:
Mais bien que son œil vigoureux
M'ait rendu chaud & genereux,
Ie n'aime qu'à faire seruice.
Guerriers, qui d'vn bras glorieux
Grauez vos faits victorieux
Aux durs tableaux de la Memoire,
Vantez vostre commandement:
De moy ie sers si noblement
Que ie ne chante autre victoire.
Le forçat sauué du danger,
Monstre sa chaisne à l'estranger,
Triste enseigne de son supplice:
Et moy ie monstre mon lien,
Heureuse marque de mon bien:
Car mon bien vient de mon seruice.
Hercule en tous lieux redouté,
Ayant maint trauail surmonté,
Seruant effaça ceste gloire.
Mon seruice n'est pas ainsi:
Car il rend mon nom esclairci,
Trop plus qu'vne belle victoire.
O vous furieux de soucis,
Sans repos troublez & transis
Pour renuerser vne police,
Ayans l'vniuers trauaillé,

LIVRE II.

Le prix qui vous sera baillé
N'est rien aupres de mon seruice.
Ce bel œil qui donne le tour,
Alors qu'il chasse à son retour
La nuict marchant en robe noire,
Ne voit rien par tout l'vniuers,
Deuant, derriere, & de trauers,
Egal au Dieu de ma victoire.
Heureux qui sert comme ie fais,
Et qui consacre tous ses faits
A chose si saincte & propice:
Aussi pour m'en recompenser,
Rien mieux ie ne sçaurois penser
Que de mourir en son seruice.

XLVI.

Ie m'estoy dans le temple vn Dimanche rendu,
Que de la mort de Christ on faisoit souuenance,
Et touché iusqu'au cœur de viue repentance,
Ie soupiroy le temps que i'ay mal despendu.
O Seigneur, qui des cieux en terre es descendu
Pour guarir les pecheurs, & lauer leur offense,
Que ton sang ruisselant en si grand' abondance
N'ait point esté pour moy vainement respandu:
Seul Sauueur des humains, sauue ta creature.
I'acheuoy de prier, quand ie vey d'auenture
Celle dont les beaux yeux sans pitié m'ont deffait.
Ah Dieu! (ce dy-ie alors la voyant en priere
Triste & l'œil abaissé) ceste belle meurtriere
Se repent-elle point du mal qu'elle m'a fait?

DIANE,

XLVII.

Que maudits soyent mes yeus si prôts à mon dômage,
Qui pour le seul plaisir de voir vostre beauté,
Ont lâchement trahy ma libre volonté,
Mis mes pensers en trouble, & mon ame en seruage.
Mon mortel ennemi par eux a eu passage
Dans mon cœur desarmé qu'or il tient arresté:
Et luy qui contre Amour s'estoit si bien porté,
Sent pour sa recompense vn feu qui le saccage.
Car ce Dieu sans pitié, comme vn cruel vainqueur,
Met en feu ma despouille & se campe en mõ cueur,
Dont il ne partira iusqu'à tant que ie meure.
Mais (ô maudit Amour) tu n'as point de raison:
Car si tu prens mon cœur pour y faire demeure,
Es-tu pas bien enfant de brûler ta maison?

XLVIII.

Quand nous aurons passé l'infernale riuiere
Vous & moy pour nos maux damnez aux plus bas
     lieux:
Moy pour auoir sans cesse idolatré vos yeux,
Vous pour estre à grand tort de mon cœur la meur-
     triere:
Si ie puis tousiours voir vostre belle lumiere,
Les eternelles nuicts, les regrets furieux
N'estonneront mon ame, & l'Enfer odieux
N'aura point de douleur qui me puisse estre fiere.
Vous pourrez bien aussi vos tourmens moderer
Auec le doux plaisir de me voir endurer,
Si lors vous vous plaisez encore en mes trauerses.

LIVRE II. 63

Mais puisque nous auons failly diuersement,
  Vous par inimitié, moy trop fort vous aimant,
I'ay peur qu'on nous separe en deux chambres di-
  uerses.

XLIX.

O Mort, tu pers ton temps de me poursuiure ainsi,
  Me tenant miserable en fieure continuë
Qui trouble mon cerueau, comme la mer emeuë
Battant de cent bouillons vn rocher endurci.
Ie n'ay plus de couleur, mon œil est tout noirci,
  Ma langue ardant sans cesse est seiche deuenuë,
Mon accez violant iamais ne diminuë,
Et tu ne peux finir ma vie & mon souci.
C'est que tes coups sont vains contre vne froide lame,
Sans cœur, sans mouuement, sans esprit & sans ame
Qui rebouche les traits de ta cruelle main.
Si tu veux donc (ô Mort) triompher de ma vie,
  Il faut contre Madame adresser ta furie,
  Blesse mon cœur qu'elle a, ie mourray tout soudain.

SOMMEIL, qui trop cruel au temps
    de mes amours
  M'as priué si souuent des plus douces
    pensees,
Tenant outre mon gré mes paupieres pressees
Lors que ie desiroy pouuoir veiller tousiours:
  Or qu'vne fieure ardente en mon sang allumee
Change en feux mes soupirs, & mõ cœur en fourneau,

DIANE,

Trempe au fleuue d'Oubly bien auant ton rameau,
Et distile en mes yeux ceste liqueur aimee.
  De grace hé que ie dorme, & que les troublemens
Qui font de mon esprit vne mer irritee,
Me donnent quelque tresue. Ainsi ta Pasithee
Paye ceste faueur de mille embrassemens.
  Heureux Loirs qui dormez la moitié de l'annee,
Las! qu'vn somme aussi fort ne me peut-il tenir?
Mais pour plus grand repos, & pour mon mal sentir
Soyent mes yeux pour iamais clos de la destince.

L.

I'estoy sans connoissance estendu dans ma couche,
Sans pouls, tousiours réuant, mortellement atteint:
Mes yeux estoyent cauez, de mort estoit mon teint,
Et mō corps tout courbé comme vne vieille souche.
La fiéure auoit cueilli les roses de ma bouche,
Et palli le vermeil sur mon visage peint:
Mes amis desolez hautement m'auoyent pleint,
Me voyant si debile, & mon œil si farouche.
Durant que ie mourois, le rigoureux Amour
  Collé sur mon cheuet, sans repos nuict & iour
Me souffloit à l'oreille, & redoubloit ma flame.
Las! Amour laisse moy mourir plus doucement.
Ie le veux bien (dit-il) mais fay ton testament,
Et dy qu'apres ta mort tu me laisses ton ame.

LIVRE II.

LI.

Ceste humeur qui m'aueugle & me bande les yeux,
  Coulant incessamment, pour mon bien est venue:
  Car ie cesse de voir le bel œil qui me tue,
  Et qui rend de ma prise vn enfant glorieux.
Nō ce n'est pour mō bien: mais c'est quelcun des dieux
  Ialoux du paradis, qui bien-heuroit ma veue
  En l'obiet des beautez dont vous estes pourueue,
  Qui m'a donné ce mal, de mon aise enuieux.
Quiconque sois des dieux, cesse d'auoir enuie
  Que deux si beaux soleils facent luire ma vie,
  Et que de leurs rayons procedent mes chaleurs:
Helas i'achete assez les regars de Madame,
  Qui sens pour vn trait d'œil mille pointes en l'ame,
  Et pour vn court plaisir tant de longues douleurs.

LII.

Quel supplice infernal, quelle extreme souffrance
  Peut approcher du mal dont ie suis tourmenté?
  O rigoureux Amour, si ie t'ay despité
  Tu te monstres trop aigre à punir mon offense.
I'auois esté six mois pleurant pour vne absence,
  Languissant desolé, couuert d'obscurité,
  Viuant du seul espoir de reuoir la clairté,
  Qui fait fleurir mes iours par sa douce influence.
Amans iugez ma peine: or qu'elle est de retour
  Il faut pres de ses yeux pour couurir mon amour,
  Que sans la regarder ie tourne ailleurs la veuë.
Helas! ie suis reduit iusqu'à si piteux point,
  Qu'à fin que mon amour à tous sois inconnu,
  Ie feins tant qu'elle croit que ie ne l'aime point.

DIANE.

LIII.

Dieu des hommes perdus, sera-ce iamais fait?
Seray-ie tousiours butte aux douleurs incurables?
Mes esprits abbatus sont-ils si fort coupables,
Que leur peine en trois ans ne t'ait pas satisfait?
Mon cœur, mon œil, mon teint blessé, cavé, desfait
De traits, de pleurs, d'ennuis, cruels, amers, durables
Pourroyent faire auouer aux damnez miserables,
Que de mes passions l'Enfer n'est qu'vn pourtrait.
De ma soif pres des eaux Tantale est la figure,
Le vaultour de Titye est la peine où ie dure,
Tenaillé d'vn desir qui me ronge & me poind:
Mon trauail sans profit est le seau des Belides,
Et mes chauds desespoirs les fieres Eumenides,
Mais las! en mon Enfer Lethés ne passe point.

LIIII.

Dressez moy sans cesser querelle sur querelle,
Et tenez de vos yeux le beau Soleil caché
Pour rendre mon espoir languissant & seiché,
Et pour couurir mes iours d'vne nuict eternelle:
Que pour moy de tout poinct la Pitié soit cruelle,
Et que tousiours le Ciel à mes cris soit bouché,
La rigueur des ennuis dont ie seray touché
N'aura iamais pouuoir de me rendre infidelle.
Mon cœur aux flots du mal semble vn roc endurci,
Vous estes mon Soleil, ie suis vostre Souci,
M'ouurant tant seulement aux rais de vostre veuë.
Las! vous le sçauez bien, mais pour me tourmenter
Sans cause à tous propos vous mostrez d'en douter,
Et c'est de tous mes maux celuy seul qui me tue.

LIVRE II.

LV.

Puis qu'il vous plaist, Madame, et qu'auez tāt d'enuie
 Que ie cesse d'aimer, d'adorer & d'auoir
Au cœur vostre portrait, ie vous veux faire voir
Que ie puis l'impossible en vous rendant seruie.
Vos rigueurs, vos dedains, les douleurs de ma vie,
 En vain eussent pensé ma constance esmouuoir:
Car aux plus gras malheurs s'augmētoit son pouuoir
Comme vn roc s'endurcist aux vents & à la pluye.
Mais puis que ie vous fasche, & qu'il ne vous plaist
 D'vn regard seulement honorer mon trespas, (pas
 Puis que ma seruitude & ma foy vous offense.
L'ame & le cœur en feu, l'œil de pleurs tout chargé,
Pour ne vous ennuyer par trop de patience,
Et pour vous obeir i'accepte mon congé.

LVI.

Tant d'amour, tāt de foy dont vos lettres sont plaines,
 Tant de feu que le temps n'a rendu moins viuant,
Et tous ces beaux discours, qui m'alloyent deceuāt
Ne sont que des chansons & des paroles vaines:
Ie ne m'en paye plus: mes trauaux & mes paines
Cerchēt du bien solide au lieu d'ombre & de vant:
N'abusez donc l'espoir d'vn fidelle seruant.
" Amour veut des effects & des preuues certaines.
Depuis quatre ans entiers vous m'appastez ainsi,
 Ie vieilly cependant, vous vieillissez aussi,
Et perdons de nos ans la saison mieux aimee
D'en taxer la fortune & les empeschemans,
 C'est vne foible excuse: oncques deux vrais amans
 Ne trouuerent pour eux de porte assez fermee.

DIANE,

LVII.

J'ay tant souffert d'ennuis, de honte & de misere,
Depuis qu'à vos beaux yeux mon esprit s'est rendu :
Mon âge & mon labeur i'ay si mal despendu,
Que i'en sers de risee, & de fable au vulgaire.
Ie veux rompre mes fers plein de iuste colere,
Et perdre heureusement l'amour qui m'a perdu :
L'eussé-ie fait plustost ! i'ay bien tard attendu,
Mais si n'est-ce pas peu de m'en pouuoir desfaire.
Loin loin bien loin de moy, Pensers fallacieux,
Espoirs faux & trompeurs, desirs ambicieux,
Et des trauaux passez souuenir trop durable :
I'appens à Nemesis, pour acquitter mes vœux,
Ces traits qu'elle a rõpus, ces flãbeaus & ces nœus
Esteints & déliez par sa main secourable.

LVIII.

Le robuste animal dont l'Inde est nourriciere,
Qui pour n'estre pollu se purge & va lauant,
Afin que plus deuôt il puisse en arriuant
La nouuelle Diane, adorer sa lumiere :
S'il faut monter sur mer par force ou par priere,
Estant pres du vaisseau ne veut passer auant
Si son maistre ne parle, & luy iure deuant
De sain le reconduire en sa terre premiere.
Moy plus lourd mille fois & plus mal-aduisé,
Sur mer à tous perils ie me suis exposé
Sans promesse d'Amour mon guide en ce voyage.
Donc, ô belle Diane helas ! asseurez moy,
Si pour vous adorer seule ainsi que ie doy,
De toute vieille erreur i'ay purgé mon courage.

LIVRE II.

LIX.

Belle & cruelle main, qui m'auez enchaisné
Dans la prison d'Amour mon antique aduersaire,
Estant si delicate, hé comment se peut faire
Qu'vn coup si dangereux par vous me soit donné?
Mon cœur nouueau captif en est tout estonné,
Mes sens tous esperdus, & mon œil temeraire
De vous voir pour son mal ne se sçauroit distraire,
Tant la beauté l'attire & le rend obstiné.
Par vn nouuel effort mon ame est surmontee,
Ie sçauois bien que Mars par sa main redoutee
Fait ses actes guerriers & se rend plus connu:
Mais que ma liberté deust estre retenuë
Par vne main si tendre, encores toute nuë,
Ce miracle est à moy seulement aduenu.

LX.

Chacun iour mon esprit loin du corps se retire,
Ie tombe en pasmoison, ie pers le mouuement,
Ma couleur deuient palle, & tout en vn moment
Ie n'entens, ie ne voy, ie ne sens, ny respire.
Reuenant puis apres vers le ciel ie souspire,
I'ouure les yeux ternis, ie m'esmeus doucement
Comme vn qui a dormi, puis sans estonnement
I'attens le prompt retour d'vn si lasche martyre.
Ceux qui voyent comment ce mal me met au bas,
Comme il reuiet soudain, n'attendět qu'vn trespas
Qui ces petites morts d'heure à autre finisse.
Il ne m'en chaut pour moy, c'est tout mon reconfort:
Mais pour vo' ie m'ē plains, qui perdrés à ma mort
Vn cœur qui n'estoit nay que pour vostre seruice.

DIANE,

LXI.

Beaux nœuds crespes & blonds nonchalamment espars
Dõt le vainqueur des dieux s'emprisonne & se lie:
Front de marbre viuant, table claire & polie,
Où les petits Amours vont aiguisant leurs dars.
Espais monceau de neige aueuglant les regars,
Pour qui de tout obiet mon œil se desallie:
Et toy guerriere main de ma prise embellie,
Qui peux nuë acquerir la victoire de Mars.
Yeux pleurans à la fois tant d'aise & de martyre,
Sous-ris, par qui l'Amour entretient son empire:
Voix, dont le son demeure au cœur si longuement.
Esprit, par qui le fer de nostre âge se dore,
Beautez, graces, discours, qui m'allez transformãt,
Las connoissez-vous point comme ie vous adore?

Dialogue.

Qvi vous rend, ô mes Yeux, vostre ioye
premiere,
Veu que vous n'estiez plus qu'aux
pleurs accoustumez?
L'esperance de voir nostre aimable lu-
miere,
Et d'adorer bien tost ses rayons tant aimez.
D'où vient que mon oreille est si prompte & soudaine
Et qu'elle est attentine à tout bruit qui se fait?
Il luy semble d'oüir ceste voix plus qu'humaine,
Qui peut rendre mon cœur contant & satisfait.
Est-ce Amour, ô mes pieds, qui vous preste ses ailes,
Veu que les iours passez vous ne pouuiez marcher?

LIVRE II.   67

C'est que nous courõs voir des beautez immortelles
Dont l'effort suffiroit pour mouuoir vn rocher.
Pourquoy dõc, ô mõ Cœur, quãd cest heur nous arriue
Languis-tu de foiblesse, & te vas effroyant?
C'est l'extreme desir qui de force me priue,
Puis ie crains de mourir de ioye en la voyant.

LXII.

Quoy que vous en pẽsiez ie suis tousiours semblable,
Le temps qui change tout n'a point changé ma foy:
Les destins, mon vouloir, & ce que ie vous doy
Fõt qu'aux flots des malheurs mõ ame est immuable.
Vos yeux, dont la beauté rend ma perte honorable,
N'ont iamais veu de serf si fidelle que moy:
Ie tiens des simples corps dont constante est la loy,
Tousiours ie vous adore & rude & fauorable.
L'absence, & les rigueurs de cent mille accidens
N'ont sceu rendre en quatre ans mes brasiers moins ardens,
Ny les diminuer d'vne seule estincelle:
Vous serez le premier & dernier de mes vœux,
I'en iure par vos yeux, & par vos blonds cheueux,
Et par l'eternité de ma peine cruelle.

CHANSON.

Amour grand vainqueur des vainqueurs,
Et la Beauté royne des cueurs,
Iadis firent vn vœu notable:
Et pour ny manquer nullement
Chacun iura maint grand serment,
Qu'il le tiendroit irreuocable.

DIANE.

Premier cest enfant passager
Iura de iamais ne loger
En esprit ou en fantasie
Autant d'vn mortel que d'vn Dieu,
Qu'il n'y retinst tousiours vn lieu
Pres de soy pour la Ialousie.
Beauté iurant apres Amour,
Promit de ne faire seiour
Ny d'arrester iamais en place,
Sans y loger aussi soudain
L'orgueil fantastique & hautain,
L'aigreur, le mespris, & l'audace.
Sermens cruels & rigoureux,
C'est par vous que les amoureux
Sont pressez d'angoisses mortelles:
L'vn rend leur esprit transporté,
L'autre fait que la cruauté
Ha tant de force au cœur des belles.
De ces vœux trop bien obseruez
Nous auons esté reseruez,
O ma belle & chere Deesse:
Vos douces beautez & ma foy
Sont du tout exempts de la loy,
Et ne sentent point sa rudesse.
Car bien que la mesme Beauté
Ait en vous son siege arresté,
Rien de fier ne vous deshonore.
Vos yeux & vos propos sont doux,
Il est vray que ce n'est à tous,
Mais à moy seul qui vous adore.

LIVRE II.

Aussi iaçoit que vos beaux yeux
    Puissent rendre iusques aux cieux
    Du plus grand Dieu l'ame saisie:
Vostre foy m'a tant asseuré,
Et leur feu si bien eclairé
    Que ie suis franc de ialousie.
Puissions-nous viure ainsi tousiours,
    Maistresse, heureux en nos amours,
    A qui nulle autre ne ressemble:
Et s'il faut sentir du malheur,
Que ce soit la seule douleur
    De n'estre pas tousiours ensemble.

LXIII.

La Foy, qui pour son temple à choisi ma poitrine,
    Iamais n'en partira, quoy qui puisse arriuer:
    L'effort du temps vainqueur ne l'en sçauroit priuer
Contre tous ses assauts plus ferme elle s'obstine.
Que le Ciel courroucé contre moy se mutine,
    Il ne sçauroit pourtant vne escaille en leuer,
    Les tourmens plus cruels ne font que l'esprouuer:
Comme l'Or en la flamme aux maux elle s'affine.
Elle arreste mon cœur à cloux de diamant,
    Et pour tout artifice elle fait qu'en aimant
    Ie me serue d'Amour & de perseuerance.
Mon feu brûle tousiours & n'est point euident,
    Aussi l'amour en moy n'est point par accident,
    Il est de ma nature & ma propre substance.

DIANE,

LXIIII.

Sur le tombeau sacré d'vn que i'ay tant aimé,
Et dont la souuenance est en vous si bien painte,
I'assure & vay iurãt plein d'amour & de crainte
Que sans plus de vos yeux mon cœur est enflamé:
Et que le temps leger au change accoustumé,
Iamais n'esbranlera ma foy constante & sainte:
Mon ame à d'autres loix ne se verra contrainte,
Vostre nom en mes vœux sera seul reclamé.
Si ie dois quelque iour dementir ce langage,
L'esprit qu'à haute voix i'appelle en tesmoignage,
Qui nous aimoit tous deux, & que nous aimions tant,
Toute nuict m'espouuante, & me soit aduersaire:
Mais fussé-ie aussi seur que ma foy vous deust plaire,
Comme ie le suis trop de vous estre constant.

LXV.

Iamais au grand iamais on ne verra changer
La foy que ie vous ay nouuellement iurée:
Plustost faudront les eaux en la plaine azurée,
Et l'element du feu ne sera plus leger.
Le Ciel & mon vouloir à vous m'ont fait ranger,
Seule vous me semblez digne d'estre adoree:
Et connois que ma veuë estoit fort egarée,
Quand de moindre clairté elle pouuoit s'estranger.
Celle que i'ay long temps fidellement aimee,
Pour retirer sa flamme en cent lieux allumee,
Autre cœur que le mien choisira desormais.

LIVRE II. 69

Hé qui seroit constant parmi tant d'inconstance?
  Trop souuent irrité i'ay perdu patiance,
  Et ne l'aimeray plus iamais au grand iamais.

CHANSON.

QVE vous m'allez tourmentant
  De m'estimer infidelle!
  Non, vous n'estes point plus belle,
  Que ie suis ferme & constant.
Pour bien voir quelle est ma foy,
  Regardez moy dans vostre ame:
  C'est comme i'en fay, Madame,
  Dans la mienne ie vous voy.
Si vous pensez me changer,
  Ce miroir me le rapporte:
  Voyez donc de mesme sorte
  En vous, si ie suis leger.
Pour vous sans plus ie suis né,
  Mon cœur n'en peut aimer d'autre:
  Las! si ie ne suis plus vostre,
  A qui m'auez vous donné?

LXVI.

Que ie hay l'inconstance, & que i'estime foux
  Ceus qui chassent par tout d'vne queste incertaine:
  Quand on n'a point d'amour tel pourchas n'est que
    paine,
  La seule affection c'est ce qui le rend doux.

DIANE.

De moy ie me plais tant à n'aimer rien que vous,
　　Que la plus grand' douleur ne peut m'estre inhu-
　　maine
　　Pourueu que vous croyez que ma foy soit certaine,
　　Et que pour bien aimer ie sois prisé de tous.
A vos yeux seulement mon esprit fait hommage,
　　Et d'autre que de vous, i'en iure vostre image,
　　Le ceston de Venus ne pourroit m'enflamer:
Ie suis depuis vingt ans sous vostre obeissance,
　　Commençant à conter du poinct de ma naissance,
　　Car le Ciel me fist naistre à fin de vous aimer.

LXVII.

Quand i'admire, estonné, vostre beauté parfaite,
　　Que l'esprit seulement ne sçauroit conceuoir,
　　Mon cœur mauuais deuin du mal qu'il doit auoir,
　　Croit que rien de rigueur n'y peut faire retraite.
Sur la plus belle Idee au Ciel vous fustes faite,
　　Voulant Nature vn iour monstrer tout son pouuoir:
　　Depuis vous luy seruez de forme & de miroir,
　　Et toute autre beauté sur la vostre est portraite.
Beaux yeux qui rendez serfs tous ceux que vous
　　voyez,
　　Yeux qui si doucement mon espoir foudroyez,
　　Sans qui du faux Amour la trousse est depourueüe:
Non, i'atteste en iurant vostre effort nompareil,
　　Et vos douces fiertez, que ie prise ma veuë
　　Plus pour vous regarder que pour voir le Soleil.

LIVRE II.
LXVIII.

On verra defaillir tous les astres aux cieux,
  Les poissons à la mer, le sable à son riuage,
  Au Soleil ses rayons bannisseurs de l'ombrage,
  La verdure & les fleurs au Printemps gracieux,
Plustost que la fureur des rapports enuieux
  Efface en mon esprit vn traict de vostre image:
  Elle est trop bien empreinte au roc de mon courage,
  Pour craindre que le Sort en soit victorieux.
Bien que i'aye en aimant la fortune contraire,
  Que tout soit coniuré pour de vous me distraire,
  Ie demeureray vostre en despit des ialoux.
En vous gist mon salut, ma foy, mon esperance:
  Le ciel me fit pour vous, pour vous ie pris naissance,
  Pour vous ie dois mourir, aussi ie meurs pour vous.

LXIX.

Si i'aime autre que vous, que l'honneste pensee,
  Qu'Amour loge en mon cœur, s'en puisse departir:
  Et que vostre beauté qui m'a rendu martyr,
  Ne me soit iamais plus que fiere & courroucee.
Si ce n'est de vostre œil que mon ame est blessee
  Iamais d'allegement ie n'y puisse sentir,
  Qu'à regret ie vous serue, & taschant de sortir
  Que de plus pesans fers ma raison soit pressee.
Si i'aime autre que vous, Amour tyran des Dieux
  Les feus croisse en mõ ame, et les pleurs en mes yeux,
  Et que vostre rigueur mon seruice reiette.
Las! ie n'aime que vous, ny ne sçaurois aimer,
  Ie despite autre amour qui me sceust enflamer:
  Mon cœur est vne roche à toute autre sagette.

DIANE.

LXX.

Pendant que mon esprit mille douceurs conçoit,
Et qu'en vous adorant, tout rauy ie souspire,
Amour par vos regars mille fleches me tire,
Et captiue mon cœur qui ne s'en apperçoit.
Car voyant vos beautez, le grand heur qu'il reçoit
Fait qu'il est insensible au plus cruel martyre,
Et croit que tout le ciel n'a pouuoir de luy nuire :
Tant l'excez du plaisir quelquefois nous deçoit.
Mais quand ie suis forcé d'eloigner vostre veuë,
Trop tard ie m'apperçoy de ma perte aduenuë,
Mon œil se chãge en source & mon ame en flãbeau :
La mort mesme à l'instant m'oste toute puissance,
Et ie mourrois heureux si i'auois asseurance
Que mon cœur si fidelle eust vos yeux pour tõbeau.

LXXI.

Chaste sœur d'Apollon dont ie suis eclairé,
Le iour comme la nuict deité redoutable,
Que la force d'Amour a connuë indontable,
Amour des autres Dieux tant craint & reueré :
Voy ce pauure Acteon sans pitié deuoré
Par ses propres pensers d'vne rage incroyable,
Pour auoir offensé d'erreur trop excusable,
Si le feu de ta haine estoit plus moderé.
Il fut audacieux, mais sa haute entreprise
Auec tant de rigueur ne doit estre reprise,
Ains merite plustost loyer que chastiment.
Toutesfois si ton ire autrement en ordonne,
Bien, il souffrira tout : s'escriant au tourment
Que trop douce est la mort quand Diane la donne.

LXXII.

Lettres, le seul repos de mon ame agitee,
  Helas! il le faut donc me separer de vous:
  Et que par la rigueur d'vn iniuste courroux
Ma plus belle richesse ainsi me soit ostee.
Ha! ie mourray plustost, & ma dextre indontee
  Flechira par mon sang le Ciel traistre & ialoux,
  Que ie m'aille priuant d'vn bien qui m'est si doux:
Non, ie n'en feray rien, la chance en est iettee.
Il le faut toutesfois, elle les veut rauoir,
  Et de luy resister ie n'ay cœur ny pouuoir,
A tout ce qu'elle veut mon ame est trop contrainte.
O Beauté sans arrest, mais trop ferme en rigueur,
  Tien, repren tes papiers & ton amitié fainte,
  Et me rens mon repos, ma franchise & mon cœur.

LXXIII.

Aux plus rudes assaux d'vne aspre maladie
  Encor que mon esprit soit foible & languissant,
  Priué du doux obiect qui l'alloit nourrissant,
Sa chaleur toutesfois n'est en rien attiedie.
Car vostre belle image amoureuse & hardie
  Par vn portail secret au secours s'auançant,
  L'alimente, l'eschaufe, & la va renforçant
Auant que sa vigueur puisse estre refroidie.
Pourtant ne doutez point, ô ma chere douleur,
  Qu'absent, troublé, malade ou par autre malheur
Vostre beauté diuine en mon ame s'efface:
Car tant plus le destin me combat par dehors,
  Plus mes loyaux pensers au dedans se font fors,
  Resolus de mourir pour vous garder la place.

DIANE.

LXXIIII.

Si l'amour de ma foy rend vostre ame craintiue,
Doutant que ce vouloir qui iadis m'a brûlé,
Par le temps à la fin soit esteint ou gelé,
Que de si vaine erreur la verité vous priue,
Iamais en mon esprit flamme ne fut si viue,
Ie suis tel que i'estois quand mon cœur fut volé,
Le iour qu'vn chaste amour dans vos yeux recelé
Rendit heureusement ma liberté captiue.
Ie gouste, en vous oyant, mesme rauissement,
Ie treble, en vous voyant, d'aise & d'estonnement
De vostre seul regard ma blessure s'allege.
Iamais autre que vous constant ne me rendra,
Ie suis serf de Diane & qui me retiendra
Doit estre chastiée ainsi que sacrilege.

LXXV.

O vers que i'ay chantez en l'ardeur qui m'enflame,
Ie deulens à bon droict de vostre aise ennieux,
Vous viendrez en la main, & retiendrez les yeux
Qui retiennent ma vie en l'amoureuse flame.
Gardez-vous seulement des regars de Madame,
Ardans flambeaux d'Amour, benings & gracieux:
Car s'elle peut brûler les mortels & les Dieux,
Elle vous brulera comme elle a fait mon ame.
Ie sçay qu'il eust fallu pour monstrer son pouuoir
Vn esprit plus diuin, plus d'art, plus de sçauoir,
Mais estant plein d'amour, ie fuy tout artifice,
I'escry ce que ie sens, mon mal me fait chanter,
Et le plus beau laurier que i'en veux meriter,
C'est d'alleger ma peine, & la rendre propice.

LIVRE II.
STANSES.

BELLE & fiere Deesse, à qui ie suis voüé,
Dont le premier regard rendit Amour mon maistre,
Le ciel durant cest âge Icy bas m'a fait naistre,
A fin qu'à son honneur vostre honneur fust loüé.

Comme dans vn miroir on voit toutes les Graces
Au clair de vostre teint, et le vainqueur des Dieux,
Est aueugle deux fois quãd vous fermez les yeux,
Et sans vous ses brandõs seroyẽt chãgez en glaces.

Plus i'ay de connoissance, & plus ie suis rauy
De voir que c'est à vous que le Ciel me destine:
Car bien que mon esprit ait celeste origine,
Il se tient bien-heureux d'estre à vous asseruy.

Aussi tous les tourmens des cœurs plus miserables,
Et ce qui plus souuent fait les hommes changer,
Oubly, nouueau plaisir, course du temps leger
N'ont pouuoir d'esbranler mes pensers immuables.

Ie sçay bien que tout change, & qu'il est malaisé
Que de rien si certain l'homme donne asseurance,
Puisque l'ordre varie, & que tant d'inconstance
Se trouue aux Elemens, dont il est composé.

Mesme l'an qui ce iour commence & renouuelle,
En diuerses saisons departira son cours,
En froid, & puis en chaud, en longs & petits tours
Et la terre ores laide en Auril sera belle.

Ce grand flambeau du Ciel sans fin resplendissant,
Ocil visible de Dieu, fils aisné de Nature,
Tousiours dessous vn signe immobile ne dure,
Ains s'change & fait chãger l'âge prõpt & glissant.

DIANE, LIV. II

Mais sa diuersité n'émeut mon cœur fidelle,
Car rien plus de changeant n'y sçauroit arriuer:
La Constance est ma forme, on ne m'en peut priuer,
Elle m'a donné l'estre, & ne serois sans elle.
Ce qu'est le mouuement au Ciel qui tout dispose,
La lumiere au Soleil, au plomb la grauité,
La froidure à l'Hyuer, la chaleur à l'Esté,
Vostre amour est à moy toute vne mesme chose.
Qu'on ne soit donc iamais en doute de ma foy.
Car deuant que le temps nos deux cœurs desassemble
Vn suiet receura deux contraires ensemble,
Cessant de vous aimer ie ne seroy plus moy.

LXXVI.

I'ay couru, i'ay tourné volage & variable
Selon que la ieunesse & l'erreur m'ont poussé,
Et mon vol trop hardy iusqu'au Ciel i'ay haussé,
Dressant à mes desirs maint trophee honorable.
S'il y eut onc amant heureux & miserable,
Fasché, content, ialoux, bien & mal caressé,
Qui par tous les destours hazardeux ait passé,
C'est moy dont le renom doit estre memorable.
Rendu sage à la fin ie me suis retiré
A vostre œil qui de moy fut premier adoré,
Ne trouuant autre part nulle flamme assez claire.
Vous seule à l'aduenir ayez sur moy pouuoir,
Les amours de ce temps vostre foy m'ont fait voir.
Vn contraire est tousiours mieux veu par son contraire.

Fin du II. liure de Diane.

LES AMOVRS
D'HIPPOLYTE.
[ms. : Madeleine de l'Aubespine]

PAR
PHILIPPES DES PORTES,

SONNET I.

I CARE est cheut icy le ieune audacieux,
  Qui pour voler au Ciel eut assez de cou-
  rage:
Icy tomba son corps degarni de plumage
Laissant tous braues cœurs de sa cheute ennuieux.
O bien-heureux trauail d'vn esprit glorieux,
  Qui tire vn si grand gain d'vn si petit dommage!
  O bien heureux malheur plein de tant d'auantage,
  Qu'il rende le vaincu des ans victorieux!
Vn chemin si nouueau n'estonna sa ieunesse,
  Le pouuoir luy faillit mais non la hardiesse,
  Il eut pour le brûler des astres le plus beau.
Il mourut poursuiuant vne haute aduenture,
Le Ciel fut son desir, la Mer sa sepulture.
Est-il plus beau dessein, ou plus riche tombeau?

[annotations manuscrites en marge]

AMOVRS

II.

Quãd ie pouuois me plaindre en l'amoureux tourmẽt,
Donnant air à la flamme en ma poitrine enclose,
Ie viuois trop heureux : las! maintenant ie n'ose
Alleger ma douleur d'vn soupir seulement.

C'est me poursuiure, Amour, trop rigoureusement:
I'aime, & ie suis contraint de feindre vne autre chose
Au fort de mes trauaux ie dy que ie repose,
Et monstre en mes ennuis vn vray contentement.

O dure cruauté de ma passion forte!
Mais ie me plains à tort du mal que ie supporte
Veu qu'vn si beau desir fait naistre mes douleurs:

Puis i'ay ce reconfort en mon cruel martyre,
Que i'escry toute nuict ce que ie n'ose dire,
Et quand l'encre me faut ie me sers de mes pleurs.

III.

Venus cherche son fils, Venus toute en colere
Cherche l'aueugle Amour par le monde égaré:
Mais ta recherche est vaine, ô dolente Cythere:
Car il s'est à la fin dans mon cœur retiré.

Que sera-ce de moy? Que me faudra-til faire?
Ie me voy d'vn des deux le courroux preparé:
Egalle obeissance à tous deux i'ay iuré.
Le fils est dangereux, dangereuse est la mere.

Si ie recele Amour, son feu brûle mon cueur:
Si ie decele Amour, il est plein de rigueur,
Et trouuera pour moy quelque peine nouuelle.

Amour, demeure donc en mon cœur seurement:
Mais fay que ton ardeur ne soit pas si cruelle,
Et ie te cacheray beaucoup plus aisément.

D'HIPPOLYTE, 74

IIII.

Quand ie suis tout le iour de douleurs agité,
 Que i'eusse aumoins la nuict quelque douce alle-
 Certes la passion ha trop de violence, (gence!
 Qui tousiours continue en son extremité.
Pensers, desirs, soucis, pleins d'importunité,
 Hé donnez-moy de grace, vn peu de patience!
 Mais vous me trauaillez pour punir mon offence,
De ce que i'ose aimer vne diuinité.
Encor en endurant ma douleur vehemente,
 (O trop cruel destin!) celle qui me tourmente
 Ignore que ie meurs par l'effort de ses yeux.
Madame, helas! monstrez que vous estes diuine,
 Lisez dedans les cœurs ainsi que font les Dieux,
 Et voyez que mon mal a de vous origine. *il dit trop peu*

V.

Puis que vous le voulez, demeurez inhumaine,
 Et me faisant mourir feignez de n'en rien voir,
 Vous ne pourrez pourtant ma constance emouuoir
Car du feu de vos yeux mon ame est toute plaine.
Mon cœur est immuable, & mon amour certaine,
 Les plus cruels tourmens y perdent leur pouuoir:
 S'il aduient que ie meure en faisant mon deuoir,
Vous en aurez l'offense, & i'en auray la paine.
Las! mõ mal me plaist tant, pource qu'il viẽt de vous,
 Que ie trouue en souffrant le martyre bien doux,
 Et de m'en deliurer ie ne prens point d'ennuie.
C'est pourquoy ie craindroy de mourir en aimant,
 Non pour fuir la mort, mais de peur seulement
 De perdre mes douleurs si ie perdoy la vie.

K ij

AMOVRS

VI.

Ie ne puis pour mon mal perdre la souuenance
Du soir, soir de ma mort, que mon œil curieux
Osa voir trop hardi, le plus parfait des cieux,
Et le nouueau soleil si luisant à la France.
Mon Dieu que de clairtez honoroyent sa presance,
Que d'amours, de desirs, & d'attraits gracieux!
Mais plustost que de morts, de soucis furieux,
De peurs, d'aueuglemens, pour punir mon offanse!
Ie voyois bien mon mal, mais mon œil desireux,
Raui de ses beautez, s'y trouuoit bien-heureux,
Lors qu'vn flãbeau cruel trop tost l'en fist distraire.
Helas! flambeau ialoux de ma felicité,
N'approche point d'ici, porte ailleurs ta clairté,
Sans toy cest œil diuin rend la salle assez claire.

VII.

Amour sceut vne fois si viuement m'attaindre,
Qu'il me tint trois hyuers en langueurs & en cris:
A la fin la Raison regaignant mes espris,
Chassa l'aigre douleur qui tant me faisoit plaindre.
Mais ainsi qu'vn flambeau qu'on ne fait que d'étaindre,
Si le feu s'en approche est aussi tost repris:
Dans mon cœur chaud encore vn brasier s'est épris,
Voyant vostre bel œil qui les dieux peut côtraindre.
O que ce feu nouueau, dont ie suis consumé,
Est plus ardant que l'autre en mon sang allumé!
Bien qu'il ne luise point, que sa flamme est cruelle!
De ma premiere amour ie me suis peu guarir,
Mais ie n'espere plus cest autre secourir:
Car las! presque tousiours la rencheute est mortelle.

D'HIPPOLYTE 75

VIII.

Dieu qui fais de mon cœur ta victime sanglante,
Si prestre à ton autel ieune tu m'as rendu,
Si pour suiure ta loy mon esprit i'ay perdu,
Et si dedans le feu tes loüanges ie chante:
Trauaille moy tousiours, ma douleur m'est plaisante:
Cherche moy tout par tout, rien ne t'est defendu:
Mais fay que mon tourment ne soit point entendu,
Et que ma belle flamme ailleurs ne soit luisante.
Ayant d'vn cœur hautain iusqu'au Ciel aspiré,
Aux plus cruels tourmens ie me suis preparé,
Rigueurs, gesnes, prisons, fers & feux ie mesprise:
Si rien me fait pallir, c'est helas! seulement
Que mon feu soit cognu par mon embrasement,
Et que les mesdisans troublent mon entreprise.

IX.

Amour peut à son gré me tenir oppressé,
Et m'estre (helas à tort!) rigoureux & contraire:
Ie veux demeurer ferme, & ne faut qu'il espere
Qu'en adorant vos yeux ie sois iamais lassé.
Ie voy bien mon erreur, & que i'ay commencé
(Nouueau frere d'Icare) vn vol trop temeraire:
Mais ie le voy trop tard, & ne m'en puis distraire,
Par la mort seulement il peut estre laissé.
Raison, arriere donc: Ta remonstrance est vaine,
Si ie meurs en chemin ie seray hors de paine,
Et par mon haut desir i'honore mon trespas.
Il faut continuer, quoy que i'en doiue attendre:
» Ce fut temerité de l'oser entreprendre,
» Ce seroit lascheté de ne poursuiure pas.

K iij

AMOVRS

X.

Amour, qui vois mon cœur à tes piés abbatu,
  Tu le vois tout couuert de sagettes mortelles,
  Pourquoy donc sans profit en pers-tu de nouuelles?
  Puis que ie suis à toy pourquoy me poursuis-tu?
Si tu veux, courageux, esprouuer ta vertu,
  Décoche tous ces traits sur les ames rebelles,
  Sans blesser, trop cruel, ceux qui te sont fidelles,
  Et qui sous ton enseigne ont si bien combatu.
Quand tu tires sur moy tu fais breches sur breches:
  Donc sans les perdre ainsi, garde ces belles fleches:
  Pour guerroyer les Dieux, & m'accorde la paix.
Ah! i'entens bien que c'est, Amour veut que ie meure:
  Ie mourray, mais au moins ce confort me demeure,
  Que la mort de moy seul luy couste mille traits.

XI.

Cesse, ô trop foible Esprit, de plus faire defanse,
  Et quittons le rempart gardé si longuement,
  Aussi bien sans profit ferions-nous autrement:
  Contre vn si grand effort peu sert la resistance.
Tant plus ie vais auant, plus i'ay de connoissance
  Du pouuoir de vos yeux qui me vont consumant,
  Et faudra qu'à la fin ie meure en vous aimant:
  Telle est de mon destin la fatale ordonnance.
En vain contre le Ciel l'homme se veut bander:
  Car que n'ay-ie essayé pour de vous me garder?
  Depuis maintes saisons contre moy ie m'obstine,
Et fay ce que ie puis de peur de me ranger.
  Car ie crains à bon droit vous voyant si diuine,
  Que plus, comme i'ay fait, ie ne puisse changer.

D'HIPPOLYTE. 76

XII.

Celuy qui n'a point veu le Printemps gracieux
  Quand il estale au Ciel sa richesse prisée,
  Remplissant l'air d'odeurs, les herbes de rosée,
  Les cœurs d'affections, & de larmes les yeux.
Celuy qui n'a point veu par vn temps furieux
  La tourmente cesser & la mer appaisée,
  Et qui ne sçait quand l'ame est du corps divisée
  Comme on peut rejouir de la clairté des cieux:
Qu'il s'arreste pour voir la celeste lumiere
  Des yeux de ma Deesse, vne Venus premiere.
  Mais que dy-ie! ah mon Dieu qu'il ne s'arreste pas!
S'il s'arreste à la voir pour vne saison neuue,
  Vn temps calme, vne vie, il pourroit faire espreuue
  De glaçons, de tempeste, & de mille trespas.

XIII.

Pourquoy si plein d'orgueil marches-tu sur ma teste,
  Triomphant de l'honneur qu'vn autre a merité?
  Tes dars tant craints au ciel ne m'ont pas surmonté,
  Amour, c'est vne Dame, & non toy qui m'arreste.
Si tu veux t'honorer du prix de ma conqueste,
  Fay qu'elle me remette en pleine liberté,
  Puis pren pour m'asseurir cest arc tant redouté,
  Qui de Iupiter mesme accoise la tempeste.
Ie n'ay point peur de toy, celle qui me retient
  Par l'effort de ses yeux ton empire maintient,
  C'est elle qui te fait comme vn Dieu reconnoistre.
Si ie t'obeissois, & t'ay craint parauant,
» C'estoit pour l'amour d'elle. On endure souuent
» D'vn mauuais seruiteur pour l'honneur de son mai-
    stre.   K iiij

AMOVRS

XIIII.
Ie sens fleurir les plaisirs en mon ame,
Et mon esprit tout ioyeux deuenir,
Pensant au bien qui me doit aduenir
Cest heureux iour que ie verray Madame.
Plus i'en suis pres, plus mon desir s'enflame,
Ie ne puis plus ses efforts retenir :
Mais, ô mes Yeux, pourrez-vous soustenir
Ses chauds regars pleins d'amoureuse flame ?
Que me sert las ! si fort la desirer,
Fol que ie suis ? Veux-ie donc esperer
Qu'estant pres d'elle en repos ie demeure ?
Pres & loin ie languis en tous lieux,
Mais puis qu'il faut qu'en la seruant ie meure,
Pour nostre honneur mourons deuant ses yeux.

XV.
Ce n'est assez que soyez si bien nee,
Riche d'esprit, de race & de beauté,
Que l'honneur sainct marche à vostre costé,
Grande, admirable, aux vertus addonnee,
En peu de iours la forte destinee
Peut rendre (helas !) vostre honneur surmonté :
On ne sçaura que vous ayez esté,
Ny que le Ciel vous ait tant fortunee.
Vous voulez immortelle durer,
Nul mieux que moy ne vous peut honorer,
Et vos vertus à iamais faire bruire.
Ie l'entreprens, mais pour plus m'animer
Permettez moy que i'ose vous aimer :
L'affection me fera mieux escrire.

D'HIPPOLYTE. 77

XVI.

Mon Dieu que de beautez sur le front de Madame!
 Mon Dieu que de thresors qui rauissent les dieux!
 La clairté de son œil passe celle des cieux,
 Quãd au plus chaud du iour le soleil nous enflame:
Mais las! de mille traits sa beauté nous entame,
 Trop sont pour les mortels ces thresors precieux:
 Et le soleil luisant qui sort de ses beaux yeux,
 Respand tant de clairté qu'il aueugle nostre ame.
Estrange effet d'amour! vn obiet à l'instant
 Me rend triste & ioyeux, malheureux & contant,
 M'esclaire & m'esbloüit, me fait viure & me tue.
Et voilà ce qui fait qu'en forçant mon vouloir
 Ie me bannis, helas! du plaisir de vous voir,
 Pour ne sentir le mal qui vient de vostre veuë.

XVII.

Qu'vne secrette ardeur me deuore & saccage,
 Et que priué d'espoir i'aime, helas! vainement,
 Ie ne m'en fasche point: ie me plains seulement
 Que mõ œil n'est plus clair pour voir vostre visage.
Que ne suis-ie l'oiseau ministre de l'orage
 Qui tient l'œil au Soleil sans flechir nullement?
 Ie serois bien-heureux voyant incessamment
 La diuine beauté qui me tient en seruage.
Le malheur qui me guide est plein de grand'rigueur:
 Vn monstre horrible à voir ne me fait point de peur
 Et ie crains les regards d'vne ieune Deesse.
C'est Amour qui le fait, qui ne s'assouuit pas,
 Le cruel, de ma mort, mais veut que mon trespas
 Soit priué de tout poinct d'honneur & de liesse.

AMOVRS

XVIII.

Pourquoy si folement croyez-vous à vn verre,
   Voulant voir les beautez que vous auez des cieux?
Mirez-vous dessus moy pour les connoistre mieux,
   Et voyez de quels traits vostre bel œil m'enferre.
Vn vieux Chesne ou vn Pin renuersez contre terre,
   Monstrent combien le vent est grand & furieux:
Aussi vous connoistrez le pouuoir de vos yeux,
   Voyant par quels efforts vous me faites la guerre.
Ma mort de vos beautez vous doit bien asseurer,
   Ioint que vous ne pouuez sans peril vous mirer:
Narcisse deuint fleur d'auoir veu sa figure.
Craignez doncques, Madame, vn semblable danger,
Non de deuenir fleur, mais de vous voir changer
Par vostre œil de Meduse, en quelque roche dure.

XIX.

L'arc de vos bruns sourcils mon cœur tyrannisans,
   C'est l'arc mesme d'Amour ; dont traistre il nous
     martyre :
Et ne croy point qu'en nous d'autres fleches il tire
   Que les traits de vos yeux si prompts & si luisans,
De leur viue splendeur sortent les feux cuisans,
   Qui font que tout le monde a peur de son empire:
Ses rets sont vos cheueux où toute ame il attire,
   Rauie en si beaux nœuds, si blonds & si plaisans,
C'est pourquoy ce vainqueur, qui par vous se fait
   craindre,
Ne sçauroit vous blesser, vous brûler, vous estrein-
   dre,
Prenant de vous son feu, son cordage & ses traits.

Craignez donc seulement qu'en voyant vostre image
Vous ne puissiés souffrir tāt d'amours & d'attraits
Et ne faciez vaincuë à vous-mesmes hommage.

STANSES.

  LORS que i'escri ces vers il ne faut que
    lon pense
  Que trop audacieux ie n'aye cōnoissance
  Du rang que vous tenez, & de ma quali-
Car ie iure vos yeux & leur puissance sainte, (té.
Que ie garde en ceci le respect & la crainte,
Dont il faut reuerer vne diuinité.

 Aussi tant de vertus vous font toute diuine,
Et vos douces beautez monstrent bien l'origine
Que vous auez du Ciel tout parfait & tout beau:
Vous n'auez rien d'humain, vostre grace est celeste,
Vos discours, vostre teint, vostre ris, vostre geste,
Et l'Amour sans vos yeux n'auroit point de flambeau.

 I'en parle asseurément: car ie connoy sa flame,
Qui souloit prendre vie aux beaux yeux d'vne dame
Et qu'il me fit sentir lors que i'en fu surpris:
Las! or' à mon malheur ie l'ay mieux reconneuë,
Regardant folement les traits de vostre veuë
Qui m'ont bien sceu punir d'auoir trop entrepris.

 Or ne m'accusez point que ie sois temeraire,
Presumant vous aimer: car ie ne sçauroy faire
Qu'ailleurs tourne mon cœur qui vous est destiné:
Et quand ce seroit faute aux mortels d'entreprendre
D'aimer vne Deesse, on ne m'en peut reprendre,
Le peché fait par force est tousiours pardonné.

après aus dit perte, dommage est inutile

AMOVRS

Las! on peut bien iuger que c'est vne contrainte,
Veu qu'au plus fort du mal dont mon ame est attainte
Ie ne me puis garder de vous suiure en tous lieux:
Et que trouuant ma mort peinte en vostre visage,
superflu — Mon triste desespoir, ma perte & mon dommage,
Pour n'y connoistre rien ie me ferme les yeux.

I'ay fait vn fort rampart d'Amour & de Constáce
Contre le Desespoir armé de Violance,
Qui me fait mille assauts & ne me peut forcer:
Quelquefois de furie il fait breche en mon ame,
l'étuille — Mais presqu'au mesme instát vostre beauté, Madame,
Accourant au secours l'en garde de passer.

Ie voudroy bien pourtát qu'il demeurast le maistre,
Il combat mon salut que ie ne veux connoistre,
Mais las ie me repens de l'auoir desiré!
ce dernier — Car bien que ma douleur mortellement me blesse,
complet — Et que de mieux auoir ie sois desesperé,
ne pas — I'ayme mieux viure ainsi qu'en toute autre liesse.
rimé we les (?) ceders

ELEGIE

Encores qui y ayt grand suget entr sa dame
et luy il — IE delibere en vain d'vne chose aduenue:
est resolu de — Car puis qu'outre mon gré mon ame est de-
poursuiure — uenue
et d'amour — Prisonniere d'Amour, que sert de consulter
s'il ne peust — S'il est bon de le suiure, ou s'il faut l'euiter?
L'aduis ny vaut plus rié: mostrons dóc de nous plaire
Au chemin qu'aussi bien par contrainte il faut faire,
Et courons la fortune. O Amour, desormais
Mon repos & ma vie en tes mains ie remets:

D'HIPPOLYTE. 79

Toy seul comme vn grād Roy cōmande en ma pensée,
La raison & la peur loin de moy soit chassée,
Et tout de vains respects, qui m'ont trop retenu,
Diuisas mon esprit par vn trouble inconnu.
  Celuy qui sent de Mars sa poitrine eschaufée,
Et qui veut s'honorer de quelque beau trofée,
Ne pallist, estonné, pour la peur des hazars:
Mais voit deuant ses yeux par les rangs des soldars,
La mort d'horreur couuerte & de sang toute tainte,
Et l'attend de pié coy sans frayeur & sans crainte.
Moy donc qu'vn plus grand Dieu touche si viuement
Et qui veux que mon nom viue éternellement,
Pour auoir mon amour sur toute autre éleuée:
Moy qui ay tant de fois ma vaillance esprouuée
Craindray-je maintenant à ce dernier assaut?
Ie sçait que j'entreprens veut vn courage haut,
Constant & patient, qui souffre sans se plaindre,
Qui durant sa langueur joyeux se puisse faindre,
Qui sente incessamment quelque nouueau trespas,
Qui se laisse bruler & ne soupire pas,
Et qui pour tout loyer des douleurs qu'il supporte
Ne puisse esperer rien qu'vne douleur plus forte.
C'est vn labeur bien grand: Mais rien n'est malaisé,
Au cœur qui comme moy d'amour est embrasé.
  Ie peux donc poursuiure sans esperance aucune,
Sans appuy, sans raison, sans conseil, sans fortune,
Et d'Amour seulement je veux estre guidé,
Vn aueugle, vn enfant, qui desia m'a bandé
Les yeux ainsi qu'à luy, pour ne voir mon offence,
Et qui de mon malheur m'oste la connoissance:

AMOVRS

Ou si ie le connois, il me trouble si fort
Que ie suis le premier qui consens à ma mort.
 Appelle qui voudra Phaëthon miserable
D'auoir trop entrepris, ie l'estime loüable:
Car au moins il est cheut vn haut fait poursuiuant,
Et par son trespas mesme il s'est rendu viuant:
I'aimerois mieux courir à ma mort asseuree,
Poursuiuant courageux vne chose honoree,
Que lasche & bas de cœur mille biens receuoir
De ceux que le commun aisément peut auoir.
Mon esprit né du Ciel, au Ciel tousiours aspire,
Et ce que chacun craint c'est ce que ie desire.
 L'honneur suit les hazars, & l'homme audacieux
Par son malheur s'honore & se rend glorieux.
Le ieune enfant Icare en sert de tesmoignage:
Car si volant au Ciel il perdit son plumage,
Touché des chauds rayons du celeste flambeau,
Le fameux Ocean luy seruit de tombeau,
Et depuis de son nom ceste mer fut nommee.
Bien heureux le malheur qui croist la renommee.
Desia d'vn sort pareil ie me sens menacer,
Moy qui deuers le ciel mon vol osé dresser,
(Voyage audacieux) mais rien ne me retire,
Car les ailes d'Amour ne sont faites de cire,
Le plus ardant Soleil si tost ne les fondra:
Puis i'ay ce reconfort quand ma cheute aduiendra,
Que ceux qui sçauront bien où ie voulois attaindre,
Enuiront mon trespas plustost que de me plaindre.

D'HIPPOLYTE.
COMPLAINTE.

Cruelle loy d'Amour & de ma destinee!
Las on voit qu'vn chacun fuit ordinairement
La cause de son mal, & mon ame obstinee
Cherche ce qui me tue, & le suit folement!

Ie sçay que i'entreprens vne chose trop grande,
D'aimer, homme mortel, vne diuinité:
Mais de faire autrement ie n'ay la liberté.
„ La raison ne peut rien quand la force commande.

Pour le moins en souffrat la douleur qui m'offense
Et qui blesse mon cœur, ce m'est grand reconfort
De voir que vos beautez excusent mon offense,
Et que mon haut desir eternise ma mort.

Car si ie meurs, Madame, en vous faisant seruice,
Iamais plus grand honneur ie ne puis acquerir:
Vous me recompensez en me faisant mourir,
Pourueu que ma douleur par mon trespas finisse.

Aussi ie ne me plains que me soyez cruelle,
Mais las! ie suis marri de ce qu'en me tuant
Et payant de rigueur mon seruice fidelle,
Vostre honneur peu à peu se va diminuant.

Car si tost qu'on sçaura la perte de ma vie,
Chacun craignant son mal loin de vous se tiendra,
Et vous accusera quand il se souuiendra
Que vous m'aurez tué pour vous auoir seruie.

Si donc ma passion n'emeut vostre courage,
Si vous n'auez souci de ma ferme amitié,
Au moins en m'offensant ne vous faites dommage,
Ayez de vostre honneur, & non de moy pitié.

AMOVRS

PRIERE.

Grand Dieu d'Amour, enfant de Cytheree,
Au dos ailé, à la tresse dorce,
Qui peux l'enfer & la terre emouuoir,
Vainqueur des Dieux, escoute la priere
D'vn de tes serfs, dont l'ame prisonniere
Tremblant de crainte, adore ton pouuoir.
Las! s'il est vray, comme l'ay connoissance,
Que ie retourne en ton obeissance,
Et derechef tu me vueilles rauir,
Ie le veux bien, mon cœur ie t'abandonne,
Encore vn coup libre ie m'emprisonne:
A plus grand Dieu ie ne puis m'asseruir.
Ie ne veux point à tes loix contredire,
Sans resister i'accours sous ton empire.
L'homme mortel doit obeir aux Dieux,
Qui te mesprise, il confond la Nature,
Son estomach est d'vne roche dure,
Voire à regret luy eclairent les cieux.
Icy ie iure à ta deité sainte,
Qui connoist bien que ie parle sans fainte,
Qu'à tout iamais ie veux perseuerer
Ton Prestre sainct, qui t'offre en sacrifice
Mon cœur brûle pour te rendre propice,
Et mon esprit pour tousiours t'adorer.
O grand Amour, de puissance inuincible,
Cruel & doux, gracieux & terrible,
Qui fais marcher en triomphe les Rois,
Des ieunes cœurs le seigneur & le maistre,

D'HIPPOLYTE. 81

Puis que pour tel ie te veux reconnoistre,
Escoute,ô Dieu,ma priere & ma voix.
Si tous tes traits en mon cœur ie retire,
   Si sans crier ie languis en martyre,
   Si i'ay laué tes ailes de mes pleurs,
   Si mes soupirs entretiennent ta flame,
   Et si tu fais des cheueux de Madame
   Les forts liens qui retiennent les cœurs,
Chasse,ô grand Dieu,ceste crainte nouuelle
   Qui me poursuit,qui me serre & me gelle:
   Banny bien loin le triste Desespoir
   Aux crins retorts,à la couleur sanglante,
   Qui de regars mon esprit espouuante,
   Et qui me fait tant de peurs receuoir.
Mon cœur en tremble,& mon ame estonnee
   A la frayeur s'est toute abandonnee,
   Tant ceste nuict il m'a fait endurer:
   Fay l'vn des deux,ou luy donne la chasse
   Loin de mon cœur,ou luy quitte la place,
   Vous ne pouuez ensemble demeurer.

CHANSON.

DOVCE Liberté desiree,
Deesse,où t'es-tu retiree
Me laissant en captiuité?
Helas,de moy ne te destourne!
Retourne,ô Liberté,retourne,
Retourne ô douce Liberté.

AMOVRS

Ton depart m'a trop fait connoistre
Le bonheur où ie soulois estre,
Quand douce tu m'allois guidant,
Et que sans languir d'auantage
Ie deuois, si i'eusse esté sage,
Perdre la vie en te perdant.
Depuis que tu t'es eloignee,
Ma pauure ame est accompagnee
De mille espineuses douleurs:
Vn feu s'est épris en mes veines,
Et mes yeux changez en fonteines,
Versent du sang au lieu de pleurs.
Vn soin caché dans mon courage
Se lit sur mon triste visage,
Mon teint plus palle est deuenu:
Ie suis courbé comme vne souche,
Et sans que i'ose ouurir la bouche
Ie meurs d'vn supplice inconnu.
Le repos, les ieux, la liesse,
Le peu de soing d'vne ieunesse,
Et tous les plaisirs m'ont laissé:
Maintenant rien ne me peut plaire,
Sinon deuôt & solitaire
Adorer l'œil qui m'a blessé.
D'autre suiet ie ne compose,
Ma main n'escrit plus d'autre chose,
Là tout mon seruice est rendu,
Ie ne puis suiure vn autre voye,
Et le peu de temps que i'employe
Ailleurs, ie l'estime perdu.

D'HIPPOLYTE. 82

Quel charme, ou quel Dieu plein d'ennuie
  A changé ma premiere vie,
  La comblant d'infelicité?
  Et toy Liberté desiree,
  Deesse, où t'es-tu retiree?
  Retourne ô douce Liberté.
Les traits d'vne ieune guerriere,
  Vn port celeste, vne lumiere,
  Vn esprit de gloire animé,
  Hauts discours, diuines pensées,
  Et mille vertus amassées
  Sont les sorciers qui m'ont charmé.
Las donc sans profit ie t'appelle,
  Liberté precieuse & belle:
  Mon cœur est trop fort arresté.
  En vain apres toy ie soupire,
  Et croy que ie te puis bien dire
  Pour iamais Adieu Liberté.

FANTAISIE.

D'Où vient qu'vn beau soleil, qui luit nou-
    uellement,
  Soit à tous fauorable, & à moy si con-
    traire?
Il m'esblouit la veue au lieu qu'il leur eclaire,
Il echaufe les cœurs, & me va consumant.
  L'autre Soleil du Ciel n'offense aucunement
Les lieux qui sont priuez de sa flamme ordinaire:

L ij

AMOVRS

Mais ce diuin Soleil m'ard plus cruellement,
Plus ie me trouue loin de sa lumiere claire.
Ie t'accuse, Nature, & me plains iustement:
Car puis qu'il me deuoit porter tant de nuisance,
Allumant en mon cœur vn feu si vehement,
Que n'as-tu pour mon bien retardé sa naissance?
Toutesfois si nostre âge heureux par sa presence,
Ne pouuoit sans mon mal voir ses yeux clairement.
Ie prens tout consolé ma mort en patience.
" Qui meurt pour le public meurt honorablement.

XX.

Quand quelquesfois ie pense à ma premiere vie
Du temps que ie viuois seul Roy de mon desir,
Et que mon ame libre erroit à son plaisir,
Franche d'espoir, de crainte, & d'amoureuse enuie:
Ie verse de mes yeux vne angoisseuse pluie,
Et sens qu'vn fier regret mon esprit vient saisir,
Maudissant le destin qui m'a fait vous choisir,
Pour rêdre à tant d'ennuis ma pauure ame asseruie.
Si ie lis, si i'escry, si ie parle, ou me tais,
Vostre œil me fait la guerre, & ne sens point de paix
Combatu sans cesser de sa rigueur extreme:
Bref, ie vous aime tant que ie ne m'aime pas,
(De moymesme aduersaire) ou si ie m'aime helas!
Ie m'aime seulement pource que ie vous aime.

D'HIPPOLYTE. 83

XXI.

Vous me cachez vos yeux (las trop cruellement!)
Apres qu'ils m'ont blessé d'vne playe inhumaine:
Ces yeux mon seul confort en l'amoureuse paine,
Retournez-les, Madame, & voyez mon tourment.
Quand le chef d'vne armee a courageusement
Desfait ses ennemis estendus sur la plaine,
Par le camp des vaincus superbe il se promaine,
Et regarde les morts plain de contentement.
Vous donc qui par l'effort de vostre belle veuë
De mon cœur indomté la victoire auez euë,
Laissant mon foible esprit en proye abandonné.
Si vous n'auez desir de m'estre fauorable,
Aumoins tournez vos yeux dessus moy miserable,
Pour voir le coup mortel que vous m'auez donné.

XXII.

I'ay langui malheureux quatre longues iournees,
Sans voir les deux beaux yeux de celle à qui ie suis:
Helas! non quatre iours, mais plustost quatre nuits,
Sans clairté, sans liesse, à mon mal ordonnees.
Qu'ay-ie dit quatre nuits? mais plustost quatre annees
Toutes pleines d'horreurs, de soucis, & d'ennuis,
Ou quatre mille morts que souffrir ie ne puis,
Par le Ciel rigoureux contre moy destinees.
Comme quand le Soleil nous couure sa clairté,
On voit perdre le lustre à toute autre beauté,
Tout se cache à nos yeux s'il retire sa flame.
Ainsi lors que vostre œil sur moy plus ne reluit,
Tout obiet de la Court m'est vne obscure nuit:
Car ie vous reconnois pour Soleil de mon ame.

L iij

AMOVRS

CHANSON.

QVE ie suis redeuable aux cieux
De ce qu'ils m'ont ouuert les yeux,
Et si bien purgé ma poictrine,
Que rien plus ne me satisfait,
Qui ne soit diuin, & parfait,
Et qui n'ait celeste origine.
Tout ce qu'Amour sçauroit trouuer
D'attraicts, pour vn cœur captiuer:
Tout ce que la Beauté peut faire,
Le Destin & l'Election,
Tout s'assemble en l'affection
Qui rend mon esprit tributaire.
La gloire de mon seul penser
Fait que rien ne peut m'offenser,
Rigueur, prison, gesne, & martyre:
I'aime mieux vn de mes tourments
Que les plus chers contentements
Qu'Amour reserue en son empire.
Mes fers me contentent si fort,
Que ie ne hay moins que la mort
L'estat que Franchise on appelle:
Et si mon cœur trop arresté,
Escoute vn mot de Liberté,
Ie le punis comme rebelle.
Plustost Iuillet sera glacé,
Et l'Hyuer de fleurs tapissé:
Plustost sera froide la flame

D'HIPPOLYTE. 84

Que ie reçoiue vne autre loy:
Ce seroit cesser d'estre moy
Que de cesser d'aimer Madame.
Si ie meurs blessé de ses yeux,
Ma foy me rendra glorieux,
Donnant vie à ma renommee:
Et mourant i'auray le confort
Du soldat, qui reçoit la mort
Par la main du chef de l'armee.

XXIII

Las que puis-ie auoir fait, ô moy pauure insensé!
Qu'Amour de plus en plus mes douleurs renouuelle
Et qu'il croisse en rigueur plus ie luy suis fidelle,
Sans que de mes trauaux il soit iamais lassé?
I'en sçay bien la raison : c'est qu'il est courroucé
De trouuer contre luy Madame si rebelle:
Et n'estant assez fort pour s'adresser à elle,
Se decharge sur moy qui n'ay point offensé.
Il croit qu'il ne sçauroit plus d'outrage luy faire,
Que de nuire à celuy qui l'adore & reuere,
Et qui se plaist pour elle à mourir en langueur:
Ou c'est qu'en la voyant dedans moy si bien peinte,
Il tire incessamment pour luy donner atteinte,
Mais ses traits rigoureux donnet tous à mon cueur.

L iiij

AMOVRS

XXVIII.
O beaux Yeux inhumains, pourquoy m'embrasez
Allumant d'vn regard tant d'ardeurs en mon ame?
Helas! ie brule assez sans accroistre ma flame:
Pour Dieu faites moy grace & me soyez plus dous!
Brulez vos ennemis, donnez leur mille coups,
Et les gardez de voir les beautez de Madame:
Mais moy qui vous adore, et qui seuls vous reclame
Beaus Yeux, d'vn si grand heur ne me soyez ialous.
N'estincelez pas tant lors que ie la regarde,
A fin que vostre effort cest heur ne me retarde:
Baissez vos chauds regars, flambez plus doucemẽt.
Puis quand verrez mon ame en ces douceurs rauir,
Tournez comme vn esclair lancé soudainement,
Ie ne sentiray pas que vous m'ostiez la vie.

XXIX.
Qui fait plainte d'Amour en doit estre ignorant,
Et n'ha de sa nature aucune connoissance:
De moy pour quelque orage ou malheur qui m'offẽ-
Iamais contre ce dieu ie ne vay murmurant.
Se faut-il estonner si Phebus en courant
Comme il est pres ou loin des saisons fait muance?
Si Neptune en hyuer est plein de violance?
Si froide est la gelee, & le feu deuorant?
L'homme sage & constant qui en connoist la cause
Ne s'esbahit de voir l'effect en chaque chose,
Et laisse tout passer d'vn esprit aresté.
Or la cause d'Amour n'est que peine & martyre
Si donc cent mille ennuis en nos cœurs il retire,
S'en faut-il estonner? c'est sa proprieté.

[marginalia:]
mal construct
faute du pronom
Vn malheur m'offrir nerant
Il falloit dire chaud et non douorant
Superflue
Belle imagination si la cause d'Amour n'est que martire si faut il estonner si retire cent mille ennuys en nos cœurs

D'HIPPOLYTE. 86
　　CHANSON.

POur vous aimer ie veux mal à mon cœur,
Ie hay mes yeux, mon esprit, & ma vie:
Et si ma mort vous peut rendre assouuie
Ce m'est plaisir de mourir en langueur.
Helas ie faux, vos yeux cruels & doux
Par trop d'amour m'ostent la connoissance:
Car me hayant sous vostre obeissance,
C'est vouloir mal à ce qui est à vous.
Ie ne faux point, ie vous dois obeir:
Comme il vous plaist ie suis contraint de faire,
Connoissant donc que vous m'estes contraire
Et me hayez, doy-ie pas me hair?
Voila pourquoy si plein d'inimitié
Ie me poursuy d'vne guerre immortelle:
Contre mon cœur mes desirs ie rebelle,
Et de mon mal ie n'ay point de pitié.
Les yeux ouuerts ie cours à mon trespas,
Et suy l'aduis d'Amour mon aduersaire:
O malheureux, faut-il donc que i'espere
Que vous m'aimiez quand ie ne m'aime pas?
　　CHANSON.

QVEL feu par les vents animé,
Quel mont nuict & iour consumé
Passe mon amoureuse flame?
Et quel Ocean fluctueux
Escume en flots impetueux
Si fort que la mer de mon ame?
L'Hyuer n'a point tant de glaçons,
L'Esté tant de iaunes moissons,

AMOVRS

L'Afrique de chaudes areines,
Le Ciel de feux estincelans,
Et la Nuict de songes volans,
Que pour vous i'endure de peines.
Toute douleur qui nous suruient,
Peu à peu moins forte deuient,
Le temps comme vn songe l'emporte :
Mais il ne faut pas esperer
Que le temps puisse moderer
Le mal que vostre œil nous apporte.
Rien n'est ici bas de constant,
Et tout se change en vn instant
Dessous le cercle de la Lune,
Les saisons, les iours, & les nuits :
Sans plus mes amoureux ennuis
Sont hors de la reigle commune.
Ce iour me fut bien malheureux,
Que ie vey vos yeux rigoureux,
Quand les miens nouueaux tributaires
Rendirent mes sens & mon cœur
Aux chaisnes de vostre rigueur
Depuis liez comme Forçaires.
Encor le Forçaire arresté
S'allege en sa captiuité,
L'espoir luy promet deliurance :
Mais en mon emprisonnement
Ie n'attens point d'allegement,
La mort seule est mon esperance.
Comme le chasseur va suiuant
La beste qui volle deuant,

D'HIPPOLYTE. 87

Laissant celle qui se vient rendre:
Ainsi la mort qui tout destruit,
Chasse apres celuy qui la fuit,
Et se dedaigne de me prendre.
Le iour que ie fus asseruy,
Ie vey bien, lors que ie vous vy,
Mille beautez vous faire hommage,
Mille amours, mille & mille appas:
Mais (ô chetif!) ie ne vy pas
Mon mal peint en vostre visage.
Rauy de vos perfections,
Ie ne peu voir les passions
Sortans des rais de vostre veuë:
Non plus que le pasteur lassé,
Qui dessus les fleurs renuersé
Ne voit le serpent qui le tuë.
Ce qui rend mon mal plus amer,
C'est qu'en souffrant pour vous aimer,
Douleur qui ne peut estre dite,
Ie n'en dois attendre aucun bien:
Car toute peine est moins que rien,
Eu egard à vostre merite.
Si vous aimant i'ay trop osé,
Amour me doit rendre excusé,
C'est vn enfant sans connoissance:
De moy, quoy qu'il faille sentir,
Ie ne me sçaurois repentir
D'auoir commis si belle offense.
Le plus souuent en vous voyant
La peur va mes sens effroyant,

AMOVRS

Et le desespoir qui m'estonne,
Tout froid contre mon cœur se ioint:
Et donroy, pour ne vous voir point,
Le plaisir que vostre œil me donne.
13 D'autrefois quand tout abbatu
Ie languy foible & sans vertu,
Vostre beauté ma mort retarde:
Deuant vous mes soucis s'en vont,
Et du mal que vos yeux me font,
Ie guary quand ie vous regarde.
Le traistre ennemi de ma paix
Me voyant tomber sous le faix,
A peur que trop tost ie finisse:
Et fait comme vn bourreau cruel,
Qui donne à boire au criminel
Pour le reseruer au supplice.
Ainsi pour plus me tourmenter,
Quelquefois il me fait gouster
D'vn plaisir de peu de duree:
Mais las! i'espreuue aussi soudain
Que ce n'est qu'vn songe incertain,
Et que ma peine est asseuree.
Mon cœur qui souloit parauant
Voller leger comme le vent
Au gré de mille Damoiselles,
Volle autour de vous seulement
Comme oiseau pris nouuellement
Auquel on a coupé les æles.
Quelquefois lassé d'endurer
Ie suis contraint de murmurer,

D'HIPPOLYTE.

Inuoquant la mort inhumaine:
Mais quand ie la sens accourir,
Ie tremble, & ne veux pas mourir
De peur de voir mourir ma paine.
Mais en vain i'irois esperant
De trouuer remede en mourant,
Contre le desir qui m'enflame
Tousiours durera ma douleur:
Car mon amoureuse chaleur
Est de l'essence de mon ame.

LE COVRS DE L'AN.

'AN comme vn cercle rond qui tout en
soy retourne,
En soymesme reuient tousiours en mouue-
ment,
Et du poinct de sa fin rèprend commencement,
Courant d'vn pié glissant qui iamais ne seiourne.
Ma peine en est ainsi, peine helas trop cruelle!
Qui change à son plaisir mes saisons & mes iours:
Car alors qu'elle arriue à la fin de son cours,
Comme l'An, par sa fin elle se renouuelle.

Que l'an donc à son gré diuersement tournoye,
Et que le clair Soleil marche par ses maisons:
Amour dedans mon cœur fera quatre saisons,
Et mon cruel tourment tiendra la mesme voye.

Quand le bel œil du Ciel clair d'vne douce flame,
Entrant au Mouton d'or les fleurs reuerdira,
Amour fils du Printemps dans mon cœur entrera,
Faisant naistre & fleurir les soucis en mon ame.
Et comme on voit alors couler toute fondue

AMOVRS

L'eau que le froid Hyuer en glaçons reserroit,
Amour, touchant mon cœur, qui glacé demeuroit,
Le fera fondre en eau par mes yeux espanüe.
    Si du porteur d'Europe aux Iumeaux il arriue,
Et sortant du Printemps il croisse les chaleurs:
Amour renforcera ma peine & mes malheurs,
Sans que ie sorte, helas! du ioug qui me captiue.
    Et s'il laisse, arriuant au Lyon essoyable,
Le Cancre ardant de chaud, & de soif alteré:
Lors mon Cœur tout brûlant d'vn feu demesuré,
Sentira malheureux vn Esté trop durable.
    Durant ceste saison le Laboureur s'appreste
De cueillir le doux fruict des trauaux endurez,
Moissonnant tout ioyeux les espis blons-dorez,
Dont la mere Cerés va couronnant sa teste.
    Et moy pour tant de peine, helas! trop mal semee
Au terroir infertil de vostre cruauté,
Ie n'espere cueillir en l'amoureux Esté,
Sinon perte de temps & de ma renommee.
    Si passant par la Vierge il entre en la Balance,
Et qu'aux iours temperez il egale les nuits:
Amour sans moderer mes durables ennuis,
Rendra ma peine egale à ma perseuerance.
    Comme en ceste saison la verdure s'efface,
Que l'Hyuer puis apres fait mourir en passant:
Ainsi l'Amour cruel rend mon teint pallissant,
Attendant que la mort de tout poinct me desface.
    Et quand du Scorpion courant au Sagittaire
Vers le cercle hyuernal Phebus s'adressera,
Amour de mille peurs mon espoir glacera,

Ayant

D'HIPPOLYTE.   89

Ayant pour mon hyuer vostre rigueur contraire.
  Passant le Cheure-corne & l'enfant de Phrygie,
S'il va d'vn mesme cours les Poissons trauerser,
Quel Tropique assez froid lors pourray-ie passer,
Amour, pour rendre en moy ta chaleur amortie?
  Durant ces mois derniers que la terre est gelee,
Portant neige & frimas au lieu de belles fleurs,
Les vents par leurs soupirs, & le ciel par ses pleurs
Regrettent la richesse au Printemps estalee.
  Et moy versant des yeux vne eternelle pluye,
Et laschant maint soupir par les vents emporté,
Ie me plains ne voyant la diuine beauté,
Qui comme vn doux Printemps faisoit fleurir ma vie.
  Autour du Zodiac le Soleil se promeine,
Tousiours en mouuement legerement dispos:
Madame, autour de vous ie tourne sans repos,
Et du poinct de sa fin recommence ma peine.

ELEGIE.

AYEZ le cœur d'vn Tygre ou d'vne Ourse
          cruelle,
Soyez (s'il se peut faire) aussi fiere que belle,
Riez de tant de pleurs sans profit respandus,
Et des pas qu'apres vous si souuent i'ay perdus:
Que vos yeux dont les traits ma ieunesse ont desfaits,
Se dedaignent de voir la prise qu'ils ont faite,
Comme basse conqueste, & ne meritant pas
Que si braue guerriere en doiue faire cas.
Enuenimez ma playe, & durez inhumaine
Auec tant de rigueurs : c'est perdre vostre peine
De penser qu'à la fin mon cœur d'ennuis lassé

M

AMOVRS

Cesse de poursuiuir le chemin commencé.
Amour pour mon malheur croist sa perseuerance,
Puis de faire autrement ie n'ay plus de puissance,
Semblable au marinier par les vents emporté,
Qui ne peut retourner au port qu'il a quitté.
Ainsi ma course, helas ! ne peut estre arrestee,
Le trait est decoché, la chance en est iettee,
Et sans espoir de mieux il faut perseuerer.
„ C'est heur aux malheureux de ne rien esperer.
Lors que de vos regars mon ame fut eprise,
Et que i'osay penser la superbe entreprise
De vous offrir mon cœur, si ie m'estoy promis
Quelque douce faueur de vos yeux ennemis,
I'aurois iuste raison d'accuser sa promesse,
Rechargé coup sur coup de nouuelle tristesse.
Mais lors que ie vous vey, ce grand maistre des dieux
Pour mieux vous contempler me debanda les yeux :
Et voyant que mon ame erroit toute égarée
Parmi tant de beauté de luy mesme adoree,
Pour retenir mon cœur tout prest à deloger,
Me fit voir aussi tost mon apparent danger,
Mon malheur tout certain, mon audace & ma perte,
Et ma prochaine mort de vos beautez couuerte.
Voy bien ce que tu fais (dist cest aueugle Enfant)
Car si ces deux beaus yeux vont ton ame echaufant,
Et malgré la raison te forcent de me suiure,
Chasse au loin tout plaisir, n'espere plus de viure,
Bannis toy de toymesme, & triste desormais
Ne pense plus gouster de repos ny de paix :
Et pour comble de mal, en prison si cruelle

D'HIPPOLYTE.

Desespere plus fort, plus tu seras fidelle.

Assez d'autres propos Amour me sceut tenir,
Amour, prophete seur de mes maux aduenir:
Mais il n'auança rien. Ma volonté forcee
Suiuit obstinément sa course encommencee,
Resolu d'endurer tout ce qu'on peut penser,
Et laisser les tourmens plustost que me lasser:
Aussi, belle Hippolyte, au milieu du martyre
Vn soupir seulement de mes flancs ie ne tire,
Ie ne me plains iamais de tant de cruautez;
Mais quand vous me tuez ie chante vos beautez,
Et ne vous blasme point de m'estre si rebelle.
Car ie me suis promis que vous me seriez telle,
Et n'attens pas de vous vn plus doux payement,
Que mourir sans pitié seruant fidellement.

XXX.

Quand le soleil doré laisse nostre hemisphere,
Tournant ailleurs le cours de ses cheuaux ailez,
S'il paroist peu souuent, si les iours sont gelez
Le desir des humains par l'espoir se modere.
Mais apres son retour, qu'on s'attend qu'il eclaire,
Si d'vn nuage espais ses rayons sont voilez,
Hommes, bestes, oiseaux en sont tous desolez
Et les champs trop baignez ne font que se desplaire.
Ainsi quand loin de moy mon Soleil se tenoit,
Bien que mon mal fust grand, l'espoir me soustenoit,
Et souffrant constamment i'attendoy sa presence.
Mais voyant qu'au retour il m'est tousiours caché,
Ie me noye en mes pleurs languissant & fasché,
Et plus ie vais auant, moins i'ay de patience.

AMOVRS

XXXII.

Deux clairs soleils la nuict estincelans,
  Et vne main trop belle & trop cruelle
  Me font ensemble vne guerre immortelle,
  Comblans mon cœur de desirs violans.
Las ie n'esteins par mes pleurs ruisselans
  De ces beaux yeux vne seule estincelle:
  Et ceste main, dont la blancheur me gelle,
  N'échauffe point par mes soupirs brûlans.
Si ie suis pres, la main de pres m'enferre,
  Et les beaux yeux de loin me font la guerre,
  Perçans mon cœur comme vn blanc qui est mis.
Belle Hippolyte, ardeur de mon courage,
  Vous me prenez trop à vostre auantage,
  Me combatant auec trois ennemis.

XXXIII.

En pire estat ma fortune est venuë,
  O tristes yeux, helas! qu'elle n'estoit
  Lors que le Ciel, benin, vous permettoit
  Voir la beauté de moy tant reconnuë.
Car si l'ardeur où mon ame est tenuë,
  S'en approchant d'heure en heure augmentoit,
  Son œil piteux mon mal reconfortoit,
  Rendant ma vie en espoir maintenuë.
O temps heureux quand ie peu la seruant
  Luy decouurir mes ennuis si souuent,
  Pleurer, crier, blasmer sa rigueur forte!
Las maintenant ie languy sans confort,
  Et de la mort qu'absent d'elle ie porte,
  Rien ne me peut deliurer que la mort.

D'HIPPOLYTE.

ELEGIE.

IAMAIS foible vaisseau deçà delà porté
Par les fiers Aquilons, ne fut tant agité
L'Hyuer en pleine mer, que ma vague pensee
Est des flots amoureux haut & bas elancee.
　Ainsi qu'vn patient dont l'esprit est troublé
Par l'effort rigoureux d'vn accez redoublé,
Flotte en songes diuers : l'humeur qui le tourmante
Fait chanceler son ame & la rend inconstante:
Vn debat apres l'autre en l'esprit luy reuient.
　Ainsi ie resue, helas ! quand ma fieure me tient,
Chaude fieure d'Amour inhumaine & contraire,
Dont ie ne veux guarir quand ie le pourroy faire.
I'erre egaré d'esprit, furieux, inconstant,
Et ce qui plus me plaist me desplaist à l'instant:
I'ay froid, ie suis en feu, ie m'asseure & desfie:
Sans yeux ie voy ma perte, & sans langue ie crie,
Ie demande secours, & m'elance au trespas:
Or ie suis plein d'amour, & or' ie n'aime pas,
Et couue en mon esprit vn discord tant extreme
Qu'aimant ie me veux mal de ce que ie vous aime.
　Il faut, en m'efforçant, ceste poincte arracher
Qu'Amour dedans mon cœur a si bien sceu cacher:
Esteignons toute ardeur en nostre ame allumee,
Et n'attendons pas tant qu'elle en soit consumee.
　Desia ie connoy bien que ie sers vainement,
C'est de ma guarison vn grand commencement:
Mais las qu'en foible endroit i'assié mon esperance!
» Aux extremes perils peu sert la connoissance.

M iij

AMOVRS

Si ie connoy mon mal ie n'en pers la douleur.
„ Cōnoistre & ne pouuoir c'est vn double malheur.
I'embrase ma fureur la pensant rendre esteinte,
Et voulant n'aimer plus, i'aime helas par contrainte.
Mais si ie pers mon temps sous l'amoureuse loy,
Quel autre des humains l'employe mieux que moy?
L'vn à qui le Dieu Mars aura l'ame enflammee,
Accourcissant sa vie accroist sa renommee:
L'autre moins courageux, d'auarice incité,
Cherche aux ondes sa mort, fuyant la pauureté:
L'autre en la Court des Rois brulé de conuoitise,
Pour vn espoir venteux engage sa franchise:
L'autre fend ses guerets par les coultres trenchans,
Et n'estend ses desirs plus auant que ses champs:
Bref, chacun se trauaille, & nostre vie humaine
N'est que l'ombre d'vn songe & qu'vne fable vaine.
Ie suis dōc bien-heureux d'auoir sceu mieux choisir
Sans loger icy bas mon celeste desir:
Vn puissant Dieu m'arreste, & pour gloire plus grāde
Il me met sous le ioug d'vne qui luy commande.
Sçachant ne pouuoir rendre autrement captiué
Mon esprit qui tousiours au Ciel s'est eleué.
L'Aigle courrier du foudre, & ministre fidelle
Du tonnant Iupiter, Roy des oiseaux s'appelle,
Pource que sans flechir il soustient de ses yeux
Les traits esblouissans du Soleil radieux:
Et que d'vne aile prompte au trauail continuë
S'eleuant sur tout autre il se perd dans la nuë.
Moy donc qui dresse au ciel mon vol aduentureux
Doy-ie pas me nommer l'Aigle des amoureux?

D'HIPPOLYTE.

Car si l'Aigle regarde vn Soleil plein de flame,
Ie soustiens fermement les deux yeux de Madame,
Deux Soleils flamboyans de rayons eclaircis,
Et qui d'ombreuse nuict ne sont iamais noircis.
   Lors que sans y penser par fortune i'aduise
Ces amans abusez qui ont l'ame surprise
De quelque autre beauté, ie me sens bien-heureux
D'estre ainsi que ie suis pour ses yeux langoureux,
Et plains leur passion comme mal despendue,
Croyant qu'en autre part toute peine est perdue,
Et dis en m'estonnant : Dieu quel aueuglement
Trouble si fort leurs yeux & leur entendement
Qu'ils n'aiment pas Madame ! Amour qui les offanse
Se monstre en leur endroit enfant sans connoissance.
   De moy, rien que cest œil ne m'eust sceu faire aimer,
L'ardeur d'autre desir ne pouuoit m'enflamer,
Vn trait moins secret n'eust mon ame blessee,
Et de moins blons cheueux ne l'eussent enlacee:
Autre amoureux propos ne m'eust pas enchanté,
Et n'eusse point languy pour vne autre beauté.
Amour, ie te pardonne, & ne fay plus de plainte
Puis que si belle fleche en mon sang tu as tainte.
Car pris en si haut lieu i'aime tant mon tourment,
Qu'en l'assaut des douleurs ie me plains seulement
Que si tard sa beauté mon ame ait retenue,
Et porte enuie aux yeux qui deuant moy l'ont veue.
   Ah, qu'Amour m'a fait tort de m'auoir tant celé
L'heur où le Ciel m'auoit en naissant appelé!
Amans desesperez qui l'auez tant seruie,
Chargez de mille ennuis, que ie vous porte enuie!

M iiij

AMOVRS

Las pourquoy, malheureux, ay-ie tant attendu?
Ie voudroy, comme vous, m'estre plustost perdu,
Sans auoir si long temps fait errer mon courage
Au gré de mille amours, inconstant & volage.
Mais ie me plains à tort : mon bon-heur a souffert
Que i'aye aimé deuant pour estre plus expert,
Et sçauoir mieux couurir mon amoureuse flame,
Quand les yeux d'Hippolyte auroyët forcé mon ame.
L'experience apprend. En ce commencement
I'apprenois à aimer pour l'aimer fermement.
Helas pour mon malheur i'en ay sceu trop apprendre,
Heureux qui n'y sçait riē, & n'en veut rien entendre.
Or ie sçay reconnoistre Amour pour mō vainqueur,
Comme on vit en aimant sans esprit & sans cueur,
Comme on peut receler vne douleur mortelle:
Ie sçay bruler de loin & geler aupres d'elle:
Ie sçay comme le sang vers le cœur s'amassant,
De honte ou de frayeur rend vn teint pallissant:
Ie sçay de quels filés la liberté s'attache,
Ie sçay comme vn serpent parmi les fleurs se cache,
Comme on peut sans mourir mille morts esprouuer,
Chercher mon ennemie & craindre à la trouuer.
Ie sçay comme l'amant en l'amante se change,
Et comme au gré d'autruy de soymesme on s'estrange,
Cōme on se plaist au mal, comme on veille en dormāt,
Comme on change d'estat cent fois en vn moment:
Ie sçay comme Amour volle errant de place en place,
Comme il frappe les cœurs auant qu'il les menace,
Comme il se paist de pleurs & de soupirs ardans:
Enfant doux de visage, & cruel au dedans,

D'HIPPOLYTE. 93

Qui de traits venimeux & de flammes se ioue,
Et comme instablement il fait tourner sa roue.

Ie sçay des amoureux les changemens divers,
Leurs pensers incertains, leurs desirs plus couuerts,
Leur malheur asseuré, leur douteuse esperance,
Leurs mots entrerompus, leur prompte mesfiance,
Leurs discordans accords, leurs regrets & leurs pleurs,
Et leurs trop cours plaisirs pour si longues douleurs.

Bref, ie sçay pour mon mal, comme vne telle vie
Inconstante, incertaine, à tous maux asseruie
S'egare au labyrinth de diuerses erreurs,
Suiette à la rigueur de toutes les fureurs :
Et comme vn chaud desir qui l'esprit nous allume,
En fielle vn peu de miel de beaucoup d'amertume.

XXXIIII.

Amour, à qui i'ay fait tant de fois sacrifice
De mō cœur tout sanglant reduit sous ton pouuoir,
Si la voix d'vn mortel peut les Dieux émouuoir,
Tens l'oreille à la mienne, & te monstre propice.

Ie ne demande pas que mon mal s'adoucisse,
Que tu blesses Madame, ou changes mon vouloir :
Ie sçay qu'vn si grand heur ie ne puis receuoir,
Et que iusqu'à la mort il faut que ie languisse.

Pour fruict de mes labeurs donne moy seulement,
Que son nom glorieux viue eternellement,
Et que mes vers plaintifs, courriers de son merite,
Facent qu'apres mille ans les François estonnez
Gardent le souuenir d'vne belle Hippolyte,
Plaignant les coups mortels que ses yeux m'ont donnez.

AMOVRS

XXXV.

Ce iour vn pauure amant triste & desesperé,
L'ame en feu, l'œil en pleurs, le cœur plein de tristes-
Et la bouche en regrets, eloigne sa Deesse, (se,
Forcé du Ciel cruel contre luy coniuré.
Helas! à ce depart s'il se voit separé
De ce qui l'a fait viure heureux en sa destresse:
Que ne meurt-il soudain sous le faix qui l'oppresse,
S'affranchissant du mal trop long temps enduré?
Aussi seroit-il mort: vne si triste absance
Eust fini promptement sa vie & sa souffrance:
Mais le grand Dieu d'Amour, iuste vengeur du tort
Pour plus le tourmenter le fait viure sans ame.
Car l'amant qui se peut eloigner de sa Dame,
N'est pas assez puni par vne seule mort.

XXXVI.

O mon Cœur plein d'ennuis, que trop pront i'arraché,
Pour immoler à vne, helas qui n'en fait conte!
O mes vers douloureux les courriers de ma honte,
Dont le cruel Amour ne fut iamais touché!
O mon teint pallissant, deuant l'âge seiché
Par la froide rigueur de celle qui me donte!
O desirs trop ardens d'vne ieunesse pronte!
O mes yeux dont sans cessé vn fleuue est espanché!
O pensers trop pensez, qui rebellez mon ame!
O debile raison, ô laqs, ô traits, ô flame,
Qu' Amour tient en ses yeux trop beaux pour mon
O douteus esperer, ô douleur trop certaine, (malheur!
O soupirs embrasez, tesmoins de ma chaleur,
Viendra iamais le iour qui doit finir ma peine?

D'HIPPOLYTE. 94

XXXVII.

Durant qu'vn feu cruel dedans Rome saccage
Tant de palais dorez, tant de superbes lieux,
Et qu'vn bruit tout confus fait retentir les cieux,
Des Romains malheureux lamentans leur dõmage:
Neron, fusil de meurtre & de flamme & de rage,
Se rit de leurs regrets, cruel & furieux,
Et chante en regardant le feu victorieux,
Laissant de sa rigueur à iamais tesmoignage.
Celle qui de mon cœur tient le gouuernement,
Fait ainsi l'inhumaine en mon embrasement:
Elle rit de mes pleurs, mon malheur est sa gloire,
Son bel œil s'esiouit de me voir tourmenté,
Et se plaist de laisser en mes vers la memoire
De ma flamme eternelle, & de sa cruauté.

XXXVIII.

Loin du nouueau Soleil en mes vœux adoré,
Qui pour luire autre part sa clairté m'a rauie,
Comment puis-ie tant viure eloigné de ma vie
Sans ame, & sans esprit, palle & desfiguré?
Mille plus forts que moy n'eussent pas tant duré,
Et la mort aussi tost leur tristesse eust bannie:
Pourquoy donc du trespas n'est la mienne finie,
Veu que pour mon secours ie l'ay tant desiré?
I'en sçay bien la raison. Ceste mort trop cruelle
Voyant dedans mon cœur vostre image si belle,
Se retire estonnee, & retient son effort.
O destin rigoureux d'vn amant miserable!
En peinture, & de loin vous m'estes fauorable:
Mais vraye, & pres de vous, vous me donnez la
          mort.

AMOVRS

XXXIX.

Si ceste grand' beauté tant douce en apparence
Ne couure, ô ma Deesse, vn cœur de Diamant,
Vo9 plaindrés mes douleurs, quád vous verrez cō-
Amour m'a trauaillé loin de vostre presence. (ment
Mais las ! ie m'entretiens d'vne vaine esperance:
Car si mon foible esprit dure assez longuement
Pour vous reuoir, Madame, vne seule influence
Du Soleil de vos yeux guarira mon tourment.
Mon ame ores tenuë en langueur inhumaine,
Oubliant sa douleur paroistra toute saine,
Et les rais de vos yeux mes pleurs iront seichant.
Voyla comme vn bel œil de deux sortes m'offanse.
Me blessant à la mort, & puis en m'empeschant
Que ie ne puis monstrer ma mortelle souffrance.

XL.

Quand premier Hippolyte eut sur moy la victoire,
Et que i'ouury mes yeux au iour de sa beauté,
Ie ne sçay qu'il m'aduint : ie fu si transporté
Que de moymesme, helas ! ie perdi la memoire.
Mes sens estoyent rauis en l'amoureuse gloire,
Et mon œil esblouy de trop grande clairté;
Craignant ses chauds regards, s'abaissoit arresté
Sur son beau sein d'albastre, & sa gorge d'iuoire.
Ie senti mal & bien, chaud & froid à l'instant:
I'esperay sans espoir, i'eu peur : i'osay pourtant,
Et parlay dans mon cœur mainte chose inconnue.
Ie le fortifiay pour les maux aduenir:
Et pour mieux y penser chassay le souuenir
De toute autre beauté que deuant i'auois veuë.

D'HIPPOLYTE.

XLI.

Ie ressemble en aimant au valeureux Persee,
  Que sa belle entreprise a fait si glorieux,
  Ayant d'un vol nouueau pris la route des Dieux,
  Et sur tous les mortels sa poursuite haussee.
Emporté tout ainsi de ma haute pensee
  Ie vole auentureux aux soleils de vos yeux,
  Et voy mille beautez qui m'eleuent aux Cieux,
  Et me font oublier toute peine passee.
Mais helas ! ie n'ay pas le bouclier renommé,
  Dont contre tous perils Vulcan l'auoit armé,
  Par lequel sans danger il peut voir la Gorgonne:
Au contraire à l'instant que ie m'ose approcher
De ma belle Meduse, inhumaine & felonne,
Vn traict de ses regards me transforme en rocher.

XLII.

O doux venin mortel, ô guide tromperesse,
  O l'oubly gracieux des plus griéues douleurs,
  O rets subtil d'Amour, couuert de belles fleurs,
  O nouuelle Sereine, ô douce enchanteresse!
O paix instable & faulse, ô puissante Deesse,
  Qui sais durer l'Amour & qui crois ses chaleurs,
  Esperance, où es-tu? las au fort des malheurs
  Maintenant sans pitié ton secours me delaisse!
Ce fus toy qui me fis folement hazarder
  En la guerre d'Amour, & tu fuis sans m'aider,
  Me laissant aux dangers compagne peu fidelle.
Helas retourne à moy, console mon trespas,
  Mais ie t'appelle en vain. On ne console pas
  Auec peu d'Esperance vne douleur mortelle.

AMOVRS

XLIII.

Tant d'outrageux propos, de courroux & d'orage
Que le Ciel rigoureux dessus moy fait pleuuoir,
Sont autant d'aiguillons qui poignent mon vouloir
Au lieu de l'arrester l'animans d'auantage.
Ma foy, comme vn Soleil fendant l'obscur nuage
Des broüillars amassez, monstre mieus son pouuoir:
Seulement ie me plains que ie n'ose plus voir
Ces deux flambeaux diuins astres de mon voyage.
Du Ciel en ce seul poinct i'accuse la rigueur:
Tous les autres malheurs ne me font point de peur,
Renforçans mon ardeur plustost que de l'estaindre.
Car quand à vous seruir ie me suis preparé,
Ie n'ay de mon amour aucun fruict esperé:
Si ie n'espere rien, rien ne me fera craindre.

XLIIII.

Auoir pour toute guide vn desir temeraire,
Et comme les Titans au Ciel vouloir monter,
Sur vn mont de pensers l'Esperance planter,
Puis voir tout renuerser par Fortune contraire:
Connoistre assez son mal, ne s'en pouuoir distraire,
Chercher obstinément ce qu'on doit euiter,
Se nourrir de douleurs, nuict & iour lamenter,
Et fuyant ses amis croire à son aduersaire:
Ourdir pour s'empestrer mille nouueaux liens,
Estre serf d'vn Tyran, qui rit du mal des siens,
Et iamais à leur foy trop ingrat ne regarde:
Ce sont les loix qu'Amour de ses traits escriuit
Sur le roc de mon cœur le iour qu'il m'asseruit,
Et sans espoir de grace il faut que ie les garde.

D'HIPPOLYTE.

XLV.

A pas lents & tardifs tout seul ie me promeine,
Et mesure en resuant les plus sauuages lieux:
Et pour n'estre apperceu ie choisi de mes yeux
Les endroits non frayez d'aucune trace humaine.
Ie n'ay que ce rampart pour defendre ma paine,
Et cacher mon desir aux hommes curieux,
Qui voyans par dehors mes soupirs furieux
Iugent combien dedans ma flamme est inhumaine.
Il n'y a desormais ny riuiere ny bois,
Plaine, mont, ou rocher, qui n'ait sceu par ma voix
La trampe de ma vie à tout autre celee.
Mais i'ay beau me cacher, ie ne me puis sauuer
En desert si sauuage, ou si basse valee,
Qu'Amour ne me decouure, & me vienne trouuer.

XLVI.

Aspre & sauuage cœur, trop fiere volonté,
Dessous vne douce, humble, angelique figure,
Si par vostre rigueur plus longuement i'endure
Vous n'aurez grand honneur de m'auoir surmonté.
Car soit quand le Printemps decouure sa beauté,
Soit quand le froid Hyuer fait mourir la verdure,
Nuict & iour ie me plains de ma triste aduenture,
De Madame & d'Amour sans repos tourmenté.
Ie vy d'vn seul espoir, qui naist lors que ie pense
Qu'on voit qu'vn peu d'humeur par longue accou-
Caue la pierre ferme & la peut consumer. (stumace
Il n'y a cœur si dur qui par constante preuue,
Pleurant, priant, aimant, à la fin ne s'esmeuue,
Ny vouloir si glacé qu'on ne puisse enflamer.

AMOVRS

XLVII.

Ie croy que tout mon lict de chardons est semé!
Qu'il est rude & malfait! Hé Dieu suis-ie si tendre
Que ie n'y puis durer? Ie ne fay que m'estendre,
Et ne sens point venir le Somme accoustumé.
Il est apres my-nuict, ie n'ay pas l'œil fermé,
Et mes membres lassez repos ne peuuent prendre.
Sus, Phebus, leue toy, ne te fay plus attendre,
Et de tes clairs regards rens le Ciel allumé.
Que la nuit m'importune, & m'est dure & côtraire!
Mais pourtant c'est en vain, ô Phebus, que i'espere
D'auoir plus de clairté par ton nouueau retour.
Car ie seray couuert d'vne effroyable nue,
Tant qu'vn plus beau Soleil qui me cache sa veue
Vienne luire à Paris & m'apporte le iour.

XLVIII.

O champs cruels volleurs du bien qui me tourmente,
Ô prez qui sous ses pas vous peignez de couleurs,
O bois qui fus tesmoin de mes griefues douleurs
L'heureux soir que i'ouury ma poitrine brulante:
Ô vent qui fais mouuoir ceste diuine plante,
Te iouant, amoureux, parmy ses blanches fleurs:
O canaux tant de fois desbordez de mes pleurs,
Et vous lieux ecartez où souuent ie lamente:
Puis qu'vn respect craintif m'a de vous separé,
Puis que ie ne voy plus l'œil du mien adoré,
Puis que seul vous auez ce que seul ie desire,
S'il ne m'est pas permis par la rigueur des cieux,
Chãps, prés, bois, vẽt, canaus, et vos sauuages lieux,
Faites luy voir pour moy l'aigreur de mon martyre.

La mort

D'HIPPOLYTE.
XLIX.

La mort qui porte enuie aux plus rares beautez,
 Courant toute clairté d'vn tenebreux nuage,
 Voulut fermer les yeux qui m'ont mis en seruage,
 Et punir d'vn seul coup cent mille cruautez.
Amour, qui dans ses yeux prend ses traits indontez,
 Tout aueugle qu'il est, conneut bien son dommage,
 O Mort (s'escria til) si tu fais cest outrage,
 Tu nous rédras tous deux cent fois moins redoutez.
Laisse moy dans ces yeux qui font que ie commande,
 Ie feray desormais ta puissance plus grande,
 Et rendray par mes traits ton bras victorieux.
La Mort s'arresta court, oyant ceste promesse:
 Et le cruel Amour du depuis n'a eu cesse,
 Faisant mourir tous ceux qui regardent vos yeux.

CHANSON.

BLESSÉ d'vne playe inhumaine,
 Loin de tout espoir de secours,
 Ie m'auance à ma mort prochaine,
 Plus chargé d'ennuis que de iours.
Celle qui me brûle en sa glace,
 Mon doux fiel, mon mal & mon bien,
 Voyant ma mort peinte en ma face
 Feint helas! n'y connoistre rien.
Comme vn roc à l'onde marine
 Elle est dure aux flots de mes pleurs:
 Et clost, de peur d'estre benine,
 L'oreille au son de mes douleurs.
D'autant qu'elle poursuit ma vie,
 D'ennuis mon seruice payant,

AMOVRS

Ie la diroy mon ennemie,
Mais ie l'adore en me hayant.
Las! que ne me puis-ie distraire,
Connoissant mon mal, de la voir?
O Ciel rigoureux & contraire
C'est toy qui contrains mon vouloir.
Ainsi qu'au clair d'vne chandelle
Le gay Papillon voletant,
Va grillant le bout de son aile,
Et perd la vie en s'esbatant.
Ainsi le desir qui m'affolle,
Trompé d'vn rayon gracieux,
Fait helas! qu'aueugle ie volle
Au feu meurtrier de vos beaux yeux.

CHANSON.

QVE n'ay-ie la langue aussi pronte
Lors qu'en tremblant ie vous raconte
L'ardeur qui me fait consumer,
Que ie fu prompt à vous aimer?
Quand vostre œil de moy se retire
Ie conte si bien mon martyre
Et l'effort de vostre rigueur,
Qu'il n'y a rocher si sauuage,
Bois si dur, ne si sourd riuage
Qui n'ait pitié de ma langueur.
Mes yeux deux riuieres coulantes,
Mes paroles toutes brulantes,
Mes soupirs menus & pressez
Ma douleur tesmoignent assez.
Mais dés que de vous ie m'approche

D'HIPPOLYTE.

Mon cœur se gelle & deuient roche:
Deuant vos attraits gracieux
Ie pers esprit, voix & haleine:
Et voulant vous conter ma peine
Ie ne sçay parler que des yeux.

STANSES.

Ie languy d'vn martyre inconnu,
Si mon desir iadis tant retenu,
Ores sans bride à son gré me transporte,
Me doy-ie plaindre ainsi comme ie fais?
» Vn nouueau mal fait de nouueaux effets,
» Plus de beauté plus de tourment apporte.

En ma douleur c'est pour me consoler
Que i'aye osé si hautement voler,
Et que la peur mon courage ne change.
» Par les hazars l'honneur se doit chercher,
Quand le malheur me fera tresbucher,
L'auoir osé m'est assez de louange.

L'homme grossier en la terre arresté,
Me peut nommer plein de temerité:
I'aime trop mieux estre veu temeraire,
Que de cœur lasche & d'esprit abbatu.
» Vn seul sentier n'est clos à la vertu,
» Et au couard rien n'est facile à faire.

Les grands Palais sont plus battus de vans,
Et les hauts monts vers le Ciel s'éleuans
Presque tousiours sont frapez de l'orage.
Mais c'est tout vn: du ciel nous approchant
Cherchons la mort, plustost qu'en nous cachant
Viure & monstrer qu'ayons peu de courage.

AMOVRS

L.

Bien souuent Hippolyte à grand tort courroucee
Arme son cœur de glace, & d'esclairs ses regards,
Preste à lascher sur moy tant de feux & de dards,
Que la mort pour me prendre a la main auancee.
Mais voyant de frayeur mon audace abaissee,
Ma force esuanouye, & mes sens tous espars,
Elle qui fait trophee & d'Amour & de Mars,
Dedaigne vne despouille à ses pieds renuersee.
Elle appaise son ire, & rend l'vn de ses yeux
Aussi doux & serein que l'autre est furieux,
Faisant luire vne paix au trauers de ma guerre.
Puissé-ie vn iour au Ciel ce miracle enuoyant
Apprendre à Iupiter le grand Dieu du tonnerre,
Côme il peut estre dous mesme en nous foudroyant.

LI.

L'eau tobant d'vn lieu haut goute-à-goute a puissãce
Contre les marbres durs, cauez finablement:
Et le sang du Lion force le Diamant
Bien qu'il face à l'enclume & au feu resistance.
La flamme retenue en fin par violance
Brise la pierre viue, & rompt l'empeschement:
Les Aquilons mutins soufflans horriblement
Tombent le Chesne vieux qui fait plus de defense.
Mais moy, maudit Amour, nuict & iour soupirant,
Et de mes yeux meurtris tant de larmes tirant,
Tant de sang de ma playe, & de feux de mon ame,
Ie ne puis amollir vne dure beauté,
Qui las! tout au contraire accroist sa cruauté
Par mes pleurs, par mon sang, mes soupirs & ma
flame.

D'HIPPOLYTE.

LII.

Bien que le mal d'Amour, qui me rend furieux,
Passe tout desespoir d'vn amant miserable,
Si ne m'en plains-ie point, & le trouue agreable:
Car ce qui vient de vous m'est tousiours gracieux.
Ie reçoy plus de bien à mourir pour vos yeux
Qu'à viure au gré d'vn autre à mes vœux fauora-
Tant peut l'affection d'vne chose honorable, (ble:
Qui fait aimer sa perte & en estre enuieux.
Mais si vous adorant d'vn obstiné courage
Vous ne croyez Madame, à mon palle visage,
A mes pleurs, à mes vers, & à mon deconfort,
Quel espoir desormais faut-il plus que ie suiue,
Fors mourir deuãt vous? Mais la preuue est tardiue
Quand le mal seulement se connoist par la mort.

STANSES.

QVAND au matin le grand flambeau des
cieux,
Pere du iour commence sa carriere,
La nuict s'enuole, & sa belle lumiere
Mille tresors ouure deuant nos yeux.
Quand au premier le flambeau de mon ame,
Mon beau soleil à mes sens esclaira,
Tout bas desir de moy se retira,
Raui de voir les beautez de Madame.
Mais comme on voit phebus en s'auançant
Sur le midy plus de chaleurs espandre,
Les vents cesser, & la terre se fendre
Aux rais du chaud, nostre œil esblouissant.

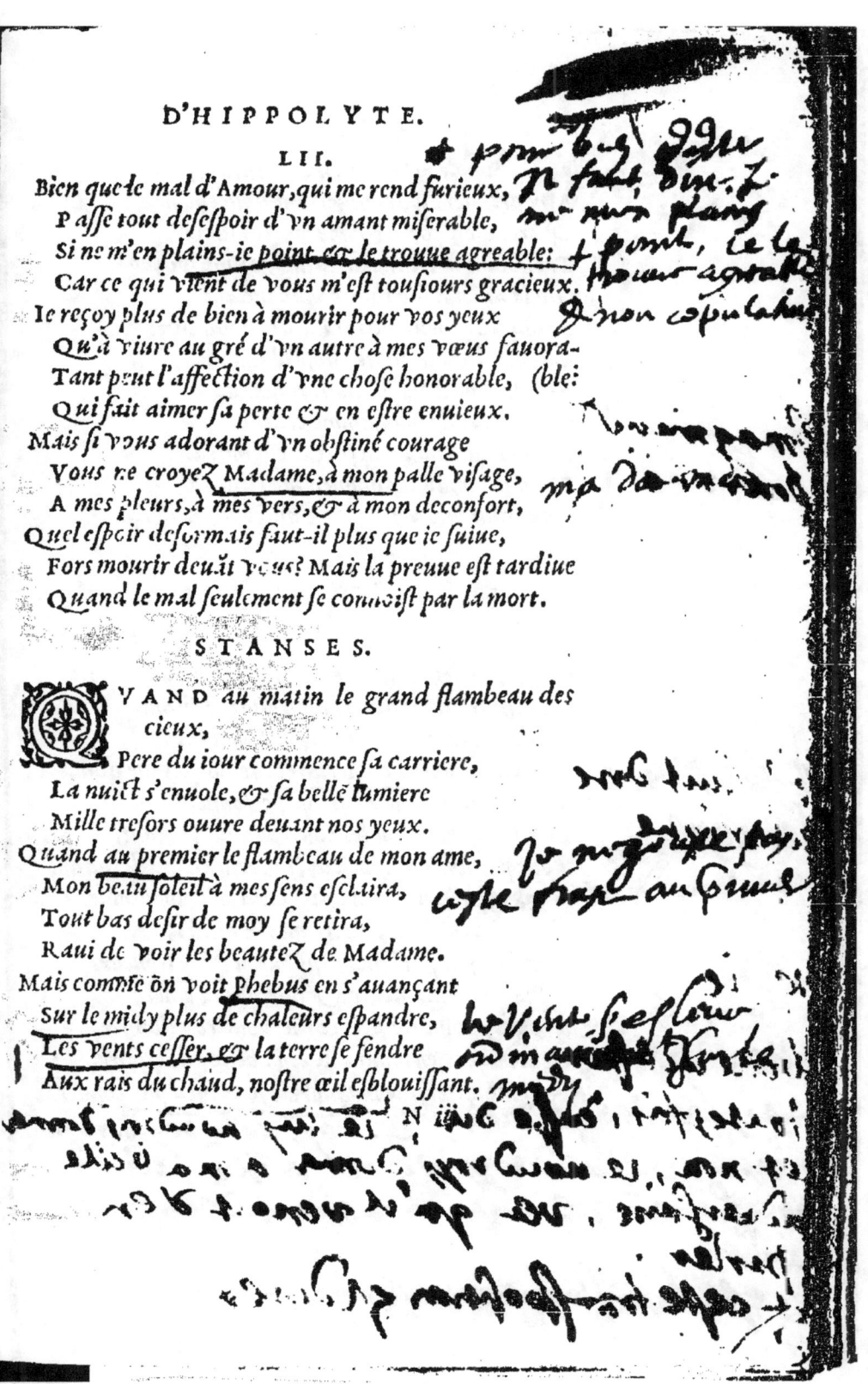

AMOVRS

Ainsi la flamme esprise en mon courage,
Aux premiers iours bluettant doucement,
Est creüe en force & me va consumant,
Troublant ma veue au cours de mon voyage.
En fin la nuict à son tour commandant,
Par sa fraischeur esteint l'ardeur cuisante:
Couure de noir toute chose plaisante,
Et le sommeil va sur nous respandant.
Ainsi la mort de ma flamme cruelle,
Flamme d'Amour, la fureur esteindra:
Et pour iamais le Sommeil me tiendra
Couurant mes yeux d'vne nuict eternelle.

LIII.

Bien qu'vne fiéure tierce en mes veines bouillonne,
De cent troubles diuers mon esprit agitant,
Medecins abusez ne dites pas pourtant
Qu'vne humeur choleriq' ces tempestes me donne:
Ie suis trop patient, ie n'offense personne,
Et vay de mes amis les courroux supportant,
Tout paisible & tout coy, sans qu'en me despitant
Ie cherche vn venin qui le cœur m'empoisonne.
Celle dont l'influence altere mes humeurs,
Qui fait par sa rigueur qu'auant l'âge ie meurs,
Est cause de ma fiéure, & non pas la colere.
Las ie n'ay point de fiel! car ie voudroy donner
Cent baisers, en mourant, à ma belle aduersaire,
Pour monstrer que ma mort ie sçay bien pardonner.

D'HIPPOLYTE 100

LIIII.

S'il n'y a rien si froid ne si glacé que celle
  Qui me fait par ses yeux sans pitié consommer,
  D'où peut elle en nos cœurs tant de flammes semer,
Veu que le sien est pris d'vne glace eternelle?
C'est vn estrange cas que l'ardeur immortelle,
  Qui a source en ses yeux, ne la puisse allumer:
  Semblable au beau Soleil qui peut tout enflamer,
Bien qu'il n'ait point en soy de chaleur naturelle.
Seroit-ce point Amour le tyran sans merci,
  Qui frapant de ses traits sur son cœur endurci,
  Fist saillir tout ce feu pour consommer nos ames:
Comme on voit vn caillou refrapé maintesfois
Par force auec du fer, seruir d'amorce au bois,
Et sans deuenir chaud faire iallir des flames?

LV.

Vous n'estes point mes yeux, ô trompeuse lumiere,
  Par qui le trait d'Amour dans le cœur m'est venu:
  Si vous estez mes yeux, vous n'eussiez mesconnu
Celle qui tient mon ame à son gré prisonniere.
Las vous estes mes yeux! mais la faute premiere,
  Et l'ennuy que par vous ie sois serf deuenu,
  Rend vostre ardent desir maintenant retenu,
Et vous fait abaisser pour ne voir ma guerriere.
C'est trop tard, pauures yeux, c'est trop tard attendu:
  La sagesse vous vient lors que tout est perdu,
  Vn conseil tout diuers desormais il faut prendre.
Regardez la sans cesse, admirez ses beautez
Et flamme dessus flamme en mon cœur apportez,
A fin que sans languir ie sois reduit en cendre.

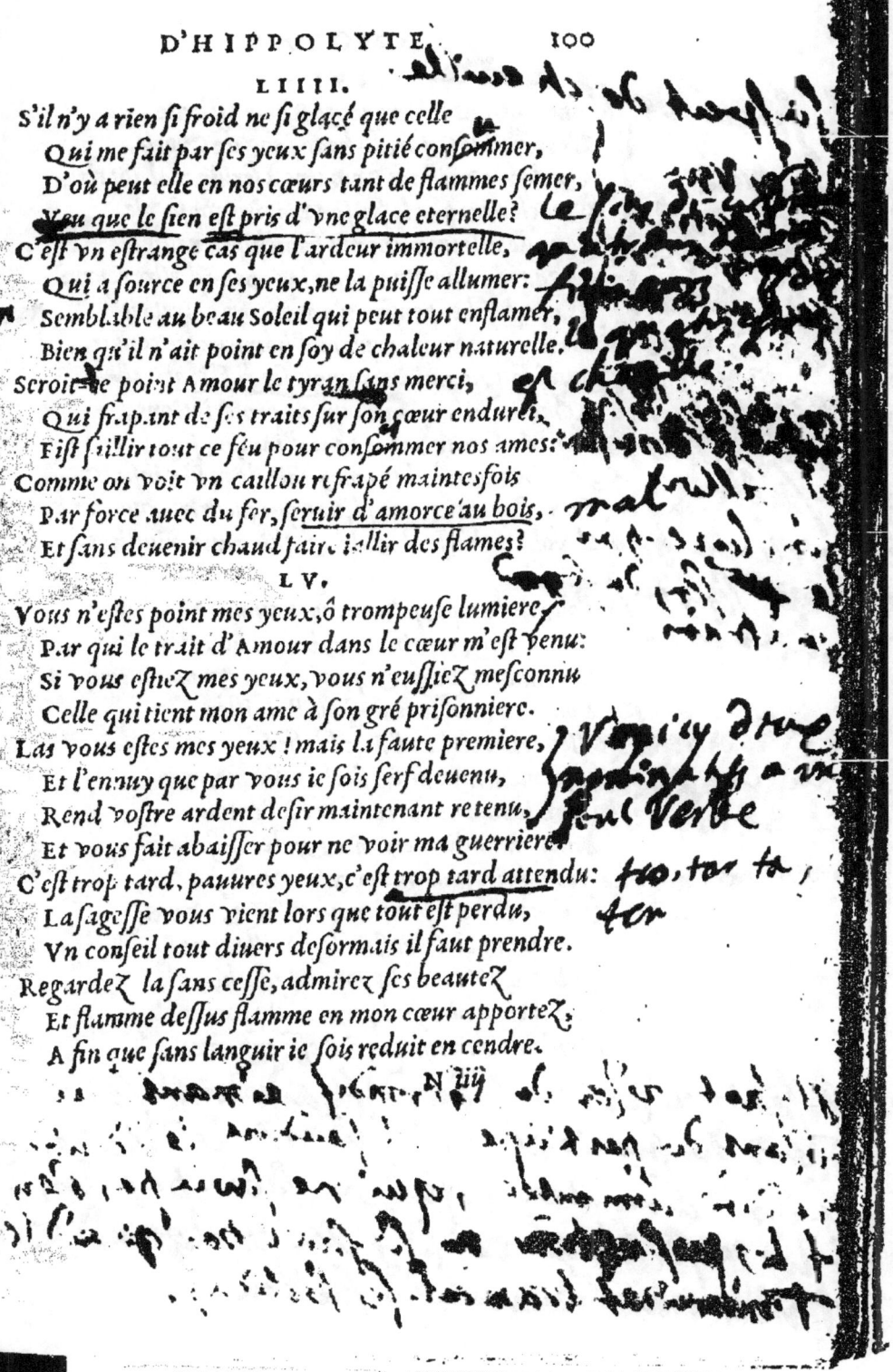

AMOVRS
LVI.

Ayant trois ans entiers toute Rome asseruie
L'inuincible Cesar, du beau sang de Cypris,
Quelques vaillans Romains à seruir mal appris
Trencherent par le fer son Empire & sa vie.
Amour depuis trois ans ma franchise a rauie,
Regnant comme vn tyran sans peur d'estre repris:
Et mes lasches pensers n'ont encore entrepris
D'executer vn meurtre où l'honneur les conuie.
Quand le Triumuirat tramoit ses factions,
Rome ne veit iamais tant de proscriptions,
Tant de saccagemens, tant d'iniustes supplices,
Comme Amour dedans moy fait de maux infinis:
Ce n'est que sag, que pleurs, que meurtris, que bănis,
Il vole, il chasse, il brûle, & fait mille iniustices.

LVII.

Amour des corps, qu'vne mort auancee
Par violence a priuez du beau iour,
Les Ombres vont, & font maint & maint tour,
Aimans encor leur despouille laissee.
Au lieu cruel où i'eu l'ame blessee
Et fu meurtry par les fleches d'Amour,
Erre, ie tourne & retourne à l'entour,
Ombre maudite, errante & dechassee.
Legers Esprits plus que moy fortunez,
Comme il vous plaist vous allez & venez
Au lieu qui clost vostre despouille aimee.
Vous la voyez, vous la pouuez toucher,
Où las! ie crains seulement d'approcher
L'endroit qui tient ma richesse enfermee.

D'HIPPOLYTE. 101

LVIII.

Tourne, mon Cœur, ailleurs ton esperance,
  Laissant le bien vainement desiré:
  Pour vn mortel c'est trop haut aspiré,
  Il faut couper l'aile à nostre arrogance.
Amour ingrat, est-ce la recompanse
  D'auoir souffert, serui, prié, pleuré,
  Et sans flechir si long temps enduré
  Qu'on me reproche auiourd'huy l'inconstance?
Plein de fureur ie ne fay que songer
  Que ie doy faire, à fin de me venger
  Des fiers courroux d'vne ame si rebelle.
C'est le meilleur de me donner la mort:
  Car ie ne puis luy faire plus de tort,
  Qu'en la priuant d'vn qui est tout à elle.

COMPLAINTE.

QVELLE manie est egale à ma rage?
  Quel mal se peut à mon mal comparer?
  Ie ne sçauroy ny crier ny pleurer,
  Pressé du dueil qui grossist mon courage.
Helas i'estouffe, & la fureur soudaine
  Me clost l'ouye, & m'aueugle les yeux!
  Mais ce m'est heur de ne voir plus les cieux,
  Les cieux cruels coupables de ma paine.
Au vase estroit maintenant ie ressemble,
  Qui tout plein d'eau goute à goute la rend:
  Mon œil aussi larme à larme respand
  Ce qu'en mon cœur de riuieres i'assemble.

AMOVRS

Maudit le iour que premier ie vey luire,
Pour estre esclaue à si forte douleur!
Le Ciel alors pleuuant tout son malheur
Versa sur moy ce qu'il auoit de pire.
Astres maudits, qui trop pleins de licence,
Maux & plaisirs aux humains destinez,
Pais qu'en naissant de nous vous ordonnez,
Qui nuist la faute, ou que sert l'innocence?
Helas de rien! i'en puis seruir de preuue,
Qui n'ay iamais vn tourment merité:
Et toutesfois par vostre cruauté
Plus miserable au monde ne se treuue.
Tout est bandé pour me faire la guerre,
Par mes amis mille ennuis ie reçoy.
Que doy-ie faire? Il n'y a point pour moy
De Dieux au ciel, ny de Fortune en terre.
Dans les Enfers cherchons donc allegeance,
Parmi l'effroy, les fureurs, & les cris,
Accompagné des malheureux esprits,
Qui pour ma peine oubliront leur souffrance.
Hastons la mort, seul but du miserable:
Mais tout ainsi que mes iours ont esté
Couuerts d'ennuis, d'horreur, d'obscurité,
Soit mon trespas horrible & detestable.

LIX.

Amour, si i'ay souffert, fidelle à ton empire,
Sans me lasser de toy, tant d'ameres douleurs:
Si ie t'ay mille fois abreuué de mes pleurs,
Et si tes plus beaux traits en mon cœur ie rettres
Volle vers la beauté qui me tient en martyre,
Et qui fait que tu as tant de force en nos cœurs:
Amolli son courroux, adouci ses rigueurs,
Et fay que son bel œil recommence à me luire.
C'est le douziesme iour que cest œil courroucé
Entre mille dangers sans clairté m'a laissé,
N'ayãt pour me guider que ma flamme immortelle.
De grace, en ma faueur, Amour, va la blesser:
Ou si tu la crains trop, & ne me veux laisser,
Tire de mon cœur mesme & sape la cruelle.

LX.

Si les pleurs que i'espans, si le triste langage,
Dont la nuict & mon lict sont tesmoins seulement,
N'ont pouuoir d'amollir vn cœur de diamant,
Et ne font de pitié pallir son beau visage:
Pourquoy me reserué-ie à languir d'auãtage,
De Fortune & d'Amour l'horrible esbatement?
Plustost dedans le sang noyons nostre tourment,
Et nous sacrifions à ceste ame sauuage.
Ie l'accuse à grand tort: car son cœur de rocher
De mes poignans regrets se laisseroit toucher,
Si ie pouuoy me plaindre alors qu'elle est presente.
Mais le son de ma voix se change en la voyant,
Mon œil se rassserene & n'est plus larmoyant,
Et ma langue se taist, bien que mon cœur lamente.

AMOVRS

LXI.

Depuis deux ans entiers, que i'aime vne beauté
Perle vnique du monde, & sa fleur la plus belle,
Trois fois tant seulement i'ay peu parler à elle:
Voyez de mon malheur l'estrange cruauté.

Encor ce doux loyer, que i'auois acheté
Par tant de passions & de peine immortelle,
Trois fois m'est empesché par la force cruelle
Du malheur enuieux dont ie suis surmonté.

C'est (peut estre) mon bien, dont ie n'ay connoissance:
Car si son œil diuin m'oste toute puissance,
Me rauit, me transporte, & me rend furieux:

S'il fait que sans espoir mon amour continue,
Que feroyent ses propos fauorisez des yeux?
Helas pour me tuer c'est assez de sa veuë.

LXII.

Pourtant d'ennuis diuers, tant de flamme & de glace,
Qui font en mon esprit vn si contraire effort,
Pour mon repos perdu, mes pleurs, mon deconfort,
Et pour tāt d'autres maux dont l'amour me menace:

Pour vostre doux orgueil, vainqueur de mon audace,
Pour auoir coniuré des premiers à ma mort,
Et fait que mon desir se maintienne plus fort,
Quand plus le desespoir luy veut donner la chasse.

O beaux yeux qui pleuuez tant de feux & de traits,
Ie ne demande pas que m'accordiez la paix, (mes:
Que vo° soyez plus doux, que iettiez moins de fla-

Pour tout bien ie requiers, que croissans en rigueur,
Pour butte à tous vos traits vous choisissiez mon
cueur.

Et que vous dedaignez de blesser d'autres ames.

D'HIPPOLYTE. 103

LXIII.

I'estoy dans vne sale ombragé de la presse
Pour voir, sans estre veu, Madame qui dansoit:
Le peuple à l'enuiron tout raui s'amassoit
Loüant d'ame & de voix ceste vnique deesse.
En vain la voulant voir sur les piés ie me dresse,
Car mon foible regard assez ne s'auançoit:
Mais mon cœur s'enflammant ainsi qu'elle passoit,
Remarqua sans mes yeux les pas de ma princesse.
Dieu que i'aime mon cœur, bien que mal conseillé
Il ait receu l'amour dont ie suis trauaillé!
Le plaisir qu'il m'a fait mes douleurs recompense.
Aussi bien mes deux yeux couuerts d'obscurité
N'eussent peu soustenir si diuine clairté,
Tant ils sont aueuglez de pleurer mon offense.

LXIIII.

Si doucement par son regard me tue
Ce Basilic de ma mort desireux,
Que ie le cherche, & me sens bien-heureux
En mon malheur d'estre pres de sa veue.
D'aise & d'ennuy mon ame est toute esmeue,
Quand ie puis voir ces beaux yeux amoureux:
De cent couleurs mon visage se mue,
Ie tremble tout & suis auentureux.
Qui penseroit d'vne mesme fontaine
Pouuoir couler le repos & la paine,
Peur, hardiesse, ennuy, contentement?
Comme au Chaos tout se méloit ensemble,
Ainsi cest œil cent contraires assemble
Dans le chaos de mon entendement.

AMOVRS

LXV.

Si la fureur d'Amour rendant l'ame agitee
La rauit dans le Ciel de son corps l'eleuant:
Et si l'ame rebelle & qui s'en va priuant,
Tousiours foible & pesante en terre est arrestee:
Que n'aimez-vous, Deesse, à fin d'estre portee
Par la fureur d'Amour dans le Ciel en viuant?
Plein de rauissement ie vous iroy suiuant,
Et mon ame à son gré seroit lors contentee.
Ceste ombre de beauté, qui vous fait renommer,
Quand vous seriez au Ciel se verroit transformer
En la Beauté parfaite & d'essence eternelle.
Tout volage desir en moy seroit esteint,
Regardant vostre cœur ie m'y trouueroy peint,
Et vous verriez au mien vostre image si belle.

LXVI.

Vouloir ambicieux, Esperance interdite,
Desirs prompts à mon mal, qui m'auez sceu forcer,
Peu durables desseins, mal asseuré penser,
Courage, helas! trop grand pour force si petite:
Et vous rares beautez de la ieune Hippolyte,
Qu'Amour fait si souuent par mes yeux repasser,
Pour Dieu, mes ennemis, vueillez vn peu cesser
Et que vostre rigueur à pitié vous incite.
Ne voyez-vous comment trop tost vous me tuez?
Ie ne languiray point si vous continuez.
» Vne extreme douleur ne peut estre durable.
Et c'est ce qui me trouble & me fait soupirer:
Car mon cruel tourment m'est si fort agreable,
Que ie tasche à durer pour le faire durer.

LXVII.

Bien que ma patience & ma foy vous ennuye,
Et que la fermeté vous fasche extremement,
Ie ne me puis garder de vous faire vn serment
Tout prest de le sceller du sang & de la vie:
Et que vos yeux diuins, qui mon ame ont rauie,
Cessent de m'eclairer si ie pense autrement:
C'est qu'en despit du Ciel, de Fortune, & d'Enuie
Vif & mort ie seray vostre éternellement.
Les courroux, la rigueur, le temps, & la distance
Seruiront de rempart pour garder ma constance,
Que vos nouueaux desirs ne pourront entamer.
Ie ne fay rien pour moy d'vser de ce langage:
Car ie sçay qu'on ne peut vous fascher d'auantage
Que de vous menacer de tousiours vous aimer.

STANSES.

QVAND i'espreuue en aimant les ri-
gueurs d'vne Dame,
Qui ieune & sans amour se mocque
de ma flame,
Et demeure cruelle au son de mes douleurs,
Ferme ie continue, & souffre en patience,
Esperant à la fin par ma perseuerance
Cauer son cœur de roche amolli de mes pleurs.

Tant plus vne entreprise est haute & malaisee,
Plus en la poursuiuant mon ame est embrasee:
La peine & la longueur ne me peut retenir,
Contre tous les malheurs i'oppose ma constance,

AMOVRS

Et pour m'encourager il suffist que ie pense
Que nul autre que moy n'espere y paruenir.
   Car mon cœur genereux à rien ne se peut plaire,
Que i'estime qu'vn autre ait espoir de parfaire.
   Vn Dieu pour compagnon ie ne puis receuoir:
Ie veux suiure tout seul ce que ie me propose,
Et encore en amour, plus qu'en toute autre chose,
Ie fuy les compagnons & n'en veux point auoir.
   I'aimerois beaucoup mieux supporter la rudesse
Et l'orgueil dedaigneux d'vne fiere maistresse,
Qui mesprisast tout autre au fort de mon esmoy,
Qu'estre dessous le ioug d'vne plus pitoyable,
Qui pour me retenir se rendist fauorable,
Mais qui fauorisast les autres comme moy.
   Ainsi qu'vn grand torrent qui les plaines menace,
S'escoulant en ruisseaux perd sa premiere audace,
Et l'effort qui d'orgueil le faisoit escumer:
Ainsi l'amour d'vn seul est plein de violance,
Mais quand on le diuise il perd toute puissance.
Qui aime en plus d'vn lieu ne sçauroit bien aimer.
   D'vne seule lumiere en la nuict allumee
L'ombre entiere se fait, qui se perd consumee
Par les rayons espars des flambeaux d'alentour:
Ainsi d'vn seul desir la vraye amour est faite,
Qui s'affoiblist par nombre & demeure imparfaite.
Le desir diuisé ne se peut dire amour.
   I'accompare vne Dame en cent lieux embrasee
Au miroir qui reçoit toute image opposee,
Et n'en retient pourtant aucune impression:
Ainsi dans son esprit de legere nature,

D'HIPPOLYTE.

Ce qu'elle voit luy plaist, elle en prend la figure,
Mais le perdant des yeux le perd d'affection.
　Ie ne m'estonne plus d'ouir tant de complaintes
De ces amans legers, dont les amours sont faintes,
Finissans aussi tost qu'ell' ont commencement.
L'homme n'en est pas cause, encor qu'il soit muable;
Mais il ne sçauroit rendre vn bastiment durable,
De la foy d'vne femme ayant faict fondement.
　Deux beaux yeux, vn beau teint, vne bouche ver-
　　meille,
Vn propos qui rauit les hommes de merueille,
Rendent bien vn amant du feu d'Amour épris:
Mais pour nourrir sa flamme, & la faire eternelle
Il le faut asseurer d'vne amour mutuelle,
C'est ce qui le retient quand la beauté l'a pris.
　Qu'on n'estime iamais qu'vne Dame inconstante,
Qui veut embrasser tout & de rien n'est contante,
Conserue vn seul amant qui soit sans fiction:
Toute ardeur qu'elle allume est moindre que fumee,
Car il faut bien aimer pour estre bien aimee,
Et de deux cœurs vnis naist la perfection.
　N'adorer qu'vne chose & ne penser qu'en elle,
Ne voir que par ses yeux, la trouuer seule belle,
Ce qu'elle a dans le cœur le sentir tout ainsi,
Gouster par sa presence vne douceur extreme,
Mourir ne la voyant, c'est ainsi comme i'aime,
Mais ie ne dure pas si l'on ne m'aime aussi.

AMOVRS

LXVIII.

Les sanglots continus, l'ardeur, l'impatience,
Dont iamais vostre cœur ne peut estre touché,
Le grand feu qu'en l'esprit iusqu'ici i'ay caché,
Et qui ne s'esteignoit pour temps ny pour absence:
Vos iniustes courroux, vostre mesconnoissance,
Par qui ie me suis veu tout espoir retranché:
Et ces longues froideurs, qui mon âge ont seché,
Ne me pouuoyent sortir de vostre obeissance.
Tant de vœux faits au ciel n'esteignoiēt point mō feu,
La force ou le conseil y seruoyent aussi peu,
Tout appareil rendoit ma playe enuenimee:
Mais en fin les dédains l'vn sur l'autre amassez,
M'ont si bien garanti des martyres passez
Qu'à peine il me souuient de vous auoir aimee.

LXIX.

A mon terrestre Ciel i'ose faire la guerre,
Cōme vn nouueau Geāt que l'orgueil va touchant:
Mes traits sont mes desirs, mais en les decochant
De haste & de fureur c'est moy seul que i'enferre.
Au lieu de mont sur mont haut eleué de terre,
Espoirs, songes, pensers l'vn à l'autre accrochant,
Ie pense estre bien haut, quand en vous approchant
Sur moy vostre bel œil mille foudres desserre.
Ie vous estime heureux, Titans audacieux,
Bien qu'en fin vous fussiez le triomphe des Dieux,
Vostre orgueilleux desir cessa quand & la vie:
Le mien ne cesse point, & pour estre brûlé,
Pour trebucher cent fois foudroyé, desolé,
Ie ne puis voir chetif la fin de mon enuie.

D'HIPPOLYTE.

LXX.

Souci chaud & glacé, que la crainte a fait naistre,
Et qui craignant plus fort deuiens plus violant,
Et pendant que la flâme & le gel vas mélant (stre:
Troubles, pers et détruis tout ce qu'amour fait croi-
Puis qu'en si peu de temps tu t'es rendu mon maistre,
De cent chaudes fureurs mon esprit martelant,
Va, retourne au Cocyte, & me laisse dolant,
Comme vn Tigre enragé, de ma chair me repaistre.
Sur les glaces d'Enfer passe entre mille ennuis
Sans lumiere tes iours, & sans sommeil tes nuits,
Nô moins troublé du faus, que des seures nouuelles.
Va t'en, tout ton venin est entré dedans moy,
Ie n'ay point d'autre sang: helas! donques pourquoy
Me viens-tu retroubler par ces larmes cruelles?

LXXI.

Espouuantable Nuict, qui tes cheueux noircis
Couures du voile obscur des tenebres humides,
Et des antres sortant par tes couleurs liuides,
De ce grand Vniuers les beautez obscurcis:
Las! si tous les trauaux par toy sont adoucis,
Au ciel, en terre, en l'air, sous les marbres liquides,
Or' que dedans ton char le Silence tu guides,
Vn de tes cours entiers enchante mes soucis.
Ie diray que tu es du Ciel la fille aisnee,
Que d'astres flamboyans ta teste est couronnee,
Que tu caches au sein des plaisirs gracieux:
Des Amours & des Ieux la ministre fidelle,
Des mortels le repos: bref tu seras si belle,
Que les plus luisans iours en seront enuieux.

AMOVRS

LXXII.

Quand ie voy flamboyer ceste heureuse planete,
De nostre âge imparfait l'admirable ornement:
Bien que mon cœur d'ailleurs n'attende allegement,
Si faut-il que de crainte à trembler ie me mette.
Car ainsi comme on voit la fatale Comete
Flambante en longs cheueux, n'apparoir nullement
Sãs la mort d'vn monarque, ou sans vn changemẽt,
Quand quelque Seigneurie est pres d'estre sujete.
De mesme helas! ie crains que ce diuin flambeau
De ma foible raison presage le tombeau,
Ou qu'au moins ie verray ma liberté restraindre.
I'ay peur qu'en pire estat on me face changer,
Mais (ô moy desolé!) i'en suis hors du danger,
I'ay tãt et tãt de maux que plus ie ne doy craindre.

LXXIII.

Comme quand il aduient qu'vne place est forcee
Par vn cruel assaut du soldat furieux,
Tout est mis au pillage, on voit en mille lieux
Feux sur feux allumez, mort sur mort amassee:
Mais si ne peut sa gloire estre tant rabaissee,
Qu'vn arc, vne colonne, vn portail glorieux:
N'eschapent la fureur du feu victorieux,
Et ne restent entiers quand la flamme est passee.
Ainsi durant les maux que i'ay tant supportez
A la honte d'Amour, & de vos cruautez,
Depuis que par vos yeux mon ame est retenue:
En dépit du malheur contre moy coniuré,
Mon cœur inuiolable est tousiours demeuré,
Et ma foy iusqu'icy ferme s'est maintenue.

LXXIIII.

Celle qui de mon mal ne prend point de souci,
  Comme si de ses yeux il n'auoit sa naissance,
  Se rit de mes douleurs si tost que ie commence
A me plaindre en pleurant de son cœur endurci.
I'ay beau m'humilier & luy crier mercy,
  Mercy de l'aimer trop : car c'est ma seule offense :
  Elle en est plus rebelle, & se plaist que ie pense
Qu'vn courage si fier ne peut estre adouci.
Ce n'est pas toutesfois ce qui plus me tourmente,
  Car sa rigueur m'est douce, & mõ mal me cõtente,
  Voyant mes beaux vainqueurs ses yeux que i'aime
Ie me plains seulement de voir que la cruelle   (tant
  Ne croit pas que ie l'aime, & m'appelle inconstant,
  Ou dit que mes ennuis viennent d'autres que d'elle.

LXXV.

Sommeil, paisible fils de la Nuict solitaire,
  Pere alme nourricier de tous les animaux,
  Enchanteur gracieux, doux oubli de nos maux,
Et des esprits blessez l'appareil salutaire :
Dieu fauorable à tous, pourquoy m'es-tu contraire?
  Pourquoy suis-ie tout seul rechargé de trauaux
  Or' que l'humide Nuict guide ses noirs cheuaux,
Et que chacun iouït de ta grace ordinaire?
Ton silence où est-il? ton repos & ta paix,
  Et ces songes vollans comme vn nuage espais,
  Qui des ondes d'Oubli vont lauant nos pensees?
O frere de la Mort que tu m'es ennemi!
  Ie t'inuoque au secours, mais tu es endormi,
  Et i'ards tousiours veillant en tes horreurs glacees.

AMOVRS

LXXVI.

Le pasteur de Troye, eleu diuinement
Pour iuger des beautez de trois grandes deesses,
Dedaigna les grandeurs, la gloire, & les richesses,
Pour la Grecque beauté, prix de son iugement:
I'en eusse fait autant: il fist fort sagement.
Car aupres de vos yeux pleins de douces rudesses,
Quels thresors, quels hõneurs, triõphes & hautesses
Pourroiët mouuoir mõ cœur si ferme en vous aimãt?
Puis qu'estre pris de vous apporte tant de gloire,
Quel trophee assez digne orneroit la victoire
Du cœur qui bien aimant vous pourroit conquerir?
O seul but de mes vœux, ô bien que ie n'espere, (re,
L'or & les vains hõneurs soyët cherchés du vulgai-
Rië ne me plaist que vous, pour vo⁹ ie veux mourir.

LXXVII.

Rendez vous plus cruels, beaux Yeux qui me blessez,
Ce trait doux & piteux m'empoisonne & me tue:
Ah! non, durez ainsi: Mon ame est combatue
De trop de desespoirs vous voyant courroucez.
Temperez seulement ces rayons elancez
Trop clairs & trop ardãs qui m'offusquët la veuë,
Mais ne les baissez pas: car mon mal continue,
Et mon espoir defaut quand vous les abaissez.
Doux, cruels, humbles, fiers, gais & trempez de larmes
Amour pour ma douleur trouue en vous assez d'ar-
D'agreables ligueurs, & de plaisãs trespas: (mes,
Bref, toutes vos façons, beaux Yeux, m'ostent la vie.
Hé donc pour mon salut cachez-vous ie vous prie!
Non, ne vous cachez point, mais ne me tuez pas.

D'HIPPOLYTE.

LXXVIII.

Rauy de mon penser si hautement ie vole,
  Que ie conte vn à vn les astres radieux,
  I'oy les diuers accords du mouuement des Cieux,
  Et voy ce qui se meut sous l'vn & l'autre pole.
Mais pourtant mon esprit si fort ne se console,
  Et ne sauoure rien de si delicieux,
  Comme alors que ie voy le rayon de deux yeux,
  Et sens l'accord parfait d'vne douce parole.
Quand i'ay l'heur de iouir d'vn bien tant souhaité,
  Sans partir de la terre aux cieux ie suis porté,
  Et compris du plus haut la gloire & les merueilles.
O ma seule Deesse helas! s'il est ainsi,
  Regardez-moy tousiours d'vn œil plein de merci,
  Et de vos doux propos rauissez mes oreilles.

LXXIX.

Le tyran des Hebreux transporté de furie
  Ne fit iadis meurtrir tant d'enfans innocens
  Que ie tue en maillot de pensers languissans,
  Et ne touche à celuy qui menace ma vie.
Car luy desia rusé fuyant ceste furie
  Se sauue à la beauté qui domine mes sens:
  Et là tout asseuré rit des maux que ie sens,
  Et m'abuse sans fin par quelque tromperie.
Or' en ses chauds regards ce penser se formant,
  Or' en ses doux propos mon esprit va charmant,
  L'emprisonne & l'estraint en des chaisnes pesantes:
Helas c'est le malheur qui m'estoit destiné,
  Et que me presageoyent deux estoiles luisantes
  Que ie vey sur le poinct que ce méchant fut né!

AMOVRS

LXXX.

Quand l'ombrageuse Nuict nostre tour decolore,
Et que le clair Phebus se cache en l'Occident,
Au Ciel d'astres semé les mortels regardant
Prisent or' ceste estoile, & or' ceste autre encore:
Mais si tost qu'à son tour la matinale Aurore
Fait lever le Soleil de rayons tout ardant,
Lors ces petits flambeaux honteux se vont perdans
Devant le Roy du iour, qui tout le ciel decore.
Ainsi quand mon Soleil sa splendeur va celant,
On voit deçà delà maint astre estincelant,
Et le monde abusé mille Dames revere.
Mais dés qu'il apparoist, adieu foibles claritez,
Tout obiet s'obscurcit, & ce Roy des beautez
Comme en son firmamēt dans tous les cœurs eclaire.

LXXXI.

Que ie suis redevable à la douce pensee
Qui nourrit mon esprit de son bien separé!
Iamais sans tel secours ie n'eusse tant duré,
Si fort de vos beautez ma poictrine est blessee.
Quand par crainte ou respect il faut force forcee
Que i'eloigne vostre œil dont ie suis eclairé,
Ie mourrois à l'instant triste & desesperé
N'estoit ce reconfort de mon ame oppressee.
Mari, frere, vallets ne sçauroyent l'empescher
Que iusqu'à vostre lict ne se vienne approcher,
Vous voit, vous entretient, vous estime admirable.
Las si vous l'entendiez que d'heur m'en adviendroit!
Car vous disant mon mal, ie sçay qu'elle rendroit
Moy contant pour iamais, vous douce & pitoyable.

D'HIPPOLYTE. 109

LXXXII.

Amour, choisis mon cœur pour butte à tous tes traits,
Et bastis ta fournaise en ma chaude poitrine,
I'estimeray tousiours ta cruauté benine,
Ton dueil contentement, & ta guerre vne paix.
I'ay veu tant de clairtez, de thresors, & d'attraits
D'vn œil doux, d'vn beau front, d'vne gorge iuoy-
Et gousté la douceur d'vne voix si diuine, (rine,
Que i'oublie à bō droit les maux que tu m'as faits.
O celestes beautez si pleines de merueilles!
O propos, qui sonnez tousiours en mes oreilles,
Que vous m'auez tué d'vne douce rigueur!
Que vous auez ietté de soulfre sur ma flame!
Que vous m'auez laissé d'aiguillons dedans l'ame,
De pensers en l'esprit, & d'amours dans le cueur!

LXXXIII.

Langue muette à mon secours tardiue,
Que m'a serui tant d'heur que i'ay receu
De voir Madame? aussi bien tu n'as sceu
Dire le mal qui de repos me priue.
Propos brulans, voix dolente & plaintiue,
Vostre faueur à ce coup m'a deceu:
Car vn seul mot hors de moy n'est issu
Propre à monstrer combien ma peine est viue.
Mais qui ne fut autant que vous surpris?
L'estonnement gela tous mes esprits,
Ie deuins sourd, sans pouls, & sans halaine:
Vn voile obscur sur mes yeux s'estendit,
Le cœur me cheut, tout mon sens se perdit,
Et ne restay qu'vne peinture vaine.

AMOVRS

LXXXIIII.

De quels cousteaux fut mon ame blessee,
Et quelle flamme en mon cœur s'alluma,
Quand ses beaux yeux de rigueur elle arma
Pour me tuer sans l'auoir offensee ?
Que d'vne plainte en pleurant commencee
Ne fis-ie voir le dueil qui m'entama ?
Ie l'essayay : mais la douleur pressee
A mes propos le passage ferma.
Que ne leut elle aumoins sur mon visage
Mes passions, me voyant tout transi,
Palle mon teint, mes yeux couuerts d'ombrage,
Qui pour ma bouche alors crioyent merci ?
Helas la Nuict m'osta cest aduantage,
Et l'empescha qu'elle me veist ainsi.

LXXXV.

Mes yeux accoustumez au tour de vostre veuë
Sont clos aussi soudain que vous disparoissez,
Et des autres beautez les rayons elancez
Ne sont pour m'eclairer qu'vne effroyable nue.
Mon ame en vos cheueux est si bien detenue,
Mes sens de trop d'amour sont si fort insensez,
Et vers vous mes desirs tellement sont dressez,
Qu'aucune autre beauté n'est de moy reconnue.
Et si le Ciel ialoux me force à vous laisser,
Quelque mont, fleuue ou bois que ie puisse passer,
Biē qu'aux deserts glacez pour iamais ie m'habite,
Tousiours malgré le temps, la distance & les lieux,
Vostre beauté diuine, ô celeste Charite,
Sera pres de mon cœur s'elle est loin de mes yeux.

D'HIPPOLYTE. 116

LXXXVI.

Ie vay contant les iours & les heures passees
 Depuis que de mon bien ie me suis separé,
 Et qu'auec vn grand Roy des mortels adoré
 I'ay choisi pour seiour ces campagnes glacees.
Amour, qui vois sans yeux mes secretes pensees,
 Si ie t'ay iusqu'ici sainctement reueré,
 Chasse, ô Dieu, le regret dont ie suis deuoré,
 Et tant de passions dans mon ame amassées.
Fay qu'auec moins d'ardeur ie desire à la voir,
 Ou que de mon grand Roy congé ie puisse auoir,
 Ou m'apprens à voller & me preste tes ailes,
Ou ne fay plus long temps mon esprit egarer,
 Ou tempere mon mal qu'il se puisse endurer,
 Ou m'enseigne à souffrir des douleurs si cruelles.

LXXXVII.

Au nid des Aquilons en la froide Scythie,
 Où iamais le Soleil ne se daigne leuer,
 Ie ne puis, malheureux, de remede esprouuer,
 Amour, pour rendre en moy ta chaleur amortie.
Celle que de mon cœur l'exil n'a departie,
 M'accompagne par tout, par tout me vient trouuer,
 Et parmi les rigueurs d'vn eternel Hyuer
 Elle fait que mon ame en braise est conuertie.
Mais le plus grand ennuy, dont ie sois tourmenté,
 C'est de sentir le feu sans en voir la clairté,
 Mon soleil luit ailleurs quãd plus fort il m'enflame.
N'est-ce vn presage seur qu'en brief ie doy mourir?
 Ie suis loin du plaisir qui me peut secourir,
 Et porte en tous endroits le tourment de mon ame.

Ce n'est pas tout dit, Je n'ose iurer ces vers, c'est
sans plus ie fais hommage a vostre beauté

AMOVRS

LXXXVIII.

Ie veux iurer ces vers qui rendront tesmoignage
Ou de mon inconstance, ou de ma ferme foy,
En presence d'Amour mon grand maistre & mon
    Roy,
Qui peut lire en mõ cœur si traistre est mon langage:
C'est qu'à vostre Beauté sans plus ie fais hommage,
Ie n'aime rien que vous, en vous seule ie croy:
Vostre œil m'assuiettist & me donne la loy,
C'est mon heur & mon gain, ma perte & mon dom-
Si i'ay iusques icy volagement erré   (mage,
De mille traits diuers à toute heure enferré,
Ce sont des tours communs de l'aueugle ieunesse:
Maintenant que six ans quatre fois i'ay passez
Deuers vous seulement mes pensers sont dressez,
Et mon ame en ses maux n'implore autre Deesse.

Tombeau d'Amour.

CY gist l'aueugle Amour, sa puissance est esteinte,
Celle qui m'a tué l'a fait mourir aussi :
Son arc vainqueur des dieux, & ses traits sont ici,
Mais ce n'est riẽ que cedre, ils ne font plus de crainte.
En fin le pauure enfant s'est laissé deceuoir,
Apres auoir cent fois tasché brûler Madame:
Car ne l'ayant peu faire, il pensa que sa flame
Iadis tant crainte au Ciel n'auoit plus de pouoir.
Douteux, pour l'essayer il la porte à ses ailes,
Le feu leger s'y met, dont il est tout épris:
Il pleure, il voit sa faute, il remplit l'air de cris,
Mais c'est donner vigueur à ses flammes cruelles.

D'HIPPOLYTE.

Amans, pardonnez-moy (disoit-il en mourant)
Ie n'eusse iamais creu ma flamme estre si forte:
Aumoins que mon trespas vos ennuis reconforte,
Ie meurs du mesme feu qui vous va deuorant.

CHANSON.

TANT que i'ay eu du sang, des soupirs &
 des larmes,
I'ay payé le tribut à vostre cruauté,
Esperant follement par ma fidelité
De vos cruelles mains faire tomber les armes.
Ie n'ay plus cest espoir, mais i'ay bien connoissance
Que pour plus m'affoiblir vous m'alliez outrageât,
Ainsi qu'vn fier Tyran ses suiets va chargeant,
Pour les deffaire apres auec moins de defense.
Et bien ie mourray donc; & la fin de ma vie
Sera fin de mon mal & de vostre desir.
Ie mourray bien content de vous faire plaisir,
Mais fasché que de moy ne serez plus seruie.
C'est le poignant regret qui m'oppresse & m'entame,
Et qui fait que ie meurs triste & desesperé,
Auec cest autre soing dont ie suis martyré,
Sçauoir apres ma mort que deuiendra mon ame.
Sa constance & sa foy, sa despouille meurtrie,
Son martyre enduré la doit faire sauuer:
Mais ie crains d'autre part de la voir reprouuer,
Et damner à bon droit pour son idolatrie.
Car en vous seulement elle auoit sa fiance,
Au plus fort des tourmens vostre nom reclamoit,

AMOVRS

N'adoroit rien que vous, & constante affermoit
Qu'il n'estoit nul salut hors de ceste creance:
Et qui plus est encor, elle est tant obstinee,
Que ceste vieille erreur ne veut point delaisser:
Et dit, pour tout confort, qu'il luy plaist de penser
Que par trop vous aimer elle sera damnee.

CHANSON.

Povr voir ma fin toute asseuree
Que vos rigueurs ont preparee,
Ie ne me plains aucunement:
Car veu la douleur qui m'offense,
La Mort venant soudainement
Me tiendra lieu de recompense.
Sans plus pour mes yeux ie me plains,
Ces yeux qui vous ont veu si belle,
Priuez d'vne lumiere telle
Faut-il helas qu'ils soyent estaints?
Faut-il aussi que mes oreilles
Apres tant de douces merueilles
Rauissans l'esprit bien-heureux,
Pour iamais demeurent fermees,
Sans que vos propos amoureux
Les puissent plus rendre charmees?
Ce m'est vn ennuy trop amer,
Qu'il faille que ce cœur perisse
Qui fut nay pour vostre seruice,
Et qui osa bien vous aimer.
Mais en ce regret qui m'affole
Peu à peu ie me reconsole

D'HIPPOLYTE.

Pensant que c'est vostre vouloir.
Car puis que ma mort vous est chere,
Ie n'ay garde de me douloir
D'vne chose qui vous peut plaire.

CHANSON.

SÇAVEZ-vous ce que ie desire
Pour loyer de ma fermeté?
Que vous puissiez voir mon martyre,
Comme ie voy vostre beauté.

Le Ciel ornant vostre ieunesse
De ses dons les plus precieux,
Pour mieux me monstrer sa richesse
M'eclaira l'esprit & les yeux:
Tousiours depuis ie vous admire
D'vn œil tout en vous arresté:
Mais vous ne voyez mon martyre
Comme ie voy vostre beauté.
Maudite soit la connoissance,
Qui m'a cousté si cherement:
Ma douleur n'a eu sa naissance,
Que d'auoir veu trop clairement.
Las! i'ay bien raison de maudire
Ce qui perdit ma liberté,
Puis que ne voyez mon martyre
Comme ie voy vostre beauté.
L'aueugle enfant qui me commande,
Qu'on nomme à tort Dieu d'amitié,
Les deux yeux comme à luy vous bande,

AMOVRS

A fin que soyez sans pitié.
Il le faut: car i'ose bien dire
Que n'auriez tant de cruauté,
Si vous pouuiez voir mon martyre
Comme ie voy vostre beauté.
Si le Ciel de vostre visage
Luit de mille perfections,
Il n'en peut auoir d'auantage
Que mon cœur a de passions.
Il pleure, il gemist, il soupire,
D'amour nuict & iour tourmenté:
Helas! voyez donc mon martyre,
Comme ie voy vostre beauté.
Ie me plains d'auoir trop de veuë,
Moy qui ne puis voir seulement
Parmi tant d'ennuy qui me tuë,
Vn seul trait de contentement:
Aueugle au bien ie me puis dire,
Et au mal trop plein de clairté,
Ne pouuant rien voir que martyre
Aumi oit de vostre beauté.
Plus que guerist par son contraire,
Tout l'espoir que ie puis auoir
Est de sortir de ma misere
Lors que ie cesseray de voir:
A la mort donc ie me retire
Pour rendre mon mal limité,
Lors si ne voyez mon martyre
Ie ne verray vostre beauté.

D'HIPPOLYTE.   113

CHANSON.

E mal qui me rend miserable,
Et qui me conduit au trespas,
Est si grand qu'il est incroyable,
Aussi vous ne le croyez pas.
Amour qui des yeux prend naissance,
    Court aussi tost vers le desir,
    Se conserue auec l'esperance,
    Et trouue repos au plaisir.
Mon amour est d'vne autre sorte:
Le desespoir la rend plus forte,
Elle renaist de son trespas.
Perdant elle acquiert la victoire:
C'est vne chose forte à croire,
Aussi vous ne le croyez pas.
Tout ce que l'vniuers enserre
    Tend au bien, le cherche & le suit,
    Le feu, l'air, les eaux, & la terre,
    Et tout ce qui d'eux est produit:
Moy seul de moymesme aduersaire
Ie cours à ce qui m'est contraire,
Et ne fuy rien tant que mon bien.
Ie rens ma douleur incurable:
Mais pource qu'il n'est pas croyable
Madame, vous n'en croyez rien.
Si i'aimois à l'accoustumee,
    Ie croy qu'il seroit bien aisé
    De iuger mon ame enflamee
    Par quelque soupir embrasé.

AMOVRS

Si tost qu'vne autre amour commence
Elle apparoist, chacun le pense,
On la connoist, on en fait cas:
Mais le feu qui me met en cendre,
Est tel qu'il ne se peut comprendre,
Aussi vous ne le croyez pas.
Il n'y a regret ny tristesse
Qui trouble si fort vn amant,
Que de voir celle qui le blesse
Ne croire rien de son tourment:
Et c'est ce qui plus me console.
Car si mes pleurs ou ma parole
Ma douleur pouuoyent asseurer,
Ce me seroit fort peu de gloire
Qu'elle fust si facile à croire,
Estant si forte à endurer.
Le mal qui me rend miserable,
Et qui me conduit au trespas,
Est si grand qu'il est incroyable,
Aussi vous ne le croyez pas.

CHANSON.

OVR faire qu'vne affection
Ne soit suiette à l'inconstance,
Il faut beaucoup de connoissance
Et beaucoup de discretion.

Ie suis bien d'aduis qu'vne Dame
Ne doiue aisément s'asseurer,
Qu'vn ieune Amant garde sa flame

D'HIPPOLYTE. 114

Pour le voir plaindre & soupirer.
Car presqu'aussi tost qu'il commence,
Le refus ou la iouissance
Esteignent ses feux si cuisans,
Et n'y peut auoir d'asseurance
Qu'il n'ait passé deux fois douze ans.
Et puis la ieunesse indiscrette
Bruslant d'amoureuse chaleur,
Ne sçauroit retenir secrette
Vne ioye ou vne douleur:
De ses faueurs elle se vante,
Prompte, dedaigneuse, arrogante,
Rien ne s'y peut voir d'arresté,
Et son ame est plus inconstante
Qu'vn flot deçà delà porté.
I'estime aussi peu receuable,
Aumoins pour durer longuement,
Cest ardeur qu'on croit veritable
Du premier regard s'allumant.
L'Amour est foible à sa naissance,
Mais le temps luy donne accroissance
Et le guide à perfection.
Il faut donc de la connoissance
Pour fonder vne affection.
Mais sur tout qui veut viure heureuse,
La grandeur ne doit estimer.
L'amour des grands est dangereuse,
Et ne se peut assez blasmer:
Suiette au bruit & à l'enuie,
De mille ennuis elle est suiuie,

P ij

AMOVRS

Celle qui s'y veut hazarder,
Se trouue à la fin asseruie
Au lieu qu'elle doit commander.
Chacun d'eux de soy tant presume
Qu'il pense estre aimé par deuoir:
Ils bruslent comme on les allume,
L'œil d'autruy les fait emouuoir:
Et dés que leur ame est esprise,
Fureur guide leur entreprise,
Tout conseil arriere est laissé:
Puis ne font cas apres la prise
Du bien qu'ils ont tant pourchassé.
Suiuez le conseil des Deesses,
Qui n'ont aimé si hautement:
Et puis que vous estes maistresses,
Retenez le commandement.
Fuyez aussi toute accointance
De ces muguets pleins d'apparance,
Qui se paissent de vanité,
Et qui fondent leur recompense
Plus au bruit qu'en la verité.
Si quelque heur en Amour se treuue
Il vient d'auoir bien sceu choisir,
Et sur vne constante preuue
Auoir arresté son desir.
Celuy qui garde en sa pensee
Vne amour de loin commencee,
Tousiours sagement retenu,
Et qui ne l'a iamais laissee
Merite estre bien reconnu.

41.

mal deprimé
la fureur
il oublié

ce mot est bas et plebe
il peut auoir lieu aus
satyres, & comedies

il s'est pis que mal

D'HIPPOLYTE. 115

Celuy qui discret & fidelle
  Sans gemir s'est laissé brûler,
Et à qui la peine cruelle
  N'a iamais rien fait deceler:
Qui cache au dedans son martyre,
Que la peur d'aimer ne retire,
Et trouue au mal contentement,
Tel seruiteur se peut dire
Sans auoir peur du changement.

CHANSON.

SI tost que vostre œil m'eut blessé,
  Tant de feu s'esprist en mon ame,
Que ie n'eusse iamais pensé
  Pouuoir ardre en plus chaude flame.
Mais croissans en vous chacun iour
Les Graces qui vous font si belle,
I'ay veu croistre aussi mon amour
Tousiours de quelque ardeur nouuelle.
Elle est ore à l'extremité,
Plus grande on ne la sçauroit rendre:
Ne croissez donc plus en beauté,
Ou vous me mettrez tout en cendre.

STANSES.

SI l'angoisse derniere en rigueur est semblable
  Au mal de mon esprit, le mortel miserable
Despitãt les hauts cieux, ha fort iuste raison,
Les cieux qui trop cruels pour mourir l'ont fait naistre:

P iij

AMOVRS

Mais las! vn si grand mal que le mien ne peut estre.
La mort & ma douleur sont sans comparaison.
　En la mort seulement se corrompt la matiere,
Qui tient des elements: l'ame demeure entiere,
Franche, & libre du corps, & s'en reuolle aux cieux.
En ceste mort d'Amour, inhumaine & cruelle,
Mon esprit se diuise, & sa part immortelle,
Que plus chere ie tiens, s'en va quant & vos yeux.
　Amour qui de tes mains en as fait le partage,
Tu me fais trop connoistre à mon desauantage,
Qu'on ne doit vn enfant pour arbitre choisir.
L'intellect, la raison, tu les laisse à Madame,
Et à moy seulement ceste part de nostre ame,
Où sont les passions, la crainte, & le desir.
　Las! i'en porte en mõ cœur en si grand' abondance,
Qu'en pleurant ie m'estonne, accablé de souffrance,
Comment pour y durer mes esprits sont si forts.
On dit qu'on peut mourir d'vne douleur trop forte,
Mais ie croy le contraire au mal que ie supporte:
Car la seule douleur donne vie à mon corps.
　Tout ainsi qu'vn flãbeau quãd l'humeur nourriciere
Commence à luy faillir iette haut sa lumiere,
Et scintille plus fort sur le poinct qu'il defaut;
Tout ainsi malheureux, lors que ma fin arriue,
Mon feu se fait plus chaud, & ma douleur plus viue,
Le plus rude en Amour c'est le dernier assaut.
　Peu rusé que i'estois, ie me faisois accroire
Quand Amour de mon cœur eut la premiere gloire,
Que mon mal fust dés lors à son extremité:
Mais helas! ie connoy par ses nouuelles breches,

D'HIPPOLYTE. 116

Qu'il a pour les enfans de moins poignantes fleches,
Et qu'auecques nostre âge il croist sa cruauté.
    Comme on voit biẽ souuẽt vne eau foible & debile
Qui du cœur d'vn rocher goutte à goutte distile,
Et sert aux pastoureaux pour leur soif estancher,
Par l'accroist d'vn torrent plus fiere & plus hautaine
Emporter les maisons, noyer toute la plaine,
Et rien qui soit deuant ne pouuoir l'empescher.
    De ma premiere amour le cours estoit semblable,
Elle erroit peu à peu, çà & là variable,
Le moindre empeschement la pouuoit arrester:
Mais ce nouueau desir la rend ores si forte,
Que malgré la raison tous mes sens elle emporte,
Et ma foible vertu n'y peut plus resister.
    O moy trois fois heureux si ma libre pensee
Du puissant trait d'Amour n'eust point esté blessee!
Tous ces autres soucis bourreaux de nos esprits,
La folle ambition, le soing, la conuoitise,
Et tant de vains honneurs que l'ignorance prise,
Comme trop bas pour moy i'auois tous à mespris.
    Ie les dedaignois tous, & n'auois point de crainte
De voir ma volonté si laschement contrainte,
Appris dés ma ieunesse à dresser l'œil aux cieux:
Et tenant vers le cœur vne si ferme roche,
Que rien pour l'assaillir n'en pouuoit faire approche
Sinon la passion commune aux plus grands Dieux.
    Helas i'en suis vaincu! ie la sens qui saccage,
Comme vn fier ennemi, les forts de mon courage.
Ie me rens, mais en vain: son courroux ne s'esteint,
Elle brûle mon cœur d'vne flamme eternelle.

P iiij

AMOVRS D'HIPPOL.

Et me laisse au pouuoir d'vne ieune cruelle
Qui croit le feu d'Amour n'estre rien qu'vn feu peint.
Ce n'est pas toutesfois le suiet de mes plaintes
Qu'Amour dedans mon sang ses sagettes ait taintes;
Ie n'accuse le ciel pour vn si beau malheur,
Ny pour me voir au ioug d'vne maistresse dure:
Car ce m'est reconfort de penser que i'endure
Pour la plus grand' beauté, la plus griefue douleur.

Ie me plains seulement que l'astre de ma vie
Sa diuine clairté si soudain m'ait rauie:
A peine il apparoist lors que ie suis priué,
Et l'œil ma seule guide en l'amoureux voyage,
Peu fidelle, me laisse au plus fascheux passage:
Las dés le poinct du iour mon soir est arriué!

Pauures yeux desolez, qui vous souliez tant plaire
En l'obiet bien aimé de ma douce contraire,
Et de m'auoir trahy vous teniez glorieux,
Faites de vostre erreur maintenant penitence,
Et deuenez torrens pour pleurer ceste absence:
Mais pour la bien pleurer c'est trop peu que deux yeux.

FIN DES AMOVRS
D'HIPPOLYTE.

STANSES

SVR LES AMOVRS DE MONSIEVR DES-PORTES.

Oicy le beau Soleil en sa course premiere,
Qui dés son Orient seme plus de clairté,
Que le Soleil du monde, au plus chaud de
  l'Esté
Ardant en son midy, ne iette de lumiere:
A qui tous les esprits, quelques luisans qu'ils soyent,
Au poinct de son leuer sont astres à l'Aurore,
Faisant recacher ceux qui desia paroissoyent,
Et retenant cachez ceux qui l'estoyent encore.

Soleil des beaux esprits, lumiere claire & sainte,
Des autres temps l'enuie, & du sien l'ornement,
Qui fait luire son siecle, & voile obscurement
Tout le passé de honte, & l'auenir de crainte:
Qui seule monstre plus en effect de sçauoir,
Que n'a fait, ny fera, nulle autre en apparence,
De ce que lon a veu, de ce qui reste à voir
Toute l'experience & toute l'esperance.

Voicy le beau Phenix humble qui se vient rendre
Pour hommage soy-mesme à ce nouueau Soleil,
A vn nompareil Astre vn oiseau nompareil,
Et sa vie à celuy dont il la doit reprendre:
Car les ailes d'Amour font qu'il est vn oiseau.
Mais ce qu'il est si rare en ce temps, le fait estre
Vn Phenix, dont la tumbe est l'vnique berceau,

Qui rend l'ame au Soleil, pour au Soleil renaistre.
    Amour nouueau Phenix, pour chercher nouuelle ame
Sur vn lict de senteurs ses ailes agitant,
S'oppose à ce Soleil ardamment bluettant,
Tout flammeux de rayons, tout rayonneux de flame.
Voila ses os brûlez dessus vn lict d'encens,
Voila soudain que l'ame en a esté rauie,
Ces beaux vers animez heureusement naissans
De la cendre d'Amour, où l'Amour reprend vie.
    Or estant le Phenix (cest oiseau qui tremousse
Des ailes à la flamme) vnique comme il est,
Rien qu'vn ver seulement de ses cendres ne naist,
Et petit Phenisseau d'autres ailettes pousse:
Mais ces beaux vers esclos pour faire des Amours,
Sortent en si grand nombre à la fois de leur cendre,
Et prennent, en naissant, tant d'ailes tous les iours,
Que les nommant Phenis i'ay crainte de mesprendre.
    Soyent Amours ou Phenis, leurs ailes sont bien fortes,
Mais si tant de beaux vers aux Amours destinez,
Portent autant d'Amours amoureusement nez,
Que d'Amours porterōt les Amours de DES-PORTES:
Et si c'est vn Phenix que chacun de ses vers,
Que de rares beautez, que de raritez belles:
Et combien volera son nom par l'Vniuers,
Si chacun de ses vers en naissant prend des ailes?

   DAVY SIEVR DV PERRON.

CLEONICE.
DERNIERES AMOVRS
DE
PHILIPPES DES PORTES.

SONNET I.

QV'IL souffre incessamment, qu'il bru-
le & soit d'glace,
Qu'il seme au cours des eaux sa peine
& son esmoy.
Qu'vn bel œil soit son Dieu, son mo-
narque & sa loy,
Et qu'en le bien seruant des rigueurs il pourchasse :
Qu'il ait l'ame hautaine, & qu'vne belle audace
L'affranchisse du peuple, & le retire à soy,
Que par ses longs trauaux son merite & sa foy
Il s'éleue vn renom que le Temps ne desface :
Que son heur des ialoux soit tousiours empesché,
Que le flux de ses pleurs ne puisse estre estanché,
Qu'il trouue à ses desseins la Fortune opposee,
Et que du seul tombeau soit son mal limité :
Ainsi chantoit Clothon sa quenouille au costé,
Commençant de mes iours la maudite fusee.

ELEONICE.

II.

I'ay dit à mon Desir, pense à te bien guider,
Rien trop bas, ou trop haut, ne te face distraire:
Il ne m'escouta point, mais ieune & volontaire,
Par vn nouueau sentier se voulut hazarder.
Ie vey le Ciel sur luy mille orages darder,
Ie le vey trauersé de flamme ardente & claire,
Se plaindre en trebuchant de son vol temeraire,
Que mon sage conseil n'auoit sceu retarder.
Apres ton precipice, ô Desir miserable!
Ie t'ay fait dedans l'onde vne tumbe honorable
De ces pleurs que mes yeux font couler iour & nuit.
Et l'Esperance aussi ta sœur foible & dolante,
Apres maints logs destours se voit chãgee en plante,
Qui reuerdit assez, mais n'ha iamais de fruit.

III.

Parmi ses blonds cheueux erroyent les Amourettes
S'entrelaçãs l'vn l'autre, et ses yeux mes vainqueurs,
Faisoyent par leurs rayõs vn Iuillet dans les cueurs,
Et sur terre vn Auril tapißé de fleurettes:
Sur les lis de son sein voletoyent les auettes,
Contre les regardans decochans leurs rigueurs.
Dieux que d'heureux tourmens! que d'aimables
    langueurs!
Que d'hameçons cachez! que de flammes secrettes!
Si tost que m'apparut ce chef-d'œuure des Cieux
En crainte & tout deuôt ie refermay les yeux,
N'osant les hazarder à si hautes merueilles:
Mais ie n'auançay rien, car ses diuins propos
Me volerent d'vn coup l'esprit & le repos,
Et l'Amour en mon cœur entra par les oreilles.

DERNIERES AMOVRS.

IIII.

D'vne douleur poignante ayant l'ame blessee
Ie ne puis en mon lict d'allegeance esprouuer,
Ie me tourne & retourne, & ne sçaurois trouuer
De place qui ne soit de chardons herissee.
Ne verray-ie iamais que la nuict soit passee?
Ie suis au mois de Iuin, & pense estre en hyuer:
Leue toy belle Aurore, & fais aussi leuer
Non le Soleil du Ciel, mais cil de ma pensee.
Ah! que dy-ie vne nuict? tout vn siecle est passé
Depuis que son bel œil sans clairté m'a laissé:
Non qu'on ne parle plus de saisons ny d'annees,
Ie laisse au Philosophe & aux gens de loisir
A mesurer le temps par mois & par iournees,
Ie conte quant à moy le temps par le desir.

V.

Vous n'aimez rien que vous, de vous mesme maistresse,
Toute perfection en vous seule admirant,
En vous vostre desir commence & va mourant,
Et l'Amour seulement par vous mesme vous blesse.
Franche & libre de soing vostre belle ieunesse
D'vn œil cruel & beau mainte flamme tirant,
Brûle cent mille esprits, qui vostre aide implorant
N'esprouuent que fierté, mespris, haine & rudesse.
De n'aimer que vous mesme est en vostre pouuoir,
Mais il n'est pas en vous de m'empescher d'auoir
Vostre image en l'esprit, l'aimer d'amour extrême:
Or l'Amour me rend vostre, & si vous ne m'aimez
Puisque ie suis à vous, à tort vous presumez,
Orgueilleuse Beauté, de vous aimer vous mesme.

CLEONICE,

VI.

Qui voit vos yeux diuins si pronts à decocher,
Et ne perd aussi tost le cœur, l'ame & l'audace:
N'est pas homme viuant, c'est vn morceau de glace,
Vne souche insensible, ou quelque vieux rocher:
Qui ne voit point vos yeux doit les siens arracher,
Et maudire le Ciel qui ce mal luy pourchasse:
Ie ne voudrois point d'yeux priué de tant de grace,
Car tous autres obiets ne font que me fascher.
On doute de ces deux la meilleure auanture,
De cil qui pour les voir à la mort s'auanture,
Ou qui ne les voyant euite son trespas.
Perdre la vie est tout, c'est le dernier naufrage:
Telle perte pourtant ne m'en priueroit pas,
Car qui ne les voit point perd beaucoup dauantage.

VII.

Plus i'ay de connoissance, & plus ie determine
De n'aimer rien que vous seule digne de moy,
Digne de m'enlacer d'vne eternelle foy,
Et que tous mes desirs aynt de vous origine:
Belle race du Ciel ame claire & diuine,
Seule toute mon Tout, ma creance & ma loy,
Ie respire par vous, sans vous rien ie ne voy,
Et si i'ay bien ou mal vostre œil me le destine.
Que i'estois malheureux ne vous connoissant pas!
Comme vn qui va de nuict ie chopois tous les pas,
Et prenois pour ma guide vne foible estincelle:
Depuis le Ciel benin pour me recompenser
Me fit voir vn Soleil, dont la flamme est si belle,
Qu'on n'en peut approcher seulement du penser.

DERNIERES AMOVRS. 120

VIII.

C'est œil du firmament tousiours resplendissant,
 Qui rend comme il luy plaist les saisons differantes,
 Pere des animaux, des metaux & des plantes,
 Sans qui rien ici bas ne peut estre naissant.
Son voyage infini tous les ans finissant,
 N'outrepasse iamais les ceintures ardantes
 Du Cancre & de la Chéure, & comme les errantes
 Des vapeurs de la mer va son feu nourrissant.
Mon Soleil qui sur l'autre ha beaucoup dauantage,
 De mes yeux à mon cœur fait ainsi son voyage,
 Et sans outrepasser de mes pleurs se repaist:
Mais ô belle Planette, ô ma flamme derniere,
 Helas! vous le voyez, ie suis, & m'en desplaist,
 Trop petit Ocean pour si grande lumiere.

IX.

Si par vostre beauté digne d'vne immortelle,
 Ie sens geler mon ame, & mon cœur enflammer,
 I'en accuse le Ciel plustost que vous blasmer,
 La faute en est à luy qui vous forma si belle:
Et si volant trop haut, où mon desir m'appelle,
 L'audace ou le malheur me contraint d'abysmer,
 La faute en est d'Amour qui me fait vous aimer,
 Et croire que la mort pour vous n'est point cruelle.
Mais si vous me voyez deuant vous tressaillir,
 Resuer, pallir, rougir, les propos me faillir,
 Et me dissimuler d'vne feinte peu caute,
Me plaire en mes pensers, me separer de tous,
 Et que vous ne croyez mon mal venir de vous,
 Ie pense auoir raison d'accuser vostre faute.

CLEONICE,

X.

Trois fois les Xanthiens au feu de leur patrie
Se sont enseuelis auec la liberté:
Et le vaillant Caton d'vn esprit indonté
A fin de mourir libre, est cruel à sa vie,
L'espouse de Syphax du malheur poursuiuie
Fuit en s'empoisonnant le triomphe appresté:
Et d'vn cœur aussi grand comme estoit sa beauté,
Mourut l'Egyptienne apres estre asseruie.
Que pensé-ie donc faire, ô chetif que ie suis!
Chargé de mille fers, mais plus chargé d'ennuis,
Qui sens mon ame libre esclaue estre rendue?
Il faut il faut mourir, ie suis trop attendant,
Si ce n'est en Caton ma liberté gardant,
Soit comme Cleopatre apres l'auoir perdue.

XI.

Si trop en vous seruant, ô ma mort bien aimee,
L'ardant feu de mon cœur eclaire & se fait voir,
Si lon dit qu'à son gré vostre œil me fait mouuoir,
Et que de vous sans plus ma vie est animee:
Vne si pure ardeur qui n'ha point de fumee
Deuant tous peut reluire & monstrer son pouuoir,
Tant de vers, qui si loin mes douleurs font sçauoir,
Sont des arcs que ie dresse à vostre renommee.
Iadis entre les Grecs quand l'honneur y viuoit,
Le vaincueur des vaincus maint trophee esleuoit,
Fait d'étoffe legere & de peu de duree:
Mais moy que ma deffaite a rendu glorieux,
Bien que ie soy' vaincu i'eleue en diuers lieux
Maint trophee immortel pour vous rendre honoree.

O iournee.

DERNIERES AMOVRS

XII.

O iournee inconstante, heureuse & malheureuse,
  Extreme en tous les deux, inconstant comme toy
  Ie ne sçay si maudire ou louer ie te doy,
  Tant tu m'es à la fois & douce & rigoureuse!
Fut il onc aux Enfers ame si douloureuse?
  Les Cieux ont ils vn Dieu si fortuné que moy?
  Mille extremes faueurs ont bien-heuré ma foy,
  Mille extremes rigueurs la rendent langoureuse.
Ne puissé-ie iamais de toy me souuenir:
  Mais puissé-ie tousiours ce penser retenir,
  Qui durant mon exil si doucement me touche.
Que d'estranges chaos en moy se remesloyent!
  Son propos me chassoit, ses yeux me rappelloyent:
  Dieu que i'aime ses yeux, & que ie hay sa bouche!

XIII.

Les celestes beautez d'vne heureuse ieunesse,
  Vn orgueil plein d'attraits, vne honneste rigueur,
  En silence vn parler qui descouure le cueur,
  Vn modeste desdain, le port d'vne Deesse:
Dessous des cheueux blonds vne meure sagesse,
  Vn œil comblant l'esprit d'amoureuse langueur,
  Qui de tout ce qu'il voit est monarq & vaincueur,
  Qui gele & fait brûler, qui guarist & qui blesse:
Vn esprit tout diuin le Ciel mesme estonnant,
  Vn propos qui les cœurs à son gré va tournant,
  Neige, ebene, coral, lis & roses vermeilles,
Et mille autres thresors de Nature & des Cieux,
  De l'œil & de l'esprit la gloire & les merueilles,
  Sont de ma liberté les tyrans gracieux.

*[ms. annotations top:] voyez celle doste... G. j. suis ...
de n'aimer n'est tant qu'vn collier d'aimer*

CLEONICE,

XIIII.

Pourquoy ne l'aimeroy-ie ? elle est toute parfaite,
C'est vn pourtraict vivant des beautez de Cypris:
Il n'auroit point de cœur qui n'en seroit épris,
Et qui ne beniroit le iour de sa desfaite.
Bien que pour vn mortel le Ciel ne l'ait pas faite,
Et que i'aduoue assez d'auoir trop entrepris,
Ie me plais en ma faute, & plus ie me sens pris
Et plus ie tiens ma vie heureusement suiete.
Mon Dieu qu'elle est diuine, & que ie suis heureux
D'en auoir connoissance, & *[underlined]* desiré amoureux
De rien tant que des yeux dont i'ay l'ame blessee !
Moins i'y connoy d'espoir, mieux ie la vay seruant:
Ce qui deust me geler rend mon feu plus viuant,
Et le mal qui me tue est vie à ma pensee.

[marginal ms.: ne laisse cest ... / consommée estrange]

XV.

Vn yuoire viuant, vne neige animee,
Fait que mon œil rauy ne s'en peut retirer:
O main victorieuse apprise à bien tirer,
Que tu m'as de beaux traits la poictrine entamee !
Aux celestes beautez mon ame accoustumee
Ne trouue obiect que toy qui la puisse attirer,
Et croit qu'elle te peut sans offense adorer,
Tant elle est de ta glace à toute heure enflammee.
Le iour dont si souuent i'aime à me souuenir,
Iour qu'il te pleut mes yeux & mon cœur retenir,
Et de leur seruitude embellir ta victoire,
Tu rompis tant de nœuds qui m'auoyent sceu lier,
Et me faisant dés lors toute chose oublier,
Tu fus mon seul penser, mon ame & ma memoire.

[marginal ms.: elle trompe / ... / du tout riens]
[lower left ms.: mé, ma, me, moi]

[bottom ms. annotation:] Voilà ma conclusion ... le iour ... tu me retins à ton seruice tu me fis oublier tant d'autres beautez ; ie luy voudroy demander à quoy est bon ce tort /

DERNIERES AMOVRS 122

XVI.

Le Sculpteur excellent desseignant pour ouurage
  Vne plante, vn lion, vn homme, vn element,
  Si la main obeït & suit l'entendement,
Trouue en vn marbre seul toute sorte d'image.
Ainsi, rare Beauté, sujet de mon courage,
  Se trouue en vous le bien & le mal d'vn amant:
  Mais faute de sçauoir, d'art & de iugement,
Voulant choisir le bien ie me prens au dommage.
Ce n'est donc le destin par qui tout est forcé,
Ce ne sont vos rigueurs, ny le sort courroucé,
  Que lon doit accuser de ma perte inhumaine:
La faute est toute à moy: car dedans vostre cueur
Est ma vie & ma mort, mon repos & ma peine,
  Mais ie n'en puis tirer que mort, peine & rigueur.

XVII.

Durant que ie vous chante, ô ma flamme secrette,
  Et descry ces beaux nœuds qui m'ont sceu retenir,
  M'obligeant à bon droit les siecles auenir,
Qui verront en mes vers vostre beauté pourtraite:
Le Ciel qui sans pareille entre nous vous a faite,
  Vous fait de iour en iour plus belle deuenir,
  Si bien que pour menteur chacun me peut tenir,
Quand plus que ie ne monstre on vous trouue par-
A fin donc que ie puisse vn tel blasme euiter (faite.
Lors que i'entreprendray vos louanges chanter,
  Ie diray desormais, Tel iour elle estoit telle,
Mais depuis sa beauté d'heure en heure augmenta,
La feit plus que deesse, & si haut l'emporta,
  Que pour voler apres trop basse fut mon aile.

Q ij

CLEONICE,
STANSES.

Ont-ce dards ou regards que les traits
elancez
De ces deux beaux Soleils, Roys des ames
plus fieres?
Hà! ce sont des regars clairs d'ardentes lumieres:
Non, ce sont dards cruels dont les cœurs sont percez.
  Sont-ce charmes ou chants que les sons gracieux,
Dont sa vermeille bouche est si bien animee?
Ce sont chants qui l'esprit peuuent rauir aux Cieux,
Ce sont enchantemens dont i'ay l'ame charmee.
  Puis qu'il se falloit perdre, & qu'il est destiné
Que vaincu ie perisse en l'amoureuse guerre,
Ce m'est grand reconfort qu'vn si beau trait m'enferre,
Et qu'en si blonds cheueux ie sois emprisonné.
  Toutes les autres fois qu'Amour m'auoit donté,
Ie pleuroy ma fortune & l'estat de ma vie:
Mais i'aime ores mes fers & fuy la liberté,
Et chastiroy mon cœur s'il en auoit enuie.
  D'vn regret seulement mes esprits sont troublez,
D'estre trop bas obiet pour si haute lumiere:
Mais, ô rare Beauté des beautez la premiere,
Prenez garde au Soleil à qui vous ressemblez.
  Ce bel astre du Ciel, cest vnique flambeau
En tous lieux ses rayons sans difference darde;
Et son œil, qui si clair cede au vostre plus beau,
Comme les hauts Sapins le bas Soulcy regarde.
  Ne me dedaignez donc, & souffrez qu'en mourant
Vn doux traict de vostre œil donne espoir à mō ame:
Permettez que mon cœur bassement vous reclame,

DERNIERES AMOVRS 123

Et qu'il se rende heureux vos beautez adorant.
   Mais c'est peu que d'vn cœur pour offrir à vos yeux,
Roys de tous les esprits de ceux qui s'en approchent:
I'en voudroy mille & mille, à fin de pouuoir mieux
Receuoir tous les traits que si droit ils decochent.
   Autre faueur du Ciel ie ne veux desirer
Qu'estre seul consommé d'vne flamme si claire:
Aussi bié toute autre ame est pour vous trop vulgaire,
Seul d'vn si beau tourment ie merite endurer. (ueau,
   Car ie sçay comme on souffre & n'y suis point nou-
Accoustumé d'enfance aux plus cruels allarmes:
Venus au lieu de laict quand i'estois au berceau,
Me fit succer des feux, des soupirs & des larmes.
   Vn seul cry ne m'eschape aux plus fortes langueurs.
Et pour en voir la preuue, ô ma belle aduersaire,
Essayez contre moy ce que vous pouuez faire,
Choisissés moy pour bute aux traits de vos rigueurs.
   Mais s'il faut tenir cher ce qu'on ha tout à soy,
Me pouuez vous blesser sans vous estre cruelle?
Chacun vous peut aimer, mais non pas comme moy,
Chacun n'a pas mes yeux bien qu'il vous trouue belle.

Epigramme.

Riué du bel astre amoureux
  A qui mon ame est asseruie,
  Entre mille ennuis rigoureux
Le dueil ne peut m'oster la vie.
Au retour par contraire effort,
Si l'aise, d'esprit ne me priue,
Liesse ou douleur excessiue
Ne suffist pour donner la mort.

CLEONICE,

XVIII.

Ceste belle ennemie & d'Amour & de moy,
Qui presqu'en se iouant range tout en seruage,
Ha pour soldats choisis, & pour riche equipage
L'honneur, la Chasteté, la Constance, & la Foy:
Vn seul mauuais penser n'a place aupres de soy.
La Vertu toute viue est peinte en son visage:
Si bien que qui la voit leue au Ciel son courage,
Et des communs desirs n'esprouue point la loy.
Ses yeux sont deux Soleils de beauté si parfaite,
Que d'Amour & de Mars la lance & la sagete
N'ont point tant de pouuoir contre vne liberté:
La Grace & la Douceur sont tousiours auec elle.
Ceste belle Deesse, ah! non seulement belle,
Ains Bellone & guerriere ainsi m'a surmonté.

XIX.

Douce fin de mes vœux, s'il vous plaist que i'escriue
Ces parfaites beautez, dont vous blessez les Dieux,
Faites tant que ie puisse en vous tenir les yeux
Durant que ie m'essaye à vous pourtraire viue.
Car il ne faut penser autrement que i'arriue (cieux
Au moindre des beaux traits que vous auez des
Veu qu'il sort de vostre œil tant d'esclairs radieux,
Qu'vne si grand' clairté de lumiere me priue.
Faites comme Phebus quand son fils s'approcha,
Qui de son chef doré les rayons destacha,
Pour ne l'esblouir pas de sa celeste flame.
Sinon ie ne puis dire en chantant vos beautez,
Fors que ie vey des feux, & de grandes clairtez,
Qui troublerent ma veue, & brulerent mon ame.

DERNIERES AMOVRS

XX.

A la beauté du Ciel vostre beauté s'egale:
Le Ciel en sa rondeur toute forme contient,
Et par son mouuement cree, émeut & maintient:
De semblables effects vous estes liberale.
Car vostre belle veue admirable & fatale
Cree en nous les amours, les garde & les soustient:
Et tant de beaux pensers dont l'esprit s'entretient,
Ont leur mouuement d'elle & leur forme ideale.
Le clair Soleil du Ciel fait naistre en tournoyant
Les fleurs, l'or precieux, le rubis flamboyant,
Dont mainte Dame apres son beau chef enuironne.
Les Soleils de vos yeux mon esprit allumans,
Y produisent sans fin perles & diamans,
Dont i'espere en mes vers vous faire vne couronne.

XXI.

Le temps leger s'enfuit sans m'en apperceuoir,
Quand celle à qui ie suis mes angoisses console:
Il n'est vieil, ny boiteux, c'est vn enfant qui vole,
Au moins quant quelque bien vient mon mal dece-
A peine ay-ie loisir seulement de la voir,   (uoir.
Et de rauir mon ame en sa douce parole,
Que la nuict à grands pas se haste & me la volle
M'ostant toute clairté, toute ame & tout pouuoir.
B Heureux quatre iours, mais quatre heures soudaines
Que n'auez vous duré pour le bien de mes paines,
Et pourquoy vostre cours s'est il tant auancé?
« Plus la ioye est extreme & plus elle est fuitiue:
Mais i'en garde pourtant la memoire si viue,
Que mon plaisir perdu n'est pas du tout passé.

CLEONICE,

XXII.

C'est habit trop heureux qui sert de couuerture
  Aux thresors qu'à bon droit sur tout ie vay prisant,
  Bien que vous le portiez presque en vous deplaisant,
  Croyez moy, s'il vous plaist, n'est de noire teinture.
Car ainsi que la nuë ou l'ombrage ne dure
  Aux lieux, où le Soleil ses rais va conduisant:
  De mesme en quelque lieu que vostre œil soit luisant
  Le noir s'esuanouit ou change de figure.
Qui voit, comme ie fay, vos regars enflammans,
  Iuge que vostre habit est plein de diamans,
  Et que toute blancheur aupres n'est qu'vn ombrage.
Donc pour porter le dueil sans changer de couleur,
  Et pour tenir la terre & le ciel en douleur,
  Il faut cacher vos yeux & vostre beau visage.

XXIII.

Ceux que trop d'auarice, ou trop peu de sagesse
  Dans vn foible vaisseau fait sur mer voyager,
  Et qui cherchent la mort au riuage estranger,
  Poinds d'vn seul desir qui n'a iamais de cesse:
Si le iuste courroux de Neptune les presse,
  Et qu'ils perdent l'espoir par l'effroy du danger,
  Chacun à qui mieux mieux pour la nef descharger
  Iette au milieu des eaux sa plus chere richesse.
Moy qui d'vn beau desir me sentois enflammer,
  Ie m'embarquay ioyeux sur l'amoureuse mer,
  Qui de flots & de vents aussi tost fut couuerte:
Pour descharger ma nef i'ay franchement ietté
  Tout ce qui m'estoit cher, l'ame & la liberté,
  Et n'ay point de regret d'auoir fait ceste perte.

XXIIII.

Voyant le beau Soleil si clair & radieux,
  Qui couure & qui destruit toute grande lumiere,
  Ainsi qu'en l'Ocean se perd toute riuiere,
Ie ne me puis tenir de le dire enuieux.
Car tant de feux diuins semez parmi les Cieux,
  Voire sa propre Sœur des astres la premiere,
  Perdent, s'il est present, leur splendeur coustumiere,
Et de leur deshonneur il se rend glorieux.
Le Soleil de nos ans qui fait fleurir ma vie,
  Comme l'autre Soleil n'est point touché d'enuie,
  Ombrageant les honneurs d'vne moindre beauté :
Ains par l'aimable effort de ses flammes iumelles,
  Celles qui sont aupres en deuiennent plus belles,
  Et tout obiet voisin en rend plus de clairté.

XXV.

Qui veut fermer l'entree aux peu chastes pensees,
  Et par feu comme Hercule immortel deuenir :
  Qui veut de beaux desirs son ame entretenir
Fuyant les vanitez du vulgaire embrassees,
Qui veut au ciel d'Amour voir ses ailes haussees,
  Et de tous vieux ennuis la memoire bannir,
  Vienne au iour de vos yeux s'il les peut soustenir,
Beaux Yeux les doux meurtriers de mes peines pas-
Quiconque ainsi que moy s'y peut ferme arrester, (sees.
  D'autres biens ne sçauroit son esprit contenter,
  Tout obiect du commun l'offense & le trauaille :
Les tourmens ne pourroyent l'en priuer tant soit peu,
  Et comme la Vestale auoit soin de son feu,
  Il conserue le sien de peur qu'il ne luy faille.

CLEONICE,

XXVI.

Ie voy mille clairtez & mille choses belles, (voir:
Mais c'est tout par vos yeux, les miês ne sçauroyent
Vostre esprit tout diuin me rend plus de sçauoir,
Ie volle au plus haut ciel emporté sur vos ailes.
Vous me rendez gelé dans les flammes cruelles,
Ainsi cõme il vous plaist vous me faites mouuoir,
Vous me donnez raison, iugement & pouuoir,
Vous estes mon destin, & mes loix eternelles.
De vous, & non du Ciel, ie reçoy qualité,
D'vn clin de vos beaux yeux ie fay ma volonté,
Vous me donnez l'essence & la forme premiere:
Sans vous ie suis pareil à cest œil de la nuict,
Qui n'est de soy visible, & qui point ne reluit
Si des rais du Soleil il ne prend sa lumiere.

XXVII.

Les combats renommez, les victoires hautaines
Des Dieux de vostre sang vous croyez surpasser,
Comblant de feux mon ame, esclauant mon penser,
Et triomphant d'vn cœur soumis à tant de paines.
Mais la mort qui se rit des puissances humaines,
Et qui les pesans fers des vaincus peut casser,
Finira ma souffrance, & vous fera cesser
De tirer pour tribut de mes yeux des fontaines.
Ma cendre seulement alors vous restera,
Que vostre cœur felon à son gré traitera,
Tãdis que mon esprit sans douleur & sans crainte,
Deliuré de l'Enfer où il fut tourmenté,
Iouira bien-heureux de vostre grand' beauté,
En la face de Dieu si viuement depeinte.

XXVIII.

Ces froideurs, ces dedains, ceste agreable audace
  Ne peuuent pas assez pour me desesperer:
  Ma foy fait en mon cœur l'espoir ferme durer,
  A fin qu'Amour tousiours y conserue sa place.
Ces propos tousiours pleins d'aigreur & de menace,
  Cest œil qui s'embellist de me voir martyrer,
  Ne feront que pour vous ie sois las d'endurer,
  Que ie n'aime ma peine, & que ie ne l'embrasse.
Vostre beauté diuine adoucit tellement
  L'aigreur de mes ennuis que ie chante au tourment,
  Ie beny vos rigueurs, i'adore ma souffrance.
Ma foy d'autre costé pure & sainte à iamais,
  Sert d'asseuré rampart à ma ferme esperance,
  Et fait que vostre amour en fin ie me promets.

XXIX.

Bien que l'onde pesante, & l'air humide & pront,
  Pour croistre leur puissãce ayẽt debat à toute heure:
  La terre en leurs discords immobile demeure,
  Et du grand vniuers l'ordre ne se confond.
Aussi, bien qu'en mon cœur les soupirs qui se font
  Ayent debat eternel auec l'eau que ie pleure,
  Leur quereleux discord ne fait pas que ie meure,
  Auec vn peu d'espoir mes esprits se refont.
Mais si le feu leger les elemens excede
  D'vn trop puissant effort, on verra sans remede
  L'air flambant, l'eau tarie, & la terre brûler.
Las! ie crains que par trop dans mon ame il abonde,
  Et que ie face au Ciel tant de flammes voler,
  Que nouueau Phaëthon ie rebrûle le monde.

CLEONICE.

XXX.

Quand l'ardente ieunesse aux delices poussee
Cede à l'âge plus meur moins amy du plaisir,
Tout ainsi que le teint se change le desir,
Et la Raison commence à guider la pensee:
Des aiguillons d'honneur l'ame se sent pressee,
Qui luy font tout à l'heure autre chemin choisir,
Et celuy que l'Amour auoit sceu mieux saisir,
Se rit plus hautement de sa flamme passee.
Chacun lors par le Temps rendu plus aduisé
Voyant l'âge qui glisse à la nuict disposé,
Songe à faire retraitte ains que le iour luy faille.
Mais moy qui dois brûler aimant iusqu'à la mort,
Plus ie touche à la nuict, plus i'eloigne le port,
Et moins i'ay de vigueur plus Amour me trauaille.

XXXI.

Ce bras qui m'a tiré tant de traits amoureux,
Par qui ma ieune audace en triomphe est menee:
Ce bras tousiours vaincueur (ô fiere destinee!)
Est ouuert par le fer d'vn Barbier rigoureux.
Mais quoy? ie vay plaignant vn coup peu dangereux,
Et voyant vostre sang mon ame est estonnee,
Bien que par vos rigueurs la mort me soit donnee,
Et que n'ayez souci de me voir malheureux.
Ie n'aime rien si fort que ce qui plus m'outrage:
Mais las! que le Barbier n'en tire dauantage,
Si grande cruauté ie ne sçauroy plus voir.
Doy-ie esperer qu'vn iour la pitié vous surmonte,
Et qu'auecques mes pleurs ie vous puisse esmouuoir,
Vous qui de vostre sang faites si peu de conte?

DERNIERES AMOVRS. 127

XXXII.

Simulacres diuins, flammes sainctes & claires,
  Qui luisez dans le Ciel de son front spacieux,
  Et comme le Soleil par vos traits radieux
Dissipez la vertu des splendeurs ordinaires.
S'il est vray que tousiours les deux grands luminaires,
  Les flabeaux arrestez, ceux qui changent de lieux,
  D'vne egale clairté luisent dedans leurs Cieux,
D'où vient que vos rayons soyét souuent si côtraires?
Amour pere du Tout vne fois seulement
  Leur imposa de luire, & depuis constamment
  Ils vôt gardât leur ordre, et sont tousiours séblables,
Vous les spheres d'Amour, Yeux celestes flambeaux,
  Luisez de cent façons diuers & variables,
  Mais doux ou courroucez tousiours vo° estes beaux.

XXXIII.

Vous qui fuyez les pas du vulgaire ignorant,
  Et par maints gras labeurs gaignez la connoissance
  Des secrets de Nature admirable en puissance,
D'entre les faussetez la verité tirant:
S'il est vray qu'à son bien tout homme aille courant,
  D'où vient que ie sois seul suiuant ce qui m'offense?
  D'où vient qu'en le sçachant ie n'y fay resistance,
Mais que de mon bon gré ie le vay procurant?
Ou si c'est mon vray bien que d'adorer Madame,
  Pourquoy son doux regard n'appaise-til mon ame?
  D'où me vient tant de glace & de brulans trespas?
S'ils naissent de la voir, comment se peut-il faire
  Que i'y coure à toute heure ardant & volontaire,
  Et craigne moins la mort que de ne la voir pas?

CLEONICE,
STANSES.

SOIT que mon haut desir trop prompt
  & trop ardant
M'offusque les esprits, & les aille ban-
  dant,
Soit que deuant mes yeux sans cesse elle reuienne,
Soit que sa belle veuë ensorcelle la mienne,
Ou bien soit que plustost le Ciel qui l'aime tant,
Aille auecque les ans ses beautez augmentant,
Ou soit que de mes pleurs elle se face belle,
Ie luy trouue tousiours quelque beauté nouuelle.

Soit que son ieune cœur ne puisse estre adouci,
Soit qu'aux pleurs & aux cris il deuienne endurci,
Soit qu'elle n'ait pitié d'vn tourment qu'elle ignore,
Ou soit que comme femme elle hait qui l'adore,
Ou soit que mon penser luy semble audacieux,
Soit qu'elle vueille voir comme brulent ses yeux,
Ou qu'elle soit d'Amour l'ennemie immortelle,
Autant qu'elle est parfaite, autant elle est rebelle.

Soit que d'vn feu si beau i'aime à me consumer,
Soit que le temps m'ait fait aux maux accoustumer,
Soit que mon entreprise assez me recompense,
Soit que l'esprit s'obstine en trouuant resistance,
Soit que le cours du Ciel m'ait donné ceste loy,
Soit que mon mal s'oublie alors que ie la voy,
Soit que tant de beautez ne la monstrent cruelle,
Plus elle est inhumaine & plus ie suis fidelle.

Le feu de ses beaux yeux par les ans s'esteindra,
Peut estre en mon trespas sa rigueur se perdra,

DERNIERES AMOVRS. 128

Mais plustost l'air du North fera chaude la glace,
Le feu sera pesant, la terre aura sa place:
Plustost les corps meslez seront sans changement,
Plustost le premier Ciel perdra son mouuement,
Plustost se confondra la suite vniuerselle
Que ma foy se corrompe, ou que i'adore qu'elle.

XXXIIII.

Pour alleger mon esprit languissant,
Qu'Amour tenaille à secrettes attaintes,
Dequoy faut-il que ie face mes plaintes
Quand de hauts cris ie vay l'air remplissant?
De moy? Nenni: car i'estois impuissant
Pour resister à deux deïtez saintes,
Qui par la force & par leurs douces faintes
Eussent rendu tout braue obeissant.
De mes yeux? Non: par eux ie voy Madame.
Et d'elle? Moins: elle fait qu'en mon ame
Tous bas desirs par son feu sont estaints.
Amour aussi n'eust sceu mieux me contraindre.
Que veux-ie donc? Rien, fors que ie me plains
Que ie ne sçay dequoy ie me doy plaindre.

CHANSON.

AMOVR oyant tant renommer
La Venus qui me fait aimer,
Entreprist vers elle vn voyage,
Tant il est desireux du beau!

CLEONICE,
Et se feit oster son bandeau
Pour mieux voir si parfait ouurage.
Alors raui de tant d'attraits,
Et nauré de ses propres traits,
Sus sus, dit-il, qu'on me rebande,
Aussi bien reuolant aux Cieux
Il ne faut pas que ie m'attende
De voir rien d'esgal à ses yeux.

XXXV.

Quand ie vous voy si belle, ô ma douce aduersaire,
Ie dy d'estonnement & d'amour transporté,
Si ma flamme doit croistre esgale à sa beauté,
Que sera-ce de moy? que faut-il que i'espere?
Celle qui fut promise au Troyen pour salaire,
Cause du long debat si souuent rechanté,
Qui tint les Grecs dix ans autour d'vne cité,
N'auoit tant d'hameçons pour les ames attraire.
Quand en la mer Pontique, errant en maints destours
Le Danube orgueilleux vient descharger son cours,
Il rend long temps apres douce l'humeur salee.
Vos beautez tout de mesme entràs dedans mon cueur,
Destrempent doucement son amere langueur,
Et parmi mes ennuis la liesse est meslee.

Pource

DERNIERES AMOVRS. 129

XXXVI.

Pource que ie vous aime à l'egal de mon ame,
　Ie vous voy contre moy la haine entretenir:
　Or si l'inimitié mon amour fait finir,
　Changeant de naturel, m'aimerez-vous, Madame?
Mais en vain pour mon bien tel secours ie reclame,
　Car vous pourriez plustost amante deuenir,
　Que pour quelque accident qui me sceust aduenir,
　Ie sentisse en l'esprit moins d'amoureuse flame.
Le roc de vostre cœur de glaçons remparé,
　Plustost s'esclatera d'vn feu demesuré,
　Que l'ardeur qui m'allume en rien soit consumée.
Et puis i'aime trop mieux vous aimer sans espoir,
　Que ne vous aimant point à mon gré vous auoir.
« Car l'amant est tousiours plus diuin que l'aimee.

XXXVII.

Le rayon d'vn bel œil flamboyant & leger,
　Passant comme vn eclair ma poitrine a percée,
　Et par sa viue flamme en mon cœur elancee
　N'a rien laißé dedans de mortel à purger.
Depuis, vostre beauté s'y est venu loger,
　Trouuant la place vuide, & sans nulle pensee,
　Et pour toute la flamme autour d'elle amaßee,
　Sa glace & ses froideurs elle ne veut changer.
Peut estre à fin qu'vn iour, quãd ma despouille entiere
　Sera reduite en cendre, & faute de matiere
　S'amortira d'vn coup mon triste embrazement,
Elle sorte du feu sans qu'elle en soit atteinte,
　Pour ietter, sacrilege, au vent ma cendre esteinte,
　Et sur mon ombre encore auoir commandement.

CLEONICE,

XXXVIII.

Si vostre esprit divin tout au Ciel adonné
Vn iour tant seulement s'abaissoit en la terre,
Pour voir de quels liens vostre rigueur m'enserre,
Assez ie me tiendrois en mes maux guerdonné.

Mais depuis tant d'hyuers que ie suis enchaisné,
Et que l'aueugle Amour coup dessus coup m'enferre,
Vous ignorez encor de m'auoir fait la guerre,
Et que vaincu de vous ie sois si mal mené.

Reconnoissez vos coups qu'autre ne m'eust sceu faire,
Reconnoissez les traits de vostre œil aduersaire,
Et piteuse à la fin dites tout bas de moy :

Le mal de cest Amant ne vient que de me suiure,
Par trop d'affection il est mort dedans soy,
C'est raison qu'en mon cœur ie le face reuiure.

XXXIX.

I'auoy creu que l'espoir du fruict que lon desire
Rendoit l'amour durable & luy donnoit pouuoir,
Et que le bien du tout impossible d'auoir,
Se desiroit sans peine & sans donner martyre.

Ie dure toutesfois, bien que sous vostre Empire
Rien sinon des tourmens ie n'attens receuoir :
Et sens maintes douleurs mon courage esmouuoir,
Tandis qu'à l'impossible aueuglément i'aspire.

Il est vray bien souuent que mon feu si brulant,
Faute d'vn peu d'espoir, se fait moins violant,
Et qu'il reste tousiours de la glace en mon ame :

Mais ie ne laisse pas d'aimer & d'endurer,
Et s'il m'estoit permis en aimant d'esperer,
Il n'y a rien en moy qui ne fust tout de flame

DERNIERES AMOVRS.
STANSES.

ALors qu'aupres de vous la Fortune m'appelle
M'ouurât tous les thresors que recellent les cieux,
Trop foible à contempler vne chose si belle,
Ie me courrouce à moy de n'auoir que deux yeux:
Mais las! c'est pour mô mal que i'en veux d'auantage
Car ie ne voy que trop ma perte & mon dommage.

Mes yeux sont assez clairs pour lire en vos beautez
L'irreuocable loy de ma mort asseurée,
Et pour voir que trop haut mes desirs sont portez,
Ayans l'aile tardiue & foible & mal cirée:
Pour voir qu'à vos Soleils leurs cerceaux se desfont,
Et que tout mon espoir comme neige se fond.

O miserable veuë à pleurer condamnee!
Tu le vois maintenant qu'il n'en est plus saison,
Et tu ne le veis pas à l'heure infortunee
Que pour vn doux regard tu vendis ma raison:
Mais surprise & rauie, & d'amour affolee
T'esgayois en l'obiet qui mon ame a brulee.

Fay donc de ton erreur maintenant penitence,
Pleurant les passions qu'au cœur tu fais sentir:
Mais qui pourroit pleurer vne si belle offense?
C'est pecher doublement que de s'en repentir.
Non, ne le faisons pas, mais monstrons au contraire
Que ce malheur forcé nous est heur volontaire.

XL.

O miserables Yeux aussi fous que dolans,
 Qui vous fait auiourdhuy lascher tât de fontaines?
Sentez vous plus qu'hier de douleurs & de paines
Perdant de vostre iour les rais estincelans?

R ij

CLEONICE,

Ce que d'vn mal nouueau les acceZ violans
Vous cachent vne fois, ses rigueurs inhumaines,
Ses courroux, ses fierteZ de froideur toutes plaines,
Mille fois sans raison vous le furent celans.
Depuis quand vous serieZ cent mille ans aupres d'elle,
DeueZ-vous esperer qu'elle en soit moins cruelle,
Et qu'ayeZ à la fin fauorables les Cieux?
No no, ne pleureZ point deux ou trois iours d'absence,
PleureZ le premier iour que vous veistes ses yeux,
Qui de tous vos malheurs fut la seule naissance.
Ie pars, non point de vous, mais de moy seulement,
Car ie laisse mon ame, à fin qu'elle vous suiue:
Et ne vous estonneZ que sans ame ie viue,
Amour me fait mouuoir par son feu vehement.
Ie ne vous laisse point à ce departement,
Bien que vous presumieZ n'estre iamais captiue:
Car ie vous porte au cœur si belle & si naïue,
Que n'auez rien en vous qui n'y soit viuement.
Mais pourtant ma douleur n'est par là diuertie,
Car i'emporte de vous ceste seule partie,
Qui refraichit ma perte & l'en fait souuenir.
Puis ie crains d'autre part sçachant vostre rudesse,
Que vous receuieZ mal l'ame que ie vous laisse,
Et que vous ne vueilleZ auec vous la tenir.

Dialogue.

A   QVE sera-ce de vous priueZ de la lumiere,
    Pauures yeux dont le Ciel vous côtraint separer?
B   Nous ferons de nos pleurs vne large riuiere,

DERNIERES AMOVRS.   131

Et serons tousiours clos si ce n'est pour pleurer.
Vous aurez pour confort la pourtraiture sainte,
  Qu'Amour en mon esprit viendra representer:
Au cœur tant seulement seruira ceste fainte,
Mais rien sinon le vray ne nous peut conforter.
Cherchez donques ailleurs plaisir qui vous contente
En tant d'obiets diuers si plaisans & si beaux.
Lors que nous l'essiyons nostre douleur s'augmente,
Trouuans au lieu du iour de bien petits flambeaux.
Trompez-vous, & croyez de ces lumieres claires
  Que c'est le beau Soleil qui vous peut consoler.
On ne se trompe point en choses si contraires,
Et nous ne voyons rien qui le puisse egaler.

XLII.

Quel Ciel noirci de pluye, ou quel nuage espais,
  Quel desert separé, quel antre assez sauuage,
Me recelle inhumain l'air de ce beau visage
Qui pleuuoit en mō cœur tant de feux & de traits?
Qui m'a si tost changé mon repos & ma paix
  En guerre & en discord, mon temps calme en orage?
Qui de tant de fureurs a comblé mon courage?
Amour, conte le moy. Las cruel, tu te tais!
Que ie vous porte enuie, ô bois, ô monts, ô plaines!
Hé que ne fait le Ciel pour adoucir mes paines
Que ie sois parmi vous en oiseau transmué,
En arbre, en fleur, en róc, en fontaine champestre?
Il ne m'en chaut en quoy, pourueu que ie puisse estre
Plus souuent eclairé des yeux qui m'ont tué.

CLEONICE.

XLIII.

De ces yeux rigoureux, où ma mort se peut lire,
Contre ma volonté le Ciel me tient absent,
Ie dirois pour mon bien, si mon cœur languissant
Trouuoit quelque allegeance au feu qui le martyre.
La fin d'vn de mes maux est naissance d'vn pire,
Mon esperance est foible, & mon desir puissant:
Tandis, fieres beautez, qui m'allez meurtrissant,
Soit mon bien, ou mon mal, sans fin ie vous desire.
Clairs miroirs de mõ ame, yeux des miens tant aimez,
Qui si loin de mon cœur tousiours le consommez,
Roses que le Soleil ne peut rendre seichees.
Filets d'or, chers liens de mes affections,
Et vous beautez du Ciel, graces, perfections,
Helas! pour tout iamais me serez-vous cachees?

XLIIII.

Demain i'espere voir la beauté qui m'affole,
Et cest œil gracieux mon superbe vaincueur:
Voir ceste viue glace & m'en brûler le cœur,
Et rauir mes esprits en sa douce parole.
Mais, ah Dieu! que le temps legerement s'enuole
Alors qu'en la voyant i'adouci ma langueur!
Et qu'helas! au contraire, il est plein de lõgueur
Quand pour en estre loin ie pleure & me desole.
Que dy-ie, en estre loin? ie la voy sans cesser,
Et suis tousiours aupres du cœur & du penser:
Car si la nuict cruelle au soir m'en fait distraire,
Mon esprit amoureux ne part point de ses yeux,
Comme le beau Soleil ne part iamais des Cieux,
Biẽ qu'il coure en tournãt l'vn & l'autre hemisphere.

DERNIERES AMOVRS

CHANSON.

BEAVX ennemis de mon cœur,
  Yeux les boute-feux de nos ames,
  Que vous estes pleins de rigueur,
  Vous n'aimez que meurtres & flames!
Vos traits de ma mort glorieux
  Blessoyent bien de plus douce sorte,
  Quand l'Espoir riant à mes yeux,
  De mon cœur vous trahit la porte.
Trompé ie me soumis à vous,
  Lors priuez de toute rudesse:
  Mais las! pouuiez vous estre doux
  Estans les yeux de ma Maistresse?

XLV.

Helas! que veux-ie faire? à quoy suis-ie reduit?
  Quel malheureux Destin ma fortune dispose?
  Quel bandeau tenebreux rend ma paupiere close?
  Quelle erreur furieuse à la mort me conduit?
Le pauure Laboureur seme en espoir de fruit,
  Tout discours, tout effet ha pour but quelque chose:
  Ie suis seul malheureux qui rien ne me propose
  Qu'ennuy, perte, regret du Dieu qui me seduit.
Des fortes mains d'Hercul' veux-ie arracher la masse?
  Humilier vn Tigre? eschauffer de la glace?
  Non, il faut par raison corriger ma fureur,
Et des griffes d'Amour retirer nostre vie.
  Si celle que ie sers en ha si grand' enuie,
  L'aimant sans esperance, aimons la sans douleur.

CLEONICE.

XLVI.

On lisoit en ses yeux vne paix eternelle,
Lors qu'en sortant du Ciel sa beauté m'apparut:
Et mon ieune Desir follement y courut,
Comme vn gay papillon au feu de la chandelle:
Mes trauaux endurez, ma liberté nouuelle,
Mes desseins, mes sermens, rien ne me secourut,
Soudain tout me trahit, se rendit, ou mourut.
Dieux! comme vne rigueur peut-elle estre si belle?
Depuis ie n'ay vescu que comme elle a voulu,
Bandé contre moy-mesme, à ma mort resolu,
N'esprouuant que tempeste en la mer plus paisible,
Au gré des passions contrairement poussé:
Las! fussé-ie vne roche en quelque mont glacé,
Sans estre à tant de feux si vif & si sensible.

XLVII.

Echo, nymphe iadis d'amoureuse nature,
Qui n'es rien maintenant qu'image de la vois,
Et qui dans ce val creux caché d'vn peu de bois,
D'air & de bruit lasché prens vie & nourriture:
Si tost que ie me plains du tourment que i'endure
Pour auoir desiré plus que ie ne deuois,
Tu m'annonces mes maux, taschant si tu pouuois
Me diuertir de suiure vne beauté si dure.
Quand en me souuenant du mal que i'ay passé,
Ie dis, Mais que seray-ie ayant tant pourchassé?
Chassé, me respons-tu d'vn accent lamentable.
Et quand plus curieux du cours de mes malheurs
Ie demande, Hé comment finiront ces clameurs?
Meurs, est lors de ta voix l'oracle irreuocable.

DERNIERES AMOVRS

XLVIII.

La garnison d'ennuis, qu'Amour fait demeurer
  En mon cœur pour sa garde, est si grande & si forte,
  Qu'il ne faut auoir peur qu'vn seul soupir en sorte,
  Ne qu'il puisse en ses maux seulement respirer.
Si quelque heureux plaisir se veut auanturer
  D'approcher de mon cœur, à fin qu'il le conforte,
  Il esprouue à son dam qu'il se faut retirer:
  Car s'il veut passer outre, on le tue à la porte.
Le Desespoir sanglant capitaine inhumain,
  Sans iamais se lasser tient les clefs en la main,
  Et ne fait rien entrer que du parti contraire.
Tous pensers gracieux il en a sceu bannir,
  Mes esprits seulement n'oseroyent s'y tenir,
  S'ils n'estoyent affligez & comblez de misere.

XLIX.

A peine vn doux Printemps commençoit à pousser
  Le poil au lieu de fleurs au bas de mon visage,
  Quand ainsi qu'vn Soleil sans nue & sans ombrage
  Vostre œil vint sa lumiere en mon ame élancer:
Ses rayons gracieux, luisans sans m'offenser,
  Eschaufferent vn temps doucement mon courage,
  Mais comme il poursuiuit plus auant son voyage,
  De mille feux ardans ie me senti presser.
Alors vint mon Esté, qui las! encore dure,
  Dont le chaud feit mourir mon espoir en verdure,
  Sans que ie peusse voir vn seul de ses fruits meurs:
Et croy que de tout poinct il eust seché mon ame,
  N'estoit qu'incessamment ie tempere sa flame
  Des vets de mes soupirs, & des eaux de mes pleurs.

CLEONICE,

L.

Ie porte plus au cœur d'amours & de tourmens,
   Qu'on ne voit dans le Ciel de luisantes images,
   D'eaux en mer, d'herbe aux prez, de sablons aux
      riuages,
Qu'vn siecle n'a de iours, qu'vn iour n'a de momës.
Ma bouche n'ouure pas moins de gemissemens,
   Ie ne cele en l'esprit moins de feux & d'orages,
   Mes yeux ne laschent pas moins d'humides nuages,
Et moins mon estomach de brasiers vehemens.
Entre tant de suiets, de vaincus, de rebelles,
   Qu'Amour a fait gesner en ses chartres cruelles,
   Ie suis le plus maudit & le plus languissant.
Il a changé pour moy toute douce nature,
   Aux autres d'esperance il donne nourriture,
   Et de pur desespoir il me va repaissant.

LI.

Qu'auancé-ie en l'aimant, sinon que ie fay perte
   De moy, de mes souspirs, de mes pas, de mon temps?
   Helas! que ne sont donc mes desirs moins constans,
Sans qu'ainsi ie m'eslance à ma mort toute ouuerte?
La douleur que pour elle en trois ans i'ay soufferte,
   L'ennuy sechât mõ teint en son plus doux printemps
   A l'enuy de ma foy mes douleurs augmentans,
La pitié de son ame assez m'ont descouuerte.
I'ay tant versé de pleurs qu'vn marbre en fust caué,
   Dessus vn diamant mon mal i'eusse engraué,
   Et ie n'auance rien, tousiours elle est cruelle.
Le propre d'vn suiet sans le suiet ne faut,
   Le feu ne seroit feu s'il cessoit d'estre chaud,
   S'elle estoit sans rigueur ce ne seroit plus elle.

DERNIERES AMOVRS.

LII.

Si la Vierge Erygone, Andromede, & Cythere,
 Astres pleins d'amitié, benins & gracieux,
 Font le Ciel plus aimable, & l'embellissent mieux
 Que le noir Scorpion, l'Hydre & le Sagittaire:
Pourquoy ne changez vous ce courage aduersaire?
 Pourquoy ne sont pl⁹ doux vos propos et vos yeux?
 Pourquoy vous adorant m'estes vous si contraire?
 Pourquoy me rendez vous malade & furieux?
Quand vous m'aurez tué pour vous auoir aimee,
 Vous serez par les Dieux en Astre transformee,
 Haineux, rouge de sang, d'orgueil & de fureur:
Et tous ceux qui sçauront ma mort non meritee
 Diront en vous voyät, ô flambeau plein d'horreur
 Tousiours des vrais amans soit ta flamme escartee.

LIII.

En fin l'Amour cruel à tel poinct m'a rangé,
 Que ma triste despouille en cendre est conuertie:
 Et vostre cruauté ne s'est veue amortie,
 Que mon cœur par le feu n'ait esté saccagé.
Aumoins pour le loyer de m'auoir outragé,
 Faites ainsi que feit la Royne de Carie,
 Non par amour comme elle, ains pleine de furie
 Beuuez le peu de cendre en quoy ie suis changé.
La soif de me tuer s'esteindra dans vostre ame,
 Et ma cendre qui couue vne eternelle flame,
 Fera que vos glaçons se fondront tout soudain
Mais ce qui plus rendroit ma douleur consolee,
 Seroit de me voir clos dans vn tel Mausolee.
 Eut-il onc monument si beau que vostre sein?

CLEONICE,

LIIII,

Ces pleurs tirez du cœur ie t'offre en sacrifice,
   Pour flechir ton courroux, Parque au cœur indonté
   Las ! pardonne à Madame, & par ta cruauté,
   Ne fay point que d'Amour la puissance finisse.
Si tu desires tant d'exercer ton office,
   Passe moy de ton dard d'vn à l'autre costé,
   Et de ceste Deesse espargne la beauté,
   Sans appauurir nostre âge auec tant d'iniustice.
Mais si mon ardant cry ne te peut eschaufer,
   Et que, quoy qu'il en soit, tu vueilles trionfer
   De sa grace diuine & de sa forme esteinte:
Sans oster aux mortels leur plus riche ornement,
   Helas ! contente toy de fraper seulement
   Celle que dans le cœur ie porte si bien peinte.

POVR VN MAL D'YEVX.

QVE ie vous plains, ô mes beaux aduersaires,
   Astres diuins, Roys des cœurs & des yeux,
   Venus ialouse, & le Soleil des Cieux
   Cachent le iour de vos flammes si claires.
L'aueugle enfant, dont ma peine est venue,
   De son bandeau vos rayons tient couuerts:
   Mais leur clairté luit & flambe au trauers,
   Comme vn eclair se fait iour par la nue.
Phœbus, Amour, ou Cyprine la belle
   De vos beaux yeux n'obscurcit la couleur:
   Non, c'est le Ciel touché de ma douleur,
   Qui veut punir leur mauuaistié cruelle.

DERNIERES AMOVRS.

Car sa faueur ne leur auoit donnée
  Tant de clairtez, tant d'amours, tant d'appas,
  De traits, d'attraits, pour causer mon trespas,
  Brûlant vne ame à vos loix destinee.
Repentez vous, & changeant de pensee
  Soyez plus douce au cœur qui n'est qu'à vous:
  Tout aussi tost le Ciel vous sera doux,
  Chassant le mal dont vous estes pressee.
O Ciel clement, si iuste est ma priere,
  Guary sa veue, & luy blesse le cueur,
  Mesme à ses yeux donne plus de lumiere
  A celle fin de mieux voir ma langueur.

LVI.

La Beauté de nostre âge à nulle autre egalee,
  Par qui le Roy des cœurs son Empire maintient,
  Languit dedans vn lict, & la Cour desolee
  En crainte attend la fin du mal qu'elle soustient.
Amour, que penses tu? quel bois, quelle vallee
  De Cypre ou d'Amathonte en ce temps te retient?
  Ne connois tu, pauuret, que son mal t'appartient,
  Et que ta destinee en la sienne est meslee?
Nous deuons bien tous deux auoir l'esprit transi
  En ce courroux du Ciel, qui nous menace ainsi
  De voir dés le matin nostre clairté rauie.
D'autant que si ce mal d'elle est victorieux,
  Tu perdras ton Empire, & ie perdray la vie:
  Car mon cœur & tes traits logent dedans ses yeux.

CLEONICE,

STANSES.

EN fin les Dieux benins ont exaucé mes cris,
La beauté qui me blesse, & qui tient mes
esprits
En langueur continue,
Languit dedans vn lict d'vn mal plein de rigueur,
Son beau teint deuient palle, & sa ieune vigueur
Peu à peu diminue.

Plus grand heur en ce temps ne pouuoit m'aduenir,
Vne heure en son logis on ne l'eust sceu tenir,
Elle eust fait cent voyages,
Aux festins, aux pardons d'vn & d'autre costé,
Et chacun de ses pas au cœur m'eust enfanté
Mille ialouses rages.

Pour le moins tant de iours qu'au lict elle sera
Nonchalante de soy, ma frayeur cessera :
Car ceux qui me font crainte,
D'approcher de son lict n'auront pas le pouuoir,
Et peut estre le temps qu'ils seront sans la voir
Rendra leur flamme estainte.

Mais las ! vne autre peur va mon cœur desolant,
Ie voy qu'elle affoiblit, & son mal violant
D'heure en heure prend ame :
La force luy defaut à si grande douleur,
Les roses de son teint n'ont pas tant de couleur,
Ny ses yeux tant de flame.

Et bien elle mourra, m'en faut-il tourmenter ?
Rien de mieux en ce temps ie ne puis souhaiter :
Car s'elle m'est rauie,

DENIERES AMOVRS. 136

Et que pour tout iamais son œil me soit couuert,
Mon cœur à tant d'ennuis ne sera plus ouuert,
  Sa mort sera ma vie.
Ie n'auray plus l'esprit de fureurs embrasé,
Mon lict ne sera plus si souuent arrosé,
  Et la nuict solitaire
Ne m'orra tant de fois les hauts Cieux blasphemer,
Ny la loy des destins qui me force d'aimer,
  Quand moins ie le veux faire.
Si tost que son beau corps sera froid & transi,
Sur le poinct de sa mort ie veux mourir aussi,
  La sentence est donnee:
Car ma vie à l'instant de regret finira,
Ou par glaiue ou poison du corps se bannira
  Mon ame infortunee.
Auec ce dernier acte à tous ie feray voir
Que moy seul en viuant meritoy de l'auoir
  Pour mon amour fidelle:
Car de tant de muguets qui l'aiment feintement,
Ie suis seur que pas vn, fors que moy seulement,
  Ne se tura pour elle.
Tous mes maux prendrõt cesse en ce commun trespas,
Ie ne douteray plus que iamais icy bas
  Son cœur de moy s'estrange:
Et i'aime trop mieux voir nostre mort arriuer,
Que si viuans tous deux ie m'en voyois priuer
  Par vn malheureux change.
O Mort haste toy donc, fay ce coup glorieux,
Et de ton voile obscur couure les plus beaux yeux
  Que iamais fit Nature:

CLEONICE,

Separe vn clair esprit d'vn corps parfait & beau,
Tu mettras auec elle Amour & son flambeau
 Dedans la sepulture.
Las! en parlant ainsi, ie sens soudainement
Vn spasme, vne foiblesse, vn morne estonnement,
 Qui pallit mon visage,
Ma langue s'engourdit, mes yeux sont pleins d'hor-
Puis en moy reuenu, despitant ma fureur (reur,
 De ces mots ie m'outrage,
O meschant que ie suis, ingrat & malheureux!
Ie ne merite pas d'estre dict amoureux,
 I'ay l'ame trop cruelle:
Chacun veut de sa Dame allonger le destin,
Et moy ie fay des vœux pour auancer la fin
 D'vne qui m'est si belle.
Il faut bien que la rage ait pouuoir dedans moy,
Et que le troublement qui me donne la loy
 Soit d'vne estrange sorte,
Quand viuant tout en vous, ô mon mal bien aimé,
N'ayant iour que de vous, par vous seule animé,
 Ie vous souhaite morte.
Mais plustost les hauts Cieux, & tous les Elemens
Soyent remis pesle-mesle en confus brouillemens,
 Le sec auec l'humide:
Puissent tous les humains sans remede finir,
Ains que ie voye helas! vostre mort aduenir,
 O ma belle homicide.
Il est vray que pour vous i'ay beaucoup enduré,
I'ay porté le regard & l'esprit esgaré,
 I'ay eu la couleur sombre,

DERNIERES AMOVRS.   137

I'ay pleuré, i'ay crié, mais souuent sans raison;
Car i'estoy si troublé de ialouse poison
    Que ie craignois mon ombre.
Puis quãd tous ces soucis pour vous m'iroyent suiuãt,
    Encore aux ennemis on pardonne souuant,
    Quand leur fin est prochaine:
Ioint qu'vn traict de vos yeux doucement elancé,
Et vos propos si doux m'ont trop recompansé
    De tant & tant de peine.
O Dieux qui d'icy bas les destins gouuernez,
Et qui des supplians les malheurs destournez,
    Oyez ce que ie prie:
Rendez saine Madame auec vn pront se cours,
Et s'il en est besoin, retranchez de mes iours
    Pour allonger sa vie.
Et toy Dieu Cynthien, qui fais tout respirer,
Si dés mes ieunes ans on m'a peu t'adorer,
    Viens alleger Madame;
Chasse au loin sa langueur, rẽs luy son teint vermeil,
Soleil, tu aideras à cest autre Soleil
    Qui esclaire en mon ame.

LVI.

Que ne suis-ie endormi durant l'obscure nuict
    Qui retient mon Aurore & la cache à ma veue?
    O plaisir peu durable! ô douleur mal preueue!
    Certes l'heur des humains comme vn songe s'enfuit!

CLEONICE,
L'image de ma perte en tous lieux me poursuit,
Et du plaisir passé le souuenir me tue.
Las! diuiné Beauté qu'estes vous deuenue?
Ie suis par vostre eclipse en tenebres reduit.
Ie ne sçay que ie fay, ie ne sçay que ie pense:
Si fay, ie pense en vous, dont l'ennuyeuse absence
Me laisse accompagné de regret & d'esmoy.
Sans cœur, sans mouuement, transi, muet & blesme.
Renenez donc mō Tout, pour me rēdre à moymesme:
Car en vous eloignant, vous m'ostastes à moy.

※

LVII.

Du premier iour d'Octobre.

Amour, s'il t'en souuient, c'est la troisiéme annee,
Le iour mesme & le poinct qu'à toy ie fu soumis:
Et que le beau desir d'vn bien qui n'est permis
Rendit ma liberté de nouueau renchainee.
Helas à quels trauaux ma vie est condamnee!
Ie seme au vent mes cris, sans espoir ie gemis,
Mes yeux trop desireux ce sont mes ennemis,
Ma nef sans gouuernal s'egare abandonnee:
Dieu qu'vne grand' Beauté de grans maux vie causa!
Mon sang se gela tout, mon esprit s'embrasa,
Ie perdy la raison, la force, & le courage:
Ie deuins Papillon à ses yeux me brulant,
Ie vescu Salemandre en feu si violant,
Et fus Cameleon à l'air de son visage.

DERNIERES AMOVRS. 138

LVIII.

Cesse ô maudite main, cesse esprit insensé
  Trop pronts à mes malheurs, d'inuenter & d'escrire,
  Puisque l'œil qui me tient esclaue à son empire,
De vos labeurs s'offense & se rend courroucé.
Quand des flammes d'Amour ie seray trop pressé,
  S'il faut pour n'estoufer qu'en mes vers ie souspire,
  Plaignons tant seulement l'aigreur de mon martyre,
Et taisons de tout poinct celle qui m'a blessé.
Encor pour n'irriter ceste fiere Deesse,
  La nuict seul à mon lict i'ouuriray ma tristesse,
  Escriuant & tirant de mes yeux maint ruisseau:
Et ce lict seur tesmoin de mes maux incurables,
  Sera de tant d'escrits, mes enfans miserables,
  Tout en vn mesme temps la tumbe & le berceau.

LIX.

Puissent tousiours durer les ennuis si cuisans,
  Dôt ma bouche aux regrets sans relache est côtrain-
  Puis qu'il semble à mô ame en cent chaisnes estrainte, (te,
Que sa rame & ses fers n'en sont pas si pesans.
La nuict est ma lumiere, & mes iours plus luisans
  Ce sôt tristes horreurs pleines d'ombre et de crainte:
  Mon repos gist à faire vne eternelle plainte,
Et les lieux de plaisir me sont tous desplaisans.
Ne me laisse donc point, ô dolente pensee,
  Renais ainsi qu'vne Hydre en mourant renforcee,
  Et ne souffre mon œil de larmes s'espuiser:
Car d'ennuis & de pleurs sans plus ie me contente,
  Le souspirer m'est paix: aussi c'est mon attente,
  Que l'extreme soupir seul me doit appaiser.

S ij

CLEONICE,

LX.

Vers, engence maudite ingrate à vostre maistre,
Qui seruiez d'affoler mon esprit langoureux,
Et qui par vostre son plus ou moins douloureux
Faisiez de mon estat la fortune connoistre:
Puisque des ceps d'Amour la Raison me dépestre,
Et le pouuoir tyran d'vn œil trop rigoureux,
Vous serez la victime, ô mes vers malheureux,
Pour offrir au Démon qui libre me fait estre.
Amour, au lieu du cœur qui t'estoit immolé,
Tien, brûle ces papiers, tu l'as assez brulé,
Passe icy ton courroux, ie t'offre ame pour ame.
Ils sont enfans du cœur respirans & viuans,
Et ne font qu'estonner tes fidelles seruans,
Se plaignans sans cesser des rigueurs de ta flame.

LXI.

Puis que tous les malheurs sont pour moy destinez,
Puis qu'auec le desdain ma constance est forcee:
Puis que ma foy se voit d'oubly recompensee,
Et mes yeux pour iamais à pleurer condamnez:
Ie te sacre, ô Vulcan, ces vers infortunez,
Ceste main malheureuse & ceste ame insensee,
Vange moy de moy-mesme, & ta flamme elancee
Face que promptement ils soyent exterminez.
Mais ie me doute fort que ces vers & ceste ame
Accoustumez au feu ne craignent point ta flamme,
Et que tous tes efforts n'y profitent de rien.
Brûle sans plus les vers & la main malheureuse,
Dieu Vulcan, si tu peux: quant à l'ame amoureuse
Laisses en faire Amour, il la brulera bien.

DERNIERES AMOVRS. 139

LXII.

Ie verray par les ans vangeurs de mon martyre
Que l'or de vos cheueux argenté deuiendra,
Que de vos deux Soleils la splendeur s'esteindra,
Et qu'il faudra qu'Amour tout confus s'en retire.
La beauté qui si douce à present vous inspire,
Cedant aux loix du Temps ses faueurs reprendra:
L'hyuer, de vostre teint les fleurettes perdra,
Et ne laissera rien des thresors que i'admire.
Cest orgueil desdaigneux qui vous fait ne m'aimer,
En regret & chagrin se verra transformer,
Auec le changement d'vne image si belle:
Et peut estre qu'alors vous n'aurez desplaisir
De reuiure en mes vers chauds d'amoureux desir,
Ainsi que le Phenix au feu se renouuelle.

LXIII.

Cent fois tout courroucé de voir que mes escris
N'ont peu rendre à m'aimer vostre cœur plus facile,
Iettons (ce dy-ie) au feu cest ouurage inutile,
Aux destins de son maistre il doit estre compris.
Puisque tant de labeurs, de souspirs & de cris,
Tous ont esté semez en terroir infertile,
I'en veux bruler l'histoire, & suiure vn autre style,
Ce n'est que trop chanté d'Amour & de Cypris.
Vostre iniuste rigueur me pousse à cest outrage,
Mais de les mettre au feu ie n'ay pas le courage,
Voyant vostre beau nom en mille endroits semé.
Donc qu'ils restent viuans puisque la mesme flame
Feroit aussi mourir les honneurs de Madame,
Il suffist que sans eux ie sois seul consommé.

S iij

CLEONICE,

LXIIII.

Le serain de mes iours commence à se troubler,
Mon esprit deliuré retourne à la contrainte:
Et l'amoureuse ardeur que ie pensois estainte
Reprend nouuelle vie, & se veut redoubler.
Prens garde à toy, mon Cœur, mets peine à rassembler
Ta raison qui s'egare, & fait place à la crainte:
Tourne ailleurs tes desirs, sans qu'vn œillade fainte
De tant de vrais ennuis vienne plus te combler.
Ie te rembarque point sur vne mer de larmes,
Cours plustost au combat que de rendre les armes,
Et que le seul desdain ait pouuoir dedans toy.
Las ie le veux assez, i'y consens, ie l'approuue,
Ie ne sçay quoy pourtant de plus puissant se trouue,
Qui de rechef m'enchaisne & me donne la loy.

LXV.

Cacher depuis trois iours à viure en solitude,
Me cachant de tous ceux que i'aimoy parauant,
Resuer lors que ie parle, & souspirer souuant,
Et des liures d'Amour faire ma seule estude:
La nuit me plaindre au lict que la plume est trop rude,
Accuser le Soleil si lent en se leuant,
Fonder mille desseins sur le sable mouuant,
Et n'abhorrer plus tant le nom de seruitude:
Repenser cent fois l'heure vn semblable penser,
Pour les ombres du faux la verité chasser,
Me plaindre & ne sçauoir qu'aucun mal ie soutiéne:
Trouuer comme vn nectar mon pleur delicieux,
Et n'auoir qu'vne image en l'esprit & aux yeux,
Sont signe encore en moy de la flamme ancienne.

DERNIERES AMOVRS

LXVI.

Beaux Yeux, par qui l'Amour entretient sa puissance,
  Qui vous iuge mortels se va trop abusant:
  Si vous estiez mortels, vostre esclair si luisant
Ne me rendroit pas Dieu par sa douce influance.
Donc vous estes diuins, & tirez vostre essence
  De l'eternel Amour l'Vniuers maistrisant:
  Mais d'où vient, s'il est vray, vostre feu si cuisant?
" Car ce qui vient du Ciel ne peut faire nuisance.
Voila comme en l'esprit de vous ie vay pensant,
  Puis enfin ie resouls que le Ciel tout puissant
  Vous a faits ainsi beaux, clairs, fiers & pitoyables:
Non pas que l'âge ingrat merite de vous voir,
  Mais à fin de monstrer qu'il ha bien le pouuoir
  De former des Soleils plus que l'autre admirables.

LXVII.

Vrais Souspirs, qui sortez de la flamme cruelle,
  Dont mon cœur amoureux est ceint de tous costez,
  Allez, & de vostre air chaudement esuentez
Ce beau sein, où la neige en tout temps est nouuelle.
Faites par vostre ardeur que le froid se desgelle,
  Qui nuist au doux printemps de ces ieunes beautez,
  Et puis d'un petit bruit bassement luy contez
Combien de fois le iour ie vay mourant pour elle.
Vous luy direz ainsi, Nostre esprit enflammé
  Sort du feu de vos yeux dans vn cœur allumé,
  Il est vostre, Madame, & rien ne peut l'estaindre:
Pourtant receuez-nous. Lors entrans peu à peu,
  Faites tant qu'à la fin elle brûle en son feu,
Et connoisse à l'essay si i'ay tort de me plaindre.

CLEONICE,
LXVIII.

Que d'agreables feux, que de douceurs ameres
Retire en mon esprit vostre œil mõ beau vaincueur:
Cypre, Paphos, Eryce, Amathonte & Cytheres
Ne logent tant d'Amours que i'en ay dans le cueur.
Ie veux mal aux Destins, dont les loix aduersaires
M'ont si tard fait sentir vostre aimable rigueur:
Le temps vescu deuant ne m'estoit que langueur,
Et mes plus clairs obiets des horreurs solitaires.
A cest heur maintenant bien que tard destiné,
Ie me vante entre tous l'amant plus fortuné:
Et pourueu que le sort ne rompe mes liesses,
Gardez pour vous le Ciel, sainte troupe des Dieux,
Beuuez vostre Nectar, caressez vos Deesses,
Mortel ie ne seray sur vostre aise enuieux.

LXIX.

Ma belle & chere mort, pourquoy me tuez-vous,
Doutant contre raison de ma foy pure & sainte?
Helas cest moy, mon Cœur, qui seul dois auoir crainte,
Quand ie voy vos beautez admirables de tous.
Tant d'amours, tant d'attraits rigoureusement doux,
Ce teint, ce ris, ce front où la grace est emprainte,
Et ces beaux nœuds chatains, dont si ferme est l'estrainte,
Sont assez de suiets pour me rendre ialoux.
Laissez-moy donc tout seul aualer ce breuuage,
Et croyez qu'en l'esprit ie n'ay que vostre image,
Ie la sers, ie l'adore, à toute heure, en tous lieux.

DERNIERES AMOVRS. 141

Ie iure vos beautez & vos graces parfaites,
  Que ie ne suis plus rien que tel que vous me faites,
  Et que ie vy sans plus comme il plaist à vos yeux.

CHANSON.

ELAS que faut-il que ie face
  Pour monstrer quelle est mon amour,
  Quand brulãt pour vous nuict & iour,
  Vous pensez que ie soy' de glace?
A fin d'auerer toute fainte
  Ouurez mon cœur que vous auez,
  Et mes vœux plus ne receuez
  Si dedans vous n'estes emprainte.
Mais pour y grauer autre image
  Le trait d'Amour n'est assez fort:
  Elle y sera iusqu'à la mort,
  Et plus, s'il se peut d'auantage.
Mes desirs de vous prennent vie,
  Et cest heur les rend glorieux:
  Asseurez-moy de vos beaux yeux,
  Amour & Venus ie deffie.
Il a bien fallu, ma Deesse,
  Que mon cœur fust de diamant,
  Pour durer au feu vehement
  Et aux coups de vostre rudesse.
Non, il n'en est point sur la terre
  Qui garde en l'esprit tant de foy:
  Ie n'ay rien fragile de moy,
  Que mes courroux qui sont de verre.

CLEONICE.

LXX.

Vous m'auez tant appris à languir miserable,
Et suis à vos courroux si fort accoustumé,
Que quand aucunesfois vous m'estes fauorable
Ie ne puis m'asseurer d'estre de vous aimé.
Mon cœur tremble tousiours, bien qu'il soit enflamé,
Et qu'il brûle en hyuer d'vne ardeur incroyable:
Ma foy comme mon mal en tout temps est durable,
Mais des ailes d'Amour mon bien est emplumé.
Les heures sans vous voir me sont longues annees,
Les ans que ie vous voy me sont courtes iournees,
Pres & loin toutesfois ie meurs d'affection:
Ie pleure & suis contant, ie m'asseure & souspire,
Ne sçachant que ie veux ie sçay que ie desire,
Et l'heur comme l'ennuy me donne passion.

LXXI.

Se fascher des propos d'vn Amant courroucé,
A qui l'accez du mal fait tenir ce langage:
Et prendre garde à luy comme s'il estoit sage,
Mostre que vostre esprit d'Amour n'est point blessé.
Las! nostre egal desir en vous estant cessé,
Tousiours plus ardemment me deuore & saccage:
Et c'est ce qui m'affole & me comble de rage
De voir vostre cœur libre & le mien enlacé.
Encore au lieu de m'estre & douce & salutaire,
Vous mettez sans pitié le feu dans mon vlcere,
Et contre vn furieux vous entrez en courroux.
Las! par trop vous aimer i'ay ceste frenesie.
« Tousiours l'excez d'Amour se change en ialousie.
Quand i'aime tiedement ie ne suis point ialoux.

DERNIERES AMOVRS 142

LXXII.

Las! temperez vn peu ce despit embrasé,
  Qui fait naistre en mõ cœur tant d'emeutes soudai-
Les fiertez de vostre œil ne sont moins inhumaines, (nes:
  Que douce est sa lueur lors qu'il est appaisé.
Quel serment non de pleurs mais de sang arrosé,
  Peut rendre en vous seruant mes paroles certaines,
Puis qu'auec tant de foy, de constance & de paines,
  Vous croyez que mon cœur soit traistre & desguisé?
Si i'aime autre que vous qu'en viuant ie languisse,
  Et qu'apres mon trespas le plus cruel supplice
Qui soit dãs les Enfers semble trop doux pour moy.
Las! ie n'aime que vous, ny ne le sçauroy faire:
  Soyez donc aussi prompte à guerdonner ma foy,
Comme vostre rigueur fut prompte à me desfaire.

LXXIII.

Qu'on ne me prenne pas pour aimer tiedement,
  Pour garder ma Raison, pour auoir l'ame saine:
Si comme vne Bacchante Amour ne me pourmene
  Ie refuse le tiltre & l'honneur d'vn Amant.
Ie veux toutes les nuicts soupirer en dormant,
  Ie veux ne trouuer rien si plaisant que ma peine,
N'auoir goutte de sang qui d'Amour ne soit pleine,
  Et sans sçauoir pourquoy me plaindre incessammẽt.
Mon cœur me desplairoit s'il n'estoit tout de flame,
  L'aise et le mal d'amour autremẽt n'õt point d'ame
Amour est vn enfant sans prudence & sans yeux,
Trop d'aduis & d'esgard sied mal à sa ieunesse.
  Aux Conseillers d'estat ie laisse la sagesse,
Pour m'en seruir comme eux lors que ie seray vieux.

CLEONICE,

LXXIIII.

Le iour malencontreux que mon ame peu sage
  Ioua pour vn regard l'aise & la liberté,
  Ie ne me doutoy pas qu'vne ieune beauté
Recelast vn cœur double, infidelle & volage.
Les serpens venimeux, naiz pour nostre dommage,
  Au lieu plus chaud d'Afrique & plus inhabité,
  Dés le premier abord font voir leur cruauté:
L'œil & le port des Ours est tesmoin de leur rage:
Le contraire en vous seule a trahi mon repos, *[mal exprimé]*
  Car vos gestes si doux, vos yeux & vos propos
  Ne respirent que ioye & douceur amiable.
Ie te puis, ô Nature, à bon droit accuser,
  Tu luy deuois donner, pour ne nous abuser,
  Ou le cœur plus benin, ou l'œil plus effroyable.

LXXV.

Nuict, mere des soucis, cruelle aux affligez,
  Qui fais que la douleur plus poignante est sentie,
  Pource que l'ame alors n'estant point diuertie,
Se donne toute en proye aux pensers enragez:
Autrefois mes trauaux tu rendois soulagez, *[rendre soulagé / mal put soulagé / la t, ta]*
  Et ma ieune fureur sous ton ombre amortie:
  Mais helas! ta faueur s'est de moy departie,
Ie sens tous tes pauots en espines changez.
Ie ne sçay plus que c'est du repos que tu donnes,
  La douleur & l'ennuy de cent pointes felonnes *[felonnes mauvaise epithete]*
  M'ouurêt l'ame et les yeus en ruisseaux trasformez.
Apporte, ô douce Nuict, vn sommeil à ma vie,
  Qui de fers si pesans pour iamais la deslie,
  Et d'vn voile eternel mes yeux tienne fermez.

[transposition fort rude]

DERNIERES AMOVRS. 143
LXXVI. *absence*

Chere & chaste Deesse honneur de ces bas lieux,
  Orient de mon ame, astre de ma pensee,
  Pourquoy tant de saisons tenez vous eclipsee
Sur mon seul horizon la clairté de vos yeux?
Quel horrible peché me fait haïr des Cieux?
  Qu'ay-ie fait, qu'ay-ie dit pour vous rendre offensee
  Ah! s'il m'estoit permis, i'ay l'ame si pressee
Que ie maudiroy tout, & Deesses & Dieux.
Apres m'auoir purgé de toute amour volage,
  Apres auoir marqué mon cœur de vostre image,
  Comme estant trop à vous, vous l'auez reietté.
Fut-il onc dans le Ciel deïté si cruelle
  Qui peust auoir en haine vn cœur n'adorant qu'elle
  Et mespriser le temple où son nom est chanté?

LXXVII.

O Foy, qui dans mon ame as choisi ta retraitte,
  Ne trouuant autre part nul seiour asseuré
  En ce siecle infidelle, où le monde esgaré
Auec rage & mespris t'offense & te reiette:
Si durant que le Ciel plus rudement me traitte,
  Si quand ie pers le bien par merite esperé,
  Mon esprit de constance est plus fort remparé,
Et rend à sa vertu la Fortune suiette:
Deesse, en ma faueur veille soigneusement
  A conseruer ma flamme ardente incessamment,
  Fay qu'elle s'entretienne & ne soit consommee:
Car quand le feu d'Amour dedans moy s'esteindra,
  Ma vie au mesme instant tout à coup defaudra,
  Dans ce tison fatal ma Parque est enfermee.

CLEONICE,

LXXVIII.

En moy seul la douleur au temps fait resistance,
Et lors que par raison ie tasche à la donter,
Ainsi qu'vn grand torrent que l'on pense arrester,
Elle rompt la chaussee, & croist en violance:
Poignāte, aspre, importune & fiere souuenance,
Veux-tu donc nuict & iour mon esprit tourmēter?
Pour Dieu cesse vn petit, sans me representer
Vn bien dont pour iamais i'ay perdu l'esperance.
Et toy mon triste Cœur, d'infortunes comblé,
Naguere si serain, maintenant si troublé,
Voy comme en tous nos faits l'Inconstance se ioüe.
Apres l'aise & le bien les ennuis ont leur tour.
Reconforte toy donc apprenant que d'Amour,
Non moins que de Fortune, est legere la roüe.

LXXIX.

Ie ne puis par mes pleurs flechir vostre courage,
Qu'vne erreur bien legere a rendu courroucé,
Erreur naissant d'Amour, dont ie suis si pressé,
Que souuent de Raison il m'oste tout vsage.
Vous me voulez punir comme si i'estoy sage,
Et, vous le sçauez bien, i'ay l'esprit offensé:
Doit-on auoir esgard à vn homme insensé
Quand durant sa folie il fait quelque dommage?
I'estois en mon accez, la fureur me tenoit,
Et de vous seulement ce transport me venoit:
N'y prenez donc point garde, ô ma belle aduersaire,
Sinon, qu'auancez-vous? ie suis si mal traité,
Gesné, brulé, nauré, desolé, tourmenté,
Que plus de nouueau mal vo⁹ ne me sçauriez faire.

DERNIERES AMOVRS

LXXX.

Espoir faux & trompeur, qu'apres mainte grand' perte
  De temps & de labeurs à la fin i'ay connu,
  Cherche vn autre que moy pour te voir bien venu:
  Ta fraude en mon endroit est trop fort decouuerte.
I'ay presque veu secher ma saison la plus verte,
  Durant que tes appas ont mon cœur detenu,
  Et tout le beau loyer qui m'en est reuenu
  C'est qu'à mille regrets ma poitrine est ouuerte.
De rechef toutesfois, ô pipeur effronté,
  Tu penses rendre encor mon esprit enchanté
  Promettant allegeance à ses peines cruelles.
Mais pour te croire plus trop grande est ma douleur:
  Pren donc vne autre adresse, ou l'ardente chaleur
  De mes iustes souspirs te brulera les ailes.

LXXXI.

Pauure Cœur desolé, qui sans aucune offense
  Vois ta plus chere part de toy se separer,
  N'en gemy point si fort, cesse d'en murmurer,
  Et parmy ces tourmens monstre ta patience.
Songe au cours de ce monde & à son inconstance,
  Qui fait qu'vn mesme estat ne se peut asseurer:
  Peut estre apres les maux qu'on te fait endurer,
  Le Sort te liurera quelque meilleure chance.
Ainsi comme le Ciel se tourne la Fortune,
  Le chaud chasse l'Hyuer, le soleil la nuict brune,
  Apres l'orage espais le clair temps fait retour.
L'amant contant n'aguere ore est plein de furie,
  Et le desesperé s'esiouit à son tour:
  " Ainsi dessous le Ciel toute chose varie.

CLEONICE.

LXXXII.

Mer, qui quelquesfois calme en ton lict arrestee,
Croissant & decroissant coules paisiblement:
Puis en changeant de face, aussi soudainement
Ne fais voir que furie & colere indontee.

Temps, qui vas mesurant la carriere hastee
De ce grand Ciel premier pere du mouuement,
Qui mesles tout le monde & fais le changement,
Sans que de ton pouuoir chose soit exantee.

Soleil sans fin tournant, qui le iour nous depars,
Puis qui nous fais la nuict retirant tes regars,
Et causes des saisons le chaud & la froidure:

Si mon heur peu durable est pront à s'enuoler,
Voyant vos changemens ie me dois consoler,
Par la commune loy de l'antique Nature.

LXXXIII.

Où sont ces chastes feux qui souloyent m'esclairer?
Qui fait que leur ardeur en vous se diminuë?
Et ceste ferme foy qu'est-elle deuenuë,
Qui vous faisoit par tout saintement reuerer?

A quel bien desormais fault-il plus aspirer,
Puisque rien ici bas ferme ne continuë?
Tout n'est que vẽt, que songe & peinture en la nue,
Qui se passe aussi tost qu'on s'en pense asseurer.

Las! s'il n'estoit ainsi, quel fleuue d'oubliance,
Quel nouueau chãgemẽt, quelle ire, ou quelle offen- (se,
En vous de nostre amour perdroit le souuenir?

Non, ce n'estoit d'Amour la flamme ardente & sainte,
Vous me monstriez sans plus vne lumiere fainte,
Pour faire apres ma nuict plus noire deuenir.

Puis

DERNIERES AMOVRS. 145

LXXXIIII.

Puis donc qu'elle a changé de flamme & de courage,
  Et que son cœur tout mien s'est ailleurs diuerti,
  C'est à moy maintenant à prendre autre parti,
  Et si ie l'aimois bien l'abhorrer d'auantage.
O Dieu que i'auray fait vn desiré naufrage,
  Et que de ce malheur grand heur sera sorti,
  Si mon feu de tout poinct se peut rendre amorti
  Et que des eaux d'Oubly ie face mon breuuage.
Helas depuis deux mois que i'y suis resolu,
  La voyant, ie voudrois ne l'auoir point voulu,
  Et faut que ma raison loin de moy se departe.
Ie rehume à longs traits l'amoureuse poison.
  Hé que feray-ie donc pour auoir guarison?
  Il faut vaincre en fuyant ainsi que fait le Parthe.

LXXXV.

Miserables trauaux, vagabonde pensee,
  Soucis continuels, espoirs faux & soudains,
  Feintes affections, veritables desdains,
  Memoire qu'vne absence a bien tost effacee:
Vraye & parfaite amour d'oubly recompensee,
  Auantureux desirs, mais follement hautains,
  Et vous de ma douleur messagers trop certains,
  Souspirs, qui donnez air à mon ame oppressee.
Quoy? ces viuantes morts, ces durables ennuis,
  Ces iours noirs & troublez, ces languissantes nuits
  Tiendront-ils mon esprit en tristesse eternelle?
Ne doy-ie donc iamais sentir d'allegement?
  Helas! ie n'en sçay rien, ie sçay tant seulement
  Que i'endure ces maux pour estre trop fidelle.

T

CLEONICE,

LXXXVI.

O sagesse ignorante, ô malade raison,
Deshonneur glorieux, asseurance incertaine:
Repos plein de trauaux, plaisir confit en peine,
Dommageable profit, fidelle trahison!
Sous-ris baigné de pleurs, volontaire prison:
Mer, qui pour nostre mort nourris mainte Serene,
Vent plein de fermeté, fondement sur l'arene:
Hyuer qui se desguise en nouuelle saison.
Esclair, dont le rayon fait aux os violence
Sans que par le dehors il s'en voye apparence:
Desloyale amitié, serment priué de foy:
Arc, feux, pieges, filets qu'vn aueugle sçait tendre,
Bien-heureux est qui peut contre vous se defendre.
Mais qui s'en peut defendre ? ah Dieu ce n'est pas (moy!

LXXXVII.

Si ie puis deloger l'ennemy trop couuert
Qui se campe en mes os & qui s'y fortifie,
Ie le dis haut & clair, Venus ie t'en deffie,
Que iamais plus mon cœur aux amours soit ouuert.
La Cour, qui m'a tant pleu ne m'est rien qu'vn desert,
Tout m'est subiet de dueil, me trauaille & m'ennuie,
Mes yeux sont degoutans d'vne eternelle pluie,
Qui fait que sans meurir ma ieunesse se pert.
Si seroit-il bien temps de penser à moymesme,
Mon œil deuient obscur, i'ay le visage blesme,
Et plus tant de vapeur n'escume en mes esprits:
Ie ne veux rien d'Amour, fors qu'il me licencie,
Ie l'ay suiui dix ans les plus beaux de ma vie,
Ie le seruiroy mal ayant les cheueux gris.

DERNIERES AMOVRS. 146

LXXXVIII.

Chacun nous est contraire & s'oppose à nostre aise,
 Ceux en qui iusqu'ici i'auois eu plus de foy,
 Maintenant sans raison se bandent contre moy,
 Et taschent d'amortir nostre amoureuse braise.
L'vn nous veut estonner par sa langue mauuaise,
 Seme des bruits menteurs, nous menace du Roy:
 L'autre ombrageux s'offense, & si ne sçait dequoy:
 L'autre est assez content pourueu qu'il nous desplaise.
L'amour gist en l'esprit qu'on ne peut empescher,
 Il n'est huis si gardé, muraille ny rocher,
 Qui de deux cœurs vnis empesche l'entreueue.
Bien que les corps soyent loin, ils peuuent sans cesser
 Se voir & consoler de l'ame & du penser:
 Le penser aux Amans sert de langue & de veuë,

LXXXIX.

Iamais d'vn si grand coup ame ne fut attainte,
 Iamais cœur ne logea desespoirs si cuisans,
 Helas! tourmens d'Amour, que vous estes plaisans
 Aupres du chaud regret qui fait naistre ma plainte.
Mais quels fers, quels flambeaus, quelle iniuste côtrainte,
 Quel destin coniuré, quelle course des ans,
 Quel furieux effort, quels propos mesdisans
 Me pourroyent separer de vostre amitié sainte?
En ce malheur cruel bien-heureux i'eusse esté,
 Si de nuire à moy seul il se fust contenté:
 Mais il touche à Madame, hà ie meurs quäd i'y pẽ-
O venimeux rapports, ô cœurs malicieux, (se!
 Ie diray, si bien tost ie n'en voy la vengence,
 Qu'il n'y a dans le Ciel ny iustice ny Dieux.

T ij

CLEONICE,

XC.

Qu'on m'arrache le cœur, qu'on me face endurer
Le feu, le fer, la roue, & tout autre supplice,
Que l'ire des tyrans dessus moy s'assouuisse,
Ie pourray tout souffrir sans gemir ny pleurer:
Mais qu'on vueille en viuant de moy me separer,
M'oster ma propre forme, & par tant d'iniustice
Vouloir que sans mourir de vous ie me bannisse,
On ne sçauroit, Mad. me, il ne faut l'esperer:
En despit des ialoux par tout ie vous veux suiure,
S'ils machinent ma mort, ie suis si las de viure
Qu'autre bien desormais n'est de moy souhaité:
Ie beniray la main qui sera ma meurtriere,
Et l'heure de ma fin sera l'heure premiere
Que de quelque repos çà bas i'auray gousté.

XCI.

I'attens en transissant ce qui doit aduenir
D'vne secrette trame à mon dam commencee,
Pour voir à me resoudre, & par force forcee
Vne amour infinie en moy faire finir.
Mais pourra-telle bien perdre le souuenir
De la flamme autresfois si viue en sa pensee,
De sa foy, de sa dextre en la mienne enlacee?
Ceste crainte en mon cœur ne se peut maintenir.
Non, il n'en sera rien: vne recherche telle
Seruira de trophee à son ame fidelle,   (uoir.
Qu'honneurs, thresors, grãdeurs, ne pourrõt émou-
Ah! pourquoy ce penser si soudain prend-il cesse
Cedant à la frayeur qui de rechef me presse,
Et me fait tout à clair mes miseres preuoir?

DERNIERES AMOVRS. 147

XCII.

Si la loy des Amours saintement nous assemble
  Auec vn seul esprit nous faisant respirer,
  L'outrage du malheur se peut-il endurer,
  Que si cruellement nous arrache d'ensemble?
Ie ne vous voy iamais, mon Cœur, que ie ne tremble
  Apprehendant l'effort qui nous doit separer:
  Et n'ose bien souuent vos regars desirer,
  Tant l'eclipse qui suit tenebreuse me semble.
Toutesfois quand les corps n'ont moyen de se voir
  L'ame pourtant n'est serue, & peut à son vouloir
  Voleter inuisible où la guident ses flames.
Chassons donc nostre angoisse, ô seul bien de mes yeux,
  Et viuans desormais comme lon vit aux Cieux,
  Sās plus penser aux corps faisons l'amour des ames.

XCIII.

Quel martyre assez fort, quelle gesne inconnuë
  Est egale au tourment d'vn cœur bien allumé,
  Qui se trouuant prochain de l'obiect mieux aimé,
  Se defend par raison la parole & la veuë?
Le Desir qui voit lors sa vigueur retenuë
  Par le contraire effort deuient plus enflammé,
  De tranchantes douleurs l'esprit est entamé,
  L'ame souspire & crie en seruage tenuë.
C'est vn Chaos nouueau meslant confusément
  Auec mille glaçons le plus chaud element,
  Et le trop grand respect auec l'impatience.
O nompareille force en nompareil esmoy,
  Allez-vous en, mon Tout, eloignez-vous de moy,
  Mō tourmēt sera moindre en plus lointaine absence.

T iij

CLEONICE,
XCIIII.

Si l'outrageuse loy d'vn iniuste Hymené
 De vo⁹ m'oste la part moins parfaite & moins belle,
 Part, qui se peut secher comme vne fleur nouuelle,
 Pour la donner à vn plus que moy fortuné:
Deesse, à qui ie fus en naissant destiné,
 Ou plus que le malheur vous me serez cruelle,
 Ou vous me laisserez la partie immortelle,
 L'ame, à qui mes escrits tant de gloire ont donné.
I'aimoy vostre beauté passagere & muable
 Comme vne ombre de l'autre eternelle & durable,
 Qui sur l'aile d'Amour dans les Cieux m'eleuoit:
Ceste-cy sera mienne, & l'autre aura la fainte,
 Aussi bien mon amour pure, eternelle & sainte
 D'vn salaire mortel payer ne se pouuoit.

ODE.

De mes ans la fleur se desteint,
 I'ay l'œil caue, & palle le teint,
 Ma prunelle est toute eblouye:
  De gris blanc ma teste se peint,
 Et n'ay plus si bonne l'ouye.
Ma vigueur peu à peu se fond,
 Maint sillon replisse mon front:
 Le sang ne bout plus dans mes veines:
  Comme vn trait mes beaux iours s'en vont
 Me laissans foible entre les peines.
Adieu chansons, adieu discours,
 Adieu nuicts que i'appelloy iours
 Et tant de liesses passees,

DENIERES AMOVRS. 148

Mon cœur où logeoyent les Amours
　N'est ouuert qu'aux tristes pensees.
Le Printemps les roses produit,
　„ L'Esté plus chaud meurist le fruit,
　„ Des saisons diuers est l'empire:
　„ Aux Amours la ieunesse duit,
　„ L'autre âge autre chose desire.
Connoissant donc ce que ie doy,
　Faut-il pas suiure vne autre loy
　Propre à mon âge & ma tristesse?
　Doy-ie pas bannir loin de moy
　Tous noms d'Amour & de Maistresses?
Loin bien loin Plaisir deceuant,
　Arriere Espoir conceu de vent,
　Qui seruois d'attiser ma flame:
　La Raison serue au parauant
　Soit maintenant Royne en mon ame.
Las! durant que ie parle ainsi,
　Et feins que mon cœur endurci
　Soit fort pour d'Amour se defendre,
　Ce Dieu sans yeux & sans merci
　Fait iaillir des feux de ma cendre.
Vn doux importun souuenir
　Deuant moy faisant reuenir
　L'image en mon ame adoree,
　Garde que ie ne puis tenir
　Contre Amour de place asseuree.
Seul suiet de mon deconfort,
　Pourquoy me presses-tu si fort
　Repaissant en ma souuenance

T iiij

CLEONICE.

La belle, cause de ma mort,
Et l'œil dont ie pleure l'absence?
Mon cœur s'ouurit par le milieu
Alors qu'au partir de ce lieu.
Tant de pleurs baignoyent son visage:
Sans mourir ie luy dis Adieu,
Suis-ie pas de lâche courage?
Face le Ciel ce qu'il voudra,
Ce tour au cœur me reuiendra:
Et bien qu'il me tienne loin d'elle
Mon feu iamais ne s'esteindra,
I'en trouue la cause trop belle.

FIN DES AMOVRS DE CLEONICE.

milieu et lieu riment comme font
mÿiour et jour.
mÿchemin . et chemin
mÿnuit. et nuit &c

& cela ne veut rien dire, il veut
dire, eternelle æurre, tant q ie viuray
au[ssi] ly autre chose semblable

149

ELEGIE, SVR LES DERNIERES AMOVRS DE Mr. DES-PORTES.

AINSI soupireroit son amoureux martyre
Le chantre Delien se plaignant à sa lyre,
Si l'arc de Cupidon auec sa fleche d'or
Pour vne autre Daphné le reblessoit encor.
 Celuy vrayment qui lit ces souspirs pleins de flame
Sans soupirer luymesme & fremir en son ame,
Est vn viuant rocher des plus mal animez
Qui par Deucalion furent oncque semez.
 Que ce roc insensé, que ceste froide souche
De sa profane main ses mysteres ne touche:
Loin, qu'il s'en tienne loin, iusques à tant qu'vn iour
Il soit purifié par la flamme d'Amour:
De peur que s'irritant encontre son offence
Ce Dieu ne le foudroye en faisant la vengence,
Comme vn moqueur des Dieux impudemment entré
Dedans le sanctuaire à son nom consacré.
 Tu ne dois plus douter, ô sainct fils de Cyprine,
Que tout cest Vniuers desormais ne s'encline
Deuot à tes autels, si par tout l'Vniuers
Va vollant vne fois le son de ces beaux vers.
Où qu'ils soyent entendus, fust-ce entre les Tartares,
Amollissants l'acier de leurs ames barbares
Ils apprendront d'aimer, & feront du grand mont
Du negeux mont Rhiphee, vn Mont-gibel second.
Comme loin quelquefois de peril & de paine
Vn Roy voit d'vne tour en la voisine plaine

Ses soldats combatans l'ennemy surmonter,
Et l'heur d'vn nouueau sceptre à sō sceptre adiouster:
Ainsi sans coup ferir, ou perdre vne sagette, *[marg: hors d'vsage, n'en voudroy vser qu'en bonne rimerie.]*
Tu verras desormais à ton pouuoir suiette
Toute ame se courber, & plus que par tes faits
De rebelles esprits par leur conseil desfaits.
Tu seras comme Pyrrhe, eux ainsi que Cynee:
Cynee, à qui Pithon ceste gloire a donnee
D'auoir par le seul vent d'vne diserte voix
Plus renuersé d'estats, que luy par le harnois.
  Que tu es en ton ame heureuse & glorieuse
(Mais sinon glorieuse au moins tu es heureuse)
Toy quiconque sois-tu, memorable Beauté, *[marg: il faut dire, qui que tu sois.]*
Dont l'honneur immortel en ces vers est chanté!
  Si c'est quelque plaisir à l'ambicieuse ame *[marg: mauuaise rime.]*
(Telle comme lon dit qu'est celle de la femme)
De voir voler son los iusques au firmament,
Nul plaisir ne s'egale à ton contentement:
Tu vois comme Narcisse en l'amoureuse paine,
Qui peinte en ces escrits te sert d'vne fontaine,
Combien ta face est belle, & lors en t'admirant
Tu te vas de tes yeux peut estre enamourant.
Puis voyant quels lauriers couronnent la memoire
De ce chantre diuin de ta diuine gloire:
Si tant d'honneur est deu (ce dis-tu dans ton cœur)
Aux souspirs du vaincu, que doit-on au vainqueur?
  Le Heraut publiant aux Olympiques festes
Les noms & les lauriers des vainqueresses testes,
Estoit-il plus vanté pour l'honneur de sa voix
[marg: superflu.] Que le vaillant guerrier qui vainquoit aux tournois?

Ie l'ay seule inspiré l'animant de ma veue:
Donc cest ouurage est mien, la gloire m'en est deue,
S'il est vray que la cause est autant que l'effet,
Et celuy qui fait faire autant que cil qui fait.
   Ainsi dis-tu muette, & coupable en ton ame
Du sainct embrasement d'vne si belle flame:
Lors que tu lis ce liure en ton cœur tu souris
Aise d'estre subiect de tant de beaux escrits.
Mais ne te flate point, ny toy ny les doigts mesmes
Qui se disent autheurs de ces diuins Poemes,
N'auez point acheué cest œuure plus qu'humain,
Ces traits ne monstrent point vne mortelle main:
Amour en se tirant vne plume de l'aile
En a luy mesme escrit ceste plainte immortelle,
Se souuenant du temps qu'il languissoit piqué
De son propre aiguillon pour la belle Psyché.
   Ce fut au mesme temps que dolente esplorée
L'alloit cherchant par tout la belle Cytherée,
Et que le sainct troupeau des neuf sçauantes Sœurs
L'arresta prisonnier d'vne chaisne de fleurs.
Pendant qu'il fut captif il beut en leur fontaine,
Il apprit leur mestier, & souspirant sa paine
Chanta si doucement, que les bois d'alentour
Vont encor racontant les amours de l'Amour.
   Ie disois vne fois à celle que i'adore,
Maistresse, i'enuoyray iusqu'au riuage More
Sur l'aile de mes vers l'honneur de ta beauté,
Et rien onc icy bas ne fut si bien chanté.
Tes Soleils eclairans mes tenebres chassées
Font germer en mon cœur de si belles pensées,

Que si de mon espoir le presage n'est vain
Il n'en sortira rien de mortel ny d'humain:
Seconde seulement du doux vent de ta grace,
Et d'un peu de faueur le vol de mon audace:
Ie monteray si haut, empenné de ma foy,
Que les plus haut-volants ie verray dessous moy.

    Ainsi plein de l'ardeur qui boüilloit en mon ame
Vn iour en me vantant, ie disois à Madame,
A la sainte Beauté, dont esclaue ie suis,
Et pour qui tout osant l'impossible ie puis.

    Mais, Madame, à ce coup ie desdy ma promesse,
Ie ne chanteray plus: non, libre, ie confesse
Que ie n'ay plus de cœur, ny d'esprit, ny de voix,
Mon audace premiere est morte à ceste fois.
Ces beaux mots amoureux, ces traits inimitables,
Ces soupirs qui rendroyent les tigres pitoyables,
Et qui mesme pourroyent les rochers allumer
M'ont du tout osté l'ame au lieu de m'animer.

    I'ay d'eux & de tes mains receu mesme dōmage,
Tu mas osté le cœur, ils m'ostent le courage,
Non celuy qui m'enflamme à seruir tes beaux yeux,
Mais celuy qui vouloit pousser ton nom aux cieux.
Pourquoy? demandes-tu: pourautāt que leur gloire
S'est si haut auancee au temple de Memoire,
Que qui presompteux les desire imiter,
Ressemble à Salmonee imitant Iupiter.

    Ainsi troublé de honte, & de regret, & d'ire
Rompit son flageolet l'audacieux Satyre,
Apres qu'il eut ouy sur les tapis herbus
Des prez Arcadiens la lyre de Phebus.

Ainsi dedans vn bois se taist esmerueillee
Des autres oiselets la brigade esmaillee,
Quand quelque Rossignol se complaignant d'amour
Anime de ses chants les forests d'alentour.
 Qu'vn autre te promette vne immortelle vie,
Quant à moy despoüillé d'esperance & d'enuie
Ie pens icy mon lut, & iurant ie promets
Par celuy d'Apollon de n'en iouër iamais.
 Lors que nous disputons le prix d'vne carriere
Et que nos concurrents nous laissent peu derriere,
L'espoir de les passer encore en nous viuant
Nous sert d'vn esperon qui nous pousse en auant:
Mais quand nous deuançans d'vne trop longue espace
Ils voisinent le but, nous deuenons de glace,
Nous sentons nostre force à terre choir,
Et nous fault le courage en nous faillant l'espoir.
 Aussi bien que feroy-ie infidelle à moy-mesme?
Trahirois-ie le los de ta beauté supréme,
L'abaissant par mes vers, & ne luy donnant pas
Le premier rang d'honneur sur celles d'icy bas?
Ie suis seur, mon espoir, qu'en nul rare merite
Celle de qui ces vers ont la beauté descrite
Ne te va surpassant, fors en ce seul bon heur
De se voir celebrer par vn parfait sonneur,
Ces flateuses couleurs donnans à sa peinture
Ce que, peut estre, au vif a nié la nature:
En ont fait vn miracle, à qui rien n'est pareil
Que l'eternelle Idee, ou toy mon beau Soleil.
 Ainsi l'vn celebrant vne feinte Cassandre,
Et l'autre vne Francine, ont presque fait descendre

Iupiter de son Ciel, pour voir si leurs beautez
Respondoyēt aux beaux vers qu'ils en auoyēt chātez.
Et toy qui sans flater es la perle du monde
150   Apres ces autres cy tu marcheras seconde,
Et par ma seule faute vn tort bien soustenu
Vaincra le droict plus foible & d'eloquence nu.
Ah taisons nous plustost que faire ceste offanse
Indigne & de ton nom & de nostre esperance:
Soyons comme Pompee ou nuls, ou les premiers,
Et braues desdaignons les non braues Lauriers
Tout beau, mon cœur, tout beau: d'où te vient ceste au-
De desirer ou rien, ou la premiere place?   (dace
Quoy? ne voudrois-tu point dedans le Ciel monter
Si tu n'esperois estre au Ciel vn Iupiter?
Tu veux des mains d'Hercule arracher la massue.
Meurs, ô folle esperance, auant qu'estre conceue,
Et ne ressemble point l'Ange ennemi de Dieu
Qui tendant au plus haut est cheut au plus bas lieu.
Ce n'est pas d'auiourd'huy que tu deuois defendre
A ta ieune fureur de si haut entreprendre,
Il y a ja long temps que l'Apollon François
A donné dans le blanc menacé tant de fois:
Tant de diuins esprits, dont France est glorieuse,
Te deuoyent bien couper ceste aile ambicieuse:
Car qui desire mieux que ce qu'ils ont chanté
Cherche vn ie ne sçay quoy plus beau que la Beauté.
    Donc adore leurs pas: & contant de les suiure
De ce vin orgueilleux iamais plus ne t'enyure:
Connoy toy desormais, ô mon entendement,
Et comme estant humain espere humainement.

Nos neueux qui sçauront combien ta Dame passe
En merite & beauté l'air de ta ryme basse, *comme le sçauent*
Diront en t'excusant, Cestuy-ci fut vn iour
Plus fidelle amoureux, que bon chantre d'Amour.
Servant vne beauté des belles la plus belle,
Il voulut par ses vers rendre sa gloire telle:
Mais le Ciel enuieux à ses vœux s'opposa,
Et si bien il ne peut pour le moins il osa. *ce dernier vers est*
superflu, & ne
BERTAVD. *s'accorde nullement a*
celuy qui le precede

EN FAVEVR DE CLEONICE
Sonnet.

Ceste Françoise Greque aux beaux cheueus chatains, *ce sonnet n'a*
Dont les yeux sont pareils à yesper la brunette: *point de bons*
Ceste belle, sçauante & celeste Heliette,
De ce siecle l'honneur tient mon cœur en ses mains *les 3 derniers*
Ma raison est malade, & mes yeux sont mal-sains, *vers.*
Quand ie voy sa beauté, dont la clairté parfaite
Sert de fleches & d'arc, de forge & de retraite
A ce Dieu qui commande au plaisir des humains.
Ie me pasme si fort lors que ie la regarde,   (de
Qu'il me seble qu'Amour coup dessus coup me dar-
Tous ses traits et ses feux, qu'au cœur ie sens couler.
Si ie n'ay dignement sa louange eclaircie,
La faute n'est de moy, mais de l'ame transie. *dy la faute*
Vn homme qui languit ne sçauroit bien parler. *n'est a moy*

P. DE RONSARD, *et non de moy.*

on dit c'est la faute d'vn tel,
et la faute en est a vn tel.
c'est ma faute, et la faute en
est a moy. Voyez deuant page 120. Sonnet 9.

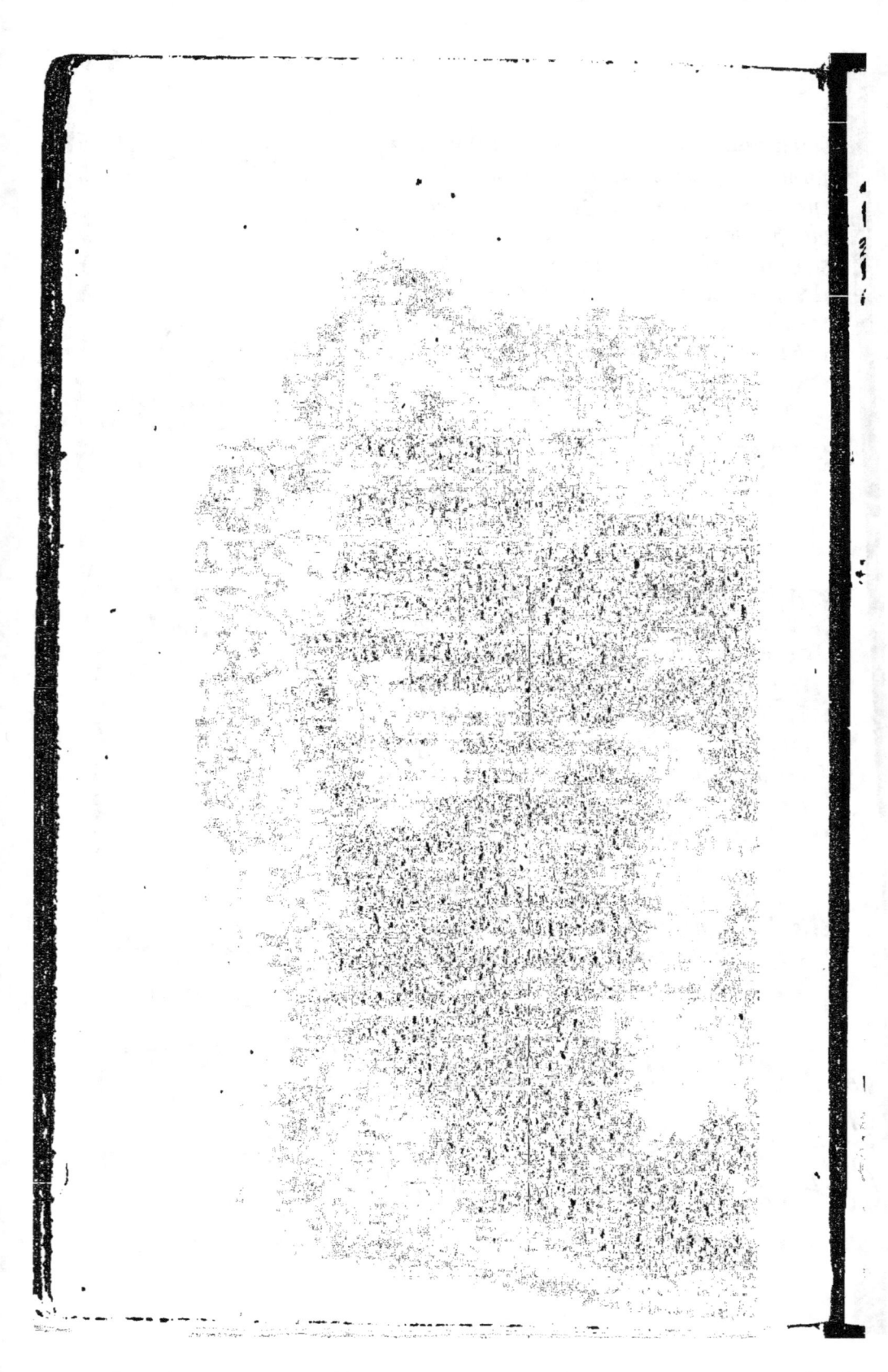

ELEGIES,

DE

PHILIPPES DES-PORTES.

LIVRE I.

ELEGIE I.

PRES auoir passé tant d'estranges
   trauerses,
Apres auoir serui tant de beautez
   diuerses,
Auoir tant combatu, trauaillé, sup-
   porté
Sous la charge d'Amour le guerrier indonté :
Ie pensois à la fin, rompu de tant de paine,
Auoir eu mon congé de ce grand Capitaine,
Me retirer chez moy, remporter ma raison,
Et passer le surplus de ma ieune saison
En repos, doucement, soulageant mes pensees
Du plaisant souuenir des fortunes passees.
   Ainsi qu'vn vieux guerrier maladif & cassé,

ELEGIES,

Qui plein d'vn braue cœur maint danger a paſſé,
A cheual & à pied, en bataille rangee,
En approche, en aſſaut d'vne place aſſiegee,
Enduré chaud & froid, couru, veillé, cherché,
Surpris ſes ennemis, en embuſche caché,
Achetant le ſçauoir & l'honneur de la guerre
Du cher prix de ſon ſang riche émail de la terre.
En fin il ſe retire honoré iuſtement,
Et ſent entre les ſiens vn grand contentement,
Racontant ſa proueſſe en tant & tant d'allarmes,
Et qu'il a faict eſſay de toutes ſortes d'armes.
　I'en penſois faire autant loin d'Amour retiré,
M'aſſeurant ſeulement d'auoir tout enduré:
Et que quand il voudroit autre fois me reprendre,
D'autres nouueaux tourmens Ie ne pouuois attendre.
I'auois porté l'ennuy d'aimer ſans eſtre aimé,
I'auois ſans recueillir pour vn autre ſemé,
I'auois ſouffert la mort qu'on ſent pour vne abſance,
I'auois au deſeſpoir long temps fait reſiſtance,
I'auois ſenti le mal qui vient d'eſtre priué
D'vn grand contentement dés qu'il eſt arriué:
Puis i'auois ſouſtenu le regret & la rage
D'aimer plus que mon cœur vne Dame volage,
I'auois eſté ialoux, inſenſé, furieux,
Portant la glace au cœur & le feu dans les yeux:
Et ſi quelque autre peine en reſerue ſe treuue,
Ainſi qu'il me ſembloit i'en auois fait eſpreuue.
Mais ce n'eſtoit qu'vne ombre, or helas! ie le ſens,
Depuis que vos regars, enchanteurs de mes ſens,
M'ont embraſé l'eſprit d'vne flamme immortelle.

LIVRE I.   154

Depuis que vostre main, pour mon malheur trop belle,
M'a volé ma raison, & m'a percé le cœur
D'vn trait enuenimé de soucis & de peur.
   Las! on dit que l'Amour oste la connoissance,
Et ce Dieu trop cruel pour croistre ma souffrance,
Me rend les yeux plus clairs, à fin de voir mon mal,
Et qu'à vostre grandeur ie ne suis pas esgal.
Ie le connois assez, dont ie me desespere,
Mais en le connoissant ie ne puis le contraire,
Et faut qu'en voyant bien mon malheur preparé,
Les yeux ouuerts ie coure au naufrage asseuré.
   Madame, en ce seul poinct vous pouuez bien con-
Que de ma liberté ie ne suis plus le maistre: (noistre
Donc helas! si ie fauls vous osant adorer,
C'est vne loy fatale: Amour me fait errer,
Amour qui me transporte auec tant de puissance,
Qu'en voyant que ie fauls, ie soustiens mon offense.
   Ie dy que ie fay bien d'oser aimer vos yeux,
Et qu'vn esprit diuin tend tousiours vers les cieux:
Ie dy que ma douleur qui de vous prend naissance,
De mon loyal seruice est digne recompense:
Et que le mal d'Amour, qui me guide au trespas,
Vaut mieux que tous les biens qu'on reçoit icy bas.
Aussi durant mon mal ce qui plus me trauaille
C'est helas que i'ay peur que le tourment me faille:
Car ie gouste en souffrant tant de contentement,
Que ie ne crains rien tant que d'estre sans tourment.
   On dit qu'vn vieux Romain lors que Rome &
     Carthage
De tout cest vniuers combatoyent l'heritage,

V ij

ELEGIES,

71. Pour ne manquer de foy, quittant femme & maison
Et ses enfans pleurans, reuint en sa prison:
Bien qu'il fust asseuré qu'vne mort trescruelle
Seroit l'iniuste prix d'vn acte si fidelle.
Or i'en fay tout autant. Car cruel contre moy
Ie consens à ma mort pour ne manquer de foy:
Et ce qui plus me plaist, languissant de la sorte,
C'est que ie suis vnique au mal que ie supporte,
Et ne sçaurois sentir de plus cruel malheur
Que si quelque autre amant egalloit ma douleur.

81. Ie fais vn magazin de soucis & de peines,
De tristes desespoirs & de morts inhumaines:
I'en garde pour le iour & pour l'obscurité,
Ne voulant demeurer sans estre tourmenté.
Car si ie ne suis propre à vous faire seruice,
Au moins ay-ie cest honneur que pour vous ie languisse.
C'est pourquoy de tourmens ie suis si desireux,
Veu que sans mes tourmens ie serois malheureux:
Et le iour que ie sens quelque nouuelle attainte
Ie reuere ce iour comme vne feste sainte.
Ie vous suis donc, Madame, obligé grandement,

92. Puis que pour vous aimer i'ay cest heureux tourment.
Or ne m'estimez point estre si temeraire
D'attédre en vous seruāt quelque plus grand salaire:
Car puis que mes douleurs ie ne vous puis payer,
I'aspirerois en vain à plus riche loyer,
Ie desire sans plus que vous soyez contente
Que ie prenne de vous ce bien qui me tourmente,
Que ie vine pour vous, que ie meure par vous,
Et que vos yeux cruels ne me soyent iamais dous.

LIVRE I.   155

Car de mon seul penser ie reçoy tant de gloire,
Et de ce que i'osay debatre la victoire
En la guerre d'Amour, où ie perdi le cueur,
Qu'estant de vous vaincu ie m'estime vainqueur,
Et sens mon amitié trop bien recompensee
Me souuenant sans plus du vol de ma pensee.

ELEGIE II.

QVE ie fu malheureux de me laisser repren-
dre!
Non, ie deuois mourir plustost que de me
rendre,
La mort m'eust esté belle & fauorable aussi,
Veu que mesme en viuant ie suis mort & transi:
Ie suis mort pour le bien, & te vy pour la peine,
D'vne vie ennuyeuse, importune, inhumaine,
Pleine de desespoirs, longue pour les malheurs,
Et courte pour pleurer mes cruelles douleurs.
   Las i'ay fermé les yeux pour ne voir ma misere!
Deuois-ie pas penser que mon seul aduersaire,
Mon mortel ennemi iustement courroucé,
Amour, que ma reuolte auoit tant offencé,
Ne cesseroit iamais qu'il n'en eust pris vengeance,
Et qu'il n'eust chastié ma folle outrecuidance?
Ie le deuois penser: mais ie ne l'ay pas fait,
Mon orgueil & mon cœur à ce coup m'ont desfait.
   I'estois si temeraire & si plein de ieunesse,
Que i'estimois qu'Amour n'auroit la hardiesse
De se reprendre à moy, moy qu'vn iuste desdain
Auoit tout fraichement arraché de sa main

ELEGIES,

Aussi n'est-ce pas luy, qu'il n'en prenne la gloire,
Iamais plus de mon cœur il n'eust eu la victoire,
Ie l'eusse bien tousiours contre luy defendu:
C'est à vous seulement que ie me suis rendu.
Madame helas! c'est vous qui ranchaisnez mon ame,
Vous raffolez mes sens, vous attisez la flame
Qui brule mon esprit tellement allumé,
Qu'il ne sera long temps sans estre consumé.

Pourquoy donc ce cruel prend-il si grand' audace?
Pourquoy me poursuit-il & me donne la chasse?
Pourquoy fait-il le braue, & se rit de me voir
Encor' vne autre fois reduit sous son pouuoir?
Ce n'est par son effort: i'auois perdu la crainte
De voir iamais par luy ma franchise contrainte.

Et si de ces propos il se trouue offensé,
Pour me faire aduouer que ie suis insensé,
Qu'il gaigne tant sur vous par force, ou par priere,
Que vous lâchiez mon ame en vos yeux prisonniere:
Puis qu'il se mette aux champs garny d'arc et de traits
Employant les regars plus embellis d'attraits,
Pourueu que ie sois seur de vos yeux que i'adore,
Pour voir s'il pourra bien me captiuer encore:
Mais il n'en fera rien, il connoist trop mon cueur,
Dont vostre seul effort pouuoit estre vainqueur.

Ie cognoy maintenant que nostre ame diuine
Tenant tousiours du Ciel, lieu de son origine,
Presage nos malheurs deuant que d'auenir,
Et nous en aduertit, à fin d'y preuenir:
Ou que quelque Démon, ou quelque autre puissance
Nous fait deuant le mal en auoir connoissance.

LIVRE I. 156

De mon mal toute chose assez m'aduertissoit,
Oyant parler de vous le cœur me fremissoit,
Ma couleur se changeoit, mon ame estoit esmeuë :
Bref ie vous redoutois ains que vous auoir veuë,
Comme mon ennemie, & celle qui deuoit
Me rendre entre les mains d'vn qui me poursuiuoit.
   Il me souuient tousiours que ie mourois d'enuie
De voir vos yeux diuins doux tyrans de ma vie,
Et de parler à vous : d'autant qu'on me disoit
Que le ciel vous aimoit & vous fauorisoit,
Qu'il se plaisoit en vous, & qu'il vous auoit faite
Pour monstrer ici bas quelque chose parfaite.
Or bien que de vous voir il ne fust malaisé,
Et que de ce desir mon cœur fust embrasé,
L'heur qui m'accompagnoit fit tant de resistance
Que pour lors mon vouloir n'eut aucune puissance,
Quelque chose en chemin tousiours me retardoit.
Car lors d'vn œil benin le Ciel me regardoit,
Il m'auoit pris en charge, & sauueur debonnaire
Destournoit loin de moy toute chose contraire :
Mais depuis quelque temps, à mon dam, i'ay connu,
Qu'il m'estoit sans ma faute ennemy deuenu :
Et que son mouuement qui fait les destinees
Auoit changé le cours de mes claires iournees.
Plus d'aucun bon aspect ie ne suis regardé,
D'vn malheureux démon mon discours est guidé,
Qui troublant ma raison de conseil depourueuë
A fait sans y penser que ie vous aye veuë.
   Et vrayment bien qu'il soit contre moy despité,
Encor eut-il pitié de ma fatalité.

ELEGIES,

Car le iour malheureux que ie vous vey si belle,
Iour de mon infortune & de ma mort cruelle,
Il ne fist que pleuuoir, l'air estoit tout noirci,
Et se tenoit couuert d'vn grand voile obscurci,
Soit pour ne voir le poinct de ma perte prochaine,
Ou qu'il portast le dueil de ma mort inhumaine.
Mesme ce iour maudit comme ie m'auancé
Pour sortir du logis, le pié ie me blessé :
Mais le malheur que i'eu pour guide en mon voyage
Fit que ie ne pris garde à ce mauuais presage :
Toutesfois par trois fois ie voulu retourner,
Et mon mal à la fin ie ne peu destourner.
Mais qui se fust douté qu'Amour eust eu puissance
De me ranger alors sous son obeissance ?
    On dit qu'il est conceu d'aise & d'oisiueté,
Et lors vn seul moment ie n'estois arresté :
Mon corps & mon esprit vaguoyent sans nulle cesse,
Les soucis me faisoyent vne angoisseuse presse,
Long temps deuant le iour i'en estois resueillé :
Et bref, ie me sentois tellement trauaillé
Que i'estois las de viure, & pensois que ma vie
Aux plus cruels malheurs fust alors asseruie :
Mais lors que ie vous vey, soudain ie connu bien
Qu'aupres du mal d'Amour tout autre mal n'est rien.
    Dés que ie vey vos yeux i'oubliay tout affaire,
Mesmes ie m'oubliay : car ie ne peu distraire
Mes yeux de vos regars, mes yeux me trahissoyent.
Car volontairement vers vous ils s'adressoyent.
Et voyant flamboyer vostre lumiere sainte,
Estonnez & rauis ils vaciloyent de crainte,

LIVRE I. 157

S'en retiroyent vn peu, puis ils vous regardoyent
Pendant que tous mes sens de frayeur se rendoyent,
Et que cent mille esprits pleins de subtile flame
Troubloyent mon sang esmeu, ma raison & mon ame.
Ie connu bien mon mal quand mon cœur l'eut receu,
Mais las! ce fut trop tard que ie m'en apperceu.
   Car celant la douleur par mes yeux confessee,
Ie fey comme la biche alors qu'elle est blessee:
Elle fuit le Chasseur, mais elle ne fuit pas
Le trait qui la trauerse & la guide au trespas.
Ainsi ie vous laissay: car i'auois esperance
Qu'vn mal pris en voyant finiroit par l'absence.
O peu fidelle espoir les amans deceuant,
Tu n'es rien qu'vn fantôme enflé d'air & de vent!
Ie retourne au logis brûlant d'ardeur cruelle,
Et connu, mais en vain, ma playe estre mortelle,
Et que le fer qu'Amour au cœur m'auoit caché,
Par la mort seulement pourroit estre arraché.
   Ie sentois la poison dans mes os escoulee
Qui faisoit ses efforts: mon ame estoit brulee,
Mon cœur estoit saisi, mes esprits languissoyent,
Mille pensers confus dedans moy s'amassoyent:
I'estois confus moymesme, & ne sçauois que faire
Sinon de blasphemer la Fortune contraire:
Puis ie m'en repentois, de crainte d'offenser
Ces courtois ennemis qui me font trespasser,
Ie veux dire vos Yeux, dont la puissance sainte
Fait que lon tient Amour en honneur & en crainte.
   Las! dés ce triste iour que ie languis ainsi,
De chose que ce soit ie n'ay plus de soucy:

ELEGIES,

Ie fuy tous les esbas où ie me soulois plaire,
Ie me tiens à l'escart pour resuer solitaire:
Et pour penser en vous c'est tout mon reconfort,
Et rien que ces pensers n'ont empesché ma mort:
Mort que i'auancerois, veu le mal que i'endure,
Mais ie crains me frapant, toucher vostre figure,
Qu'Amour dessus mon cœur grauà si viuement
Qu'elle ne doute rien fors la mort seulement.
Or ie veux donc durer pour la rendre durable,
Et ne veux plus nommer mon estat miserable:
Mais ie diray qu'Amour m'est bien doux & benin
D'orner vn cœur humain d'vn portrait si diuin
Et si beau, que luymesme à fin qu'il le contemple,
Iamais ne m'abandonne & fait de moy son temple.

ELEGIE III.

PLVS i'eloigne les yeux qui nourrissent ma flame,
Plus ie sens leur effort au plus vif de mon ame:
Et connoy desormais que c'est trop vainement
Que ie veux m'alleger par vn eloignement.
Ma fiéure en est plus forte, & l'absence inhumaine
Cause en moy chacun iour quelque nouuelle paine,
Quelque nouueau soucy, quelque nouueau penser,
Et tousiours mes trauaux sont à recommencer.
Dieux que le Souuenir est vne estrange chose!
Il m'importune tant que plus ie ne repose:
Il me suit, il me presse, au leuer, au coucher,
Par tout ie le rencontre, & ne m'en puis cacher:

LIVRE I. 158

Il rend en le touchant mon vlcere incurable.
Encor (ô Souuenir) tu m'es fort agreable,
Ie t'aime infiniment, car tu me fais reuoir
Ce qu'helas ie desire, & n'espere l'auoir!
Or' que ie suis absent du bel œil qui me tue,
Cest heureux Souuenir le presente à ma veue:
Il me fait repenser au bien que i'ay passé,
Ie le sens en mon cœur de nouueau ramassé:
Ie m'entretiens ainsi, c'est tout ce que ie pense,
Mais d'vn plaisir perdu triste est la souuenance.
Souuent vn vain espoir qui m'abuse tousiours,
Fait semblant en mon mal de me donner secours:
Il me suit importun, encor que ie le chasse,
Et fait tant qu'en mon cœur il gaigne quelque place:
Mais las s'il fait le doux, & me vient consoler,
C'est pour croistre ma peine & la renouueler.
   Nagueres cest Espoir par sa belle apparance
M'abusa tellement que ie pris asseurance
De reuoir dans trois iours le Soleil de mes yeux,
Dont la viue clairté sert de lumiere aux Cieux.
Dieu que i'eu de pensers durant ces trois iournees!
Ce n'estoyent pas trois iours, c'estoyẽt trois mille annees
Qui remplissoyent mon cœur d'attente & de desir,
Et qui le faisoyent fondre en l'obiet du plaisir.
   Durant le premier iour ie ne cessoy de dire,
Hé! si dedans trois iours vn plus beau iour doit luire,
O iours qui n'auez point pour mes yeux de clairté,
Hastez-vous de passer, c'est trop tard arresté,
Ie verray dans trois iours la beauté que i'adore.
Mais las! qu'en sçay-ie rien? Ce feu qui me deuore,

ELEGIES,

~~Amour tient en mon cœur iour & nuict allumé,~~
Peut estr' auant trois iours m'aura tout consumé.
Et puis, pourrois-ie bien, esloigné de Madame,
Viure trois iours entiers sans esprit & sans ame?
Non, ie mourray deuant, & ne faut esperer
Que pour la voir encor ie puisse assez durer.
 Ainsi ce iour passoit, & la nuict auancee
50. Ains que le beau soleil sa course eust commencee,
Ie tournoy mon esprit au nombre qui restoit,
Dont le trop de longueur plus fort me tourmentoit:
Ie ne pouuoy durer d'extreme impatience,
Et tousiours mon desir croissoit en violence,
Et disois en pleurant : O Iours auancez vous,
Soyez moy, s'il vous plaist, plus gracieux & dous,
Hastez vostre voyage. Et toy, Parque importune,
Puis qu'vn si pront destin doit changer ma fortune,
Ne me fay point mourir, areste vn peu ton bras,
Puis ce terme accompli fay ce que tu voudras:
Ne me clos point les yeux (ô Mort) ie te supplie,
Puis que dedans deux iours ie doy reuoir ma vie.
 Voila comme ce iour passoit tout lentement,
Faisant place à la Nuict au noir accoustrement,
Pleine de visions, ennuyeuse, effroyable,
Qui trop plus que le iour me rendoit miserable.
Car mes sens qui n'estoyent autre part diuertis,
Se trouuoyent en ma peine eux mesmes conuertis.
 Esperant & douteux ie ne sçauoy que faire,
I'accusoy la longueur de la nuict solitaire,
Qui contraire à mon bien iamais ne s'auançoit:
De chardons espineux mon lict se herissoit,

LIVRE I.

Qui me poignoyent par tout quãd i'y faisoy demeure,
Ie m'en iettoy dehors mille fois en vne heure
Pour regarder le Ciel, & si l'aube du iour,
Courriere du Soleil, auançoit son retour.

O trop cruelle Aurore, enuieuse, ennemie,
Qui te retient (disoy-ie) ainsi tard endormie?
Te plais tu maintenant si fort à caresser
Ton vieux mary fascheux, qui ne fait que tousser,
Immobile, impotent, qui foiblement t'embrasse,
Et qui te refroidit de ses membres de glace?
Tu ne dois si long temps en paresse couuer.
« La femme d'vn vieillard matin se doit leuer.
Mais las! i'ay belle peur que tu sois arrestee
De quelque autre plaisir, qui te rend moins hastee,
Tu reposes, contente, au sein de ton ami,
Et laisses ton vieillard en son lict endormi:
Si ne dois-tu pourtant, amoureuse Courriere,
Laisser tout l'vniuers priué de ta lumiere.
Or sus leue toy donc, rens le iour esclairci,
Si tu vois tes amours ie n'en suis pas ainsi.

Tels ou semblables mots d'vne voix courroucee,
Ie disoy toute nuict, furieux de pensee:
Puis le iour se monstroit, iour qu'il falloit passer
Ains que voir la beauté qui me fait trespasser.
» Tant plus on se voit pres d'vne chose esperee,
» Et plus l'affection s'en fait demesuree.
Depuis le poinct du iour iusqu'au Soleil couché
Ie fu plus que deuant de pensers empesché,
De plus poignans desirs mon ame estoit attainte,
Mon cœur douteux flotoit entre l'aise & la crainte,

ELEGIES,
Ie n'estimoy iamais que le iour deust finir
Pour iouir du bonheur que i'attendois venir.
Las! le iour finit bien, & la nuict nourriciere
Des soucis espineux, esteignit sa lumiere:
La nuict aussi passa, puis le iour ensuiuant,
Mais mon espoir trompeur n'enfanta que du vant,
Ce ne fut qu'vn faux songe, & sa promesse vaine
Se perdit dedans l'air, se mocquant de ma paine.
Ie ne veux iamais plus en aimant esperer:
Car l'Espoir ne sert rien qu'à mes maux empirer.
Sors de moy donc Espoir rempli de flaterie,
Pere de Vanité, d'Erreur, de Tromperie,
Nourricier de nos maux, conceu d'ardans desirs,
Ie ne me fonde plus sur tes fraisles plaisirs,
Tu m'as assez pipé, cherche qui te retire,
Et me laisse pleurer sans confort mon martyre.
Voila comment, Madame, eloigné de vos yeux,
Sans plaisir, sans repos, malade & furieux,
Ie crie & me despite, accusant vostre absence,
Et ne veux que l'Espoir me promette allegence.
Car puis que ce trompeur tâche à me deceuoir,
Ie ne veux desormais pour tout bien receuoir
Que l'heureux Souuenir des liesses passees,
Qui rendent mes douleurs assez recompensees,
Et qui me font constant mes trauaux endurer,
Voulant iusqu'à la mort vostre serf demeurer.

LIVRE I.

ELEGIE IIII.

VOVS qui tenez ma vie en vos yeux pri-
sonniere,
  Et qui de mon amour fustes l'ame pre-
  miere,
Oyez quelle est ma peine, & quelle froide peur
Me remplit de glaçons la poitrine & le cœur:
Ainsi vostre beauté, qui peut guarir ma playe,
Contre l'effort des ans tousiours demeure gaye.
  Dés le soir que ie fu prendre congé de vous,
Et de vos yeux diuins si cruellement dous,
Pour retourner en France, helas! dés l'heure mesme
En vous abandonnant ie deuins froid & blesme,
Preuoyant le malheur qui deuoit m'auenir,
Et ce qu'il me faudroit sans raison soustenir.
  Ie iugeois qu'vn amour si comblé de liesse
N'estoit pour demeurer tousiours franc de tristesse,
I'apprehendois le change, & que le cours du tans
Fist voir qu'il est vainqueur des desseins plus constäs,
Ie redoutois l'absence aux Amans si contraire:
,, Loin des yeux, loin du cœur, c'est la regle ordinaire.
Mais sur tout ie craignois la couuerte poison
De ceux qui sont ialoux de ma chere prison,
Qui m'en portent enuie, & qui se font accroire
Que vostre affection m'eleue à quelque gloire.
Toutesfois ces frayeurs qui l'esprit me geloyent
Deuant d'autres raisons foiblemeut s'ecouloyent.
Car vous reconnoissant d'vne humeur non commune
Ie deffiois le temps, l'absence, & la fortune.

ELEGIES,

vostre, & ie m'assurois que vous estant si cher
~~a nul autre~~ les ialoux ne pourroit me toucher.
Mais, las ! que ma creance est follement trompee,
De cent mille faux bruits vostre ame est occupee,
Et ce clair iugement si ferme auparauant,
Douteux & chancellant se tourne au premier vant.
Vous croyez toute chose à mon dam prononcee,
L'excuse & la defense est de vous repoussee,
Et pleine d'iniustice autant que de beauté
Vous me depossedez du bien qu'ay merité.
Merité ? las nenny ! mais mon amitié forte
Meritoit pour le moins traittement d'autre sorte :
D'autre sorte ? helas non ! trop doux m'est ce souci,
S'il vous plaist seulement que ie languisse ainsi.
    Ie sçay qu'on vous a dit que depuis mon absance
Vne beauté nouuelle auoit sur moy puissance,
Que i'aime en mille lieux, volagement constant,
Et selon les obiets ie me change à l'instant.
Las ! si vous le croyez, c'est faute de connoistre
Auec quelles beautez le Ciel vous a fait naistre :
Quel est de vostre chef l'or prime & delié,
Dont l'Amour de son gré s'est luy mesme lié :
Les efforts de vos yeux, archers de la sagette
Qui rendit sous vos loix ma liberté suiette :
Ce que peut vostre belle & delicate main,
Et le laict caillotté qui vous blanchist le sein :
La vertu du coral de vos léures pourprettes,
Et les soupirs tesmoins des flammeches secrettes
Qui vous cuisent dedans : bref, tout ce bel honneur
Dont le Ciel en naissant vous fut large donneur.

LIVRE I.   161

Car si parfaitement vous auiez connoissance
De vos charmes diuins, & par quelle puissance
Les amours de vos yeux tous cœurs peuuent ranger,
Vous diriez à par vous que ie ne puis changer
Quoy que ie vueille faire : & que quand l'inconstâce
M'auroit fait iusqu'ici descrier par la France,
Qu'estant de vos beautez si viuement épris,
Sur tous les plus constans i'emporterois le prix.
Car sçachant bien iuger d'vne beauté si grande,
Impossible est qu'apres quelque autre me commande:
Veu que l'obiet luisant de vostre œil radieux
Fait que tout autre iour semble foible à mes yeux,
Et que si chere image empreinte en ma pensée
Rendroit la beauté mesme auprés d'elle effacee.
  Voila quelle est ma vie, & comme ie ne puis
Ny ne veux m'affranchir des prisons où ie suis.
Ne m'accusez donc point si ie hante les belles:
Car i'en iure vos yeux, ie vous adore en elles,
Ie ne pense qu'en vous, & leurs traits plus prisez
Me remettent en l'ame où vos cheueux frisez,
Ou les lis de vos mains, ou quelque autre merueille
De ces fieres beautez qui vous font sans pareille.
Hé n'est-il pas permis ? Est-ce passer en rien
Les saintes loix d'Amour qui les cœurs connoist bien?
  Nous prenons bien plaisir à voir vne peinture,
Et l'azur esmaillé de la belle verdure,
Les fueilles des forests, & les viues couleurs
De l'amoureux Printemps tout couronné de fleurs.
Pourquoy donc, sottemét, ferions-nous moins de côte
D'vne ieune beauté, qui tout Printemps surmonte,

ELEGIES,

Qui sçait que c'est d'Amour, qui peut en discourir,
Qui sçait par vn clin d'œil faire viure & mourir,
Et charmer d'vn propos le souci qui nous presse,
Quand nous aimons par trop vne dure maistresse,
Ainsi que moy chetif, qui ne puis toutesfois
Pour toutes vos rigueurs esprouuer d'autres loix?
    Dites moy seulement si vous auez enuie
Que ie passe tout seul le reste de ma vie,
Ennuyeux, mal-plaisant, muet, aueugle & sourd:
On me verra sur l'heure abandonner la Court
Du Louure, & de Paris ie perdray la memoire,
Et possedé sans plus d'vne tristesse noire,
Ie n'auray dans l'esprit que desseins furieux:
Rien qu'obiets deplaisans ne plairont à mes yeux,
Et m'éloignant du monde, à fin de vous complaire,
Ie viuray dans vn antre Hermite solitaire.
Et prenant vos rigueurs pour sujet de ma voix,
Ie rediray sans cesse aux rochers & aux bois,
Que la fortune seule en amour est puissante,
Et qu'il ne sert de rien d'auoir l'ame innocente.
Mais vous pouuez bien mieux (ioint que la cruauté
Accompagneroit mal vostre ieune beauté)
Vous pouuez d'vn regard, d'vn ris, d'vne parole
Chasser bien loin de moy le souci qui m'affole:
Ainsi que du Soleil les rayons elancez
Escartent çà & là les brouillars amassez
De l'espesse bruine: & comme la lumiere
Espart l'obscurité de la nuict coustumiere.
    Ie suis hors de frayeur, s'il vous plaist seulement
Ne donner sans m'ouïr vn trop pront iugement,

LIVRE I. 162

Ainçois que vous mettiez en egale balance
D'vne part vos rigueurs, & ma longue souffrance,
Ce que i'ay fait paroir de courage & de foy,
Depuis que ie say tousiours sous la puissante loy
De vos fieres beautez : puis en l'autre partie
Mettez les faux propos, qui vous ont subuertie,
La foy des rapporteurs, quelle est leur volonté,
Ce qu'ils ont par seruice enuers vous merité :
S'ils ont dedans le cœur l'enuie & la feintise,
Et quelle passion leurs courages attise :
Vous connoistrez alors si iamais i'entrepris
Acte dont iustement ie peusse estre repris :
Et si mon cœur se deult d'autre playe mortelle,
Que du coup qu'il receut quand ie vous vey si belle.

ELEGIE V.

POVR gage de ma foy qui vous est dediee
Tout le temps que ceste ame au corps sera liée,
Et mesme apres la mort : puis qu'apres le trespas
Dure le souuenir des choses d'icy bas :
En vous offrant ces vers, ie vous offre, Madame,
Mes yeux, mõ sang, mon cœur, mes esprits & mõ ame,
Et d'auantage encor, si i'ay quelque pouuoir :
Faites moy tant d'honneur que de le receuoir,
Comme vostre qu'il est, bien que vostre merite
Ne doiue faire cas d'offrande si petite,
Si vous ne mesurez mon vouloir qui me rand
Se dediant à vous, audacieux & grand.
Vous n'estimerez point s'il vous plaist que ie pense

ELEGIES,

Faire auec du papier preuue de ma constance:
15 Et qu'en le faisant plaindre, & me plaignant aussi,
Ie vous vueille encherir mon amoureux soucy
Adioustant aux douleurs, dont mon ame est chargee
Depuis que sous vos loix vous la tenez rangee:
Non ie ne le veux point, il faut que mon deuoir,
Mon seruice & ma foy, vous le facent sçauoir,
Et que l'effort du temps qui perce tout nuage
Decouure si mon cœur est constant ou volage.
Ce que ie vous requiers pour mon plus grand desir
C'est que sans passion vous preniez le loisir
De me voir endurer, en vous faisant la preuue,
Qu'vne si ferme amour que la mienne on ne treuue.
Et si vous en doutez, pour le commencement
Ignorez si mon mal est foible ou vehement,
Et sans ietter les yeux sur ma brulante flame
Permettez que sans plus vostre ie me reclame:
Afin que cest adueu dont ie veux m'honorer
Me face plus constant les tourmens endurer,
Et ie suis asseuré que le temps qui tout brise
Ne pouuant esbranler ma foy trop bien assise,
Fera de vostre cœur la douceur approcher:
Ou dedans l'estomach vous auriez vn rocher,
Et le cœur inhumain d'vne beste cruelle.
Or en vous connoissant si diuine & si belle
Ie ne le puis penser: veu que la cruauté
S'accompagneroit mal de si chere beauté:
Toutesfois quand du Ciel la maline influance,
Quand la loy du destin qui depuis ma naissance
Forte me tyrannise, & quand vostre rigueur

LIVRE I. 163

Empescheroient le bien que deffert ma langueur,
Et quand pour le loyer de mon amour extreme,
Et quãd pour vous cherir cẽt fois plus que moymesme
Ie ne recueilliroy que l'ennuy d'vn refus,
Et que de vos beaux yeux ie partiroy confus
Pour auec desespoir mettre fin à ma vie:
Si n'aurois-ie regret de vous auoir seruie.
Car ie tiens cest honneur pour vn si grand loyer
Que cent mille trespas ne le sçauroient payer.
   Voila comment Madame il ne se sçauroit faire,
Que d'adorer vos yeux ie me peusse distraire.
Ne m'alleguez donc point que ie puis bien penser
Que vous n'auez pouuoir de me recompenser,
A cause de la loy dont vous estes estrainte.
Car en fin ceste loy n'est ny iuste ny sainte,
Loy qui comme Mezence horrible en cruauté
Ioint auec vn corps mort si viuante beauté:
Saturne auec Venus & la gaye ieunesse
Aux chagrins deplaisans d'vne froide vieillesse.
   Si la loy vous retient vous n'auez pas raison,
Car l'amour, & la loy sont sans comparaison.
Amour est vn Démon de diuine nature,
Immortels & mortels sentent tous sa pointure,
Elle est sans priuilege: or si l'amour est dieu
Iamais l'humaine loy contre luy n'aura lieu:
Car il faut qu'au plus grand tousiours le petit cede,
Et la loy des amours toutes les loix excede.
Et dauantage encor la nature est pour moy,
La nature est tousiours plus forte que la loy,
Et quand nature parle & monstre sa puissance

X iiij

ELEGIES,

Adieu toutes les loix & l'humaine defence.
  Quand donc en vos rigueurs ainsi vous persistez,
Vous pechez contre Amour à qui vous resistez,
Vous voulez que son feu n'ait puissance en la terre:
C'est en fin des Geans renoueller la guerre,
C'est combatre le Ciel d'vn orgueil indiscret,
80 C'est vous priuer d'vn bien où vous aurez regret.
Si vous vous arrestez doutant de ma constance,
Estimez, s'il vous plaist, qu'ayant ceste asseurance,
Qui me rendroit d'Amour satisfait & contant,
Ie n'aurois le pouuoir de vous estre inconstant:
Et bien qu'auparauant i'eusse eu l'esprit volage
L'amour & le deuoir retiendroyent mon courage.
« L'homme est pire qu'vn tigre aux deserts allaitté
« Qui pert l'affection pour se voir bien traitté.
Nous deuons mieux aimer plus d'amour on n° porte.
  Quand deux feux sont conioints la flame en est plus
  Et dauantage encor par ce poinct desiré (forte.
D'vn mutuel vouloir me voyant asseuré,
Ie pourrois beaucoup mieux d'vne ruze discrete
Rendre aux plus curieux nostre amitié secrete:
Ce qu'à mon grand regret or' helas ! ie ne puis,
Or estant assailli de mille & mille ennuis,
Flottant incessamment entre l'aise & la paine,
Entre le desespoir & la ioye incertaine,
Et si viuement poingt de ma grand' passion
Que ie ne puis vser d'aucune fiction:
Au lieu qu'en ce doux têps ie n'aurois point de crainte
D'vn dedain, d'vn refus, ou d'vne chose fainte.
Mais ioyeux & contant il me seroit aisé,

LIVRE I.

De courir cest amour d'vn habit deguisé,
Sans que les mesdisans, les ialoux, ny l'enuie
Peussent donner atteinte à nostre heureuse vie.
　Voila ce que l'ardeur m'a fait vous adresser,
Adiurant vos beaux yeux de ne s'en offenser:
Car i'escry tout ceci forcé de la puissance
Du Dieu qui m'a rangé sous vostre obeissance.
Si i'ay fait quelque erreur ie vous prie excuser,
Si i'ay dit verité ie vous prie en vser,
Et vous representer si ie dois estre en paine
Mourant d'extreme soif aupres de la fontaine.

ELEGIE VI.

CELVY qui n'aime point, ou qui n'a point
　　aimé,
A le cœur tout autour de rochers enfermé,
Il est tout despouillé d'affections humaines
Il n'a point de poumons, ny de sang ny de veines,
Et ne merite pas que le bel œil du iour
Luise aux siens dédaignez des lumieres d'Amour.
　Or de moy qui n'ay point de roc en la poitrine,
Qui ne suis point conceu des flots de la marine,
Animé d'vn beau sang, d'vn esprit & d'vn cœur
Ie reconnois Amour pour maistre & pour vainqueur:
Et quand de m'en soustraire il m'en prendra l'enuie
Que les flammes du Ciel mettent fin à ma vie:
Encor qu'en le suiuant, & viuant amoureux
Ie sois diuersement heureux & malheureux.
　Vrayment ie suis heureux, il faut que ie l'auoue,

X iiij

ELEGIES,

Et que des loix du Ciel hautement ie me loue
De ce que le destin captiuant ma raison,
L'ait au moins asseruie en si digne prison:
Et tant selon mon gré m'ait rendu tributaire,
Que son decret forcé m'est vn choix volontaire.
Car tout le plus parfait qui peut mieux contenter
L'œil, l'oreille, & l'esprit, iusqu'à faire gouster
Icy bas des douceurs qui rauissent les ames,
Se rassemble au suiet d'où ruissellent mes flames:
Et c'est ce qui me fait bienheureux estimer
Sentant d'vn trait si beau ma poitrine entamer,
Et me plais dans le feu dont i'ay l'ame embrasee,
Comme vne ieune fleur s'egaye à la rosee.
   Mais si de ce penser naist mon rauissement,
Ce penser tout de mesme enfante mon tourment,
Et trouble mon esprit d'vne guerre incertaine:
Deux ruisseaux differans coulent d'vne fontaine,
L'amertume & le doux : la ioye & la douleur
Ce qui me rend heureux fait naistre mon malheur.
Car l'heur qui iusqu'au Ciel rend mon ame eleuee,
C'est quand ie me souuiens comme elle est captiuee,
Et que i'ay bien le cœur d'attaindre en si haut lieu,
Que celle à qui ie sers feroit seruir vn Dieu,
Ou quelque chose encor de plus hautain merite,
Si rien plus grand qu'vn Dieu dedans le Ciel habite.
Suis-ie donc pas heureux d'aimer si dignement?
Et plus heureux encor si ie meurs en l'aimant?
Certes c'est vn grand heur : mais si l'on considere,
Il est accompagné d'vne extreme misere,
De crainte & de soucis qui me font souspirer,

LIVRE I.   165

Sans me promettre rien dont ie puisse esperer.
Car en me proposant la parfaite excellence
De celle qui me tient sous son obeissance,
Les beaux lis de son teint, ses propos gracieux,
La puissance des traits que decochent ses yeux,
La douce maiesté qui luist dessus sa face.
Et sçachant d'autre part sa grandeur & sa race,
Helas! ie connoy bien que i'ay trop entrepris,
Et qu'vn aueuglement a saisi mes esprits,
Que mon vol est trop haut, & que ceste arrogance,
D'Icare ou des Geans attend la recompense:
Toutesfois le sçachant ie ne puis me rauoir,
Et plus ie vais auant plus i'en pers le pouuoir.
Car quand le desespoir me donne quelque atteinte,
La figure en mon cœur si diuinement peinte
S'offrant deuant mes yeux, me fait perseuerer
Tant que le desespoir ne m'en peut retirer,
Bien que trop importun sans cesse il me trauaille,
Et que mille pensers me liurent la bataille.
   Las! si tost que ie suis à par moy retiré,
Quelqu'vn de ces pensers contre moy coniuré
Me dresse l'escarmouche, & va pressant mon ame,
Me proposant tousiours la grandeur de Madame:
Il met deuant mes yeux les biens & les honneurs,
La race & les vertus de tant de grands seigneurs,
Desireux comme moy du bien qui me tourmente,
Et qui n'ont peu iouir du fruict de leur attente.
   Chetif (ce dy-ie alors) que veux-ie deuenir?
Osé-ie bien penser de pouuoir paruenir
Iusqu'à si haut degré pour chose que ie face,

ELEGIES,

Apres tant de seigneurs grands de biens & de race,
Et sur ce desespoir qui me pressé & me poind,
Helas! c'est fait de moy, ie ne me connoy point,
Ie fay mille discours, ie resue, & me dépite,
Maudissant le malheur où ie me precipite:
Ie me plains de l'Amour d'où me vient ce souci
Ie regarde le Ciel comme vn homme transi,
Ce pendant que mes yeux, sources de mon dommage,
Coulans de larges pleurs m'arrosent le visage.
 Las! si pour bien aimer on estoit auancé,
Ie sçay que ie serois sur tous recompensé,
Comme le mieux aimant: car mon amour loyale
N'en trouuera iamais aucune qui l'egale.
Ie n'ay point de pareil en ferme loyauté,
Non plus que les beautez dont ie suis arresté,
Et qui me font contant & triste tout ensemble,
Ne trouueront iamais chose qui leur ressemble.
 Est-ce pas bien aimer que de ne rien penser
Qu'en ce bel œil meurtrier qui me fait trespasser,
Viure de sa lumiere, & la perdant de veue
Estre toustours couuert d'vne effroyable nue?
Seruir fidellement sans espoir d'aucun bien,
Desirer toute chose & ne demander rien,
Discourir sans discours, viure toustours en crainte,
N'auoir dedans le cœur qu'vne figure emprainte,
Pour vn mot de trauers souffrir mille trespas,
Perdre par vn martel & repos & repas,
Se laisser consommer d'vne flamme cuisante,
Et trouuer sa douleur agreable & plaisante?
 Telles sont mes amours, tels sont mes passetans,

LIVRE I. 166

Ce pendant miserable aucun bien ie n'attans:
Mais plus ie continuë en ma course premiere,
Plus mon chemin s'esloigne, & me trouve en arriere.
 Las! pour comble d'ennuy ie ne me puis tenir
De penser au malheur qui me doit advenir:
Et ce qui plus me trouble & renforce ma plainte,
C'est lors que ie prevoy qu'il faudra par contrainte
Que ce divin Esprit dont ie suis detenu,
S'assuiettisse aux loix d'vn, peut estre, inconnu,
Et cede à la coustume aux Amans si contraire,
Qui l'Or & la richesse au merite prefere.
Mais plustost que de voir ce desastre approcher,
Que le Ciel me transmue en pierre ou en rocher.
 Aussi bien s'il advient, ma douleur excessive
Ne souffrira iamais qu'vne heure apres ie vive,
Toutesfois quand le Ciel pour m'outrager plus fort,
En ce temps malheureux retarderoit ma mort,
Emportant ma douleur ie quitterois la France,
Comme indigne de voir vostre heureuse presence;
Et m'en irois choisir triste & desesperé,
Aux païs estrangers quelque lieu separé,
Sauvage, inhabité, desert & solitaire,
Pour maudire à mon gré la Fortune adversaire;
Et passerois ainsi le reste de mes iours,
Compagnon des Lyons, des Serpens, & des Ours.
 Il est vray que ie veux, quelque ennuy qui m'aviéne,
Que de vos yeux divins sans cesse il me souvienne:
Car parmi les rochers & les antres secrets
Le matin & le soir en faisant mes regrets,
I'apprendray vostre gloire aux murmurans rivages,

ELEGIES,

Aux oiseaux passagers, & aux bestes sauuages
Qui viendront pour m'ouir des forests d'alentour,
Et plaindront en longs cris ma peine & mon amour.
Quand ie n'en pourray plus, & que ma voix lassee
Sera de trop crier enrouee & cassee,
Ie m'en iray choisir les arbres les plus droits
Pour grauer sur l'escorce en mille & mille endroits
Ce beau nom que i'adore entre tous admirable,
Qui me fait estimer mon trauail agreable.
Mais ie suis trop certain qu'vn tel eloignement
Ne me souffriroit pas viure si longuement:
Car du feu de vos yeux ma vie est allumee,
Qui sera les perdant esteinte ou consumee.

ELEGIE VII.

Omme dedans vn bois enrichi de fueillage,
D'herbes, d'eaux, & de fleurs, & tout
 couuert d'ombrage
Se branchent les oiseaux esmaillez de couleurs,
Soupirans doucement leurs plaisantes douleurs.
Comme on voit dans vn pré les fleurettes nouuelles
Monstrer comme à l'enui leurs beautez naturelles,
Ainsi dedans vn cœur hautain & genereux
Se repairent tousiours les desirs amoureux,
Les douces passions, les delectables peines,
Et les cheres langueurs, dont les Amours sont pleines,
Qui ne doiuent iamais vn Amant retenir,
Veu qu'vn grand bien ne peut sans trauail s'obtenir.
Vn cœur noble & gentil sans Amour ne peut estre:
Car auecques l'Amour Nature l'a fait naistre,

LIVRE I. 167

Les a liez ensemble, & les ioint tellement
Qu'ils demeurent tousiours inseparablement.
Comme le beau Soleil & sa lumiere claire,
Comme l'ombre effroyable & la nuict solitaire,
Comme la flamme viue & l'ardente chaleur,
Comme l'humide & l'eau, la fiéure & la douleur:
Bref, quiconque est bien né sent tousiours dedās l'ame
L'ineuitable effort de l'amoureuse flame,
Qui ne reçoit iamais de refroidissement:
„ Car la parfaite amour dure eternellement:
Mesme alors qu'il aduient qu'elle ha son origine
D'vne perfection dont l'essence est diuine,
Qui la rend immuable & son cours arresté.
„ Car si rien est constant c'est la diuinité.
Et voila ce qui fait que l'amour que ie porte
A vos beautez Madame, est si constante & forte
Que le temps ny la mort ne la pourroyent changer,
Ny vostre rigueur mesme autre part la ranger.
    Aussi pour dire vray mon amour i'ay fondee
Sur la perfection d'vne si belle idee,
Que ie croy quāt à moy qu'on peut sans blasphemer,
Plus que la deïté diuine la nommer;
Et qui sillé d'erreur ne le voudra pas croire
Qu'il vienne voir vos yeux causes de la victoire
Que vous auez sur moy, dont ie m'estime heureux.
Bien qu'ils me soyent à tort quelquefois rigoureux:
Yeux où l'enfant Amour tient son celeste empire,
Yeux, où le beau Soleil tous les soirs se retire,
Yeux, les lampes du iour, demy-clos, gracieux,
Qui font honte à la Lune & aux astres des cieux,

ELEGIES,

Qui font en mesme poinct viure & mourir ensemble,
Qui font qu'en les voyant l'ame soupire & tremble,
L'œil esperdu s'esgare, & tout soudainement
On perd sa liberté sans connoistre comment.
 Qu'il vienne voir apres l'or de vos tresses blondes,
Soit quand vous les laissez flotter comme des ondes,
A l'abandon du vent, qui s'empestre dedans
Les filés blonds dorez de vos cheueux pendans :
Soit quand vous les tenez sur le chef amassees,
Les ayant par deuant ordonnément dressees,
Ou qu'auec vn bonnet vous nous representez
D'Hylas ou d'Adonis les celestes beautez.
 Qu'il vienne voir ce front large table d'yuoire,
Plaine, claire & polie, où l'Amour à sa gloire
Tient appendus deuant les noms & les escus
De tant de Cheualiers que vos yeux ont vaincus :
Le mien s'y reconnoist le plus haut de la bande,
Et pense auoir acquis vne gloire bien grande
D'auoir vaincu celuy, qui libre se gardoit,
Et qui sans obeyr à chacun commandoit.
Mais ce m'est grand honeur pour vainqueur recõnoi- (stre
Vn Dieu des plus grãs Rois le monarque et le maistre,
Et lequel nonobstant tout seul ne m'eust donté,
S'il n'eust eu pour secours vostre vnique beauté,
Beauté vrayment parfaite & tellement extrême,
Qu'elle peut prendre Amour, & le vaincre luymême
Ainsi qu'elle m'a prins, qui ne fey nul effort
Sçachant que mon pouuoir ne seroit assez fort.
 Las ! que depuis ce temps i'ay passé de trauerses,
Que i'ay porté d'ennuis & de peines diuerses,

LIVRE I.

Qui troublans mon repos toutesfois me plaisoyent
Quand ie voyois vos yeux, deux soleils qui luisoyent
Au centre de mon ame, & que par leur presence
Mon cœur se nourrissoit d'vne douce esperance.
Mais lors qu'il me fallut de la Court separer,
Et pressé du deuoir au camp me retirer,
Où i'estois attendu d'vne puissante armee
Que mon œil pouuoit rendre au combat animee,
Dieu sçait les passions qu'il me fallut sentir?
Mais voyant que l'honneur me forçoit de partir,
Ie m'en allay sans cœur, sans esprit, & sans vie,
Que ie vous delaissay pour en estre seruie:
Et demouray chetif à par moy languissant,
Le Ciel comme ennemy sans repos maudissant,
Accompagné d'Amour, qui, tout rempli de rage,
Me faisoit sans cesser quelque nouuel outrage:
Dieu sans misericorde, importun, furieux,
Qui pour me trauailler me suiuoit en tous lieux,
M'accompagnoit par tout, me liuroit mille allarmes,
Et ne doutoit l'effort de dix mille gendarmes,
Ny de tant de guerriers que i'auois à l'entour,
Sans me pouuoir garder des embusches d'Amour,
Amour qui n'auoit seul l'entreprise dressee.
Car il estoit suiuy d'vne troupe amassee
De pensers ennemis, qui cruels m'assailloyent,
Et de iour & de nuict mon esprit trauailloyent:
L'vn me faisoit songer à ma perte aduenue,
L'autre rendoit ma vie en espoir maintenue:
L'autre me faisoit peur, l'autre plus gracieux
Vos diuines beautez offroit deuant mes yeux.

ELEGIES,

d'un obiect

Mais quand i'estois charmé d'obiect si desirable,
Mes maux se faisoyent doux: tout m'estoit fauorable,
L'aise enyuroit mon ame, & m'estimois heureux
D'estre idolatrement de vos yeux amoureux

tan, to, ten,

Souhaittant pour tout bien l'heure tant attendue
Par qui vostre beauté deuoit m'estre rendue,
Et que sans plus me voir de pensers enchanté
I'eschangeasse à la fin l'ombre à la verité.

    Or i'ay si fort contraint le Ciel par ma priere,
Que ie voy derechef vostre belle lumiere,
Ie reuoy les thresors de vostre poil doré,
Les lis de vostre teint de roses coloré:
Ie reuoy le coral de vos léures iumelles,
Qui ouurent en riant des perles naturelles:

pourquoy dit-il, il
faut dire, i oy, on
n'entens

I'entr'oy ces doux propos qui me retiennent pris,
Qui rauissent mes sens, qui charment mes esprits:
Et bref vous contemplant bien-heureux i'imagine
L'entier contentement de la troupe diuine.

123. Ie iouis ici bas de la gloire des cieux,
Et d'vn homme mortel ie suis esgal aux Dieux,
Sinon de ce seul poinct, que leur ioye est durable,
Et moy dés que ie pers vostre veue adorable,
Mon bien leger s'enuole aussi tost que le vent,
Et ma douleur me presse ainsi qu'auparauant.

    Mais ie m'estime heureux de viure en telle sorte,
Pourueu que vous sçachiés l'amour que ie vous porte,
Que vous preniez mon cœur lequel vous est offert,
Que vous plaigniez le mal que pour vo⁹ i'ay souffert
Et que ie souffre encor, de la playe cruelle
Que ie receu le iour que ie vous vey si belle:

LIVRE I.

Que vous vous asseuriez de ma fidelité,
Et que tous mes propos ne sont que verité.
Croyez qu'vn noble cœur est franc de tromperie,
Il demeure immobile, & iamais ne varie:
D'aucune fiction il ne sçauroit vser.
" Car la parfaite amour ne se peut déguiser.
" Ioint que tant plus qu'vn Prince est grand & remerquable.
" Plus il se doit monstrer entier & veritable.

ELEGIE VIII.

DE tous ceux qui d'Amour ont eu la cōnoissāce
Ayans deuotement flechi sous sa puissance,
Et qui pour le loyer de l'auoir honoré,
Ont par sa cruauté le martyre enduré:
Il ne s'en trouue point que ce Dieu plein de rage
Ait battu plus que moy de tempeste & d'orage,
Ne qui plus iustement se puisse lamenter
D'auoir comme sa foy veu sa peine augmenter,
Il m'a tousiours choisi pour butte à sa colere,
Il m'a tousiours pressé comme son aduersaire
Sans me donner relâche, & sans que mon deuoir
Ny ma ferme amitié l'ayent peu demouuoir
Ny flechir son courage ennemi de ma vie,
De toutes cruautez durement poursuiuie.
  Il est vray que quand seul i'estoy maistre de moy,
Ne connoissant Amour ne pour Dieu ne pour Roy,
Il sucroit son absinthe, & sous vn doux visage
Recelloit la rigueur de son mauuais courage:
Et pour me retenir seurement arresté

ELEGIES.

Il offrit à mes yeux vostre vnique beauté,
Riche d'attraits subtils, de regars & de flame,
Qui percerent mon cœur & brulerent mon ame.
Mais ce tourment nouueau m'estoit plaisant & doux,
Tant i'aimây dés ce iour tout ce qui vient de vous.
Ioint que bien tost apres vous eustes connoissance
Combien pour vous aimer i'endurois de souffrance:
Et vous comme Deesse encline à la pitié
Eustes le cœur touché d'vn rayon d'amitié
Me receuant pour vostre, & prenant d'auantage
Le mien qu'au mesme instant ie vous laissay pour gage
Lequel pour quelque ennuy qu'il ait peu soustenir
Deuers moy du depuis n'est voulu reuenir.
   Ah qu'en ce temps heureux ie sentois de liesse
Me voyant fauory de si belle Princesse,
Dont les yeux gracieux qui doucement luisoyent,
Mille feux amoureux dans mon ame attisoyent!
De ses diuins propos ie prenois nourriture,
I'admirois les thresors du Ciel & de Nature:
Souuent par mes pensers aux Cieux ie m'eleuois,
Et priué de moymesme en elle ie viuois.
   O temps heureux & doux, ô saison desirable
Helas que ta faueur me fut lors peu durable!
Que mõ printemps fut court, & comme en vn momẽt
I'esprouuay le malheur d'vn obscur changement!
« Tout ce qui est au monde est vn ieu d'inconstance,
Mais encor en amour on voit moins d'asseurance:
« Sa faueur est semblable à vn beau iour d'hiuer,
« Qui se perd aussi tost qu'on le voit arriuer.
Veu qu'en ce temps heureux que ie ne pouuois croire

LIVRE I. 170

Que le plus grand des dieux peust offenser ma gloire,
Ce fut lors que mon heur en malheur se changea,
Et que mō plus grand bien quāt & vous s'estrangea.
    Vous fustes mariee (ô dure souuenance!)
Helas! ie meurs encor aussi tost que i'y pense,
Ie sens renouueller mes mortelles douleurs,
Et faut que de mes yeux ie verse mille pleurs.
Mais ce qui m'assaillit d'vn regret plus extréme
Fut que ie me trouuay sans vous & sans moymême.
Car ce nouueau mary ialoux vous enleua,
Et mon cœur pour iamais d'allegresse priua,
Laissant la Cour sans grace ennuyeuse & deserte,
Et tous les beaux espris qui gemissoyent leur perte.
    Helas! combien depuis ay-ie esté trauaillé?
Combien de fois la nuict en sursaut esueillé
Ay-ie arrosé de pleurs mon visage & ma couche,
Ayant vostre beau nom à toute heure en la bouche,
Et ne pouuant trouuer de plus grand reconfort
Que de crier sans cesse & d'implorer la mort?
    Or durant les assauts de ma dure infortune,
L'ennuy qui me pressoit autant que chose aucune,
C'estoit que mon malheur n'estoit point entendu:
Car comme vous sçauez, vous m'auiez defendu
D'en faire aucune plainte, & de vous en escrire.
Ainsi i'estois contraint d'estouffer mon martyre,
Et mourir en souffrant sans m'oser deceler,
Ny d'vn seul mot d'escrit mes ennuis consoler:
Seulement vostre image en mon cœur si viuante
Donnoit force à ma vie & la rendoit constante.
    Voila les doux plaisirs qu'Amour m'a fait sentir,

X.ij

ELEGIES,

Sans que de ses prisons i'aye voulu sortir.
Encor n'est-ce la fin de ma griefue souffrance,
I'ay sceu que vous doutez de ma perseuerance,
Et que ce que i'ay fait pour couurir mon ardeur,
Passoit en vostre endroit pour châge ou pour froideur.
Las ! est-ce le guerdon de ma foy si certaine?
Faut-il qu'apres l'angoisse & la mort inhumaine
De brûler sans me plaindre en vous obeissant,
Ie sois plus que iamais à grand tort languissant?
Et qu'auecques l'Amour vous faciez alliance,
Pour rendre mon malheur sans espoir d'allegeance?
   Certes vous auez tort : & ne sçaurois penser
Que Dieu peust vn tel fait en silence passer:
N'estimez toutesfois, quoy que vous puissiez faire,
Que de vostre amitié ie me vueille distraire.
Car ainsi comme l'or estant mis au fourneau,
Plus il est refondu & plus il se fait beau:
Tout ainsi ma constance au plus fort des allarmes,
Des ennuis, des rigueurs, des soupirs, & des larmes,
Se monstrera plus belle & ne flechira pas,
Deussé-ie en vous seruant souffrir mille trespas.
Car ie croy qu'en mourant pour vne beauté telle,
On s'acquiert, côme en guerre, vne gloire immortelle.

ELEGIE IX.

EN la saison premiere alors que toutes choses
Furent de leur Chaos ordonnément decloses,
Lors que tous blâcs de foy les mortels icy bas
(Nouuelle œuure du Ciel) seulement n'auoyent pas
Entr'eux le nom de vice, ains guidez d'innocance

LIVRE I. 171

Faisoyent bien par nature, & non par connoissance:
Amour puissant Démon, qui le premier des Dieux
Auoit franchi le sein du Chaos ocieux,
Ayant mis fin par tout au trouble & à la guerre
Amoureux des humains vint demeurer sur terre.
Bien qu'il fust immortel il ne les dédaignoit,
Mais de iour & de nuict il les accompagnoit,
Il logeoit dans leurs cœurs, il échaufoit leurs ames,
Et sous le doux effort de ses poignantes flames
Chacun pour s'alleger sa moitié choisissoit,
Ne cessant leur amour quand ce desir cessoit:
Lors tous viuoyent côtans, l'amante estoit sans crainte
Que sous vn beau semblant logeast vne ame fainte,
Qu'on apprint aux soupirs quand ils deuoyent sortir,
Et que mesme les pleurs fussent duits à mentir,
La bouche estoit du cœur asseuré tesmoignage,
On ne s'amusoit point à farder son langage,
Ses yeux, sa contenance, ains sans dissimuler
Qui plus auoit d'amour, mieux en sçauoit parler.
La beauté, la douceur, le merite, & l'adresse
Estoyent les seuls efforts pour vaincre vne Maistresse,
Simple & sans artifice, & qui ne sçauoit pas
Vser selon les temps de rigueurs ou d'appas:
Façonner vn sou-ris, composer ses œillades
Pour rendre en se iouänt les ieunes cœurs malades:
Mais qui plus est aussi l'or n'auoit aucun pris,
Carquans, perles, rubis, n'eussent meu les esprit
De la moindre Bergere, ains l'amitié prisée
Sur toute autre richesse estoit authorisée.
Mais comme peu à peu le vice s'auança,

Y iij

ELEGIES,

Et que ceste saison en vn autre passa,
Et que l'or iaunissant se mit en euidance,
Et que la fermeté fit place à l'inconstance,
Qu'on se sceut déguiser & qu'on sceut finement
90 Au poids de la richesse estimer vn amant:
Qu'on peut de cent façons couurir sa fantaisie,
Et du beau nom d'honneur masquer l'hypocrisie,
Amour tout estonné de voir si tost changé
Vn peuple qui n'aguere estoit si bien rangé,
Detestant leur malice, ainsi se print à dire.
　Il faut, il faut (dit-il) qu'ailleurs ie me retire,
Ce peuple est miserable & ne connoist combien
Il a par ma faueur receu d'aise & de bien.
　L'effet fut aussi pront que la voix prononcee:
Car d'vn aile à plain vol par le vague elancee
Il se perd dans la nue, où soutenu de l'air
Pour dire ces propos il cessa de voler:
　Tu t'en repentiras race ingrate & chetiue,
Et regrettant trop tard le bien dont tu te priue
Reconnoistras en bref combien sont differans
Les vrais contentemens des plaisirs apparans,
Et combien mon ardeur dans le Ciel allumee
Bruloit plus doucement que ta vaine fumee:
Car comme tous ensemble auez fait le peché
Sur tous de ma fureur le trait sera laché,
Vous hommes les premiers qui n'auez voulu suiure
Le doux train des plaisirs où ie vous faisois viure,
Qui vous estes lassez de la simplicité,
Qui pensez par le change acquerir liberté,
Pour les simples bontez qu'auez tant mesprisees,

LIVRE. I.   172

Vous aurez desormais des Maistresses rusees
Au cœur dissimulé, sans foy, sans amitié,
A qui le mieux aymant fera moins de pitié,
Et dont tout l'artifice & la plus belle gloire
Sera de vous surprendre, & vous en faire accroire.
Leurs regars, leurs sou-ris, leurs gestes, leurs propos
Seront tous façonnez contre vostre repos:
Ores vous retenant si l'espoir vous emporte,
Ores vous donnant cœur si la crainte est trop forte:
Puis de nouueaux soucis vos espris martellant,
Et tousiours aux glaçons la flamme entremeslant,
L'absinthe auec le miel, la ioye à la tristesse,
Et parmy les attraits vne graue rudesse:
A fin que vostre esprit par la diuersité
Confus & chancellant soit tousiours agité.
Combien lors forcenez aurez-vous de martyre?
Combien de foux propos alors sçaurez-vous dire?
Combien de iuremens de plus ne les reuoir,
Qui n'auront toutesfois vne heure de pouuoir?
Car il ne faudra rien qu'vne larme contrainte,
Vn regard pitoyable, vne parole fainte,
Pour plus fort vous reprendre, & croirez fermement
Ce que vous aurez veu n'estre qu'enchantement:
Lors pour plus me venger ie changeray mes fleches,
Mon carquois & mon arc, & feray mille breches
Diuerses en vos cœurs, & non comme autresfois
Quand vous reconnoissiez mon empire & mes loix.

Cestuy celle aimera qui ne sera point belle,
Et l'autre celle-la qui sera la rebelle
Sous la feinte d'honneur, & ne doutera pas

Y iiij

ELEGIES,
D'en tenir toute nuict vn autre entre ses bras,
Tandis que le chetif dans son ame piquee
Adorera l'amie en Lucrece masquee:
L'autre à bon droit craintif, l'inconstance doutant,
Bien qu'il soit iouissant, ne sera pas contant:
L'autre sera prodigue, à fin qu'on le guerdonne,
Et ne connoistra pas que celuy qui plus donne
En doit auoir le moins, à fin qu'en esperant
Pour paruenir au but, on ait le demeurant:
Bref, ie vous feray voir si l'homme est miserable
Qui vit dessous le ioug de la femme muable,
Afin que vous souffriez ce qu'auez merité
Pour auoir vn grand dieu folement depité.
  Et vous Dames, & vous qui n'auez tenu conte
De la force d'vn Dieu qui tous les Dieux surmonte,
C'est à vous que i'en veux, pour vous faire sentir
Si de se prendre à moy lon se doit repentir:
C'est à vous que i'en veux, qui auez preferee
A la saincte amitié la richesse doree,
Le vice à la vertu, l'ignorance au sçauoir,
Et l'orde conuoitise au fidelle deuoir,
Et n'auez estimee estre chose vilaine
Du reuenu du lict accroistre son domaine:
Vous ne iouirez plus du doux contentement,
Qui prouient de l'amour qu'on sent egalement.
Vous aimerez les grands à cause des richesses,
Et les grands comme vous sçauront mille finesses
Pour vous amadouer : car en tous leurs discours
De constance & de foy vous parleront tousiours
Pour paruenir au but où l'amoureux aspire,

LIVRE I.   173

Puis leur desir finy ne s'en feront que rire:
Changeront de pensee & vous delaisseront,
Et par mesmes appas autres pourchasseront,
Pour monstrer leur adresse, & pour auoir la gloire
De triompher sur vous d'vne pauure victoire.

 Tout ainsi que lon voit le Chasseur qui poursuit
Ardant, impatient, le Liéure qui s'enfuit,
Ores sur la montagne, or' à trauers la plaine,
Et pour bien peu de chose il prend beaucoup de paine:
Car la chasse luy plaist, & le plaisir qu'il prend
Mille & mille fois plus que ce qu'il en attend.

 Ainsi feront les grands en l'amoureuse chasse,
Qui n'espargneront rien pour gaigner vostre grace,
Ny trauaux, ny seruices, puis dés qu'ils vous tiendront
A quelque autre beauté leurs filés ils tendront.

 Vous alors qui verrez leur foy dissimulee
Et leur amitié feinte au vent s'en estre allee,
Bien que mon feu diuin vostre cœur n'ait espoint,
Et que de vraye amour au dedans n'ayez point,
Vous aurez de despit l'ame toute embrasee
Voyant vostre beauté si soudain mesprisee,
Et brulerez de rage alors qu'on vous dira
Que de ce nouueau bien quelque autre iouira:
Car ie veux pour monstrer les forces de mon ire
Que vous vous efforciez l'vne à l'autre de nuire.

 Ainsi crioit Amour qui son aile estendit,
Puis d'vn vol redoublé dans les cieux se perdit:
Et par nostre malheur sa menace effroyable
D'âge en âge depuis apparut veritable.

 Vous le sçauez Madame, helas vous le sçauez

ELEGIES,

Et de sa prophetie experience auez!
Car vous auez esté de la grandeur esprise,
Et vous auez des grands esprouué la feintise.
Et bien que vos beaux yeux, ardās flābeaux d'Amour
Surmontent la clairté qui nous donne le iour:
Bien que vostre beau teint face honte à l'Aurore,
Que l'or de vos cheueux l'or mesme decolore,
Qu'vn yuoire poli vous finisse la main,
Que des Graces ayez la poitrine & le sein,
Et que tant de vertus qui vous font admirable
Eussent pouoir de rendre immortelle & durable
La plus legere foy, vous auez nonobstant
Senti le changement d'vn courage inconstant,
Qui dedaigne le bien d'vne amour mutuelle
Pour suiure inconstamment vne beauté nouuelle.
Mais vous deuez cesser de vous en tourmenter,
Encor que vous voyez vn autre s'en vanter:
Car vn tout tel destin que le vostre s'appreste,
Pour celle qui si haut fait sonner sa conqueste.

ELEGIE X.

IE ne veus point blasmer la Nature et les Cieux
 L'Amour, la Prouidence, ou quelque autre
  des Dieux:
Ie ne veux d'vne voix qui lamente ma perte,
Faire haut resonner vne plaine deserte
Blasphemant la fortune: & ne veux point tascher
D'amollir par mes pleurs la rigueur d'vn rocher,
Bien qu'il me fust loisible en si triste auanture
De despiter le Ciel, l'Amour, & la Nature:

LIVRE I. 174

Et que ie peuſſe auſſi racontant mon malheur
Eſmouuoir les rochers & les bois à douleur:
Il faut que de mon mal ſeule ayez connoiſſance,
Puis que de m'en guarir ſeule auez la puiſſance.
Car helas! ſi de vous ne vient ma guariſon,
La pourray-ie eſperer des choſes ſans raiſon?
C'eſt pourquoy ſeulement à vous ie me retire,
Pour me plaignant de vous conſoler mon martyre,
Si vous le permettez : car de vous offenſer
I'endurcrois la mort pluſtoſt que d'y penſer.
   Ah! que i'ay de regret quand ie mets en memoire
Combien i'ay receu d'heur, de plaiſir & de gloire
Depuis l'heure qu'Amour deuers vous m'adreſſa,
Et que ſon feu diuin par vos yeux me bleſſa.
Car preſqu'au meſme inſtant vous euſtes connoiſſance
Combien pour vous aimer i'endurois de ſouffrance:
Dont vous fuſtes touchee, & chaſſant mon ſouci
Vous me fiſtes ſçauoir que vous m'aimiez auſſi.
Alors trop fortuné de vous ie prenois vie,
Alors ma flamme eſtoit de la voſtre ſuiuie,
Alors vn meſme eſprit nos deux corps animoit,
Ainſi qu'vn meſme traict nos deux cœurs entamoit.
   Helas qui me l'euſt dit en ce temps deſirable,
Que vous auiez Madame, vn vouloir ſi muable,
Que mal ie l'euſſe creu! veu qu'ores que i'en ſuis
Trop clairement certain, croire ie ne le puis,
Ny ne le croiroy plus, s'il ſe pouuoit tant faire
Qu'il vous pleuſt d'vn ſeul mot m'aſſeurer le côtraire.
Mais vous ſouuient-il plus qu'en nos cômuns propos,
Vous ne me laiſſiez point vn moment de repos,

ELEGIES,

Ialouse & deffiante, & tout vostre langage
Estoit de m'appeller inconstant & volage?
Et toutesfois voyez que ie n'ay point changé,
Et que depuis trois ans que vos yeux m'ont rangé,
De cent mille beautez l'aimable violance
Ne m'a sceu destourner de vostre obeissance.
Car quand ie m'asseurois qu'en feriez tout autant,
Ie voulois à l'enui vous demeurer constant
Comme ie fais encor : tenant à grand' louange
Que vous tant seulement ayez suiuy le change.
   Aumoins si de mon lieu quelqu'vn eust herité,
Qui par extreme amour eust ce bien merité,
Ou qui sceust, comme il faut, d'vne façon discrete
Conduire & pratiquer vne amitié secrete :
Qu'il peust dissimuler ses faueurs sagement
Feignant vne tristesse en son contentement,
Qu'il pleurast ses douleurs, vous nommast inhumaine
Ou qu'il dist seulement qu'il a pris quelque paine
Deuant que d'estre aimé, i'en serois moins fasché :
Mais alors que ie voy qu'il fait si bon marché
D'vne chose si rare, & n'en fait presque conte,
60. Mon extreme douleur toute rage surmonte.
Il se rit de ses vers dont i'estois si ialoux,
Il fait voir des faueurs qu'il iure auoir de vous
Pour memoire & pour gage : il a vostre peinture,
Il dit qu'auez la sienne : il sçait vostre nature.
Il connoist vostre cœur & vostre intention,
Et iuge que pour luy vous souffrez passion :
Bref, par tous ses discours il voudroit faire accroire
Qu'il s'est acquis sur vous quelque belle victoire.

LIVRE I.

Hé Dieu sçait le regret dont mon cœur est saisi,
Maistresse, quand ie voy qu'auez si mal choisi!
   Ores que son relasche à mon malheur ie pense,
Ie n'ay contentement qu'à blasmer l'inconstance,
Et demeurer tout seul bastissant à par moy
Mille estranges desseins d'vn homme hors de soy,
Et dis en soupirant : Chetif, que doy-ie faire?
N'ay-ie pas contre moy toute chose contraire?
A qui croiray-ie plus ? Tout le monde est sans loy
Puis que mesme Madame a violé sa foy.
Quelle estrange rigueur se veit iamais descrite
Par tragiques regrets, qui ne soit plus petite,
Si l'on pense à la gloire où i'estois eleué,
Et par quelle iniustice à coup i'en suis priué?
Malheureux qui depend d'vne dame muable,
S'il est contant vn iour, l'autre il est miserable:
Sa nef vogue incertaine ores bas, ores haut,
Il a peur il s'assure, il est froid il est chaud,
Et n'a non plus d'arrest en son troublé courage
Qu'il plaist aux mouuemens de la mer où il nage:
Mon esprit sans relasche est ainsi tempesté
Car le vent qui l'emeut n'est iamais arresté.
   Mais que ne faites vous, ô beauté sans exemple,
Auec tant de tresors que l'ame en vous contemple,
Pour accomplir du tout vostre perfection,
Que vous ayez vn cœur qui soit sans fiction,
Que vous gardiez tousiours vn vouloir immuable,
Qui plus que les beautez vous feroit admirable,
Et reluire icy bas : car sans la loyauté,
Il n'est point de vertu qui monstre sa beauté:

ELEGIES,
Comme sans la lumiere aux couleurs si duisante
Tout obiet à nos yeux vainement se presante.
 Or bien que vous m'ayez ingratement laissé,
Et qu'vn change impreueu fort auant m'ait blessé:
Bien qu'en voyant celuy dont vostre ame est saisie,
I'ay plus pitié de vous que de luy ialousie,
Bien qu'aux diuers combats qui se font en mon cueur
Le dédain quelquefois de l'amour soit vainqueur:
Bien que le vray renom, que t'ay d'estre fidelle,
Auec grand aduantage en d'autres lieux m'appelle,
Voire & que mon esprit qui se pense outragé
Consente au changement à fin d'estre vangé,
Helas si ne sçaurois-ie, il faut que ie l'aduoue,
Suiure assez constamment le change que ie loue!
S'il m'en prend fantasie, aussi soudainement
Confus & repentant, mon vouloir se dement:
Ie ne vous puis haïr quand ie vous voy si belle,
Ie ne vous puis aimer vous sçachant infidelle.
Mes sens sont en debat, mon esprit agité
Chancele inconstamment d'vn & d'autre costé:
Et suis si possedé de ma fureur extréme,
Que ie n'ay rien en moy qui s'accorde à moymême.
Que feray-ie à la fin? que veux-ie deuenir?
Ie ne puis malheureux lâcher ny retenir.
Tout bien consideré, mon plus grand aduantage
C'est que ie m'abandonne aux vens & à l'orage:
Et calant aux destins, que ie ne puis forcer,
Ie consente à regret tout bas en mon penser
Qu'infidelle & pariure, & pis cent fois encore,
Il fault bon gré mal gré que mon cœur vous adore.

LIVRE I.

ELEGIE XI.

C'EST en vain qu'on essaye à forcer la puissance
Du Ciel, qui nous contraint depuis nostre naissance,
Il faut tout laisser faire à la fatalité :
Car on ne peut changer son terme limité.
Pour courir à clos yeux aux hasards de la guerre,
Chercher toutes les mers, rauder toute la terre,
Ou pour viure à son aise & se contregarder,
Le Destin ne se peut haster ou retarder.
  Tel auoit mille fois attendu le naufrage
L'hiuer en plaine mer, qui ioignant le riuage
Apres s'estre asseuré des frayeurs de la mort,
S'est veu sans y penser submergé dans le port :
Ainsi que moy chetif, qui fais experience
Que le malheur nous prend lors que moins on y pense.
Car ie me voy surpris & blessé durement
Alors que i'esperois viure plus seurement.
  Durant le temps piteux que la France embrasee
Tournoit le fer contre elle en deux parts diuisee,
Voyant en tant de lieux ses champs ensanglantez
Du sang de ses enfans meurtris de tous costez :
Voyant estinceler tant de luisantes armes,
Les deux caps opposez, tant d'assauts tãt d'allarmes,
Voyant mes compagnons mourir deuant mes yeux,
Esmaillans de leur sang vn tombeau glorieux,
I'attendois d'heure en heure vne mort asseuree,
Et voir de mille coups ma poitrine honoree :

ELEGIES,

J'attendois la prison, & les autres hasars,
Ordinaire loyer des seruiteurs de Mars:
Mais le Ciel rigoureux me reserua la vie
Pour estre à mille morts aussitost asseruie,
Et me garda, cruel, d'vne captiuité,
A fin qu'apres ie fusse à iamais arresté.
Il me retira sauf de la ciuile flame
Pour me faire mourir par les yeux d'vne Dame,
D'vn feu qu'on ne voit point en l'air estinceler:
Car helas ! ie le couure, & me laisse brûler,
Ie recelle mon mal sous vne feinte ioye,
Et cache ma blessure à fin qu'on ne la voye.
Ce m'eust esté grand heur de tomber renuersé
Sanglant entre les morts, ayant le cœur percé,
J'eusse auec ce trespas tant de peine euitee,
Et quelqu'vn le sçachant eust ma mort regretee.
Où mourant maintenant personne ne me plaint:
Car nul ne sçait le mal duquel ie suis attaint,
Sinon vous homicide & guerriere inhumaine,
Qui vous resiouïssez de m'auoir mis en paine:
Vous riez de mes pleurs, de ma mort vous viuez,
Et de mon sang troublé vos rigueurs abreuuez.
Encor si parauant ie vous eusse offensee,
Et que vous à bon droit contre moy courroucee
M'eussiez pour chastiment à la mort condamné,
Blessé de mille traits, durement enchaisné,
Parmi tant de douleurs ie prendrois patience
Au lieu de vous blasmer accusant mon offense:
Mais sans auoir failli, contre toute raison
Pour vous donner plaisir me tenez en prison:

Et pour

LIVRE I. 177

Et pour voir si vos yeux pourront brûler vne âme,
Vous me faites mourir en l'amoureuse flame.
Las vous deuiez ailleurs vostre force essayer,
Et sur vos seruiteurs vos regards n'employer!
Si ie durois mille ans en vostre obeissance,
Ie garderay tousiours viue la souuenance
Du temps que commença ma mortelle langueur,
Quand feignit vous iouer vous blessastes mon cueur.
Ce iour de mon malheur fut la cause premiere
(Ie tremble en y pensant) quand vous belle guerriere
Tenant vn trait en main, & portant dans les yeux
Tous les flambeaux d'Amour qui consomment les dieux,
Vous choisistes mon cœur pour butte & pour adresse
Et me dites riant, Il faut que ie vous blesse.
  Ce mot n'estoit fini que le trait fut lasché,
Et l'Amour qui le veit, dans vos yeux embusché
Pour mieux marquer le coup fait d'vne main si belle,
Tira cent fleches d'or en ma playe nouuelle:
Puis il y meit le feu pour plus me tourmenter,
Voulant qu'autre que vous n'eust pouuoir de l'oster.
Las! ceste viue ardeur, qui point ne diminue,
Me tient impatient en fiéure continue,
Qui m'esmeut, qui me trouble, & qui me fait resuer,
Et ne puis à mon mal aucun secours trouuer:
Car de vous seulement ma guarison procede,
Et ie crains vous prier de m'y donner remede.
  Au moins s'il ne vous plaist mes langueurs secourir,
Ne refusez Madame, en me voyant mourir
De croire que ma peine a de vous pris naissance,
Et que vous me tuez sans auoir fait offense.

ELEGIES,

Quand le sçauray pour vray que vous le connoissez
Ie tiendray mes trauaux assez recompensez,
Et me resiouiray de voir finir ma vie
Pour vous donner plaisir, & vous rendre seruie.
Mais ce m'est vn regret plus dur que le trespas,
De voir qu'en me tuant vous ne le croyez pas:
Ou si vous le croyez, monstrez d'en'en rien croire,
De crainte que ma mort ne tache vostre gloire:
Ou de peur qu'à la fin vostre cœur endurci
Touché de mes douleurs ne se rende adouci.

    Vrayment, quand vous seriez d'vne roche sauuage
Si vous voyez mon cœur ainsi que mon visage,
Meurdry, couuert de sang, percé de toutes parts
Au milieu d'vn grand feu qu'allument vos regards,
Reconnoissant dessus vostre figure empreinte,
Vous seriez (i'en suis seur) de soupirer contrainte:
Et chassant mes douleurs par vn doux traittement
Vous me rendriez, Madame, heureux parfaittement.
Lors vous auriez honneur par ceste experience,
Monstrant de vos beautez l'admirable puissance,
Egale aux plus grands Dieux, qui ont entre les mains
L'heur, le malheur, la vie & la mort des humains.

    Madame, s'il vous plaist de me rendre la vie,
Que vos yeux foudroyans d'vn seul coup m'ont rauie,
Vous ferez voir en moy par ce diuin effort,
Que vous pouuez donner & la vie & la mort.

LIVRE I.
ELEGIE XII.

QVE doit faire vn Amant comme moy mise-
rable,
Blessé dedans le cœur d'vne playe incura-
ble,
Et brulant peu à peu sans espoir de secours,
Sinon tousiours se plaindre & soupirer tousiours?
Ainsi comme ie fais en vous seruant Madame.
Car ie pers mes soupirs où i'ay perdu mon ame,
Et me plains sans cesser du mal que ie reçoy
Pour estre tout à vous & n'estre plus à moy.
  En Hyuer, en Esté sans relasche à toute heure,
Soit de nuict, soit de iour desesperé ie pleure,
Voyant que mon malheur ne peut estre euité,
Et me deuls bassement de vostre cruauté:
Mais ce m'est deshonneur qu'en ma peine excessiue
Ie me plaigne de vous qui faites que ie viue:
Et d'vne passion, qui me plaist tellement,
Que quand i'en suis priué ie souffre doublement.
Car i'ay tant de plaisir lors que i'imagine
Que toutes mes douleurs ont de vous origine,
Que ce doux souuenir, qu'on ne peut estimer,
Me fait en mes trauaux bien-heureux reclamer.
  Ce seroit donc en vain que i'aurois esperance
D'eschaper quelque iour de vostre obeissance,
Puis que de ma prison vient ma felicité,
Et que i'aime plus fort plus ie suis tourmenté.
Helas! ie le sçay bien qu'il ne faut que i'espere
D'eschaper de vos fers, quoy que ie puisse faire:

ELEGIES,
Le Ciel à vous seruir m'a trop predestiné.
Ne m'accusez donc point que ie sois obstiné
Si i'aime ardentement vne ame si rebelle,
Blasmez plustost le Ciel qui vous a fait si belle.
Que le seul souuenir de mon hautain penser
Fait que de mes trauaux ie ne me puis lasser.
Car au plus fort du mal ce penser me conforte,
Que c'est pour vous aimer qu'à tort ie le supporte.
Las! s'il n'estoit ainsi, i'ay si fort enduré
Depuis que de mon œil le vostre est adoré,
Et que dans mon esprit ie porte vostre image,
Qu'il y a ja long temps que mon triste courage
(Bien que ferme & constant) ailleurs se fust rangé
Et que le desespoir mon desir eust changé.
Car si ie veux conter les angoisses mortelles,
Les diuerses fureurs, les peurs continuelles,
Les iniustes rigueurs, les courroux vehemens,
Les rapports enuieux, les mescontentemens
Qu'Amour a fait pleuuoir dans mon ame oppressee,
Depuis que ie vous fey royne de ma pensee:
Encor que vostre cœur soit plus dur qu'vn rocher,
La pitié vous fera maint soupir arracher:
Et vos yeux si cruels aux amoureux allarmes
Espandront par côtrainte vn grand fleuue de larmes
Car i'ay veu mille fois escoutant mes douleurs
Iusqu'aux plus durs rochers estre bagnez de pleurs.
 I'ay souffert tous les maux de l'amoureux martyre,
I'en ay plus supporté que ie ne sçaurois dire:
Voire & si i'en preuoy mille autres, à venir,
Qui mon ardant desir ne peuuent retenir.

LIVRE I. 179

Vous pouuez bien iuger voyant tant de constance,
Que de faire autrement ie n'ay pas la puissance:
Si i'ay quelque pouuoir il s'estend seulement
A vous aimer, Madame, & seruir constamment:
Et quand pour mon salut ie voudrois le contraire,
(Que sert de le nier?) ie ne le pourrois faire:
Mais ie ne le veux pas, ny ne puis le vouloir,
Deussé-ie en vous aimant à iamais me douloir.
  Puis donc que vous voyez que ma foy continue,
Puis que mon amitié vous est assez connue,
Ie m'esbahi comment vous m'auez peu penser
Auoir si lasche cœur que de vous offenser:
Et que i'aye entrepris, plein de ialouse rage,
Blasphemer contre vous d'vn mesdisant langage.
Vrayment vous auez tort, ma ferme volonté
N'auoit en vous seruant ce loyer merité:
Ie confesseray bien que ie vous ay blasmee,
Sentant de mille ennuis ma pauure ame entamee:
Durant vos cruautez au fort de ma langueur
I'ay souuent, sans mentir, blasmé vostre rigueur:
Ie vous nommois cruelle, inexorable & fiere,
I'accusois de vos yeux l'homicide lumiere,
I'accusois vos cheueux dont ie suis enlacé,
I'accusois vos beautez qui m'ont ainsi blessé:
Mais bien souuent encor au milieu de ma plainte
Ie demeurois tout court, palle & tremblant de crainte,
Et reprenois mon cœur qui de vous se plaignoit
Quand vostre cruauté plus fort le contraignoit.
Car bien qu'en vous seruant à grand tort il languisse,
Au milieu des tourmens ie veux qu'il vous benisse.

Z iij

ELEGIES,

Helas mon Dieu! comment auez-vous donc pensé
Qu'à vostre honneur sacré ie me sois adreßé?
Honneur si pur & beau, que qui veut en mesdire
Veut empescher aussi le clair Soleil de luire.
  Le malheur m'a liuré maint assaut dangereux
Depuis que ie suis serf de vos yeux rigoureux,
Sans auoir peu forcer mon courage inuincible:
Mais ce dernier effort s'est monstré si terrible
Et m'a du premier coup tellement combatu,
Que mon esprit en est de tout poinct abatu:
I'en laisse au desespoir ma vie abandonnee,
Et maudy sans cesser ma fiere destinee.
Mais i'ay ce reconfort qu'il ne peut aduenir
Qu'vn tel mal ne finisse, ou ne face finir
Auant qu'il soit long temps, ma languißante vie
Par vn rapport menteur à tous maux aßeruie.

ELEGIE XIII.

BEauté si chere aux yeux, & si cruelle aux ames,
Ie vous ay tāt de fois fait paroistre mes flames
Depuis que ie suis vostre, & qu'à mon grand malheur
De vos diuins regars ie tenté la valeur:
Vous auez tant de fois ma constance esprouuee,
Vostre main de mes pleurs a tant esté lauee,
Que ie n'espere pas en soupirs m'exhalant
Temperer la chaleur d'vn feu si violant:
Mais que ma iuste plainte au lieu d'estre entendue,
Se perdra dedans l'air sourdement respandue.
  Or si veux-ie pourtant des destins me doulcir

LIVRE I. 180

Et de vostre rigueur : car que me peut chaloir
M'estant perdu moymesme en vostre amitié vaine
Si ie pers ma complainte où i'ay perdu ma peine?
C'est peu c'est peu de cas pour me faire cesser,
Ie veux sur les soupirs les sanglots amasser,
Et finir en regrets ma languissante vie,
Puis que vostre rigueur n'est encore assouuie,
Et que plus ie vous aime inuincible au tourment
Plus vostre cueur s'obstine & se fait diamant.
 Helas si mes douleurs vous touchoyent la pensee,
Vous seriez de vous mesme à bon droit offensee,
Il vous faut seulement à par vous discourir
Combien depuis le iour que ie meurs sans mourir
Vous auez reconnu de feintise aux courages,
Et combien d'amoureux se sont trouuez volages,
Tant ceux qui pour la peine ont quitté les plaisirs,
Que ceux qui tous les iours ont fait nouueaux desirs,
Reiettans leurs defaux non sans quelque apparence,
Ou sur vostre rudesse, ou sur vostre inconstance.
Vous n'en trouuerez point qui constant comme moy,
Contre tous mouuemens ait conserué sa foy,
N'ayant voulu changer ma douleur vehemente
A toutes les faueurs d'vne plus douce amante:
Et qui de tous costez me trouuant assailly,
D'vn penser seulement contre vous n'ay failly,
Mais comme vn ferme roc que les vents & la gresle,
La tempeste & les flots combatent pesle-mesle,
Et pour tous leurs efforts n'est iamais abatu,
Ains s'affermist plus fort plus il est combatu.
Ainsi contre l'assaut de vos rigueurs cruelles,

Z iiij

ELEGIES,

Et contre les beautez de mille Damoiselles,
Qui las! ne m'eussent pas comme vous rejeté,
Immuable & constant i'ay tousiours resisté,
Sans que pour mes trauaux i'aye aucun auantage
Sur tant de vains mugnets dont l'ame est si vollage,
Qui de bouche & de cœur sont feints & déguisez,
Mais plus (ce croy-ie & crains) vous les fauorisez.
O rigoureux Amour que les feux que tu verses
Font dedans nos esprits de brulures diuerses!
Ie discours quelquefois sur tes faits inconstans,
Mais plus ie les recherche & moins ie les entans.
Myrtis de mon amour couuertement soupire,
Ie brûle pour Cleion, Cleion aime Thamyre:
Luy des traits de Myrtis se sent viuement poinct,
Myrtis belle à tout autre à mes yeux ne l'est point?
Voila comme vn enfant de nos desirs se ioue,
Et les ressorts trompeurs qui gouuernent sa roue.
Est-ce que nos esprits il vueille ainsi ranger,
Pour faire voir sa force ou bien pour se vanger?
O Dieu, si tu le fais pour montrer ta puissance,
Donte les rudes cœurs qui n'en ont connoissance:
Si c'est pour te vanger de quelques vieux forfaits,
Helas ne puny point ceux qui ne les ont faits,
La loy seroit barbare & d'iniustice pleine
Si contre l'innocence elle ordonnoit la peine.
Or ie me puis vanter incoupable enuers toy,
Ou ce seroit pecher de n'auoir qu'vne foy,
D'estre demeuré ferme aux plus cruels allarmes,
D'auoir obstinément tousiours gardé ses armes,
Imprenable aux dedains, aux feux, à la rigueur:

LIVRE I. 181

Bref n'auoir iamais eu qu'vn amour dans le cueur.
 Voila ce que i'ay fait, si c'est ton ordonnance
Que les tiens soyent punis qui suiuent la constance,
Tu me dois reseruer le plus cruel tourmant.
Car Phebus ne veit onc vn si fidelle amant.
Celle qui fut premiere est ma derniere flame,
Comme ie n'ay qu'vn cœur ie n'aime qu'vne Dame,
Tousiours à mesme but s'adresse mon penser.
Tel est mon naturel que ie ne puis forcer,
Et bien que ma Cleion se change d'heure en heure
C'est la loy des destins que constant ie demeure,
Tandis qu'il y aura des poissons sous les eaux,
Des Estoiles au Ciel, dedans l'air des oiseaux,
Des bestes dans les bois, des hommes sur la terre,
Et tandis qu'aux moutons les loups feront la guerre:
Que l'Hiuer sera froid & l'Esté chaloureux.
Et tant que les beautez auront des amoureux.

ELEGIE. XIIII.

Aistresse, en t'escriuant ie ne veux entre-
 prendre
Par vn discours plaintif mes douleurs
 faire entendre,
Ny comme ie languy priué de tout espoir,
Veu l'estat où ie suis de iamais plus te voir.
Las! ie n'ay point de voix pour vn si grief martyre;
Le mal n'est pas mortel qui parle & qui respire,
Le mien est infiny qu'on ne sçauroit conter,
Puis de l'endurer seul ie me dois contenter,
Sans que par le recit de mes fascheux allarmes

ELEGIES,

J'ouure au dueil ta poitrine & tes beaux yeux aux
Et que pour assouuir de tout point le malheur (larmes
J'adioigne à tes douleurs ma nouuelle douleur.
Las aussi quelle voix tragique & lamentable
Pourroit representer mon estat miserable
Depuis le triste iour que ton œil s'eclipsa?
Vrayment ce fut bien lors que ma nuict commença:
Mon ame se veit lors aux tristesses plongee,
Ma saison printanniere en hyuer fut changee,
Mille & mille soucis me donnerent la loy,
Et pensant te laisser ie me trouuay sans moy.
  Ie n'auois à grand' peine abandonné ta porte,
Qu'vn regret violant hors de moy me transporte,
Que ie me lasche au dueil, & tout desesperé
Ie maudy le destin contre moy coniuré.
Ie dépite ma vie à souffrir condamnee,
J'outrage la fortune & sa haine obstinee,
J'accuse mon deuoir cause de mon tourment,
Puis ie discours ainsi sur mon departement.
  Las ! c'est bien vn depart que ceste rage extréme
Puis que sa cruauté fait deux parts de moyméme,
Toutesfois en partant ie ne m'emporte pas:
Ce n'est donc vn depart, c'est plustost vn trespas,
C'est vne lente mort de mille morts suiuie,
Comme vn Hydre fertil renouuellant sa vie,
Vn chaos de pensers où l'esprit se confond:
Bref vne mer d'ennuis qui n'a riue ny fond.
C'est grand cas que mon mal ne puisse auoir de tréue,
Et que dés le matin, comme l'aube, il se leue
Et me suit iusqu'au soir quand ie veux me coucher:

LIVRE I.   182

Et lors plus que deuant met peine à me fascher.
Le lict m'est vne geinne, & la plume ocieuse
Redouble en la pressant ma langueur soucieuse.
I'en sors, ie me promeine, & sans aucun repos
Ie fay mille desseins, ie tiens mille propos,
Et rien ne dure ferme en ma vague pensee
Que l'eternel regret de vous auoir laissee,
Et dis m'en souuenant, O tenebreuse nuit!
O silence! ô repos! las où suis-ie reduit?
Tout se taist maintenant, toute sorte de beste
Oubliant son trauail courbe au sommeil la teste.
Les bœufs dedans l'estable, aux forests les oyseaux,
Aux cauernes les ours, les poissons sous les eaux.
Amphitrite est paisible, & les vents qui se taisent
Font que les flots mutins comme endormis s'appaisent.
Le marinier sans crainte en sa naue est couché,
Le brûlé moissonneur du sommeil est touché,
L'vniuers se repose, & l'horreur solitaire
Des trauaux iournaliers est la trêue ordinaire:
Seul ie vis en tourmente au plus calme des nuits,
Et le sommeil commun réueille mes ennuis.
  Ie fay mille autres plaints, & la Lune argentée,
Du son de mes regrets maintefois transportée,
Se retire en la nue, où plus morne en couleur
Fait voir que mes douleurs luy font quelque douleur.
Fiché ie la contemple, & luy narre ma paine
Accusant tous les feux de la celeste plaine:
Orion, la Pleiade, Helice, & le Daufin,
Et tant d'aspects malins qui causent mon destin.
  Ie passe en ces discours presque la nuict entiere

ELEGIES,
Que tousiours mon depart me fourniſt de matiere,
Tant que n'en pouuant plus ie me rens au ſommeil,
Qui me cille à regret les paupieres de l'œil:
Mais ce n'eſt commencé que la triſte merueille
D'vn ſonge eſpouuantable en tremblant me réueille:
Et les noires vapeurs qui troublent mon cerueau,
M'y depeignent ſans fin quelque ſouci nouueau.
    Vne fois ie te voy que ma douleur te touche
Les yeux couuerts de pleurs, les ſanglots à la bouche,
Et d'vn habit de dueil ombrageant ta beauté
Blaſphemer le deuoir qui ſi loin m'a ietté:
Mais las! preſque auſſi toſt ton image adoree
Se fait voir deuant moy plus gaye & plus paree,
Et mon eſprit ialoux, facile à s'offenſer,
Iuge que loin des yeux ie ſuis loin du penſer,
Qu'en vain ie te reclame, & que ta fantaiſie,
Oubliant nos amours, d'autre flamme eſt ſaiſie.
Lors d'ire & de deſpit ie m'eſueille en ſurſaut,
Et le ſonge ceſſant ma frayeur ne defaut.
Car ie reſte long temps ſi vaincu de ce doute
Que de froide ſueur tout le corps me dęgoute:
Ie n'entens ny ne parle immobile & tranſi,
On me iugeroit mort qui me verroit ainſi.
Puis comme peu à peu ie rentre en connoiſſance,
L'eſprit me reuenant, ma douleur recommance:
Mille ialoux ſoucis m'enuironnent le cœur,
Et comme les amans entretiennent leur peur
I'alambicque mon ſonge, & le tiens veritable,
Ie me plains de ta foy, peut eſtre, inuiolable:
Ie maudy les ſermens qui m'alloyent abuſant,

LIVRE I.

Et conclus pour la fin, ma simplesse accusant,
Qu'amour long temps ne dure en l'esprit d'vne femme
Si l'œil ou le discours n'en conseruent la flamme.
Puis en me reprenant, contre moy courroucé,
Ie deteste ma faute & m'appelle insensé,
Qu'vn simulacre feint me remplisse de crainte,
Apres les vrais effets de ton amitié sainte.
  Las! (ce dy-ie) ô mon bien ie paye ingratement
L'angoisse, où ie te vey pour mon departement,
Tant de regrets trenchans, tant de larmes versees
Hors de mon souuenir sont bien tost effacees.
Quel Amant desormais pourra viure sans peur,
Puisque ces vains pensers sont receus en mon cueur,
Et que la ialousie auec toute sa glace
Parmi de si grans feux peut encore auoir place?
O maudite fureur, sans tes soucis mordans
Amour tousiours enfant n'auroit griffes ny dans.
  Voila par quels destours vague ma fantaisie,
Callant ore à l'amour, ore à la ialousie,
Selon leur mouuement plus ou moins violant.
Tandis qu'on voit le Ciel d'astres estincelant.
Puis si tost que le iour a ses portes decloses,
Et que l'aube amoureuse ouure son sein de roses,
Ie me pers dans vn bois, où pour mieux me cacher
Ie choisi les recoins d'vn antre ou d'vn rocher:
Lors me trouuant tout seul dans ce lieu solitaire
Ie recommence encor mon esbat ordinaire,
Ie recommence encore à me deconforter,
Et du tout aux frayeurs ie me laisse emporter.
C'est en vain que i'essaye à tromper ma pensee

ELEGIES,

En me resouuenant comme ie t'ay laissée,
Quels furent tes propos de sanglots empeschez,
Et comme tes beaux yeux n'estoyent iamais sechez:
Au lieu de m'alleger ce penser me tourmente,
Bref ie ne puis souffrir mon ame impatiente,
Et ne puis d'autre part nul endroit aduiser,
Où sans croistre son mal ie la puisse poser.
Que sera-ce de moy? Quel espoir me console?
De m'attendre au retour c'est vne attente fole.
A mon extremité ce remede est trop lent,
Il vaut mieux me tuer par vn coup violent
Sans que plus desormais l'esperance m'enyure,
Car ie suis aussi las d'esperer que de viure.

ELEGIE XV.

LAs! faut-il que mon mal n'ait iamais d'allegeance,
Et que le temps moins fort cede à sa violance?
Faut-il qu'incessamment tant de soucis diuers
Comblent de cris ma bouche, & de plaintes mes vers?
Beauté qui regissez ma vie & ma fortune,
Si mon dueil continu vostre oreille importune,
Ne m'en accusez point, Amour mon puissant Roy,
Ainçois mon fier Tyran fait la faute & non moy:
C'est luy qui me réueille, & qui dedans mon ame
Lasche le poignant trait du soucy qui m'entame,
Car par luy i'ay conneu le pouuoir de vos yeux,
Les lys de vostre teint, vos sou-ris gracieux,
L'honneur de vostre sein, vostre port venerable,

LIVRE I. 184

Et ce plaisant desdain à la pointe incurable.
J'ay conneu cest esprit, ces vertus, ces discours,
Et mille autres beautez meres d'autant d'amours:
Et sans penser plus loin mon ame trop hastiue
Croyant à son desir se fist vostre captiue.
  Confessez, s'il vous plaist, Ay-ie pas quelque droit
De trembler de frayeur ? Helas ! qui ne craindroit ?
Trop de iustes raisons malgré moy me font craindre,
Tant d'attraits rauisseurs ne peuuent-ils contraindre
L'œil volage d'vn Prince ou quelqu'vn de ces dieux
Qui pour moindre que vous descendirent des cieux ?
Et qui sçait (mais ie croy que n'estes variable)
Si leur serue grandeur vous seroit agreable ?
Que ne voulut Amour, pour m'oster de souci,
Grauer dessus mon cœur vos pensers tout ainsi
Comme il y sceut former le celeste visage ?
Peut estre qu'en l'esprit ie n'aurois plus d'ombrage,
Car y reconnoissant que vous daignez m'aimer,
Aucun trait que d'amour ne pourroit m'entamer.
  A l'homme trop auare en aimant ie ressemble,
Il ne peut eloigner son thresor qu'il ne tremble,
Bien qu'il l'ait mis en terre, à toute heure en tous lieux
L'idole d'vn larron vole deuant ses yeux.
Ainsi, mon cher thresor, vous perdant de presence,
La crainte arriere moy bannit toute esperance,
Me caille tout le sang, & me fait rauasser,
M'amoncelant sans fin penser dessus penser:
Mais si tost, ô mon cœur, ie ne verray reluire
Le clair feu de vos yeux trop beaux pour mõ martyre,
Que l'esperance en moy la maistresse sera,

ELEGIES,

Et loin de mon esprit la crainte chassera.
Retourne donc mon bien, retourne, & reconforte
Mon esperance helas! qui tombe à demi-morte.
 Comme quãd le bel astre aux saisons commandant,
L'œil & le cœur du Ciel, deuale en l'Occidant.
Maint ombrage s'esleue, & mainte horrible fainte
Saisit les cœurs humains d'vne effroyable crainte:
Puis si tost que l'Aurore a le Ciel eclairci
L'ombre s'euanouist, & la frayeur aussi.
De mesme, ô mon Soleil, quand ta iumelle flame
Tourne ailleurs ses rayons vient la nuict de mon ame,
Mille & mille soucis passent deuant mon cueur,
Et fantosmes douteux le transissent de peur:
Mais au plaisant retour de ta belle lumiere
Mes yeux recouureront leur splendeur coustumiere,
Et toutes ces frayeurs mes esprits martellans
Se perdront à l'instant comme songes vollans.
Retourne donc vers moy ta lumiere eclipsee,
Et chasse, ô mon Soleil, les nuicts de ma pensee.
 Quand Phebus se recule & qu'il laisse les iours,
S'eloignant de l'Archer, froids, ennuyeux, & courts.
Les vens déprisonnez d'vn grand bruit se font guerre,
Ils renuersent la mer, ils font trembler la terre:
La neige couure tout d'vn linge blanchissant,
Et la gresle à l'enui descend en bondissant:
La terre au lieu de fleurs, de frimas est couuerte,
Prez, buissons, & forests quittent leur robbe verte,
La gorge des oyseaux est muette aux chansons,
Et le cours des ruisseaux est bridé de glassons.
Tout ainsi, ma Diane, alors que tu me priue

De ton

LIVRE I.

De ton benin aspect, le desespoir arriue,
La peur d'vn changement, le souci deuorant,
Qui me font vn Hyuer qui m'est tousiours durant,
Soit que le Printemps viéne, ou le chaud, ou l'Autône,
Et iamais ceste peur relasche ne me donne.
    Reuien donc mon soleil, & d'vn trait de tes yeux
Fay refleurir encor mon printemps gracieux,
Romps la glace endurcie, & l'orage, & la gresle
La neige & le frimas, qui troublent pesle-mesle
Le serein de mon ame, & d'vn œil amoureux
Adouci la rigueur de l'Hyuer froidureux.
Mais retourne deuant qu'vne longue tristesse
Surmonte mon espoir, & s'en rende Maistresse:
Mon espoir qui desia s'affoiblit chacun iour,
Bien que tant de grans vens renforcent mon amour.

ELEGIE XVI.

LORS que le trait d'Amour sortant de vostre
    veue
Passa comme vn esclair mon ame à l'impour-
    veue,
Et qu'en vos blonds cheueux mon cœur fut enlacé,
Bien que l'or en parust nonchalamment tressé,
Nouuel Epimethé trop tard ie deuins sage:
Apres le coup receu i'en conneu le dommage,
Ie pleuray ma fortune, & tout bas maudissant
L'ineuitable loy du Destin tout-puissant,
Ie vey bien que mon mal estoit sans esperance:
Car bien qu'Amour n'obserue aucune differance
Mesurant la noblesse à la fidelité.

[marginalia top left:] on dit egal et inegal / et p.^{ñt} ne faut dire / inegalite

ELEGIES.

I'apprehenday pourtant nostre inequalité
Et de peur que mon vol vous semblast temeraire
I'estouffé ma douleur, & couury mon vlcere,
Esperant que le temps me pourroit alleger,
Et mon nouueau desir en quelque autre changer.
Mais plus en ces discours folement ie m'obstine,
Plus le trait amoureux s'enfonce en ma poitrine:
Ie ne puis plus souffrir vn feu si deuorant,
Qui bruleroit plus fort moins i'irois soupirant,
Il faut que ie me lasche aux regrets & aux larmes,
Vous monstrãt par mes coups le pouuoir de vos armes.
Les mortels en leurs maux aus dieux ont leur recours,
De vous semblablement i'attens tout mon secours.
Et d'auantage encor ie serois à reprendre,
Si par ce feu couuert i'estois reduit en cendre
Faute d'ouurir mon cœur de flammes suffoqué.
Car bien que le trespas i'aye assez inuoqué,
Comme vnique remede à ma playe incurable,
Si me deplairoit-il vous estant dommageable.
⊞ Moy qui ne suis plus moy, que perdrois-ie en mourant
[marg.: mouellon qu'il cellent] Qui puisse estre dit mien par discours apparant?
Car mon esprit est vostre, & mon ame egaree
Volle autour de vos yeux de son corps separee:
Ie perdrois seulement ma flamme & mes douleurs,
Ie perdrois mes desirs, mes soucis & mes pleurs,
Et de tant de pensers la grand' troupe immortelle:
Vous perdriez quant à vous, vn seruiteur fidelle,
Que vos yeux seulement ont pouuoir d'animer,
Et qui vous aime tant qu'il ne s'en peut aimer.
Las si vous pretendez que i'aye fait offense

[marg. bottom:] ⊞ ce n'est pas ce qu'il veut dire. Il / deuoit dire. Moy q⁻ n'ay plus rien a moy di...

LIVRE I. 186

D'oser tant entreprendre, escoutez ma defense.
La faute vient de vous & d'Amour qui m'a fait
Connoistre en vous voyant vn suiet si parfait:
Vous n'auriez pas raison de vous mettre en colere
Pour vne belle erreur que vous m'auez fait faire,
Au lieu de m'accuser accusez vos beaux yeux
Riches des traits d'amour, cruels & gracieux:
Accusez vostre teint qui la neige surpasse,
Accusez vos cheueux & vostre bonne grace,
Et commandez ma Dame à vos jeunes beautez
De n'emprisonner plus nos libres volontez.
 Si vous auez desir de n'estre point aimee,
Ne voyez point le jour, demeurez enfermee,
Tenez vous dans vn antre, ou dans quelque rocher,
Encor vostre valeur ne se pourra cacher:
Tousiours vous paroistrez en beautez la premiere.
Car par tout le Soleil decouure sa lumiere.
 Las dés le premier iour que vostre œil me rauit,
Et que mon ieune cœur sous vos loix s'asseruit,
Ie fis ce que ie peu pour auoir deliurance,
Et pour me rebeller de vostre obeissance:
Ie ne le faisois pas de crainte d'endurer,
Mais la peur seulement de n'oser aspirer
A si digne seruice agitoit ma pensee,
Qui ne vouloit pourtant estre ailleurs adressee.
Car mon cœur que le Ciel vous a predestiné,
Aime mieux consentir au decret ordonné,
Et mourir par vos mains d'vne playe honorable,
Qu'esprouuer l'appareil d'autre amour fauorable.
Veu qu'au seul souuenir de ses hauts pensemens

ELEGIES,
Il se ioue en ses fers, & se rit des tourmens.
  Soyez moy donc, Madame, ou fiere, ou gracieuse,
Soyez ou ne soyez de mon mal soucieuse,
Faites moy receuoir la vie ou le trespas,
Bref croyez ma constance ou ne la croyez pas,
Vous ne ferez iamais, fauorable ou contraire,
Que d'vn si haut dessein i'essaye à me distraire.
D'autres nouueaux desirs ie ne veux plus auoir,
Et quand ie le voudrois ie n'aurois le pouuoir.
Au feu des passions ma foy se rend plus forte,
Puis contre vos dedains ce poinct me reconforte,
Si par vostre rigueur ie meurs auant le tans,
Veu ma temerité, i'auray ce que i'attans.
« Car aux hautes amours ceste regle est commune,
« Qu'en têpeste et en calme on court tousiours fortune.

ELEGIE XVII.

COMME le Pelerin qui sent en son courage
Vn desir violant d'accomplir son voyage,
Se reueille en sursaut : & comme il est poussé
Continue à grands pas le chemin commencé.
Mesme à fin que la nuict son desir ne retarde,
Parmi l'obscurité leue l'œil, & regarde,
Choisissant pour sa guide vn astre au firmament,
Sous la faueur duquel il marche asseurément :
Pense bien remarquer la trace plus certaine,
Maintenant passe vn bois, maintenant vne plaine,
Vn mont, vne valee, vn costau separé,
Et va tant qu'à la fin il se trouue égaré.
Tout chemin luy est clos, ne sçait qu'il doiue faire,

LIVRE I.

L'astre qu'il à choisi n'ha la flamme assez claire,
Et les autres flambeaux par le Ciel reluisans
Pour le bien radresser ne sont pas suffisans.
En fin la nuict s'enuole, & l'Aube coloree
Haste le beau Soleil à la tresse doree,
Qui de ses clairs rayons l'Vniuers resiouit,
Et toute autre lumiere aupres s'esuanouit:
Lors il reprend courage, & ioyeux il salue
Ceste clairté nouuelle à son secours venue,
Se remet au chemin qu'il auoit delaissé,
Et connoist de combien il s'est desauancé.
  I'en ay fait tout ainsi, i'ay suiui mesme adresse,
Vray pelerin d'Amour dés ma tendre ieunesse:
Car mon âge si tost du printemps n'approcha,
Que ce Dieu contre moy mille traits décocha,
Se fit Roy de mon ame, eschauffa mon courage,
Et me mit au chemin de l'amoureux voyage:
Lors pour seruir de guide à mon ardant desir
La ieunesse me fist vne beauté choisir,
Qui s'offrit fauorable à mes yeux la premiere,
Et que ie reconneu pour ma seule lumiere:
Son ardeur doucement mon esprit embrasoit,
Ie ne voyois plus rien qu'ainsi qu'il luy plaisoit,
C'estoit mon seul obiet, mon desir, & ma flame,
Et sa seule influence auoit force en mon ame.
  I'ay longuement erré parmy l'obscurité
De mes sens aueuglez suiuant telle clairté:
I'ay passé maint taillis, & maint desert champestre,
Eloigné du chemin sans me pouuoir connoistre:
En vain mille beautez s'offroyent deuant mes yeux

A a iij

ELEGIES,

Comme astres qui la nuict vont allumant les cieux:
Ie n'en pouuois tirer de plus seure conduite,
Et tousiours leur clairté me sembloit trop petite.
Mais si tost que le iour de vos yeux m'esclaira
Mon cœur d'aise raui ce Soleil adora,
Et conneu tout soudain que la flamme allumee
Dedans moy parauant n'estoit rien que fumee:
De ma premiere erreur ie fu tout asseuré,
Et vey que iusqu'ici ie m'estois esgaré.
Car celuy qui ne suit vostre beauté si rare
(Seul Soleil de nos ans) peut dire qu'il s'esgare,
Son desir mal conduit erre sans iugement,
Et ne connoist d'Amour l'agreable tourment.

Il me souuient tousiours qu'en mon ardeur premiere
Lors que mon ame estoit autre part prisonniere,
Ie pensois fermement qu'on ne sceust mieux aimer,
Et n'eusse iamais creu qu'Amour peust enflamer
Plus chaudement vn cœur de sa viue estincelle,
Ny qu'vn parfait Amant peut estre plus fidelle.
Mais vos yeux m'ont appris que i'estois abusé,
M'ayant de tant de feux l'estomach embrasé,
Et mis en mon esprit de pensers si grand nombre
Que ma premiere amour au pris n'estoit qu'vne om-
Bref, ie suis si pressé qu'ores ie connois bien   (bre:
Helas! qu'aupres de vous ie n'aimay iamais rien.

Vrayment c'est bien raison que l'amour qui me tue
Passe tout autre amour qu'auparauant i'ay eue,
Et qu'en vous adorant ie croisse en loyauté,
D'autant que vos beautez passent toute beauté,
Beautez pleines de lis & de roses nouuelles,

LIVRE I.   188

D'agreables langueurs, de flammes immortelles,
D'amours, de doux attraits, de thresors precieux,
Et des perfections que receloyent les cieux.
Car tout ce que le Ciel auoit mis en reserue
De plus belle richesse en vos yeux se conserue,
Vos yeux si beaux aux miens qui me donnent le iour,
Et qui font qu'Amour mesme est embrasé d'amour.
  Quant à moy si ie voy quelque autre Damoiselle
Qui guide en cheminant les Graces auec elle,
Qui ait les cheueux beaux, les yeux cruels & doux,
Ie dy qu'en quelque chose elle approche de vous,
Mais non pas que pourtant elle soit si parfaite:
Car pour chef d'œuure seul Nature vous a faite,
Tousiours on vous peut voir admirable exceller,
Et à vous rien que vous ne se doit galler:
Ainsi que la douleur qu'en mon ame i'assemble,
Qui surpassant toute autre à soy seule ressemble.
  I'ay tousiours iusqu'ici blasmé l'extremité,
Mais ie pers cest aduis perdant ma liberté.
Car vous voyant, Madame, en beautez tant extreme
Ie consens que mon cœur extremement vous aime:
Ie veux qu'en vous seruant il souffre extremement
Et le desauouerois s'il faisoit autrement.
Peut estre quelque iour vous en serez touchee:
Et à fin que ma mort ne vous soit reprochee,
Finirez mes langueurs, aurez de moy pitié
Et recompenserez ma fidelle amitié.
  O Dieux si d'vn tel heur ie contente ma vie,
Ne m'accordez plus rien de chose que ie prie!
On ne me verra plus d'autres biens desireux,

A a iiij

ELEGIES,

Et m'estimeray lors contant & bien-heureux.
Mais si par mon malheur trop cruelle & trop fiere
Vous ne vous flechissez au son de ma priere,
Sans plaisir, sans confort, triste & desesperé,
Ie veux blasmer le Ciel contre moy coniuré,
Et maudire ma vie où tout malheur abonde,
Prenant congé d'Amour le seul bien de ce monde.
Car que me seruira que ie sois redouté,
Que i'aye en mon printemps maint effort surmonté,
De m'estre veu le chef de si grandes armees,
D'auoir des ennemis les campagnes semees,
D'estre eschapé vainqueur de cent mille dangers,
D'estre le seul effroy des princes estrangers,
D'vn Roy si genereux auoir pris ma naissance,
Courageux, indomté, d'inuincible puissance:
Auoir dessus mon front semé tant de lauriers,
Auoir ieune arraché la palme aux vieux guerriers,
Iusqu'au plus haut du Ciel planté ma renommee
Que le temps ny la mort ne rendront consommee,
Bien voulu d'vn chacun, bien craint, bien estimé,
Si de vous seulement ie ne puis estre aimé,
Et si vous refusez de m'estre fauorable?
" La grandeur sans amour est chose miserable.
I'aimerois beaucoup mieux estre né bassement,
N'auoir pas tant de cœur, ny tant de sentiment,
Que mon esprit fust lourd & mon ame pesante,
Ma douleur pour le moins ne seroit si cuisante.
" Car plus vn homme est grand & de gloire animé,
" Plus chaud est le brandon qui le rend consumé:
" Et le mal qui le presse est beaucoup plus terrible

LIVRE I.

« Que celuy du commun qui est presque insensible.
Puis ie croy fermement qu'Amour victorieux
A des flesches à part pour les Rois & les Dieux,
Et ne sçaurois penser que les grands il surmonte
Comme le peuple bas dont presque il ne fait conte.
Las! de ses traits choisis mon cœur est trauersé,
Il a tout dedans moy son carquois renuersé,
Ie suis sa trousse mesme, & sa chaude fournaise,
Vos yeux & mes pensers en nourrissent la braise,
Dont mon corps languissant sera tost deuoré
Si par l'eau de pitié ce feu n'est moderé.
Car le voulant couurir d'vne froide apparence,
Par ma discretion i'accrois sa violence,
De vous voir bien souuent ne faisant pas semblant,
Quand ie suis tout en feu feignant d'estre tremblant,
Et me monstrant ioyeux en ma douleur cruelle,
Seul entre tous les grands qui mes amours recelle.
Car eux communément au lieu de les celer
Trouuent mille suiets pour en faire parler:
Où moy ie les contrains & les cache en mon ame,
Aimant mieux endurer que de nuire à Madame,
Et ne voulant qu'vn peuple ignorant & sans loy
Connoisse mes desirs, & babille de moy.
Ceux qui sçauent comment à part ie me retire,
Que ie me plais tout seul, que i'aime tant à lire
Les passions d'Amour, ses effets rigoureux,
Iugent tout aussi tost que ie suis amoureux.
Ils le disent assez, mais ils n'ont connoissance
Que vous me reteniez en vostre obeissance,
Tant ie sçay bien couurir mon desir violant,

ELEGIES,

Qui las! croiſt d'autant plus que ie le vay celant.
Mais i'aime mieux ſouffrir vne douleur plus forte
Que mon allegement quelque ennuy vous apporte:
I'aime mieux me priuer du beau iour de vos yeux,
Fuyant ce que i'adore & que i'aime le mieux.
Car i'ay ce reconfort, qui mon mal diminue,
De penſer que ma foy par là vous ſoit connue,
Et que la verité de mon affection
Se deſcouure aiſément par ma diſcretion,
Qui eſt de fermeté le plus ſeur teſmoignage:
Iamais homme diſcret ne ſceut eſtre vollage.

ELEGIE XVIII.

CELVY n'auoit d'Amour eſſayé la puiſſance
Qui le fit vn enfant priué de connoiſſance,
Ouuert, ſans fiction, ſans yeux, ſans iugement,
Auſſi nu de conſeil comme d'accouſtrement.
Car pour rendre vne amour & durable & ſecrette,
Trompant les aiguillons de la tourbe indiſcrette,
Il faut auoir des yeux, eſtre ſage & ruſé,
Et ſe maſquer le cœur d'vn propos deſguiſé,
Qui paroiſſe ſans art, entier & veritable,
Autrement vne amour ne peut eſtre durable.
Ceux le ſçauent aſſez, qui craignans les dang
Qu'apporte vn haut deſir par leurs yeux meſſag
Font entendre à leur Dame à ſecretes volees
L'ardeur & la grandeur des flammes recelees:
Et par tout, autre part deguiſans leur tourment,
Monſtrent de n'aimer point, diſcourent librement:
Et ſouffrans ſans mot dire en longue patience

LIVRE I.   190

Attendent que le temps leurs douleurs recompense,
Et qu'ils puissent vn iour pleins de felicité,
Remonstrer sagement ce qu'ils ont merité.
Mais il est mal-aisé que leurs tristes pensees,
Ou de leurs yeux legers les œillades lancees,
Ou quelque chaud soupir par mesgarde lasché
Ne decouure à la fin ce qu'ils auoyent caché.
 Qui veut donc receler vne amoureuse flame,
Il faut qu'en adorant sa Deesse en son ame
Il feigne aimer ailleurs, & le feigne si bien
Que le peuple s'abuse & n'y connoisse rien:
Non le peuple sans plus, mais la Dame empruntee
Doit estre tellement par sa feinte enchantee,
Par ses brûlans soupirs, par ses mots deguisez,
Et par ses yeux trompeurs de larmes arrosez,
Qu'elle afferme en son cœur qu'il ne se sçauroit faire
Qu'vne Venus nouuelle à soy le peut attraire.
 Celuy qui sagement se peut ainsi former,
Desguisant sa pensee est seul digne d'aimer.
Las ie merite donc d'aimer toute ma vie!
Car ie sçay deceuoir la malice & l'enuie
Par faulses passions, ie sçay bien soupirer,
Ie sçay de mes deux yeux deux fontaines tirer,
Pour flechir la rigueur d'vne feinte Maistresse.
Ie sçay faire le triste accusant sa rudesse,
Tenir les yeux en bas de mes pleurs tous lauez,
Et monstrer que ses mots dans mon cœur sont grauez:
Bref, ie puis à bon droit me donner ceste gloire,
Que quand i'ay feint d'aimer ie l'ay peu faire acroire.
Mais ce qu'il faut douter ce chemin poursuiuant

ELEGIES,

Auec tant de labeurs, c'est que le plus souuant
La Deesse en nos cœurs saintement adoree,
Pour loyer de la peine en feignant enduree,
Iuge tout autrement de nostre volonté,
Et prend la fiction pour vne verité:
Si bien que cest' amour sagement commencee
Par vne impatience est souuent delaissee.
   Madame, en qui le Ciel liberal a posé
Tout ce qu'il reseruoit de rare & de prisé
Estant serf de vos yeux, ie ne dois auoir crainte
Que vous pensiez iamais mon amour estre fainte.
Car si le plus souuent ie feins ne vous voir pas,
Si craignant vous trouuer ie tourne ailleurs mes pas,
Si ie n'ose en mourant vous conter mon martyre,
Si pres d'vne autre Dame esperdu ie souspire,
Si ie dy que ie meurs blessé de sa beauté,
Si le peuple me iuge ardemment agité,
Et croit que cest' amour toute autre amour efface,
Helas! vous sçauez bien qu'il faut que ie le face,
Encor que ce me soit vn extreme tourment,
Et qu'il ne m'est permis vous aimer autrement.
   Si i'osois me douloir des maux que vous me faites,
Pouuois parler à vous, voir vos beautez parfaites,
Encor que vos propos me fussent rigoureux,
Quel amant plus que moy se diroit bien-heureux?
Contant ie me plairois au fort de ma souffrance;
Car le bien de vous voir me seroit recompanse.
Mais ce m'est vn tourment impossible à penser,
Qu'il faille en mes trauaux ma volonté forcer,
Et brulans, sans crier, d'vne flamme secrette,

LIVRE I.

Me priuer, malheureux, du bien que ie fouhaitte:
M'eloigner de vos yeux, n'ofer m'en approcher,
Et pour couurir mon mal vn autre rechercher.
Toutesfois ie le fais, à fin qu'en cefte forte
Vous connoiffiez au vray l'amour que ie vous porte:
Et qu'eftant de vos yeux viuement embrafé,
Le plus fafcheux fentier ne m'eft point malaifé.
   Or de vous deffier que fous cefte entreprife
Ie pourfuiue vne amour dont mon ame eft efprife,
Et qu'eftant autre part i'y reçoiue plaifir
Pluftoft qu'y demeurer pour cacher mon defir,
Vous n'auriez pas raifon. Car cil qui vous a veuë
D'attraits & de beautez fi richement pourueuë,
Peut aller tout par tout fans crainte & fans danger:
Et quoy qu'il voye apres il ne peut plus changer,
De toute autre prifon la voftre le deliure,
Et le feul fouuenir de vos yeux le fait viure.
   I'en parle affeurément pour l'auoir efprouué:
Car depuis que l'Amour dans mon cœur eut grané
Voftre diuin portrait qui caufa fa victoire,
De tout autre penfer ie perdi la memoire:
Ie ne penfe qu'en vous qui m'auez arrefté,
Et mon œil eft aueugle à toute autre beauté.
   Viuez doncques, Madame, à bon droit affeurée
Que ma foy vous fera d'eternelle durée:
Ie veux fans varier mourir en vous aimant.
Cependant, s'il vous plaift, pour mon contentement,
Iugez fi ie fupporte vne douleur extreme,
Feignant d'aimer ailleurs durant que ie vous aime.

ELEGIES,

ELEGIE XIX.

*V*OVS qui pipez d'Amour, d'erreur & de
  ieunesse,
Adorez vainement vne folle Maistresse:
Vous qui mesme sur vous n'auez plus de
  pouuoir,
Vous qui sous bonne foy vous laissez deceuoir,
Vous qui prenez le blanc pour vne couleur noire,
Vous qui de vos malheurs bastissez vne gloire,
Et qui tout possedez de charme & de poison
Estes sans yeux, sans cœur, sans ame & sans raison:
Oyez le iuste dueil d'vne personne attainte,
Oyez l'aspre courroux & l'ardente complainte
Du desolé Philandre à bon droit irrité
Pour auoir descouuert vne infidelité:
Et pour auoir perdu sa ieunesse abusee
Seruant fidellement vne Alcine rusee,
Vne fine Lamie, vne peste, vn venin,
Et tout le deshonneur du sexe feminin.

Vn des iours de l'Esté que la flamme etheree
Bruloit de toutes parts d'ardeur demesuree,
Cest amant furieux, qui sentoit au dedans
De son iuste despit les aiguillons ardans
Et les elancemens d'vne forcenerie,
Tombe du haut de soy, tout vaincu de furie,
Sans parler, sans mouuoir, palle, & tout esperdu,
Ayant auec l'esprit tout sentiment perdu.
Il ne pouuoit pleurer, encor qu'il eust enuie
De voir couler en pleurs ses amours & sa vie;

[marginalia: Il deteste l'infidelité des femmes. / mal par sur vous mesme. / ma. / mal par le Soleil / iar, dar, d'em, de]

LIVRE I.

Mais comblé de douleur sans cesse il halletoit,
Et son cœur mutiné pour sortir combatoit.
  Il demeura long temps ainsi vaincu de rage,
Ayant les mouuemens, le geste & le visage
D'vn qui tire à la mort lors qu'il va fremissant
Auec vn gros hocquet les membres roidissant:
Puis il reuient vn peu rentrouurant la paupiere,
Et monstre qu'à regret il voit nostre lumiere,
Tant il est las de viure, & tant il ha desir
Que le ciseau fatal tranche son desplaisir.
Mais voyant que la mort n'abregeoit sa misere,
Il saute sur les pieds transporté de colere,
Pour saisir vne espee & s'en percer le flanc,
Ou pour plonger sa dague aux sources de son sang:
Tenant le fer tout nu dans sa dextre meurtriere,
Il fait sortir ces mots pour complainte derniere.
  Mourons mourons (dit-il) punissons nostre erreur,
Eschapons par le fer des dents de la fureur:
Faisons rire vne ingrate, & donnons quelque cesse
Au regret eternel qui nous charge & nous presse.
Las! que i'aime la mort qui me peut secourir,
Mais ie maudy le Ciel qu'il ne m'a fait mourir,
Quand i'estimois son cœur estre vn roc immuable,
La mort m'eust esté lors bien douce & fauorable.
  Acheuant ces propos comme il veut s'auancer
Pour le fer inhumain dans sa gorge enfoncer,
Et qu'il court gayement à la mort toute preste,
Il sent qu'au mesme instant vn bon esprit l'arreste,
Qui luy saisit le bras, qui le fait tressaillir,
Qui luy fait le couteau de la dextre saillir.

ELEGIES,

Et qui parle en son cœur disant en telle sorte:
    Quelle extreme fureur hors de toy te transporte?
Quelle rage te tient ? quel brasier vehement
Te deuore l'esprit, l'ame & l'entendement,
Que tu vueilles mourir d'vne mort si cruelle
Pour l'impudicité d'vne Dame infidelle,
Encor sans te vanger & sans faire sentir
Si de se prendre à toy lon se peut repentir?
Venge toy pour le moins, puis d'vn grād coup d'espee
Mets fin à ton amour si laschement trompee.
    Ainsi ce bon Esprit l'Amant dissuada,
Et l'heure de sa fin par ces mots retarda,
Au poinct que le Soleil commençoit sa carriere
Monstrant ses cheueux d'or rayonneux de lumiere:
Ce chetif amoureux, amoureux & ialoux,
Tout cuit de passions, de rage & de courroux,
Se met à discourir en sa triste pensee
Comme il pourra venger son amour offensee.
Cent mille tourbillons l'vn sur l'autre amassez,
Cent pensers differens contrairement poussez,
Luy liurent la bataille, & font dedans sa teste
Vn brouillement confus tout bruyant de tempeste.
Neptune en temps d'Hyuer n'est point plus agité
Estant poussé des vents d'vn & d'autre costé,
Et ne voit tant de flots, & tant de vagues perses,
Comme il roule en l'esprit d'affections diuerses.
Il ne faut point penser qu'il puisse reposer,
Il resue, il se despite, & se sent embraser
Le cœur tout à l'entour d'vne nouuelle flame,
Dés qu'il se ressouuient des ruses de sa Dame,

LIVRE I. 193

De ses soupirs trompeurs, de ses mots déguisez,
De ses yeux tant de fois feintement arrosez:
Et voyant (ô regret!) sa feintise notoire
La croyant il se fasche & se hait de la croire:
Mais il la croit pourtant, & la doit croire aussi,
Bien qu'en s'en souuenant il reste tout transi.
  Or quand ce souuenir à ses yeux se presente,
Helas! c'est fait de luy, il crie, il se tourmente,
Il soupire, il sanglote, il est plus qu'au trespas,
Et despite sa vie, il chemine à grands pas,
Et cherche en rauassant les lieux plus solitaires
Pour maudire à son gré les destins aduersaires.
Il va de ses douleurs la terre ensemençant,
De ses cuisans soupirs l'air s'eschauffe en passant,
Et l'amoureuse Echo d'aigre douleur contrainte,
Parmi les rocs caueZ respond à sa complainte.
  O feminin cerueau (dit-il en soupirant)
Traistre, feint, sans arrest deçà delà courant,
Contraire object de foy, pariure & variable,
Que celuy qui te croit est pauure & miserable!
Ie t'ay creu toutesfois: aussi tu m'as fait voir
Combien ton naturel est propre à deceuoir.
Mais las qui ne t'eust creu? ceste aspre violence,
Ces sermens, ces propos tant vrais en apparence,
Tant enflammez d'amour, tant chauds d'affection,
Ces regars dérobez brulans de passion,
Ces doux languissemens, ces mignardes caresses,
Ces larmes, ces propos, & ces longues promesses,
Estoyent-ce les tesmoins d'vne legere foy,
Et qu'on fauorisast les autres comme moy?
                    B b

ELEGIES.

Ah traistre & lasche cœur! de quel masque hypocrite
As-tu sceu deguiser ta volonté maudite,
Sans que par mon amour ny par ma fermeté
I'aye peu retenir tant d'infidelité?
« On dit que Cupidon n'est iamais soul de larmes,
« Ny le Dieu Thracien de meurtres & d'allarmes,
« Les abeilles de fleurs, les chéures d'arbrisseaux,
« De riuieres la mer, & les prez de ruisseaux:
« Mais qu'on die aussi bien que la femme inconstante
« De cent mille amoureux ne seroit pas contante.
« En a-telle vn acquis? elle en veut vn nouueau,
« Et iamais fermeté n'habite en son cerueau:
« Animal plein de ruse, indomtable & vollage,
« Qui ha dedans la bouche autremẽt qu'au courage.
   Las! ie croy que les Dieux ardemment courroucez,
Vn iour que les humains les auoyent offensez,
Feirent naistre ici bas pour punir leur audace
Et pour les trauailler, la feminine race,
Ainsi que les serpens, les tigres, & les loups,
Aux mortels mille fois plus courtois & plus doux:
Et comme on voit sortir parmi les bonnes plantes
Des chardons inutils & des herbes mechantes.
   Hé pourquoy la Nature & les Cieux n'ont permis
Que les hommes par eux, & d'eux-mesmes amis
Sans toy, sexe imparfait, peussent auoir naissance,
Pour ne te deuoir plus ceste reconnoissance?
Ainsi que nous voyons qu'vn soigneux Iardinier
Ente sur vn prunier les greffes d'vn prunier,
Vn pommier sur vn autre, & vn chesne sauuage
De ses ieunes rainseaux peupler tout vn bocage:

LIVRE I. 194

Ou comme le Phenix soymesme se brulant,
Sans finir, par sa fin se va renouuelant.
Mais en vain ie m'arreste aux effets de Nature,
Qui tout cest Vniuers conduit à l'auenture,
Par hazard, par fortune, & par legereté,
Et qui se resiouit de sa diuersité.
Quelle perfection faut-il esperer d'elle
Puis qu'on sçait que Nature est mesme vne femelle?
Cessez pourtant cessez, Femmes, de vous vanter
De ce que vous pouuez les hommes enfanter,
Et qu'ils naissent de vous n'en soyez arrogantes:
Les lis au teint d'argent naissent d'herbes puantes,
On voit sortir des fleurs d'vn fumier tout pourri,
Et le bouton vermeil sur l'espine est nourri.
Sources de tous malheurs, superbes, deguisees,
D'orgueil, d'ire, de rage, & d'enuie embrasees,
Qui portez dans le cœur l'inconstance pour loy,
Sans amour, sans raison, sans conseil & sans foy,
Pleines de trahisons, temeraires, cruelles,
Et des pauures humains les pestes eternelles.

    Ainsi crioit Philandre embrasé iustement,
Donnant air par soupirs à son feu vehement,
Et faisant de ses yeux deux bouillantes fontaines
Qui distilloyent sa vie en distillant ses paines.
Les bestes d'alentour s'arrestoyent pour l'ouir,
Les oiseaux tous rauis demeuroyent sans fuir
Attentifs à ses plaints, & par vn doux murmure
Les riuages prochains plaignoyent son aduenture;
Les rochers & les monts de pitié se fendoyent,
Et iusqu'au plus haut ciel ses regrets s'entendoyent,

ELEGIES.

Regrets démesurez qui n'auoyent point de tréue
Fust au poinct du matin quand l'Aurore se leue,
Fust au plus chaud du iour, quand le Soleil ardant
A moitié de son cours nous brûle en regardant:
Ou fust quand tout suant d'auoir couru le monde
Il laue, en l'Ocean sa cheuelure blonde:
Ou fust en plein my-nuict, quand les hommes lassez
Sont plus profondement d'vn fort sommeil pressez.

DISCOVRS.

SI l'Amour est vn Dieu, c'est vn Dieu d'in-
iustice,
Reconnoissant le moins ceux qui luy
font seruice:
Vn aueugle en nos maux, vn enfant inconstant,
Au iouet du hazard ses faueurs departant,
Qui s'abreuue de sang, & de larmes bruslantes,
Et qui perce les cœurs de fleches differantes,
Afin que nos esprits errans diuersement
Sans iamais reposer soyent tousiours en tourment.
Vous qui de ses rigueurs n'auez la connoissance
Ne vous esclauez point, faites luy resistance,
Les plus loyaux Amans sont moins recompensez:
Mon mal peint en ces vers le fait connoistre assez.
   Cest enfant inuaincu, Dieu de sang & de flame,
Vn iour pour mon malheur me fist voir vne Dame
Qui de ses chauds regards tout le Ciel allumoit,
Et les petits Amours comme roses semoit.
Si tost que ie la vey mon ame en fut esmeue,
Et l'Amour aussi tost flamboyant en sa veuë

LIVRE II.

Comme vn esclair subtil par vn verre elancé,
Passa dedans mon cœur qu'il n'a iamais laissé.
Ie l'adoray depuis comme chose diuine,
Et rien qu'vn feu si beau n'échauffoit ma poitrine:
En ses yeux seulement tout mon heur s'assembloit,
Et tout autre plaisir ennuyeux me sembloit.
    Mais pour premier malheur de ma triste auanture,
Vn mari deffiant, de ialouse nature,
Comme vn Dragon veillant de la voir m'empeschoit,
Et son riche thresor auarement cachoit.
Tout ce qu'on dit d'Argus de luy se peut bien dire:
Iamais le doux sommeil, quand Phebus se retire,
Ne luy ferme les yeux, il veille incessammant,
Ou s'il dort il l'entend, & la voit en dormant:
Et quand vn Papillon volle autour de la belle,
Il crie, & veut sçauoir s'il est masle ou femelle.
    De ce maudit ialoux mon mal est procedé,
Car depuis la trouuant cent fois i'ay retardé
(Trop discret pour mon bien) de luy faire ma plainte,
Et tandis mon desir croissoit par la contrainte,
Ainsi que le brasier sous la cendre caché,
Ou comme vn grand ruisseau quand il est empesché.
Mais plus que mon malheur ie plaignois le seruage
De la ieune beauté royne de mon courage,
Qui sous vn ioug si dur foiblement languissoit,
Et sans aucun plaisir sa ieunesse passoit.
Souuent de ce regret ayant l'ame blessee
A part contre le Ciel i'ay ma plainte dressee,
De ce qu'il assembloit sans ordre & sans raison
Auec vn froid Hyuer ceste belle saison:

Bb iij

ELEGIES,

Que ie peusse blasmer l'ardente amour de celle
Qui si douce à autruy m'estoit tousiours cruelle.
De son nouueau desir mon malheur i'accuse,
Et tousiours sans flechir constant ie m'oppose,
Resolu d'endurer, mesme s'il se peut dire,
Pensant à son plaisir i'allegeois mon martyre:
Et l'œil deuers le Ciel ie priois bassement
Qu'vn couple si parfait s'entr'aimast longuement,
Hayant plus que la mort ceux qui bruleZ d'enuie
Troubloyent l'heureux repos d'vne si douce vie.

 Ainsi ferme tousiours i'aimois sans estre aimé,
Et comme si mon cœur au sien fust transformé
I'auois part à son bien, sa liesse estoit mienne,
Oubliant ma douleur pour soupirer la sienne,
Lors que quelque enuieux d'vn langage cuisant
Alloit de ses Amours franchement deuisant:
Bref, en ferme amitié n'ayant point de semblable
I'aidois à mon malheur pour luy estre agreable.

 Qui diroit le regret que mon cœur supporta
Quand ce Prince à la fin de ses yeux s'absenta,
Emportant quand & soy son ame & sa puissance,
Et ne luy laissant rien que l'ennuy d'vne absence?
Il falloit que son cœur fust en roche endurci,
De pouuoir (trop cruel) l'abandonner ainsi,
Voir pleurer ses beaux yeux pour forcer sa demeure:
De moy sans la laisser ie fusse mort à l'heure.
Helas! combien depuis ce rigoureux depart,
Dedaignant tous plaisirs l'ay-ie veue à l'escart
Soupirer tendrement pensiue & solitaire,
Monstrant que sans le voir rien ne luy pouuoit plaire?

LIVRE I.   197

Comme vn que le Soleil dans vn bois a laiſſé
Ne peut plus remarquer l'endroit qu'il a paſſé:
Vne effroyable horreur couure l'herbe fleurie,
Et ce qui luy plaiſoit luy donne faſcherie.
Ainſi ſe voyant loin du Soleil de ſes yeux,
La Court ne luy eſt plus qu'vn deſert ennuyeux,
Tout obiect luy deſplaiſt, ſa parole forcee
Monſtre à qui l'entretient qu'ailleurs eſt ſa penſee.
O cœur rempli d'amour, de conſtance & de foy,
Tu meritois trouuer vn amant tel que toy!
Que de vraye amitié ton amour euſt acquiſe
Si en autre qu'vn grand ta fortune l'euſt miſe!

Mais durant qu'en regrets tu te vas conſumant
Maudiſſant la rigueur d'vn triſte eloignement,
Celuy qui tient la clef de ton ame enchaiſnee
Ne ſonge plus en toy t'ayant abandonnee:
Vne autre affection regne en ſa volonté,
Foible iouet à vent deçà delà porté.
Et puis aimez les grands, croyez en leur langage!
La Biſe en arriuant n'abat tant de fueillage,
Et n'eſmeut ſur la mer tant de flots eſcumans,
Comme ils font & refont de diuers changemens:
Leur flamme auſſi ſoudain eſt par tout eſpandue,
Et penſent que l'amour de chacun leur eſt deuë.

De ce dernier malheur à Madame aduenu
Ie ſuis plus que iamais angoiſſée deuenu:
Car outre le tourment couſtumier que i'endure
Ie pleure maintenant ſa piteuſe aduenture,
Et vay blaſmant le Ciel d'vn eſprit deſpité
De ce qu'il ne puniſt tant de legereté.

ELEGIES, LIV. I.

Loue Amour qui voudra, c'est vne frenaisie
Que les fouls ont fait Dieu selon leur fantaisie,
Vn mal, vne fureur, vn fort enchantement,
Par ses charmes cruels troublant l'entendement.
Las si mon foible esprit n'estoit troublé de rage
Ie me retirerois connoissant mon dommage,
Ou d'vn autre desir plus doucement espoint
Ie cesserois d'aimer ce qui ne m'aime point.
Mais d'vn si puissant trait ma raison est forcee
Que ie suy malgré moy la trace encommencee,
Et sers sans profiter vne ingrate beauté,
Qui pour aimer autruy n'ha plus de liberté.
Or ce dernier confort pour remede i'embrasse,
Que si dans son esprit la raison trouue place,
Et qu'vn iour le despit iustement allumé
Face mourir l'amour d'vn qu'elle a trop aimé,
Qu'alors de mes douleurs elle aura connoissance
Payant tant d'amitié de quelque recompanse:
Et verra quelle erreur follement l'abusoit
Quand vn Prince inconstant ses desirs maistrisoit.
« L'amour des grands seigneurs est tousiours dommageable,
« Et sert le plus souuent au vulgaire de fable:
« Nulle discretion leur fureur ne reçoit:
« Et dés qu'ils sont épris chacun s'en apperçoit.
Car cent mille espions veillent sur leurs affaires.
« La grādeur & l'amour sont deux choses cōtraires.

FIN DV PREMIER LIVRE
DES ELEGIES.

198

ELEGIES,
DE
PHILIPPES DES-PORTES.
LIVRE II.

ELEGIE I.

QVE seruiroit nier chose si reconnue?
Ie l'auoüe, il est vray, mon amour dimi-
nue,
Non pour obiect nouueau qui me donne
la loy:
Mais c'est que vos façons sont trop froides pour moy,
Vous auez trop d'esgard, de conseil, de sagesse.
Mon humeur n'est pas propre à si tiede maistresse:
Ie suis impatient, aueugle & furieux,
Pour aimer côme moy trop clairs sont vos beaus yeux.
Toute chose vous trouble & vous rend esperdue,
Vne vaine rumeur sans subiect espandue,
Le regard d'vn passant, le caquet d'vn voisin,
Quelque parent de loin, vn beau frere, vn cousin,

ELEGIES,

De mille estonnemens laissent vostre ame attainte,
Vos femmes seulement vous font pallir de crainte:
Et quand de mes trauaux i'attens quelque loyer
Le temps en ces frayeurs se voit tout employer.

D'vne fleche trop mousse Amour vous a blessee,
Il faut à mes fureurs quelque amante insensee,
Qui mourant chacun iour me liure cent trespas,
Qui m'oste la raison, le somme & le repas,
Qui craigne de me perdre, & qui me face craindre,
Qui tousiours se coplaigne, ou qui m'escoute plaindre,
Qui se iette aux dangers & qui m'y iette aussi,
Qui transisse en absence, & que i'en sois ainsi,
Qui m'occupe du tout, que tout ie la retienne,
Et qu'vn mesme penser nostre esprit entretienne:
Voyla les passetemps que ie cherche en aimant.
« I'aime mieux n'aimer point que d'aimer tiedemant.
L'extremité me plaist. Desirez-vous que i'aime?
Soyez en vos ardeurs comme en beautez extreme,
Perdez tous ces respects qui nous ont abusez,
Aueuglons les ialoux, trompons les plus rusez.
Et courons les hazards. La princesse d'Eryce
Amoureuse de Mars aux hardis est propice:
Et l'esprit que la peur deuant fut tenaillant,
Dés qu'il sent son ardeur deuient chaud & vaillant.
Ceste mere d'Amour que tout estre reuere
Apprend la simple fille à tromper vne mere,
Vne tante, vne garde, & doucement la nuict
Se couler d'aupres d'elle, aller sans faire bruit
A tastons à la porte, & sous l'obscur silence
Ouurir à son Amant qui bouilt d'impatience.

LIVRE II. 199

Aux gestes & aux yeux elle apprend à parler,
Et par chiffre inconnu son secret deceler:
Elle fait que la femme & ieune & peu rusee
Le soin d'vn vieil ialoux conuertist en risee,
Et que le cœur loyal d'amour bien embrasé
Ne trouue iamais rien qui luy soit malaisé.
Mais il faut que son traict profondement le touche,
Ce n'est pas pour to⁹ ceux qui l'Amour ont en bouche,
Que la coustume ou l'art fait paroistre angoisseux,
Ou qu'vne humeur pesante a rendus paresseux:
Seulement ces Amans l'esprouuent fauorable
Qui nourrissent au cœur vn vlcere incurable,
Qui bien loin ont chassé tout discours de raison,
Et qu'vn sage respect n'enferme en la maison.
Mais comme la fureur à clos yeux les transporte,
Passent cent & cent fois pardeuant vne porte,
Rodent toute la nuict, sans profit bien souuent,
Et ne craignent voleurs, froid, orage ny vent.
   Expert i'en puis parler, sa faueur i'ay sentie
Quand plus fort la raison s'est de moy diuertie,
Quand ie suis tout de flamme, & que chargé d'ennuis
Par la ville à grands pas i'erre toutes les nuits,
Tousiours ceste Deesse à mon secours se monstre,
Les batteurs de paué qu'aux destours ie rencontre
Ne m'ostent point ma cape, & leur fer rigoureux
Ne se trempe iamais dans mon sang amoureux.
Le froid des nuicts d'Hyuer ne me porte nuisance,
Ny le serain ny l'eau qui tombe en abondance,
Ie ne me sens de rien, tout aide à ma santé,
Pourueu qu'à la parfin ayant bien escouté,

ELEGIES,

Lasse de mes trauaux celle qui m'est si belle
Entrouurant la fenestre à basse voix m'appelle.
  O toy quiconque sois, qui te vas retirant
Si tard en ton logis, ne sois trop enquerant,
Pren ton chemin plus haut, porte basse la veue,
Ne pense à remarquer ny l'endroit ny la rue:
Fay haster ton flambeau, toy mesme auance toy
Et ne t'enquiers iamais de mon nom, ny de moy:
Ou si sans y penser tu viens à me connoistre
N'en ouure point la bouche, & n'en fay riē paroistre.
  " Tout mystere d'Amour merite estre caché,
  " Qui en vse autrement commet vn grand peché:
Toutesfois quand la langue indiscrete & mauuaise
D'vn sot entreprendroit de corrompre nostre aise.
Il s'en faudroit moquer: car, Maistresse, aussi bien
Vostre mari l'oyant n'en croiroit iamais rien,
I'y ay mis trop bon ordre: vne de ces Sorcieres,
Qui commande aux Esprits hostes des cemetieres,
Fort sçauante en son art, experte à coniurer,
Qui pourroit des enfers Proserpine tirer,
Qui sçait tous les secrets de Circe & de Medee,
Et quelle heure, ou quelle herbe est plus recommandee,
Auec de puissants mots par trois fois rechantez
A pour moy tous les yeux des maris enchantez:
Si le vostre en mes bras vous voyoit toute nue,
Il ne croiroit iamais la chose estre aduenue.
Mais sçachez que ce charme est pour moy seulement,
Et ne vous seruiroit pour aucun autre amant:
Car si vous presumiez tant soit peu luy complaire,
Mari, freres, voisins sçauroyent toute l'affaire.

LIVRE II.

La vieille me l'a dict pour vous en aduiser,
Mais de toutes faueurs vous me pouuez vser,
Et sans crainte à mes maux donner propte allegeance,
Iamais vostre mari n'en aura connoissance.

Ceste bonne deuine auec son grand sçauoir,
Fait serment qu'elle peut les courages mouuoir,
Soit des prisons d'Amour ouurant toutes les portes,
Soit les plus libres cœurs chargeant de chaines fortes.
Moymesme en ay fait preuue, il le faut confesser,
Elle m'a fait trois nuicts à la Lune passer,
M'a fait plonger trois fois la teste en la riuiere,
I'ay fait maint sacrifice auec mainte priere,
Tandis que de parfums mon corps elle purgeoit,
Et de noires liqueurs son bras nud m'aspergeoit.

Il est vray qu'en mes vœux, ô seul but de ma vie,
D'eschaper de vos mains ie n'auoy point d'enuie:
Ie prioy seulement d'Amour tout enflammé,
Qu'en vous aimant bien fort ie fusse bien aimé,
Que iamais nostre ardeur ne se peust voir esteinte,
Et que plus desormais vous n'eussiez tant de crainte.
Voila tous les souhaits qui contant me rendroyent,
Si le Ciel n'estoit sourd ie sçay qu'ils aduiendroyent:
Et qu'vn trait plus aigu perçât vostre courage,
Vous seriez moins craintiue, & moins tiede, & moins sage.

ELEGIE II.

ROMPONS tous les presens d'vne ame si traistresse,
Rompons ces bagues d'or, rompons la blonde tresse

ELEGIES,

Dont mon cœur par mon bras est esclaue rendu,
Et que tout le passé soit tenu pour perdu:
Noyons-en la memoire & l'amour tout ensemble:
Brisons ce diamant qui si mal luy ressemble,
Et brulons ces escrits qui sembloyent embrasez,
Mais qui comme son cœur sont feints & desguisez.
Ah! ie veux qu'on me saigne et qu'on m'ouure les vei-
Laissant couler le sang dont elles sont si pleines, (nes
Ce méchant sang brulé, qui me faisoit l'aimer,
Et qui dans mon cerueau sçauoit si bien former
Tant d'images trompeurs de façon differente,
Qui tousiours pour mõ mal ne la rendoyent presente.
Plustost que ce venin hors de moy ne chasser
Ie veux auec le fer son portrait effacer
Du rocher de mon cœur: car si fidelle place
Ne doit tenir en soy rien tant plein de fallace.

  Pauure Amant miserable où te vois-tu reduict?
D'où se leuoit ton iour te vient ores la nuict,
Tes soupirs sont perdus, ta foy tant estimee
Dans vne terre ingrate a toute esté semee,
Et ne vas moissonnant pour fruit de tes labeurs
Que regrets espineux, & poignantes douleurs.
Hé bien qu'y veux-tu faire? il faut t'aider toymême,
T'endurcir, t'obstiner, & d'vn courage extréme
Resister au tourment, bien qu'il soit rigoureux,
Et cesser desormais d'estre plus amoureux.
Il est vray qu'vne amour qui de matiere forte
S'est bastie en six ans, pour vn vent ne s'emporte.
Entre tes passions le combat sera grand,
Mais rien n'est impossible à qui bien entreprend:

           Si tu

LIVRE II.

Si tu veux, ce grand feu sera moins que fumee,
Et presque ignoreras que tu l'ayes aimee.
O Dieux, qui de nos faits reiglément disposez
Et des plus affligez les ennuis appaisez,
Si i'ay tousiours vescu sans fraude & sans malice
Tendez à mes souspirs vostre oreille propice;
Et prenez à merci mon esprit repentant.
Ie ne demande pas que son cœur inconstant
M'aime comme autrefois : ny ne souhaitte qu'elle
(Impossible souhait) cesse d'estre infidelle.
Pour fin de mes desirs ie requiers seulement
Que chassiez loin de moy cest assoupissement,
Et ce morne regret qui trop ferme s'y fonde,
Et me fait sembler triste aux yeux de tout le monde.
Privez moy de memoire, à fin qu'à l'aduenir
Ie ne garde en l'esprit d'elle aucun souuenir:
Et lors que le hazard fera que ie la voye,
Mon cœur ne soit esmeu de douleur ny de ioye :
Qu'aucun reste de flamme en moy ne soit trouué,
Et que plus à ce ioug ie ne sois captiué :
Accordez ma priere, ô Dieux pleins de clemence,
Tant pour vostre bonté que pour mon innocence.

ELEGIE III.

IE ne refuse point qu'en si belle ieunesse
De mille & milie amans vous soyez la
    maistresse,
Que vous n'aimiez par tout, & que sans
    perdre tans
Des plus douces faueurs ne les randiez contans:

ELEGIES,

La beauté florissante est trop soudain sechee
Pour s'en oster l'vsage, & la tenir cachee:
Mais ie creue de rage, & supporte au dedans
Des glaçons trop serrez & des feux trop ardans,
Quand en despit de moy vous faites que ie sçache
Le mal qui n'est point mal lors que bien on le cache.
M'est-ce pas grand regret quand sans le rechercher
Fuyant pour n'en rien voir, on me le fait toucher?
On me le dit par force, & ce qui plus me tue
On le crie à la Cour, au Palais, en la rue:
I'en entens le succez dés qu'il est aduenu.
Si vous faites vn pas vostre coche est connu,
Vos pages, vos laquais, & ces lieux ordinaires
Qui vous seruent de temple aux amoureux mysteres.
Pour n'en connoistre rien fussé-ie aueugle & sourd!
Ou bien, las! que plustost le commun bruit qui court
Ne vient-il à moy seul, sans que la renommee
L'euentant çà & là vous rende diffamee?
Si seul ie le sçauois que ie serois contant!
Le mal qu'on dit de vous ne m'iroit despitant,
Et lisant de mes yeux vostre faute notoire
Pour me reconforter ie n'en voudrois rien croire.
Ie dirois que les sens se peuuent abuser,
Et sentirois mon cœur d'heure en heure embraser
Voyant vostre beauté de chacun poursuiuie:
Car i'aime fort vn bien dont plusieurs ont enuie.
Mais le bruit que de vous le commun va semant,
Fait qu'vn homme de cœur se hait en vous aimant,
Et dresse à meilleur but le trait de son attente.
Car nostre opinion seule ne nous contente.

26.

LIVRE II. 102

« Et ce qui rend plus fort vn esprit embrasé,
« C'est de voir que son choix de chacun est prisé.
Pour Dieu prenez y garde, & deuenez discrete,
Ne soyez pas plus chaste, ains soyez plus secrete,
Faites les mesmes tours, & plus si vous pouuez,
Ioignez d'autres amans à ceux que vous auez,
Et donnez, non ingrate, à tous la recompense:
Mais qu'est-il de besoin qu'on en ait connoissance?
Prenez-en le plaisir, fuyez-en le renom.
« Celle ne peche point qui peut dire que non.

ELEGIE. IIII.

IE reconnoy ma faute & ma lourde igno-
rance,
Bien que ie fusse appris par mainte expe-
riance
Que l'amour d'vne femme est prompte au changement,
Et que la mieux bastie ha l'air pour fondement.
Bien que parmi les cris & les poignantes rages
De ceux qui chacun iour les esprouuent volages,
Ie me creusse entre tous sage & fort aduisé
D'auoir si tost conneu leur esprit desguisé,
Et que i'eusse iuré ne me fier qu'en celle
Qui tout ouuertement s'aduoüeroit infidelle:
Toutesfois à ma honte il le faut confesser,
Quelque charme inconneu m'auoit tant sceu forcer,
Et rendu ma raison tellement estrangee,
Que ie pensoy pour vous leur nature changee,
Et qu'en vous seulement se fist force à la loy.
Cent & cent fois le iour ie disois à par moy

Cc ij

ELEGIES,

Voyant luire en vos yeux tant de celestes flammes,
On ne peut sans pecher la mettre au rang des femmes:
Le Ciel doit l'auoir faite vnique en loyauté,
Comme elle est sans pareille en grace & en beauté.

  Mais quand ceste pensee eust eu moins de puissance
Helas! eussé-ie fait à la fin resistance
A tant de doux attraits qui l'esprit me voloyent,
Et qui tournoyent mon ame ainsi cõme ils vouloyent?
N'eussé-ie creu vos yeux & ces promesses saintes
Que vous tiriez d'vn cœur le vray seiour des saintes?
Ioint que pour acheuer de me rendre insensé,
L'amour dés nostre enfance entre nous commencé,
Conserué sans naufrage en mainte grand' tourmante,
M'asseuroit que vous seule au monde estiez constante.
Vous mesme en faisiez gloire vnique à bien aimer,
Iurant qu'autre que moy n'eust sceu vous allumer:
Et qu'encore qu'Amour te voulust entreprendre,
Il troueroit ses feux pour vous n'estre que cendre.
Le mien auoit esté vostre premier flambeau,
Et vous seruiroit d'astre en la nuict du tombeau:
Vous en iuriez vos yeux seigneurs de ma victoire,
Beaux yeux, qui tãt de fois le faux m'ont fait accroire
Vous iuriez vos cheueux crespement blondissans,
Qui pour me retenir ont des nœuds si puissans:
Vous iuriez la Deesse en vostre ame logee,
Et la foy qui n'estoit qu'à moy seul engagee:
Vous iuriez cest archer, qui si droit sçait fraper,
Et mille autre sermens trop forts pour me tromper:
Il n'en falloit point tant : mon ame peu rusee
D'vn seul de vos regars pouuoit estre abusee.

LIVRE II.

Las! que le Ciel cruel ne permiſt-il alors
Que l'eſprit trop contant s'enuolaſt de mon corps?
Durant que i'eſtimoy voſtre cœur immuable,
Que le trait de la mort m'euſt eſté fauorable!
Pour auoir trop veſcu tout mon heur i'ay perdu,
Le Ciel de mes amours vn enfer s'eſt rendu:
Mes iours les plus luiſans ſont changez en tenebres,
Et mes chants de lieſſe en complaintes funebres:
Quand ma foy me deuoit faire mieux eſperer,
Ie voy voſtre faueur de moy ſe retirer.
Qu'ay-ie dit? qu'ay-ie fait pour ſouffrir tãt d'outrage?
Quel nouueau changement regne en voſtre courage?
Si pour me deceuoir vous m'aimiez ſeulement,
Ce n'eſt pas grand honneur d'abuſer vn amant,
Qui ne croyoit qu'en vous: vous eſtiez ma fiance,
I'eſtimoy pour vous ſeule auoir pris ma naiſſance,
Vous me faiſiez parler, reſpirer & mouuoir:
N'eſt-ce donc vous tromper que de me deceuoir?
　　Ah que de deſeſpoirs tyranniſent ma vie!
" Malheureux eſt celuy qui aux femmes ſe fie!
Pour s'en eſtre aſſeuré mon cœur infortuné
Se voit pour tout iamais à ſouffrir condamné,
Et ne puis par raiſon, par temps, ny par abſence
De ſon mal furieux domter la violence:
Le ſouuenir me tue, & le plaiſir paſſé
Rend de regrets trenchans mon eſprit trauerſé:
De ma ſi longue amour voila tout le ſalaire.
　　Las! pour dernier remede, ô Beauté trop legere,
A qui contre mon gré mon vouloir eſt lié,
Apprenez-moy comment vous m'auez oublié:
　　　　　　Cc iij

ELEGIES,
Et comme vne amour telle auec l'âge augmentee
A peu si promptement du cœur vous estre ostee.
Au lieu d'accuser plus vostre esprit inconstant,
Ie vous pardonne tout si i'en puis faire autant:
Car ie me tiens payé d'assez grand' recompance
Si de vous pour iamais ie pers la souuenance.

ELEGIE V.

regrétz d'un partemet

LE iour, non iour pour moy, mais nuict tres-
malheureuse
Que du Ciel despité la loy trop rigoureuse

mauuais mot

Me força de resoudre à quitter furieux
Pour iamais Cleonice, ainçois mes propres yeux,
Et que l'amour d'vn Prince à mon dam trop extrême
Me fist fendre en deux parts, & m'oster à moymesme.
Quels tragiques regrets, quels tourmens, quelles morts
Esgalerent iamais ce que i'enduray lors?
Au seul ressouuenir tout le corps me frissonne,
Vne horreur me saisit, ma memoire s'estonne,
Mes esprits sont glacez, mon œil est obscurci,
Et sans pouls ny couleur ie suis comme transi.
  Estant donc arresté qu'vne absence eternelle
Seroit le seul loyer de mon amour fidelle,
Et qu'il falloit partir sans iamais reuenir

v.ers au ouher du vers

Du lieu qui tout entier m'auoit sceu retenir,
Ie taschoy d'appaiser mes fureurs insensees
En leur rementeuant les fortunes passees,
Tant de cris, tant de pleurs, tant de maux endurez:
Et que les Cieux peut estre en mes vœux implorez

Il deuoit dire de me resoudre, c'est parlé alemand' de dire... J'ay esté forcé de resoudre a f.. cela

LIVRE II. 204

Ordonnoyent cest exil d'vn aduis pitoyable
Pour guarir mon vlcere autrement incurable.
Mais, ô foible remede! ô dolent reconfort!
« Iamais vn moindre mal n'est vainqueur d'vn plus
Toutes les passions, & les peines senties (fort.
Sembloyent roses & lis aupres de ces orties:
Et de mes iours passez les plus desesperez
Estoyent à chauds soupirs de mon cœur desirez,
Ie les contoy sans cesse, & ma triste memoire
Des maux plus signalez me retraçant l'histoire
Faisoit que mon esprit à quelcun s'arrestoit
Pour le parangonner au dueil qui m'emportoit.
Et disoit tout en pleurs, O momens souhaitables
Qu'autresfois mes ardeurs trouuoyent insupportables
Quand celle à qui ie suis malgré sa volonté
Me cachoit ce bel œil dont le iour est donté,
Que ne reuenez-vous? ie prendroy patience
D'endurer non vn iour mais vn mois son absence,
Pourueu qu'on me permist de languir seulement
Pres du lieu qui retient tout mon contentement,
Et d'auoir ceste grace au regret qui m'entame
De voir au moins de loin le seiour de mon ame:
Mais mon destin l'empesche, & ne veut endurer
Que l'ombre d'vn plaisir puisse en moy demeurer.
Que vous fustes cruels, parens de ma Maistresse,
De ne me tuer pas quand la langue traistresse
Des ialoux contre moy vostre sang allumoit,
Et de meschans propos nos amours diffamoit.
Ah! que ie me repens qu'en la nuict solitaire
Dans vn lieu destourné propre à vostre colere,

Cc iiij

ELEGIES,

Je, oublié

Ne me sois d'vn grand cœur à la mort auancé
Irritant dedaigneux vostre esprit offancé.
Aussi tost, i'en suis seur, respect, crainte ou menace

il fau dire n'eust empesché madame de courir sur la place

N'eust empesché Madame à courir sur la place,
Mesler de pleurs mon sang, mes paupieres serrer,
Voire auecque mon corps son esprit enterrer:
Où las! sous vn autre air la Mort me venant prandre
Vn souspir seulement ie n'en dois pas attandre:
Aussi n'en suis-ie digne ayant si tard vescu,
Que par vn sot deuoir mon amour soit vaincu.
De mille autres pensers vne troupe infinie,

Vne Infinité de mille hommes que nous semble

Et tous les iours passez les plus noirs de ma vie,
Comme oiseaux de la nuict deuant moy reuoloyent,
Que mon present malheur tant soit peu n'egaloyent:
Soit qu'il me ressouuint de ces temps miserables,
Que l'aspre Ialousie aux regars effroyables,
De soupçons trauersans mon esprit entamoit,
Et du verre & des cloux dans mes playes semoit:
Soit quand les fiers courroux de ma belle inhumaine
Presageoyēt quelque orage au dous fruit de ma paine,
Soit quand vn faux rapport qui son œil m'eclipsoit,
D'vn hyuer dangereux mon espoir menaçoit.
Bref toutes les douleurs en aimant supportees
Vne à vne à mon cœur estant representees,
Luy faisoyent confesser, plus viuement attaint,
Que d'Amour autresfois à tort il s'estoit plaint.

dirre ou renco er geh onne d'une depēds ne aul me voyelle

O Temps, qui du haut Ciel la vistesse mesures,
Las! retourne, disoy-ie, à mesurer les heures
Et les poincts de ma vie: & si le Ciel tousiours
Eternel en trauaux refait de mesmes tours

A fermer est mieux & serrer. Car il vaut dire clorre et fermer. or serrer n'a pas cette signisiance de fermer. mais en prouerbe d'autres telz liure, ou l'on dit fermer les yeux serrer la porte, serrer la fenestre pour clorre &c

LIVRE II.   205

Recourant de rechef par la mesme carriere,
Fay voir à mes amours leur fortune premiere:
Fay que la mesme source & les mesmes douleurs,
Me fournissent encor de sanglots & de pleurs.
Las! tu reuiendras bien, & la suitte ordinaire
Du grand Ciel te fera ton voyage refaire,
Voyage qui finist & renaist tout d'vn poinct,
Mais mon âge passé ne retournera point.
De mes iours amoureux la course est acheuee,
Au chemin de la mort ma vie est arriuee,
Entre les desespoirs, l'horreur, le repentir,
Heureux si par ma fin i'en puis bien tost sortir.
   De mille autres regrets i'eusse plaint ma fortune,
Mais le temps me pressoit, & la tourbe importune
Des bateliers crians m'empeschoit le loisir
D'honorer de mes pleurs ce mortel desplaisir.
Ie sors donc de ma chambre hasté de ceste escorte,
Et d'vn pié defaillant ie passe outre la porte:
Puis en m'y retournant tout palle & tout transi,
Pour le dernier adieu ie luy disois ainsi.
   Chambre, à mon dueil secret autrefois si propice,
De mes ieunes desirs la fidelle nourrice,
Ma chere secretaire, à qui ie n'ay caché
Trait de ioye ou d'ennuy qui m'ait iamais touché,
Ie me plaignois à toy des rigueurs de Madame,
Ie te monstrois à nud les playes de mon ame,
Ie ne te celoy rien ny dessein ny penser,
Suis-ie pas malheureux qu'il me faut te laisser?
A qui plus desormais conteray-ie mes paines?
Quels antres, quels rochers, quels bois, quelles fontai-
  nes,

ELEGIES.

Des lieux plus égarez où perdu ie m'en vois
Fideles garderont les soupirs de ma voix?
Mais ô cher monument de mon mal deplorable
Tu ne suffisois pas : ie suis si miserable,
Et le Ciel fait sur moy tant d'orages pleuuoir
Qu'en ton sein tous mes maux lieu ne pouuoyēt auoir:
Il faut qu'en mille endroits leur desbord se respande,
Qu'il n'y ait coin du monde où mon cry ne s'entande,
Val, mont, plaine, cauerne, oiseaux, bestes, poissons,
Qui ne plaignent ma perte en diuerses façons:
Tu ne me verras plus sous l'aimable silance
Des solitaires nuicts, me mettre à la cadance
Du troupeau d'Eleuthere, & soigneux de leurs pas
Perdre en ces vains plaisirs le somme & le repas.
Ma fortune a de moy leur faueur estrangee,
Ma source d'Hippocrene en Cocyte est changee,
Mon myrte & mes lauriers cyprés sont deuenus,
Les destours d'Helicon ne me sont plus connus:
Apollon me desplaist, tous ses dons ie refuse,
Estant laissé d'Amour peu me chaut de la Muse:
Et rien d'elle à present ne me peut contanter,
Que les vers qui sçauroyent mes obseques chanter.
  Or comme en ces discours mon esprit se distille,
Le iour trop clair me force à sortir de la ville
Pour me rendre au bateau qui deuoit m'enleuer,
Et de l'ame & du cœur sans pitié me priuer:
Aussi tost les rameurs trop prompts à mon dommage
Fendans l'eau d'auirons m'eloignent du riuage,
Où fiché ie regarde, & mes yeux obstinez
Sans ciller vers le Louure estoyent tousiours tournez:

LIVRE II.   206

pour le voir plus long temps sur les pieds ie me dresse,
Maudissant des vogueurs l'importune vistesse,
Et me reputant lasche & de cœur desnué
Que plustost que partir ie ne m'estoy tué,
Et victime propice au feu qui me deuore
Sanglant ie n'estoy cheut pres l'autel que i'adore.
    Bien-heureux, ce disoy-ie, à qui les Cieux amis
D'vne ville si belle ont le seiour permis,
Non pour les bastimens dont elle est si hautaine,
Non pour y voir la Cour, le Palais, ou la Seine,
Ny de tant d'habitans le reflux nompareil,
Mais pour estre esclairez des yeux de mon soleil,
Et pour voir des beautez l'exemplaire & l'idee
En ce lieu des Amours & des graces guidee:
Puissé-ie encor vn coup si grand heur receuoir,
Et iamais plus n'ouir, ne parler, ny ne voir.
    I'accroissoy de ces plaints le regret qui me tue,
Quand du tout le Chasteau se desrobe à ma veue:
Ce fut lors qu'à plein bras la douleur m'assaillit,
Vn tremblement me prist, le genouil me faillit,
Et la mort si souuent à mon aide imploree
Vint s'apparoistre à moy haue & desfiguree.
Ie la vey, c'estoit elle, & ie la reconnu,
Telle elle est aux mortels quand leur iour est venu.
A cest horrible aspect mon ame espouuantee
Quitta son corps perclus, la voix me fut ostee,
Mon visage & mes yeux ternirent leur couleur,
Et tombay còme vn tronc sans force & sans chaleur.
Ce qui m'aduint depuis est aux autres notoire,
Car du bien & du mal ie perdy la memoire:

ELEGIES,

Ie ne sçauroy parler du secours des rameurs,
De l'eau qu'on me iettā, de l'effroy, des clameurs:
Bref ie ne m'apperceu de rien qu'on me sceût faire,
Tant que ie fusse mis dans ce lieu solitaire,
Où mes sens defaillis ayans repris vigueur
I'en despite le Ciel & maudy sa rigueur,
Sçachant que rien n'est propre à mes maux incurables
Que la mort, seul recours des humains miserables

LA PYROMANCE.

L'AMOVREVX Dorylas ayant l'ame
frapee
Depuis maintes saisons des yeux de Pa-
nopee
La fiere Nereide, en pleurs se consumoit,
Et sans fruict ses regrets par les ondes semoit:
Ny ses longues douleurs, ny son amour fidelle,
Ny ses yeux ruisselans d'vne source eternelle,
Ny le feu trop couuert, qui le fait dessecher,
Auoyent peu de sa Nymphe entamer le rocher.
  Vn soir du mois de Iuin, que la flamme etheree
S'estoit pour luire ailleurs de nos yeux retiree,
Que l'air estoit serain, la mer se reposoit,
Et que le doux Zephyre endormi s'appaisoit,
Ce pescheur miserable au plus fort du silence,
Quand chacun est en paix, sent moins de patience.
Amour cruel pirate incessamment le poind,
Et sur mer ny sur terre il ne repose point:
Tout le iour dans sa barque il auoit fait des plaintes
En si piteux accents que les Nymphes contraintes

LIVRE II. 207

Auoyent de tiedes pleurs ses cris accompagnez,
Et les fleuues s'estoyent de leur course eloignez.
 Or ainsi que la nuict tendit ses larges voiles,
Et qu'on veit dans le Ciel les premieres estoiles
Monstrer leur belle veue & de rang se leuer,
Luy qui sent tout de mesme en son cœur arriuer
Mille nouueaux soucis pour prendre leur pasture,
Les pieds & les bras nus, nud teste & sans ceinture
Poussa du cœur ces mots dressant bien haut les yeux.
Naissez feux de la nuict, naissez parmy les Cieux.
 O toy sœur de Phebus, ô Royne vagabonde,
Puissante au ciel, en terre, & sous la nuict profonde,
Qui fais à poincts reiglez la marine escumer,
Et produis haut & bas tout ce qui peut charmer.
Preste moy ta lumiere, & sois ma Secretaire,
Or que sous la nuict sombre en ce lieu solitaire
I'inuoque à mon secours la iustice des dieux,
Naissez feux de la nuict, naissez parmy les Cieux.
 Amour cruel enfant d'vne mere cruelle,
Venus fille des flots & comme eux infidelle,
Qui des plus humbles cœurs vas sans plus triomphât,
Que vous estes cruels & la mere & l'enfant!
Tous ces rochers voisins ont vne ame plus tendre.
Pensez le bel honneur! les cruels ont sceu prendre
Vn captif miserable à leurs pieds estandu,
Qui pour mieux les flechir ne s'est point defandu:
Et laissent cependant l'ingrate Panopee
Sans soing, sans amitié de mes larmes trampee,
Qui mesprise leur force, & mon mal soucieux.
Naissez feux de la nuict, naissez parmy les cieux.

ELEGIES,

Tous les feux de la nuict au ciel ont pris naissance,
Il est temps que deuot mes charmes ie commance:
Voila l'autel tout prest de gazons façonné,
D'algue & d'absinthe blanc il est enuironné.
Par neuf fois en la mer i'ay ma teste plongée,
I'ay sur l'autel sacré la verueine arrangee,
L'encens est allumé, Toy qui te vas changeant
En fleuue, en flamme, en roche, en serpent s'allongeant,
Ie t'inuoque, ô Proté, c'est autel ie te dresse,
Sors du fonds de ces eaux, vien guarir ma tristesse,
Et rechange mes sens, qu'Amour rend furieux.
Luisez feux de la nuict, luisez parmi les Cieux.

Meris le vieux sorcier tant craint en ces riuages,
Qui peut en temps serain couurir la mer d'orages,
Tirer du Ciel la Lune & sa course arrester,
Et qui fait contremont les torrens remonter,
M'apprist vne magie aux nochers peu connue
Pour trouuer sa fortune auant qu'estre aduenue:
I'en veux faire l'essay, car ie veux descouurir
Si l'Amour de ses traits pourra le cœur ouurir
De ma belle ennemie, & casser ceste glace,
Ou si l'inimitié sans plus y trouue place.

Dans ce large vaisseau qui d'eau douce est comblé,
I'ay mis du costé droict maint branchage assemblé
D'oliuier & de myrte: en la gauche partie
I'ay mis du chesne sec & des fueilles d'ortie.
Le droict pour la douceur, l'amour & la pitié:
L'autre pour la rudesse & pour l'inimitié.
Ie sçauray maintenant si le ciel m'est contraire,
S'il faut sans tant languir que ie me desespere,

LIVRE II.

Or si mon triste sort se doit changer en mieux,
Luisez feux de la nuict, luisez parmi les Cieux.
   Voila dans le vaisseau comblé d'eau de fontaine
De claire humeur d'oliue vne coquille plaine,
La meche est au dessus, il la faut allumer,
Si ie veux de tout poinct mes charmes consumer:
La Conque à cest effect icy me fut portee
De l'Indique Ocean par le grand Cloanthee.
Ceste huile est de la lampe incessamment ardant
Dans le temple à Neptune aux fins de l'Occident:
Et ceste meche neuue a toute esté filee
Des innocentes mains de la vierge Erilee:
Reste à voir si i'auray fauorables les Dieux.
Luisez feux de la nuict, luisez parmy les Cieux.
   Regarde ô Panopee, ardant feu de mon ame,
Regarde vn peu la meche & comme elle prend flame:
Helas! s'il t'en souuient mon cœur mal-aduisé
Fut ainsi tout à coup par tes yeux embrasé.
Ie sçauray maintenant ma douteuse auanture,
Car si pour tout iamais tu me dois estre dure,
La flamme au costé gauche aussi tost s'espandra,
Et sur le chesne sec esclairant se randra:
Mais si ta paix vn iour me doit estre donnee,
Sur le myrte & l'oliue on la verra tournee,
Comblant mon triste cœur de rayons gracieux.
Luisez feux de la nuict, luisez parmy les Cieux.
   O ciel, ô mer, ô terre, ô deitez puissantes,
Qui regnez au seiour des ombres pallissantes,
Toy Royne Proserpine, & vous tristes esprits,
Par qui la nuict resonne en effroyables cris,

ELEGIES,

Fauorisez mon charme, & faites que ie sçache
Ce que ma belle Nymphe en sa poitrine cache,
Et que ce feu sacré le descouure à mes yeux.
Luisez feux de la nuict, luisez parmy les Cieux.
  Le feu sans vaciler immobile seiourne,
Ny deçà ny delà sa lumiere il ne tourne :
Pauure helas ! que ie suis, c'est signe qu'en ton cœur
Tu ne loges encor ny pitié ny rigueur,
La haine ou l'amitié ton courage ne donte,
Et pour tout de mon mal tu ne fais point de conte,
Tu me vas dedaignant. Destins iniurieux,
Estre du tout hay me plairoit beaucoup mieux ?
Quoy ? sera donc ainsi ma franchise asseruie,
Sans que ie sçache helas ! ny ma mort ny ma vie ?
Demourray-ie tousiours languissant & confus,
Sans pouuoir m'asseurer d'accord ny de refus ?
Quel mal plus deplorable ? ô Sort que i'importune,
De grace hé ! monstre moy l'vne ou l'autre fortune,
Et s'il faut que i'attende ou douceur ou pitié,
Le feu s'enfuit d'amour & fuit l'inimitié.
  Voila de mon destin la piteuse nouuelle,
Ma Nymphe n'aime rien, elle est toute cruelle,
Les rochers sont plus doux que son cœur endurci,
Il n'en faut esperer ny pitié ny merci.
Mais pourquoy miserable ay-ie fait tous ces charmes ?
Ne le sçauoy-ie pas ? tant de ruisseaux de larmes,
Tant de flots, de soupirs, tant de mal enduré
Assez auparauant m'en auoyent assuré,
Sourde fille d'vn roc, ame fiere & sauuage,
I'estimois que ma plainte eust flechi ton courage.

LIVRE II. 209

Mais ie voy mes desseins rompus par la moitié,
Le feu s'enfuit d'amour & suit l'inimitié.
　Malheureux fut le poinct que i'eu sa connoissance,
De là tant de malheurs en moy prindrent naissance:
Ie mesprisay soudain ce qui m'estoit plus cher,
Et tout ce que t'aimoy ne fait que me fascher.
Mais que suis-ie à present? ou qu'estoy-ie auant l'heure
Que le maudit Amour feit en moy sa demeure?
I'entrois en la ieunesse, & ma belle saison
Commençoit à pousser vne blonde toison,
I'auois la couleur viue, & tout plein de franchise
Contant entre les miens ie viuois de ma prise:
Ces eaux incessamment redisoyent mes chansons,
Ie nageois, ie peschois de cent mille façons:
Ores d'vn rude poil i'ay la face couuerte, B
A rien fors qu'aux regrets ma bouche n'est ouuerte,
De chacun de mes yeux vn ruisseau va coulant,
D'horreurs, de feux, de mort sans plus ie vay parlant,
Ma ligne & mes filets demeurent sans rien faire,
Et pour tout exercice or' rien ne me peut plaire
Que blasphemer du ciel l'iniuste mauuaistié.
Le feu s'enfuit d'amour & suit l'inimitié.
　Or puis que de tout poinct mes attétes sont vaines,
Doy-ie pas donner cesse à ma vie & mes paines,
Et du haut de ce roc en la mer m'elancer,
Sans d'eternelles morts nuict & iour trespasser?
Enhardy toy mon cœur: mais ie voy la lumiere,
Qui chancelle incertaine & flamboye en arriere;
Or' à gauche or' à droict elle se va iettant,
Et court puis çà puis là d'vn rayon inconstant,

Dd

ELEGIES,
De la haine à l'amour legere elle est portee,
Et plus en mesme lieu ne demeure arrestee.
  I'entens bien maintenant que veut dire ceci,
Ma Nymphe en mesme temps m'aime & me hait aussi
Son ame est en balance. Ah! non, c'est vn presage,
Combien l'amour de femme est soudaine & volage:
On la voit çà & là diuersement errer,
Iamais l'homme auisé ne s'en doit asseurer.
Comme vn Cameleon le cœur de ces cruelles
Se change à tous obiects, & la plus ferme d'elles
Aimeroit beaucoup mieux pour son contentement
Viure auec vn seul œil, qu'auec vn seul amant.
Mais où me porte helas! l'ardeur qui me deuore?
Ie m'esdy folement d'vn sexe que i'adore,
Et ne voy le bon heur qui me suit à son tour.
Le feu laisse la haine & s'areste à l'amour.
  La flamme au costé droict s'est du tout retiree.
Hé Dieu resué-ie point? non, c'est chose asseuree,
Son rayon tant aimé sur l'amour s'est ietté,
Et ne retourne plus sur le gauche costé.
Mais pourtãt ma pauure ame est tousiours en tourmẽ-
Ie crains qu'vn vent malin renuerse mon attente, (te,
Et que le sort cruel vers moy face retour.
Le feu laisse la haine & s'areste à l'amour.
  O feu sainct & fatal si clair en ma pensee,
De grace, hé suy tousiours la trace commencee,
Ne tourne plus ailleurs, & me rens asseuré
Mon bien qui m'est si cher & si desesperé:
C'est pour vray qu'il demeure, & sa lumiere viue
Se courbe & se respand sur la branche d'oliue,

LIVRE II. 210

Et sans plus maintenant elle esclaire à l'entour.
Le feu laisse la haine & s'arreste à l'amour.
    Seule fin de mes vœux, doux vent de ma nauire,
Ma claire tramontane, heureux port où i'aspire,
Mon sang, mon cœur, mon tout, c'est or que ie promets
Entre les mains d'Amour de vous suiure à iamais,
De n'adorer que vous, ne songer qu'à vous plaire,
Et iamais de vos yeux mes pensers ne distraire.
Le cours du temps leger toute chose emportant,
Le pouuoir du destin ou du sort inconstant,
Les cruautez d'Amour, la longueur d'vne absence,
Les desdains, la raison, l'oubly, l'impatience,
Les ialoux desespoirs, le mespris, la rigueur
N'effaceront iamais vos beautez de mon cœur.
La mer sera sans eaux, sans poissons & sans voiles,
Le Soleil sans lumiere, & la nuict sans estoiles,
Les Dauphins en volant parmi l'air se paistront,
L'hyuer en l'Ocean les fleurettes naistront,
Et l'Afrique aux chaleurs ne sera plus suiette
Quand ie me sentiray blessé d'autre sagette,
Et que d'autres desirs en moy feront seiour.
Le feu laisse la haine & s'arreste à l'amour.
    Mais ie voy peu à peu que l'Aube qui s'auance
Dechasse en s'approchant l'ombrage & le silance:
Et cest œil de la nuict, que i'ay tant reclamé,
Cede au char d'Apollon de rayons allumé.
A fin donc qu'en la nuict mon mystere demeure,
Ainsi qu'elle finit ie cesse à la mesme heure,
Auec cest heureux vers saluant le beau iour
Le feu laisse la haine & s'arreste à l'amour.

D d ij

ELEGIES,
ADVENTVRE PREMIERE.

Eurylas ~~CLEOPHON~~

Enfant, l'aise & l'ennuy de la belle Cyprine,
Lance vn rayon de flamme en ma chaude poitrine
Et renforce ma voix pour chāter dignement
Les amours d'Eurylas, sa gloire & son tourment,
L'heur de ses compagnons, la fin de leur martyre,
Et les beautez d'Olympe honneur de ton Empire:
Olympe aux yeux vainqueurs de tout cœur indonté,
Qui gaignant vn amant perdit sa liberté.
  Ceste ieune Deesse aussi fiere que belle,
En l'Auril gracieux de sa saison nouuelle,
Erroit sans passion ainsi qu'il luy plaisoit,
Et (bien qu'innocemment) mille playes faisoit:
Car contre ses beautez ne se trouue defanse,
Et chacun qui la voit luy porte obeissance.
Combien de durs regrets estoyent lors entandus,
Combien de chauds soupirs & de pleurs espandus
Par ces nouueaux blessez pour flechir son courage,
Tandis qu'elle se rit de les voir en seruage
Franche & libre d'amour, qui ne pouuoit penser
Que ceste liberté la deust iamais laisser.
  La ieune Fleurdelis, chere part de son ame,
Plus sçayante aux effects de l'amoureuse flame,
De sa dure rigueur souuent la reprenoit,
Et pour la conuertir ces propos luy tenoit.
  Que faîtes-vous, mō cœur?quelle erreur vous tráporte
De fermer aux Amours de vos pensers la porte?

LIVRE II.

Quel plaisir aurez-vous viuant tousiours ainsi?
Amour rend de nos iours le malheur adouci:
Il nous esleue au Ciel, il chasse nos tristesses,
Et au lieu de seruir nous fait estre maistresses:
L'air, la terre & les eaux reuerent son pouuoir,
Il fait comme il luy plaist les estoiles mouuoir,
Tout le reconnoist Dieu : Que pensez-vous donc faire
D'irriter contre vous vn si fort aduersaire?
Par luy vostre ieunesse en honneur fleurira,
Sans luy ceste beauté rien ne vous seruira,
Non plus que le thresor qu'vn vsurier enserre,
Ou qu'vn beau diamant caché dessous la terre:
On ne doit sans Amour vne Dame estimer,
Car nous naissons icy seulement pour aimer.
 Mais qu'est-il rien plus doux que de se voir seruie
D'vn qui nous prise plus que ses yeux, ny sa vie?
Entendre ses pensers, luy dire nos desirs?
Partir egalement le dueil & les plaisirs,
Les courroux gracieux, l'esperance & la crainte,
Lire sa passion sur son visage painte,
Le voir perdre en soymesme, en nous se retrouuer,
Et les douceurs du ciel en la terre esprouuer,
Sans tromper folement nostre belle ieunesse,
Qui las ! sans y penser comme vn songe nous laisse?
 De semblables propos mille fois recitez,
Mais par les vents legers sans effect emportez,
Fleurdelis s'efforçoit d'adoucir la cruelle,
Fondant le dur glaçon qui sa poitrine gelle:
Mais c'est battre le vent, & sur l'onde semer,
Ce cœur trop verd encor ne se peut enflamer.

Dd iij

ELEGIES,

Il faut qu'vn ieune amant en face la vengeance,
Et qu'en la surmontant il perde sa puissance.
  Desia le haut renom & les faicts glorieux
Du vaillant Eurylas s'espandoyent en tous lieux,
Qui n'attaignant encore à la vingtiéme année,
D'vne ame ardente & viue à la gloire adonnee,
Auoit victorieux en cent lieux combatu,
Soustenu mille assauts d'vn cœur non abbatu,
Et par ses faicts guerriers suiuis de mille paines
Efface le renom des plus grands Capitaines.
Il sembloit à le voir d'vn fleuri renouueau.
Il eut la taille belle & le visage beau,
Son teint estoit de lis & de roses pourpretes.
Et ses yeux rigoureux dardoyent mille sagetes.
On le prend pour Amour, & d'Amour toutesfois
Pour suiure le Dieu Mars il mesprise les loix:
Mainte Dame en son cœur ardemment le desire,
Perd son premier repos, apres ses yeux soupire,
L'adore comme vn Dieu, reuere sa grandeur,
Et se sent deuorer d'vne secrette ardeur:
Mais elle sent helas! que vaine est son attente.
Car il n'esprouue point le mal qui la tourmente,
Ains fuit libre d'Amour d'vn cœur leger & pront,
Plus soudain qu'vn torrent ne s'escoule d'vn mont.
  O grãd vainqueur des Dieus, qui me tiẽs prisoniere
(Disoit tout bas quelcune) entens à ma priere,
Que fais-tu de ton arc? est-il en vain tendu?
Si tu retardes plus ton empire est perdu:
Vois-tu pas ce hautain qui mesprise ta gloire
Remportant de nos cœurs vne pauure victoire?

LIVRE II. 212

S'en ira-til ainsi? nous veux-tu point vanger?
Sauue aumoins ta couronne au fort de ce danger,
Et des plus poignans traits dont les Dieux tu surmōte
Trauerse vn ieune cœur qui de toy ne fait conte.
   Amour qui ces propos tout colere entendit,
Soudain pour y pouruoir du tiers Ciel descendit:
   Quoy, ne suis ie plus Dieu? ma flame est-elle estainte
Mon carquois (disoit-il) ne fait donc plus de crainte?
Ose quelcun encor mes forces depiter
Apres que i'ay vaincu le tonant Iupiter?
Mars tremble sous ma loy prisonnier de ma mere,
Et vn ieune guerrier est bien si temeraire
Pour ie ne sçay quels faicts dont il est renommé,
De tenir contre moy qui l'auoy tant aimé?
Si ie le pren, mais non: sa ieunesse peu caute
Veut que sans me vanger i'excuse ceste faute.
Ie veux pour ceste fois doucement le punir,
Mon empire se doit par douceur maintenir,
Puis ie m'en veux seruir pour vne autre entreprise:
Olympe ainsi que luy ma puissance mesprise,
Qu'ils se blessent l'vn l'autre, & sans sçauoir cōment
Leurs deux cœurs soyēt naurez par vn trait seulemēt.
   Amour, de tes propos les effets s'ensuiuirent.
Car dés le iour suiuant que ces Amans se veirent
Frapez du pront esclair qui sort de leurs beautez,
Ils demeurent surpris, esperdus, transportez.
Lors comme vn qui choisit lieu propre à sa vengeance
Tu sors de ton embusche, & d'extreme puissance
Delaschant vn traict d'or qui bruit au decocher,
Tu trauerses deux cœurs aussi durs qu'vn rocher.

D d iiij

ELEGIES,
Chacun sent aussi tost ceste blessure estrange.
Ils font sans y penser de leurs cœurs vn eschange,
Ce n'est qu'vn vouloir mesme, & leurs regars legers
Des nouuelles amours sont piteux messagers.
Chacun d'eux est surpris de crainte & de merueille:
Leur teint ores est palle, or' de couleur vermeille,
Ils sentent vn plaisir tout meslé de rigueur,
Et de secrets soupirs ils euantent leur cueur.
Mais Olympe à la fin quelque peu reuenue
Craint d'auoir trop rendu ceste amitié connuë
(Grande estoit l'assemblee) & croit asseurément
Que chacun s'apperçoit de ce pront changement:
Se reprend de sa faute, & tasche à se contraindre,
Mais son ardant desir est trop grand pour le faindre.
Desia son nouueau mal paroist dessus son front,
Puis ses brulans soupirs & son penser profond,
Ses yeux mal asseurez, son inconstant langage,
Monstrent les passions qui troublent son courage:
Et plus elle met peine à cacher sa douleur,
Plus la fieure d'amour renforce sa chaleur.
Quel moyen? quel conseil? pauure que fera-telle
Pour ne descouurir point sa blessure mortelle,
Mesme aux yeux d'vn mari ialoux & deffiant,
Qui va nouuel Argus de cent yeux l'espiant?
Il la tient au logis tant qu'il peut enfermee,
La presche incessamment de bonne renommee,
Contrólle ses regards, ses habits, ses propos,
Et ne laisse iamais son esprit en repos
Troublé des flots mutins d'vne aspre ialousie,
Dont son ame esgaree est tellement saisie

LIVRE II. 213

Qu'il cherche les Deuins, aux sorciers ha recours,
Tous les Dieux infernaux il appelle au secours
Pour luy garder sa femme, & n'ha pas connoissance
Que les enchantemens contre Amour n'ont puissance.

   Il estoit nuict fermee, & les hommes lassez
Reposoyent sans souci d'vn fort sommeil pressez,
Oiseaux, bestes, poissons sous l'horreur solitaire
Receuoyent la faueur du repos ordinaire:
Les vents comme endormis leurs souspirs retenoyent,
Et les fueilles des bois sans branler se tenoyent,
Bref tout se reposoit, Olympe au cœur blessee
Est seule qui ne sent repos en sa pensee.
Les beautez d'Eurylas luy sont deuant les yeux,
Ses vertus, sa grandeur, ses faicts victorieux,
Et ses plaisans regars qui mille amours recellent,
De l'vn de ses pensers cent autres renouuellent,
Qui reblessent son ame, & ce doux souuenir
Fait sa nouuelle ardeur plus forte deuenir.

   Or' il luy prend vouloir de chasser toute crainte,
Pour descouurir le mal dont son ame est attainte,
Et ore elle ha desir de se laisser brûler
Sans que l'on puisse voir sa flamme estinceler.
Ardant amour la pousse, & la peur la retire:
L'vn luy donne plaisir, & l'autre la martyre,
Et de tant de pensers son cœur est agité,
Qu'elle flotte incertaine en ceste extremité,
Ore de ceste part, or' de l'autre poussee,
Comme vne foible nef par les vagues forcee:
Ou comme vn vieux sapin combatu rudement
Par deux vents ennemis soufflans diuersement.

ELEGIES,

Encore en ces assauts ce qui plus l'importune
C'est qu'elle n'ha pouuoir de plaindre sa fortune.
Le faix de ses ennuis luy seroit plus leger
S'elle osoit d'vn soupir sa poitrine alleger:
Mais elle sent helas! son ialoux aupres d'elle
(Indigne de toucher vne chose si belle)
Qui la fait contenir sans mouuoir ny gemir,
Car elle a tousiours peur qu'il feigne de dormir.
　Ainsi durant l'effort de tant de durs allarmes,
Retenant ses soupirs son recours est aux larmes,
Tant que la nuict dura de pleurer n'a cessé,
En fin le foible esprit du trauail oppressé
Peu à peu defaillit, & vaincu donna place
Au sommeil gracieux qui les ennuis efface.
　Desia le poinct du iour peu à peu s'auançoit
Et la femme à Tithon son chemin commançoit,
Chassant du firmament la grand troupe estoille,
Quand Olympe en dormant fut toute consolee
Par vn songe amoureux que Venus luy fist voir,
Messager du plaisir qu'elle deuoit auoir.
La mere des Amours de sa douleur touchee
Ainsi qu'il luy sembloit, pres d'elle estoit couchee,
Sechoit ses larges pleurs, son dueil reconfortoit,
Et ce langage doux de sa bouche sortoit:
　Beauté plus que mortelle à mes yeux admirable,
Ma compagne, ma fille, aux Deesses semblable,
Prenez cœur ma mignonne, & souffrez doucement
Les angoisses d'Amour à ce commencement.
" Apres beaucoup d'ennuis plus douce est la liesse,
" Et iamais vn grand heur n'est acquis sans tristesses

LIVRE II. 214

Comme vous connoistrez : car ie veux commencer *suspendre*
Lasse de vos douleurs à vous recompenser,
Si vous me voulez croire & chasser toute crainte,
Monstrāt par vrais effets que vostre amour n'est fainte.
Oyez donc le conseil que ie vous veux donner,
Et qu'vn peu de hasard ne vous puisse estonner.
« Toute chose facile est indigne de gloire:
« Plus grand est le peril, plus belle est la victoire.
Au fond du vieux Palais autrefois le seiour
Des demi-dieux de France, est vn temple d'Amour
A nueaux argentez, la voûte est toute painte:
Là se voit à main droite vne figure sainte
Du paradis heureux des amans fortunez,
De leurs longues douleurs à la fin guerdonnez.
Si tost que le Soleil commençant sa carriere
Pour porter aux humains la nouuelle lumiere,
Sera sur le midi, lors qu'on n'y pense pas
Et que chacun s'attend à prendre son repas,
Ayant auecques vous pour compagne fidelle ✝
Camille atteinte au vif de l'ardante estincelle
Des yeux de Floridant, qui meurt pour ses beautez,
Choisissez sagement les lieux plus escartez,
Et vous rendez sans crainte en ceste heureuse place:
C'est là que vous sçaurez l'heur que ie vous pourchasse
Mes delices, mes ieux, mes gracieux tourmans,
Et de quelles douceurs i'enyure les amans.
Venus ce luy sembloit, à ces mots l'a baisee,
Laissant d'vn chaud desir sa poitrine embrasee,
Puis disparut legere. Ainsi qu'elle partoit
Le Ciel tout resiouy ses louanges chantoit,

ELEGIES,

Les vents à son regard tenoyent leurs bouches closes,
Et les petits Amours faisoyent pleuuoir des roses.
Phebus aux cheueux d'or sur les monts paroissoit,
Et la nuict deuant luy son grand voile abaissoit,
Les fleurs s'ouuroyent au iour, & la gaye Arondelle
Saluoit en chantant la lumiere nouuelle:
Quand auec vn penser plaisant & soucieux
Olympe se resueille entrouurant ses beaux yeux,
Doucement tout autour la veue elle a tournee,
Puis se tint sans mouuoir comme toute estonnee:
En fin pleine d'amour son chef elle haussa,
Et ces mots l'œil au Ciel bassement prononça.
   Fille de Iupiter ô diuine Cythere,
Qui sous le voile ombreux de la nuict solitaire
M'as daigné consoler, ie te suy desormais,
Et ma belle ieunesse en tes mains ie remets.
Loin loin fable d'honneur, qui m'as tenue en crainte,
Arriere ô vains respects, vous m'auez trop côtrainte,
Ie ne redoute plus les propos enuieux:
Et toy mari ialoux d'vn œil trop curieux
Inuoque tes esprits, veille apres moy sans cesse,
I'auray pour mon secours l'amoureuse Deesse,
Qui me deliurera de ta captiuité.
  Debile est vn mortel contre la deïté.
   De mille autres propos chauds d'amoureuse flame
Olympe atteinte au vif s'asseuroit en son ame,
Et se donnoit courage à fin de mieux oser
Pour sa belle entreprise hardiment s'exposer.
Elle en parle à Camille & le songe luy conte.
Camille aussi soudain à ses desirs est pronte,

LIVRE II.   215

Amour luy donnoit cœur, le fait luy semble aisé
Puis que de Venus mesme il est favorisé.
Tousiours de plus en plus ce desir continuë,
Et leur tarde beaucoup que l'heure soit venuë.
Mais ce ne fut pas tout : Olympe qui sçauoit
Qu'au sang de Fleurdelis Amour ses traicts lauoit,
Ayant en mille endroits sa poitrine enferree
Par les divins attraicts du gracieux Niree
Compagnon d'Eurylas, veut que pareillement
Elle soit leur compagne en ce contentement.

  Olympe, que fais-tu ? les amoureux mysteres
Sont tousiours plus sacrez plus ils sont solitaires:
Ne t'auises-tu point que c'est trop entrepris ?
Tu passes le conseil de la belle Cypris,
D'accroistre ainsi le nombre & mettre en la partie
La ieune Fleurdelis sans l'auoir aduertie.

  Car vous la fustes prendre, & feignant la mener
Pour passer la iournee auec vous pourmener,
Vous partez toutes trois. Tu marchois la premiere,
La honte aucunesfois te fait tourner arriere,
Ton pié douteux chancelle, & n'oses plus passer,
Mais l'Amour aussi tost te contraint auancer.
Amour seruoit de guide en ce secret voyage,
Qui chassoit toute crainte & luy donnoit courage:
Elle va l'œil au guet pas à pas doucement,
Et tressaut coup sur coup d'amoureux tremblement.

  Si tost qu'au vieux palais sans bruit furent entrees,
Des trois ieunes amans elles sont rencontrees,
Qui douteux iusqu'alors sentoyent dedans le cœur
Vn combat incertain d'esperance & de peur:

ELEGIES,

Fleurdelis qui les voit reste toute esbahie,
S'enflamme de courroux, se plaint d'estre trahie,
Parle haut, se tourmente, & d'vn cœur despité
Blasme la belle Olympe, & sa temerité,
Les Amans tout confus ne sçauent que luy dire,
L'vn fait mille sermens, l'autre esperdu souspire,
Et l'autre d'vn parler triste & passionné
S'efforce d'amollir ce courage obstiné.
La pauure Olympe mesme à ioinctes mains la prie,
L'appelle son desir, sa lumiere & sa vie,
La serre estroittement, embrasse ses genoux,
Puis quelquesfois se fasche, & luy parle en courroux.
    Hé quoy (luy disoit elle) où est vostre asseurance?
Où sont tous ces propos si pleins de vehemance
Que vous me soulieȝ dire, à fin de m'enflammer
Auant que deux beaux yeux m'eussent forcé d'aimer?
Quel charme, ou quel demon maintenāt vo⁹ trauaille
Qu'au besoin laschement le courage vous faille?
Comme vn soldat craintif, qui bien loin du danger
Ne bruit que de combats, de forcer, d'assieger,
Parle haut des couarts, leur lascheté reproche,
Puis fuit honteusement quand l'ennemi s'approche:
Vous fuyeȝ tout ainsi d'vn cœur lasche & poureux,
Bien que vostre ennemi ne soit pas rigoureux.
    Ainsi parloit Olympe à bon droit courroucee,
Mais pourtant Fleurdelis ne change de pensee,
Son esprit mal contant ne peut estre appaisé:
Niree en vain la prie ardemment embrasé,
Remonstre son amour, descouure sa constance,
Se plaint de ses rigueurs, perd toute patiance.

LIVRE II.

Car il n'auance rien, ce courage endurci
Ne se peut condescendre à luy donner merci.
Pendant qu'il parle à elle ardant de mille flames,
Les amans desireux, & les deux ieunes dames
Entrent au paradis tant de fois souhaité,
Agreable seiour de leur felicité.

O ieune enfant Amour le seul Dieu des liesses,
Toy seul pourrois conter leurs mignardes caresses,
Leurs soupirs, leurs regars, leurs doux rauissemens,
Et ces petits refus suiuis d'embrassemens,
Ces propos enflammez, ces agreables plaintes,
Ces desirables morts, & ces coleres faintes.
Tu les peux bien conter, car tu y fus tousiours
Ayant auecques toy mille petits Amours:
Les vns forgeans des traicts, les autres de leurs ailes
Esuentant doucement leurs flammes immortelles:
Les autres voletans tout au tour s'amassoyent,
Et les autres de fleurs ton carquois remplissoyent,
Dont couuroyent ces amās comme d'vn grand nuage,
Puis voloyent dās leurs yeux & baisoyēt leur visage,
Chacun à qui mieux mieux se monstrant desireux
De les rendre en ce lieu contans & bien-heureux.

Helas pourquoy si tost finit ceste iournee?
Pourquoy n'eut elle au moins la lōgueur d'vne annee?
Certes le clair Phebus cessant de luire aux cieux,
Monstra bien qu'il estoit sur leur aise enuieux,
Et fist haster la nuict plustost que de coustume
Remplissant leurs esprits d'angoisseuse amertume:
Et leur faisant connoistre à ce dur partement,
Combien l'heur des mortels s'enfuit legerement.

ELEGIES,

ADVENTURE SECONDE.

RIGOVREVX poinct d'honneur, qui de
si chaudes flames
Poursuis les ieunes cœurs, & les plus bel-
les ames,
Qui rons leur plus doux somme, & leur fais mespriser
L'aise & l'heur de la vie à fin de s'exposer,
Et sous l'espoir d'vn bruit d'honorable duree
Volontaires courir à la mort asseuree.
   Des malheurs que Pandore en la terre sema,
Quand contre Promethé Iupiter s'anima,
Et rendit nostre race en viuant miserable,
Tu es le plus cruel & le plus dommageable:
Il falloit aux mortels des corps de diamant
Pour contre tes efforts resister seuremant,
Sans en si foible lieu loger tant de courage,
Et voir perdre en vn rien le plus celeste ouurage.
Mais las! si ta rigueur rendit oncques desfaits
De Nature & du Ciel deux chefs-d'œuure parfaits,
Ces vers te feront voir, qu'entre cent mille allarmes
D'ennuis & de sanglots i'ay tracez de mes larmes.
   Damon & Lycidas deux astres de ce tans,
Deux Achilles nouueaux, deux aimables Printans
Qui semoyent comme fleurs les Amours par la terre,
Et blessoyent tous les cœurs par vne douce guerre,
S'aimoyent vniquement, ce n'estoit qu'vn vouloir,
En eux vn seul esprit deux corps faisoit mouuoir.
Iamais

LIVRE II.
217

Iamais l'œil de Phebus ne veit telle ieunesse,
C'estoit toute vertu, douceur, grace & prouesse:
Desia leur clair renom flamboit en diuers lieux,
Mars logeoit en leur ame, & l'Amour en leurs yeux.
  Cleophon qui par tout fait reluire sa gloire,
Grād Prince & grād guerrier d'immortelle memoire,
Dont le clair iugement iamais ne se deçoit
De ces deux entre tous la valeur cherissoit:
Eux qui de ses vertus ont l'ame toute pleine
N'adorent rien que luy, c'est leur ioye & leur peine,
Et n'ont plus grand desir que de luy faire voir
Ce que peut en leurs cœurs l'honneur & le deuoir.
Aduient qu'vn soir tout seul Damon se delibere
Ondoyant des grands flots d'vne ieune colere
Pour appaiser son cœur bouillant & genereux
De tenter le peril d'vn combat rigoureux:
Lycidas qui l'entend de courroux se transporte,
Et plein d'vn beau despit l'accuse en ceste sorte:
  Tu me veux donc fuir, ô mon plus cher soucy!
Donc ma ferme amitié se voit payer ainsi,
Qu'en l'essay perilleux d'vne belle entreprise
Comme peu valeureux ta vertu me mesprise?
A qui plus desormais pourray-ie auoir de foy
Si ce qui m'est plus cher se separe de moy?
Non, il n'en fera rien : l'Amour qui nous assemble
Veut qu'au bien & au mal nous ayons part ensemble.
Face le sort cruel ce que faire il pourra,
Lycidas, ô Damon, iamais ne te lairra.
Ie te suiuray par tout : mon ame ardente & pronte
De ce fragile corps sçait bien ne faire conte.

ELEGIES,

Damon respond ces mots, O mon plus doux penser,
Ainsi victorieux te puissé-ie embrasser,
Sans qu'aucun accident nostre amour diminue,
Comme assez clairement ta valeur m'est connue,
Ce n'est pour cest esgard que ie t'avoy laissé:
Mais si l'aueugle sort, ou le ciel courroucé
Rendent là de mes iours la carriere acheuee,
Ie vouloy que mon ame en toy fust conseruee.
Car bien que le Destin me face aller deuant,
Ie ne croiray mourir si tu restes viuant:
Ioinct que de Cleophon la memoire eternelle
Et ce que nous deuons à son amour fidelle
M'arreste & me retient, craignant que le malheur
Ne luy verse d'vn coup ses deux flots de douleur.
Ne me vueilles donc suiure, ô doux feu de ma vie,
Par ce genereux Prince en pleurant ie t'en prie,
Reste pour le seruir sans de luy t'estranger:
Accorde mes desirs, ie ne crains nul danger.

Au nom de Cleophon son ame est fort pressee,
Et se sent presque esmeu de changer de pensee:
Mais l'ardeur de combatre est trop forte en son cueur,
Puis l'obiect de Damon reste en fin le vainqueur.

Ie te suiuray (dit-il) rien ne m'en peut distraire,
C'est s'opposer au Ciel que d'aller au contraire,
Nos destins amassez dans vn mesme fuzeau
Doiuent estre tranchez d'vn seul coup de cizeau:
Ne m'offense donc plus par ta vaine rudesse,
Puis qu'helas! sans te voir ie mourroy de tristesse.

Durant tous ces discours qu'Amour leur inspiroit,
La mere du Sommeil coye se retiroit,

LIVRE II. 218

Ramassant sous son aile en brune couleur tainte
Les songes, le repos, le silence, & la crainte:
L'Aurore aussi soudain commença ses trauaux,
Et ne voulut parer son char ny ses cheuaux,
Ne couronna son sein ny ses tresses de roses,
Mais d'vn manteau de dueil ses beautez furent closes.
  Courriere du Soleil, tu deuois de tout poinct
Deuers nostre horizon ce iour n'arriuer point,
Afin que ta lumiere aux mortels si plaisante
A tant d'actes piteux ne se trouuast presente.
Helas tu n'eusses veu sur le champ renuersé
Lycidis, ô regret! d'outre en outre percé:
Tu n'eusses veu les doigts de la Parque cruelle
Courant hastiuement sa mourante prunelle,
D'vn seul coup la ieunesse & l'amour surmonter,
Et l'ame à grand regret son bel hoste quitter.
Tu n'eusses veu l'honneur de sa tresse dorée
De la blonde couleur du poil de Cytheree,
Où le plus libre esprit se trouuoit attaché,
Meslé confusément, tout rouge & tout taché.
Tel sembloit Adonis, quand la force inhumaine
Du sanglier l'eut couché tout sanglant par la plaine:
Mais il eut pour le moins ce confort en mourant,
D'auoir fini ses iours son ami secourant:
Et de voir par sa main valeureuse & guerriere
Son meurtrier estendu sur la rouge poussiere.
  Damon vn peu plus loin sans pitié combatant
Du sang de ses haineux & du sien degoutant,
Ardant & furieux, comme vn Mars redoutable,
Reçoit en l'estomach mainte playe honorable,

Ee iij

ELEGIES,

Et durant que son cœur est plus grand & plus chaud,
Presque n'en sentant rien la puissance luy faut.
Son beau corps, dont la force auec le sang se verse,
Debile & chancelant, trebusche à la renuerse,
Et plus que demi-mort reste là pallissant:
Comme vn bouton de rose en Auril languissant,
Qui perd sa couleur viue alors que la tempeste
Ou l'outrage du vent luy fait pancher la teste:
Ou comme vn ieune Lis de la pluye aggraué
Laisse pendre son chef, qui fut si releué.
Victoire Cadmeane, & trop cherз achetee
D'vn ny d'autre party tu n'as esté chantee:
Tous deux en longs soupirs detestent ta rigueur,
Et l'honneur du trofee est cuisant au vainqueur.
  Or comme auec le sang cesse l'ire & la guerre,
Damon qui se reuient par le froid de la terre,
Tout à peine se traine où gisoit son ami,
D'vn long sommeil ferré durement endormi.
Qui dira la douleur dont son ame est frapée,
Quand il voit que la Parque a sa trame coupee?
Ayant le cœur vaincu de regret & d'ennuy
Immobile long temps tient l'œil fiché sur luy:
En fin l'amas pressé du dueil qui continue
Rauit toute lumiere à sa dolente veue,
La couleur à son teint, aux genoux leur effort,
Si que palle & tout froid chet à dent sur le mort.
  Au retour de l'esprit que la douleur r'appelle
Il maudit des hauts Cieux l'ordonnance cruelle,
Se lasche au desespoir sanglotant sans cesser,
Et de baiser le corps il ne se peut lasser:

LIVRE II. 219

Puis comme les sanglots, l'angoisse & la furie
Font passage à sa voix, tout en pleurs il s'escrie:
  Ne depars point encore, ô seul iour de mes yeux,
Et parmi tant de rage & d'assauts furieux
N'abandonne au besoin vn que tu faisois viure
Et que iusqu'à la mort tu n'as pas craint de suiure.
Oy mes propos derniers & mes gemissemens,
Reconforte mon cœur par tes embrassemens.
Nos esprits enlacez d'vn celeste cordage,
Si tu m'attens vn peu, ne feront qu'vn voyage,
Leur vol tout à la fois en la nuict s'estendra,
Et des myrtes ombreux la descente prendra.
Mais, ô cruel ami, ta flamme est-elle estainte,
Que tu n'es point touché de ma dure complainte?
Ton oreille est bouchee à mes cris enflammez,
Et pour ne voir mes pleurs tes beaus yeus sont fermez.
Ah que de desespoirs tyrannisent ma vie!
Helas tourne vn regard deuers moy ie te prie,
Respons moy, Lycidas, peux-tu voir sans parler
Ton malheureux Damon tout en pleurs s'escouler?
  Au nom de son amy (miracle!) il s'esuertue
D'eslever quelque peu sa prunelle abbatue,
Qui semble vne fleurette où toute humeur defaut
Seche sur vn riuage espuisé par le chaud:
Mais Clothon qui plus loin n'a limité son terme,
D'vne outrageuse main pour iamais la referme.
  Damon plus que deuant au dueil s'abandonnant,
Rend d'esclatans regrets l'air voisin resonnant,
Couure le corps de sang, de cheueux & de larmes,
Et tousiours la fureur luy fait nouueaux allarmes:

Ee iij

ELEGIES,

Qui ne cesse qu'alors qu'vn spasme appesanti
Luy dérobe l'esprit de foiblesse amorti.
 Tandis des faits nouueaux la Courriere emplumee
Par tout ceste merueille aussi tost a semee:
Chacun court sur la place, & sent en approchant
Qu'vn long traict de pitié son esprit va touchant:
Au moins humain de tous l'œil de larmes degoute,
Et du plus mort des deux les regars sont en doute.
 Alors quelques amis que la foule entouroit,
Trouuant l'vn tout glacé, l'autre qui respiroit,
Portent en soupirant de façon lamentable,
Le blessé dans vn lict, le mort sur vne table.
 Quel rempart assez fort la raison te garda
En ce torrent de dueil, qui sur toy déborda,
Valeureux Cleaphon, quand la triste merueille
D'vn tel bruit vint fraper ton ame & ton oreille?
Le rocher de ton cœur d'inuincible vertu
A ce terrible choc se veit presque abbatu,
Et rompu de tout poinct par la vague effrenee.
Tant peu l'amitié sainte en vne ame bien nee.
Sceptre ny maiesté n'ont pouuoir d'empescher
Que ceste affection ne le vienne toucher,
Court au lieu pitoyable, où d'vne force extrême
Reserrant & pressant son angoisse en soymesme
S'approche du blessé, qui mourant languissoit,
Et plus à son amy qu'à son mal il pensoit.
 Ce grand Roy le console, & d'vn plaisant langage,
Voile de son ennuy, luy remet le courage,
Voit de ses coups diuers sonder la profondeur,
Et pour le secourir met au loin sa grandeur.

[marginalia:]
ce vers est plein de trans- positions

il donne à son oreille & son ame, quelle peut... [illegible]

il superflu

Et plus à son amy qu'à soymesme pensoit
Je n'ayme fort cest epithete à vague
si cœur effrenee, bon

LIVRE II. 220

Qu'on ne me vante plus l'amitié vangeresse
Du preux fils de Thetis seur rampart de la Grece:
Ny le feu saint & beau dont Pylade est forcé
Quand il s'offre à mourir pour Oreste insensé.
S'esteigne le renom d'Hercule & de Thesee,
Et de ceux dont la gloire en tout âge est prisée,
Qui se sont de mortels dans le Ciel esleuez,
Pour les droits d'amitié saintement obseruez.
Mon Prince le plus grand de ceste terre basse,
Comme en toutes vertus en ceci les surpasse:
Nul diuertissement sa douleur ne deçoit,
Des yeux ny de l'esprit le somme il ne reçoit,
Tant cest ennuy le poingt, donne, promet & prie,
N'estime rien trop cher pour racheter sa vie,
D'autour de son cheuet il ne se peut bouger,
Et de sa blanche main le fait boire & manger,
Importune le Ciel de vœux & de prieres,
Bref, pour flechir la Mort tente mille manieres:
Mais ceste fiere Parque aux rauissantes mains,
Seule des Deïtez est sourde aux cris humains:
Sans pitié d'heure en heure elle abat sa ieunesse,
Et d'vn si beau seiour se veut faire maistresse.
Amour qui s'y logeoit superbe & redouté,
Luy resista long temps d'vn courage indonté:
Et durant qu'il demeure vn seul traict en sa trousse
Tousiours braue & vaillant arriere il la repousse:
En fin il est contraint foible & tout desarmé,
De quitter en pleurant vn logis tant aimé,
Déconfit, esperdu, trainant l'aile blessee
Comme vn qui s'est sauué d'vne place forcée.

Ee iiij

ELEGIES,

Or quelque peu deuant que l'extreme accident
Couurist ce poinct du iour d'eternel occident,
Durant qu'autour du lict maint grand soupir resonne
Et que Cleophon mesme aux regrets s'abandonne,
Damon le regardant son esprit renforça,
Et ces derniers propos auec l'ame il poussa.

Prince, honneur de nostre âge & sa gloire premiere,
Qui fus mon heur, mon tout, mõ ame & ma lumiere,
Et le seras tousiours (car malgré son effort
L'amitié ceste fois surmontera la mort)
I'estime heureusement ma carriere acheuee
Ayant iusqu'au tombeau ton amour esprouuee,
Et remporte en mourant vn eternel plaisir
D'auoir si dignement sceu loger mon desir.
Si de peu de saisons ma vie est limitee,
Ayant d'vn si grand Roy la faueur meritee,
Ie n'ay qu'assez vescu, mes esprits sont contans.
"Tous ceux qu'aimẽt les Dieus ne viuẽt pas lõg tans.
Ie iure par ton Nom qui m'est si doux à l'ame
Qu'vn seul trait de douleur au trespas ne m'entame,
Fors du mal qui t'afflige, & l'ennuy de n'auoir
Te seruant plus long temps tesmoigné mon deuoir:
Ce regret seulement suiura ma sepulture,
Et par moy Lycidas le semblable te iure,
Qui las! toutes les nuicts se lamente dequoy
Le temps ne t'a fait voir plus d'effects de sa foy.
Mesme la nuict derniere en l'horreur plus espesse
Alors que tous mes gens de peine & de tristesse
Gisoyent appesantis: de mon œil non touché
Des pauots du Sommeil, foible il s'est approché,

LIVRE II. 221

sanglant, la couleur palle, & la façon peu gaye,
Et couuroit de sa main la grandeur de sa playe:
Helas! bien differant de celuy qu'il souloit,
Quand sa ieune beauté tant d'appas receloit.
    Damon, me disoit-il, pour qui la Destinee
M'a fait dés mon Aurore accomplir ma iournee,
Voicy, ton heure proche, il te faut auancer,
I'ay resté iusqu'ici pour ne te point laisser,
Afin que comme en terre aux pleines Elysees
On ne voye vn seul iour nos ames diuisées.
Mais deuant, cher ami, que tu quittes ce lieu,
A mon Prince & au tien dy l'eternel Adieu,
Conte luy qu'en mourant i'eu son nom en la bouche,
Et que tousiours de luy le souuenir me touche,
Regrettant de n'auoir suiuant ma volonté
Monstré de quelle ardeur i'adoroy sa bonté:
Dy luy que d'autre ennuy ie n'ay l'ame oppressee,
Mais fay-le promptement, car ton heure est pressee.
    Ie vouloy luy respondre alors qu'il s'enuola,
Et mon embrassement rien que vent n'accolla.
    Reçoy donc ce deuoir dont pour luy ie m'acquite,
Et croy que ta vertu ne fut onc mieux escrite
Qu'elle estoit en son cœur à toy seul reserué,
Où iamais autre traict ne peut estre engraué!
Croy, s'il te plaist, aussi que la Parque ennemie,
Ny du triste Lethé l'oubliance endormie
Iamais en nos esprits ton nom n'effacera:
Vn breuuage amoureux sa liqueur nous sera,
Qui de tout autre obiect emportant la semblance,
En nous tant seulement luiura ta souuenance

ELEGIES, LIV. II.

Sur les myrtes ombreux comme oiseaux voletans:
Et tous deux à l'enui tes louanges chantans,
Aux esprits bien-heureux nous les ferons entendre:
Qui rauis nous suiuront à fin de les apprendre,
Et serons comme Dieux en la troupe estimez
Au nom d'vn si grand Roy qui nous a tant aimez.
  Reste, Prince inuaincu, que ton ame s'appaise,
A fin que sa douleur ne trouble point nostre aise,
Obeis sans murmure au vouloir du haut Dieu,
Et de ma foible voix oy ce dernier adieu.
  Adieu chers Compagnons, dont la foy m'est connue,
Si le pouuoir me faut, l'amour me continue:
Aimez moy donc tousiours, & vueillez retenir
De Lycidas & moy l'eternel souuenir:
Et pour doux appareil de vostre ame blessee,
Ayez incessamment nos noms en la pensee.
Or adieu, Cleophon, adieu mortel seiour,
La Mort m'oste à ce coup la parole & le iour.
  Ainsi mourut Damon l'ornement de son âge,
Vn Narcisse en beaux traicts, vn Mars en grand courage,
Le Ciel qui pour sa gloire accompli l'auoit fait,
S'il ne l'eust retiré demeuroit imparfait.

FIN DES ELEGIES.

IMITATIONS
DE L'ARIOSTE.

ROLAND FVRIEVX.

PAR
PHILIPPES DES PORTES.

AV ROY CHARLES IX.

IE veux chanter Roland, ses fureurs
& sa rage,
Ie veux chanter d'Amour la tempe-
ste & l'orage,
La colere indomtee & le forcene-
mant,
Qui troublerent l'esprit d'vn miserable Amant
Delaissé sans raison d'Angelique la belle,
Deplorable loyer d'vn amour si fidelle.
CHARLES Roy magnanime issu du sang des Dieux,
Ie chante, en m'essayant, ces regrets furieux,
Attendant qu'vne fois plus hardiment i'entonne
Les combats acheuez pour sauuer ta couronne.

ROLAND

Quand le discord mutin par la France allumé
Rendoit contre l'enfant le pere enuenimé:
Tandis d'œil fauorable & de Royal courage
Reçoy ce que t'appens aux pieds de ton image:
Et si tu pris iamais plaisir à mes escrits,
Enten de quelle ardeur cest amant fut espris.

  Le grand Dieu des amours, Dieu de telle puissance
Qu'encor il n'a trouué qui luy fist resistance,
Vn iour blessa Roland le redouté guerrier,
Le vaillant palladin, le braue auanturier:
Et bien qu'il n'eust pas craint vne puissante armee,
Si tost qu'il eust d'vn trait sa poitrine entamee,
Et que de deux beaux yeux le rayon s'espandit,
Il mit les armes bas, & vaincu se randit.
Chetif que feroit-il, si la celeste bande
Des esprits immortels, si le Dieu qui commande
Aux enfers tenebreux, & cil qui peut donter
L'orgueil des flots mutins n'ont sceu luy resister?
  Or pour flechir le cœur de sa fiere Maistresse
Il fait en mille endroits retentir sa prouesse,
En Inde, en Tartarie, & desia l'Oriant
Restant tout estonné va ses faits publiant:
Puis il repasse en France, où le peuple d'Espagne,
Le Numide & le More emplissoyent la campagne
Conduits par Agramant, qui desia se promet
Que la France captiue à ses loix se soumet.
Là de mille beaux faits il enrichit sa gloire,
Là de mille combats remporta la victoire:
Il foudroye, il saccage horrible & furieux,
Et l'ennemi qui craint son bras victorieux,

FVRIEVX 224

Fuit au deuant de luy, comme dedans la plaine
Fuit au deuant du loup le mouton porte-laine. *bourre*
 Qui a veu quelquefois tournoyer dedans l'air,
Gronder & faire feu le tonnerre & l'esclair,
Puis tombant tout à coup en mille estranges sortes
Esclater & partir les roches les plus fortes,
Briser les marbres durs, crouler les fondemens,
Et pesle-mesle encor brouiller les elemens:
Il a veu ce guerrier qui porte en tous allarmes
La foudre en sa main droitte & la mort dãs ses armes,
Et comme vn nouueau Mars, dehachant & taillant
Fait refroidir le sang du plus braue & vaillant.
On n'oit autour de luy que mortelles complaintes,
Son espée & son bras & ses armes sont taintes
Du sang des ennemis : car rien ne les defend,
Maille ny corselet quand Durandal descend.
Il fend, il taille, il perce, il frape, il tue, il chasse,
Chacun fuit deuant luy, qui son armet delace,
Qui laisse choir sa lance, & qui souuentesfois
Quitte là son espee, & fuit dedans le bois
Qui deçà qui delà, & leur ame craintiue
A chaque flair de vent croit qu'encore il les suiue,
Qu'il presse leurs talons, & qu'il hausse le bras
Pour les priuer de vie au milieu de leurs pas.
 Comme vn ieune Cheureul qui dedans son boccage
A veu le fier Lyon chaud de soif & de rage,
Qui massacre sa mere, & conuoiteux de sang
En deux coups la dechire, & luy mange le flanc:
Craintif il prend la fuitte, & d'vne course isnelle
Eschape & se derobe à la beste cruelle:

ROLAND

Vne branche, vne fueille, vne haleine de vant
L'horreur du grand lyon luy remet au deuant.
Ainsi deuant Roland la tourbe espouuantee
S'enfuit à qui mieux mieux d'vne course hastee:
Et luy, foudroyant tout, laisse aterrez de coups
Cheuaux & cheualiers aux mâtins & aux loups.
Ia desia le renom de sa force admirable
Le rendoit en tous lieux terrible & redoutable:
Ia se disoit par tout qu'il n'auoit son pareil
Depuis les Indiens iusqu'au lict du Soleil:
Quand au mois plus ardant lors que la Canicule
De la terre & du ciel tous nuages recule,
Ayant depuis deux iours vainement pourchassé
Le vaillant Mandricard, il descend tout lassé
De chaud & de trauail, aupres d'vn clair riuage
Ombragé tout autour de maint arbre sauuage,
Et dont l'email diuers richement piolé
Des baisers du Soleil n'estoit point violé.
L'Oeillet y florissoit, l'Amaranthe & la Rose,
Et Clytie au Soleil sa robe auoit declose,
Le Myrthe y prenoit place, & le Lis blanchissant,
Et la fleur du mignon qui mourut languissant
Par trop aimer son ombre & la figure vaine
Qu'il veit en se mirant és eaux d'vne fontaine.
Le Soleil s'auançant pour parfaire son tour,
A moitié du chemin nous marquoit le mi-iour,
Quand Roland y suruint qui tout par tout degoute,
Et de son mal prochain le chetif ne se doute:
Il pensoit reposer, mais au lieu de repos
Vn espineux trauail le perça iusqu'à l'os.

Cheualier

FVRIEVX.

Cheualier malheureux à qui la destinee
Reseruoit trop cruelle vne telle iournee!
Car en se destournant, comme il leue les yeux
Vers les arbres prochains, il voit en mille lieux
Le nom de sa Deesse engraué sur l'escorce,
Tesmoignage euident d'vne amoureuse force.
Il admire le chiffre, & remarque soudain
De la belle Angelique & les traits & la main:
Parquoy tout estonné pensiuement regarde,
Et mieux qu'auparauant curieux il prend garde
A tout cela qu'il voit, & lit par tout encor
Enlacez de cent nœuds Angelique & Medor.
    Desia d'vn chaud despit sa poitrine est attainte,
Et maint ialoux penser le fait trembler de crainte:
Autant de traits qu'il voit, autant de clous ardans
Amour fiche en son cœur, qui le percent dedans;
Encor il ne sçait pas que tout ceci veut dire,
Toutesfois il fremit, & tout blesme il soupire,
Puis il se reconforte, & de tout ce qu'il voit
Il s'efforce de croire autrement qu'il ne croit.
Il feint mille discours, & pense à l'aduenture
Que quelque autre Angelique a fait ceste escriture:
Puis il connoist la lettre, & voit qu'il se deçoit,
Mais vne autre esperance aussi tost il conçoit.
    Hors de moy (ce dit-il) penser qui me deuore,
Ie connoy maintenant que celle que i'adore
(Amour en soit loué) m'aime parfaitement,
M'ayant sous vn Medor deguisé finement:
Car ie suis ce Medor, & connoy que Madame
En deguisant mon nom, veut deguiser sa flame.

Ff

ROLAND

Ainsi disoit Roland, mais vn nouueau penser
Luy fait presqu'aussi tost ce propos delaisser:
Car tousiours il se doute, & ce qui le fait craindre
Se renflamme & s'accroist plus il le pense estaindre.
 Comme le simple oiseau qui s'empestre & se prend
Au piege & à la glus que l'oiseleur luy tend,
Tant plus qu'il bat de l'aile, & que plus il s'efforce
De se desempestrer, plus la glueuse amorce
L'attache & le retient. Roland en est ainsi
Qui sent croistre tousiours son amoureux souci.
Or' il resue immobile, & or' il se destourne
Puis deça puis delà, & iamais ne seiourne
Son penser variable, & sent dedans le cœur
Vn combat obstiné d'esperance & de peur,
 Discourant en ce poinct sans qu'il pense à soymesme
Tant il est possedé d'vne manie extreme,
Il vient iusques aux lieux où les amans heureux
Sur la chaleur du iour doucement langoureux
Se retiroyent à l'ombre au frais d'vne fontaine,
Où de mille plaisirs ils enyuroyent leur paine,
Ores de leurs desirs doucement iouissans,
Ores demi-lassez mollement languissans:
Et souuent redoublans l'amoureuse escarmouche,
Ils se tenoyent serrez la bouche sur la bouche,
Le flanc contre le flanc, & nageoyent à souhait
Dans le fleuue d'Amour de nectar & de laict.
 Medor pour faire foy du plaisir desirable
Qui l'auoit bienheuré dans ce lieu delectable
Par dessus tous les Dieux, auoit subtilement
En mille & mille endroits peint son contentement.

FVRIEVX.

On voit tout-alentour mainte & mainte deuise,
Et ne peut courir l'œil vn seul lieu qu'il n'y lise
Graué de cent façons, Angelique aux beaux yeux,
Angelique & Medor le fauori des cieux.
　　Roland regarde tout, qui a l'ame saisie
De la froide poison d'vne aspre ialousie,
Et chancelle inconstant comme le Prestre saint
Que le tan de Bacchus trop viuement attaint.
Or ainsi que tousiours de plus pres il s'approche
Et contemple estonné la fontaine & la roche
Tournant mille discours en son entendement,
Voit ces vers de Medor engrauez fraischement.
　　O tertres verdissans, ô fideles ombrages
Des antres tenebreux, des prez & des riuages,
O bois delicieux, ô doux-coulans ruisseaux
Espessement bordez d'amoureux arbrisseaux,
Où la belle Angelique ornement de cest âge,
Qui de tant de grands Rois enflamma le courage,
La fille à Galafron, seul miracle des cieux,
Celle qui feit trembler les plus audacieux,
Abaissant sa hautesse & sa race royale
A moy pauure Medor se fist si liberale,
Que mille fois ensemble en mille heureux plaisirs
Auons donné relasche à nos bouillans desirs.
　　Pour ces douces faueurs entre vos bras receues,
Tertres, ombrages, bois, & cauernes moussues,
Herbes, riues & fleurs, ie ne puis auancer
Si ie veux presumer de vous recompenser.
Parquoy ne pouuant mieux ie benis à toute heure
De cœur, d'ame & de voix ceste heureuse demeure;

ROLAND

Priant tous palladins qui passeront ici,
S'ils ont iamais senti le doux poignant souci
Du grand vainqueur des Dieux, qu'aux fideles om- (brages
Aux antres tenebreux, aux prez & aux riuages,
Aux bois delicieux, aux doux-courans ruisseaux
Espessement bordez d'amoureux arbrisseaux,
Ils souhaitent ainsi : Ces lieux tant desirables
Ayent à tout iamais les Nymphes fauorables,
La Lune & le Soleil, & iamais pastoureau
Ne puisse en leur giron conduire son troupeau.
 Cinq ou six fois Roland releut ceste escriture
Fiché sans dire mot contre la roche dure,
Qui ia luy ressembloit, tant son dueil vehement
L'auoit en moins d'vn rien priué de sentiment,
Et tousiours en cherchant vainement il essaye
De ne trouuer escrite vne chose si vraye :
Mais tant plus qu'il la lit, & mieux il la connoist,
Et sa ieune douleur de plus en plus s'accroist.
Il n'ha plus sur le front ceste audace engrauee,
Il ha les yeux ternis, & la face cauee,
Et le cœur si gonflé qu'il ne sçauroit pleurer,
Ny du chaud estomach vne plainte tirer,
Mais tout pantoisement il halette de rage.
Car l'extreme douleur, qui grossist son courage,
Veut sortir tout à coup, & se pousse, & se suit,
Mais au lieu de passer estoupe le conduit :
Comme le vase estroit, dont l'eau pour sortir toute
Se presse & se contraint de tomber goute à goute.
Puis il retourne à soy, & ne sçauroit penser
Que sa Dame en ce poinct ait peu le delaisser :

FVRIEVX.

Mais que d'vn ennemi la main iniurieuse
A graué tout ceci pour la rendre odieuse.
   Las (dit-il) quel qu'il soit, comme il a de bien prés
Imité la main d'elle, & sa lettre & ses trais!
   Ainsi d'vn foible espoir sa douleur il console,
Et s'allege vn petit du souci qui l'affole:
Et remonte à cheual sur l'heure de la nuict,
Lors que desia la Lune au Ciel claire reluit,
Et que le beau Soleil dans la plaine azurée
Va plongeant le thresor de sa tresse dorée.
   Cheminant incertain, or' à gauche, or' à droit,
Il ne va guere loin que d'vn haut tertre il voit
Haut reiaillir du feu d'vne maison prochaine,
Oit abayer les chiens, & sortans de la plaine
Il entendit beeler les innocens troupeaux,
Et les mugissemens des bœufs & des toreaux.
   Il vient droit au village, où tout las veut descëdre
Et soudain vn garçon son cheual luy vient prendre:
Vn autre le desarme, & du haut iusqu'au bas
Vn autre met la nappe, & la couure de plas.
Mais l'accez continu du mal qui luy commande,
Le degouste si fort qu'il n'a soin de viande:
plus cherche de repos plus trouue de langueur,
Et de poignans trauaux accrez de rigueur.
Car il voit tout par tout aux fenestres & portes
Angelique & Medor lacez de mille sortes.
Quelquefois il vouloit la cause en demander,
Mais vne froide peur ne luy fait hazarder:
Car il fremist tousiours, & ce qui est doutable
Il craint qu'en le cherchant le trouue veritable.

Ff iij

ROLAND

Mais il a beau fuir : car l'obstiné malheur
Ne luy veut espargner vn seul poinct de douleur.
   L'hoste de la maison qui voit comme il soupire,
Qu'il tient la veue en bas, & que sans trefue il tire
Tant de sanglots rompus, pensant le resiouir
Luy veut des deux Amans le discours faire ouir.
   Cessez grand Cheualier (dit-il) de vous côtraindre
Et chassez le regret qui dedans vous fait plaindre:
Si vous estes pressé d'ennuis ou de courroux,
Sans le couuer ainsi bannissez-le de vous.
   " Il vous faut esperer. Toute chose est muable:
   " Rien que l'estat des Dieus n'est côstant & durable.
   " Tout se change & rechange en ce mortel seiour,
   " La ioye & la douleur commandent tour à tour.
Mais quel autre nuage en si grande ieunesse
Peut troubler vostre esprit, sinon quelque Maistresse
Qui vous semble trop dure ? Et bien qu'il fust ainsi,
Deuez-vous en ce poinct vous gesner de souci?
Leur cœur est variable, & telle en sa pensee
Vous aime ardentement qui fait la courroucee:
Puis Amour maintesfois pour monstrer son pouuoir
Recompense les siens quand ils sont hors d'espoir.
   Vn de ces derniers iours durant la saison belle
Que les prez & les bois prennent robe nouuelle,
Voulant sortir aux champs gueres ie n'auancé
Que ie trouue à mes piés vn iouuenceau blessé,
Qui tiroit à la fin, & d'vne large veine
Le beau sang decouloit comme d'vne fonteine,
Son teint estoit poudreux, tout palle & tout seiché,
Comme vn ieune bouton qui languist tout panché:

FVRIEVX.

Et s'en alloit mourant lors qu'en ceste infortune
Il esprouua des Dieux la faueur opportune:
Car presqu'au mesme instant vne Vierge y suruint,
Dont l'ame à cest obiet toute pitié deuint.
 Elle n'auoit alors qu'vne vesture telle
Que porte en ce pays la ieune pastorelle:
Mais elle ha la façon pleine de grauité
Qui decouuroit en terre vne diuinité:
Elle est toute celeste, & sa douce hautesse
Me persuade encor que c'est vne Deesse.
Prompte entre deux cailloux d'vne herbe elle pila,
Et retint dans la main le ius qui distila,
Le mit dessus la playe, & tellement s'efforce
Qu'elle estancha le sang, & qu'il print quelque force:
Ie le monte à cheual & meine en ma maison,
Où elle le pensa tant qu'il eut guarison.
 Il reprint tout soudain sa beauté coustumiere,
Il auoit les yeux noirs flamboyans de lumiere;
La face ouuerte & belle, & le teint blanchissant
Rehaussé par endroits d'vn émail rougissant:
C'est vn miroir d'Amour, l'or de sa tresse blonde
Fait honte aux beaux cheueux de ce grand œil du
Bref, il estoit si beau qu'Angelique l'aima (monde.
(La nymfe auoit ce nom) & si bien s'enflama
Qu'elle mesprise tout, & n'est plus ententiue
Qu'à guarir le cruel qui la fait mourir viue,
Ore froide, ore chaude : & comme il guarissoit
La belle, vne autre playe en son ame reçoit.
S'il reprend sa beauté, le chaud mal qui la tue,
Fait que de plus en plus la sienne diminue

Ff iiij

ROLAND

Et se consomme ainsi qu'on voit dessus vn mont
Aux rayons du Soleil la neige qui se fond:
Et luy faut à la fin, tant sa fureur la donte,
Qu'elle chasse de soy toute craintiue honte
Pour demander merci, tout à l'heure octroyé:
Et le temps du depuis est par eux employé
En tous ces ieux mignars, où doucement se bagnent
Ceux-la que la ieunesse & l'amour accompagnent.
Oublians la douleur qui les auoit pressez
Ils se tiennent sans fin l'vn & l'autre embrassez:
S'ils partent du logis ils vont tousiours ensemble,
Et l'Amour auec eux qui leurs deux cœurs assemble.
Or ils sont dans vn bois estendus à l'enuers,
Or sur le chaud du iour ils se tiennent couuerts
De l'ombrage d'vn antre, & à léures decloses
Ils cueillent mille œillets, mille lis, mille roses:
Puis témoin de leurs jeux ne se trouue arbrisseau
Qu'or auec vn poinçon, or' auec vn couteau
Ils n'y grauent leurs noms, mesme la roche tendre
Entaillee en cent lieux leurs amours fait entendre.
Voila comme vn bon cœur ne doit iamais faillir
Pour quelque grand mechef qui le vienne assaillir.
" Car lors que nous pensons estre plus miserables,
" C'est alors que les Cieux nous sont plus fauorables.
    Ainsi dist le pasteur, & laissa là Roland,
Qui dedans & dehors de rage est tout brûlant:
Il veut celer son dueil, mais rien:car quoy qu'il face
Les douleurs de son cœur se font voir sur sa face:
Et bien qu'il se contraigne, il verse sans repos
De la bouche & des yeux des pleurs & des sanglots.

FVRIEVX. 229

Puis alors qu'il est seul, la fureur qui le guide
Luy commande plus fort, & va laschant la bride
Au penser qui l'emporte, & sans trefue il respand
Vn grand fleuue de pleurs qui des yeux luy descand
Iusques sur la poitrine, & le soin qui l'esueille
Ne luy permet iamais qu'vn moment il sommeille.
  Deçà delà se vire, ores sur ce costé,
Ores dessus cest autre, il n'est point arresté,
Se tourne impatient, & quelque part qu'il aille
Sa ialouse fureur luy liure la bataille.
Il cherche tout le lict les plumes estreignant,
Et ne trouue vn endroit qui ne soit plus poignant
Que l'espine & la ronce : & pense en ceste paine
Que c'estoit le lieu mesme où sa belle inhumaine
Caressoit son Medor : & pour ce tout despit
Il abhorre la plume & saute hors du lict.
  Comme quand vn berger sur l'herbe se renuerse,
Et descouure à ses pieds marqué de couleur perse
Vn Serpent qui se traine en sifflant bassement,
Tout estonné se leue & fuit hastiuement.
  Roland plein de dédain s'habille en diligence,
Il vestit son harnois, reprend sa forte lance,
Et resaute à cheual sans attendre le iour,
Ny que la belle Aurore annonçast son retour.
Il picque à trauers champs, & la nuict solitaire
Qui tient tout assoupi, refraischit sa misere.
Il s'outrage soymesme, & d'vn cri furieux
Il maudit l'innocence & blaspheme les Cieux,
Et sanglotte sans fin : puis quand le iour se leue,
Son trop ferme soucy plus durement le gréue.

ROLAND

Il va deçà delà par les lieux escarteZ
Et fuit tant comme il peut les bourgs & les citeZ.
Sa veuë est esgaree, & auec triste mine
Sans qu'il sçache où il va tout le iour il chemine
Laschãt maint chauds regrets et maints soupirs trẽchãs
Qui renflamment le Ciel, l'air, la terre & les chams:
Il forcène de rage & sent dedans sa teste,
Pesle-mesle tourner l'orage & la tempeste,
Et Neptune en hiuer n'escume en tant de flots
Comme il ha dans le cœur de tourbillons enclos.
Puis si tost que la nuict les paupieres nous serre,
Il descend dans vn bois, & se veautre sur terre,
Criant horriblement : & le Somme ocieux
N'a nul charme assez fort pour luy clorre les yeux,
Qui distilent tousiours mille pleurs qui descendent,
Et comme d'vn torrent à grands flots se respandent:
Luymesme il s'en estonne, & ne sçauroit penser
Comme il puisse des yeux tant de larmes verser,
Et dit en soupirant : Ces ruisseaux qui s'escoulent
Ce ne sont point des pleurs, tant de larmes ne roulent
Comme i'en sors des yeux. Non, ce ne sont point pleurs
Les pleurs ne suffiroyent à mes longues douleurs.
Car mes douleurs ne sont au milieu de leur course,
Et i'ay ia de mes pleurs tarj toute la source.
Ah Ie connoy que c'est : C'est la vitale humeur
Qui fuit deuant le feu que i'ay dedans le cueur,
Et coule par mes yeux de ma poitrine cuitte,
Et tirera mon mal & ma vie à sa suitte.
Mais las ! s'il est ainsi, double double ton cours
Precipitant la fin de mes malheureux iours.

FVRIEVX. 230

Et vous, ô chauds soupirs, témoins de mon angoisse,
Vous n'estes point soupirs. Car les soupirs ont cesse,
Et ne durent toufiours : mais plus i'en vay sortant,
Mon estomach enflé va plus fort haletant.
Amour qui m'ard le cœur fait ce vent de ses ailes,
Pour tenir en vigueur mes flammes immortelles.
  Quel miracle est ceci, que mon cœur allumé
Par tant de feux d'Amour n'est iamais consumé?
Mais que suis-ie à present qui souffre telle rage?
Seroy-ie bien celuy que ie monstre au visage?
Seroy-ie donc Roland? ah non, Roland est mort!
Sa Dame trop ingrate a occis à grand tort
Ce Roland que i'estoy, son corps est dessous terre,
Ie ne suis ie ne suis que son esprit qui erre
Hurlant, criant, fuyant en ce lieu separé,
Où ie fay mon enfer triste & desesperé,
Pour tesmoigner à tous par ma douleur profonde
Ce que doit esperer qui sur l'amour se fonde.
  Toute la nuict Roland en ces regrets passa,
Puis comme le Soleil ses rayons elança
Pour esclairer le iour, & que l'Aube vermeille
Eut laißé dans le lict son vieillard qui sommeille,
Guidé par le destin il se reuoit encor
Au rocher tout escrit d'Angelique & Medor:
Il le voit, & soudain le dedain qui l'enflame,
De nouuelle fureur luy combla toute l'ame:
Il saisit son espee, & de taille & d'estoc
Il part en mille esclats l'escriture & le roc,
Et par tout où il va la place est malheureuse,
S'il y trouue vn seul trait de la lettre amoureuse:
Car soudain il la tranche, & n'a iamais cessé

ROLAND

Qu'en morceaux çà & là tout ne soit renuersé.
Ainsi resta la roche, & au troupeau sauuage
Iamais à l'aduenir ne seruira d'ombrage:
Et la belle fontaine heureusement coulant,
Qui d'vn repli tortu fait vn tour ruisselant,
Auec son mol ombrage & son eau froide & claire
N'a pouuoir d'amortir sa brulante colere.
Il y iette des troncs, des pierres, des rameaux,
Et n'a iamais cessé qu'il n'ait troublé ses eaux.
Puis tout mol de sueur, de trauail & de peine
Il chet dessus le pré sans pouls & sans haleine
Plein d'ire & de dédain & de forcenement,
Et les yeux vers le Ciel soupire incessamment.
Ny pour vent, ny pour froid, ny pour chaleur qu'il face
Iamais il ne voulut abandonner la place,
Où sans dire vn seul mot il demeure couché,
Et tousiours vers le Ciel a le regard fiché.

Il y fut si long temps sans manger & sans boire,
Que la nuict par trois fois vestit sa robe noire,
Et trois fois Apollon sortant du creux seiour
De l'humide Ocean nous alluma le iour,
Et tousiours la rigueur du mal qui le transporte
En le diminuant s'aigrist & se fait forte:
Si qu'en fin tout gaigné de si noire poison
Apres le sens troublé s'egara la raison,
Et le iour ensuiuant d'vne main outrageuse
Il se meurtrit la face horriblement hideuse:
Il escume de rage & derompt sans repos
La maille & le plastron qu'il ha dessus le dos.
Icy se voit l'espee, & sur vne autre place
Les brassats, les cuissots, & le corps de cuirasse,

FVRIEVX.

plus loin chet la sallade, & tout par tout le bois
En mille lieux diuers il seme son harnois.
D'heure en heure plus fort sa rage le maistrise,
Or' il rompt son pourpoint, & ores sa chemise,
Et court à vn pas subit, escumant, forcenant,
Et de mille façons ses léures tronçonnant.
 Il monstre à nud le ventre, & le dos, & l'eschine:
Et quand plus sa fureur puissamment le domine,
Il arrache de terre vn grand chesne & vn pin,
Comme s'il arrachoit de la sauge ou du thym.
Tout en bruit à l'entour, les rocs cauez en sonnent,
Et les bergers des champs tous effrayez s'estonnent.
Puis veulent voir que c'est: mais pronts au repentir
Bien tost gaignent au pied se pensans garantir.
Le fol se met apres, & d'vne main meurtriere
En leur froissant les os les abat par derriere:
Il tire à vn la teste, à vn autre le bras,
Et vn autre tout mort il fait tomber à bas,
D'vn reuers qu'il decharge, & plus il voit de presse
En fronçant les sourcils sa perruque luy dresse,
Et tout ensanglanté trauerse horriblement
Par les rangs plus serrez l'vn sur l'autre assommant.
 Comme vn Ours furieux qui bien peu se soucie,
Quand il est poursuiui des chasseurs de Russie,
S'il rencontre en sa voye vn nombre bien espés
De petits chiens courans qui le suiuent de prés:
Car si tost qu'il s'arreste elançant vne œillade
Il escarte bien loin ceste foible embuscade.
Ainsi Roland en fait au trauers se ruant,
Et rend en vn instant tout le peuple fuyant,
Qui court en sa maison, qui monte sur vn temple,

ROLAND FVRIEVX.

Et qui d'vn haut couuert tout effrayé contemple
La fureur de ce fol, qui par les prez herbeux
Defmembre en fe iouant les toreaux & les bœufs.
   Il mord, il esgratigne, il se tourne, il se vire,
Des piés, des poings, des dets, il rpot, froisse, et déchire,
Il hurle furieux, & fait vn plus grand bruit
Que le flot courroucé qui bouillonnant se fuit.
D'vn choc continuel ses dents se font la guerre,
Son visage est crasseux, plein de fange de terre.
Ses yeux de grand courrous sont tous bordez de fang,
Et en les contournant n'en monstrent que le blanc.
Soit de iour, soit de nuict erre par les campagnes,
Si tost qu'on l'apperçoit chacun fuit aux montagnes
Euitant ce deluge, & quand il sent la faim
Il se remplit le ventre ou de glans, ou de pain,
Ou des herbes qu'il trouue: & passant aux bocages
Il met à mort les daims & les cheureulx fauuages,
Les biches & les cerfs, & combat quelquefois
Les ours & les fangliers cruels hostes des bois,
Les derompt piece à piece, & à teste panchee
Il en hume le fang dont fa face est tachee,
Sa mouftache en degoute, & va courant ainsi
Sanglant, defiguré, tout poudreux & noirci,
Ne retenant plus rien de sa graue apparance
De ce guerrier Roland, la colomne de France.
Et fut ainsi trois mois errant tout furieux,
Iusqu'à tant qu'à la fin en descendant des cieux
Le vaillant Mirthe Anglois sus vn courfier qui vole
Luy rapporta son sens dedans vne fiole.

Fin de Roland Furieux.

LA MORT DE RODO-
MONT, ET SA DESCENTE
aux enfers, partie imitee de l'A-
rioste, partie de l'inuention
de l'Autheur.

A MONSIEVR DE VILLE-
ROY SECRETAIRE D'ESTAT.

Ie sens d'vn feu nouueau ma poitrine al-
   lumee,
Qui ne m'echauffe point d'ardeur ac-
   coustumee:
Vn subit mouuement que ie ne puis domter
Me rauit hors de moy, pour me faire chanter
Ie ne sçay quoy d'estrange & difficile à croire,
Quittant de Cupidon le triomphe & la gloire,
Les larmes des amans, leurs soupirs & leurs cris,
Sentier trop rebatu des poetiques esprits.
  VILLEROY mon suport, l'ardeur qui me commande
Me veut faire entreprendre vne chose plus grande,
La mort de Rodomont, le contempteur des dieux,
Qui fist trembler, viuant, l'air, la terre & les cieux:
Qui fist rougir de sang les campagnes de France,
Grãd de corps, grãd de force, & plus grãd d'arrogãce

RODOMONT.

Et comme quand Roger aux Enfers l'enuoya,
Caron tout estonné le voyant s'effroya,
L'Enfer trembla de peur, Pluton pallit de crainte,
Et Proserpine aussi de frayeur fut attainte,
Megere en tressaillit, & ses crins enlacez
De serpens furieux se tindrent tous pressez :
Tant ceste ame enragee, inhumaine & terrible
Faisoit de tintamarre & se monstroit horrible.

    Vn iour à son malheur ce braue Roy d'Arger
Ainsi que l'on faisoit les nopces de Roger,
Qu'on s'estoit mis à table, & qu'on auoit pris place
Chacun selon son rang, son merite ou sa race,
Et que les Cheualiers sur la fin du repas
Deuisoyent seurement des perilleux combas,
Des sieges, des assauts, des murailles forcees,
S'egayans au recit des fortunes passees,
Au fort de leur discours ce superbe arriuant,
Voyant Charles à table, & Roger plus auant,
Fierement les regarde, & masche vn menace.
    C'est moy (dit-il) Roger, ie suis le Roy de Sarse,
Qui viens pour te combatre, & qui te veux monstrer
Qu'vn si lasche que toy ne se peut rencontrer.
Tu as trahy ta foy, tes amis, & ton maître,
Et miserable encor tu ne crains de parêtre
Entre ces paladins, qui selon leur deuoir
Ne peuuent sainctement entr'eux te receuoir.
Car vn si meschant traistre est digne qu'on le frye,
Et que le Ciel vengeur par mes mains le chastie,
Ainsi que ie feray promptement deuant tous,
Si plein de lacheté tu ne fuis mon courrous.

Mais

RODOMONT.

Mais si tu n'as le cœur assez bon pour m'attendre,
Choisis auecques toy ceux que tu voudras prendre,
Quatre, six, douze, vingt, ie vous le maintiendray,
Et de tes trahisons la vengeance prendray.
   Il finit sa menasse œilladant l'assemblee,
Qu'vne telle insolence auoit toute troublee,
Les deux fils d'Oliuier, Sanson, Renauld, Roland,
Sentent mouuoir dedans vn desir violant
De rabatre l'orgueil de ce fier aduersaire:
Mais Roger poinct au vif d'vne iuste colere
Crie apres son harnois, au combat animé,
Et n'a presque loisir de se voir tout armé.
Chacun pour l'assister soudain se met en place,
Marsize & Bradamant luy vestent la cuirasse,
Charles luy ceint l'espee, & Naimes & Oger
Faisoyent autour du camp tout le peuple ranger.
   Renaud tient son cheual qui bat du pié la terre,
Qui blâchist tout son mors, qui le masche & qui serre
Aucunefois l'oreille, & d'vn hennissement
Tesmoigne que la guerre est son esbatement.
   Roger monte dessus, & Dudon qui s'auance
A chacun des guerriers baille vne forte lance
De pareille grosseur, de force & de grandeur.
   Lors des deux bouts du camp s'auancent de roideur,
Ne plus ne moins qu'on voit dedans vn gras herbage
Deux toreaux eschauffez de l'amoureuse rage,
S'eloigner l'vn de l'autre, & tourner brauement,
Laissans tout le tropeau saisi d'estonnement.
Les dames ce pendant aussi mortes que viues
D'vn si soudain effroy tremblent toutes craintiues,

Gg

RODOMONT.

De la sorte qu'on voit les colombes en l'air,
Qui tout en vn instant ne sçauent où voller,
Quand l'emeute des vents, la gresle & la tempeste
Les estonne & surprend voulans faire leur queste.
Chacun tressaut de crainte & pallist pour Roger
Voyant le fier semblant du superbe estranger,
Qui pique en l'abordant, sous luy la terre tremble,
Et croit-on que le Ciel à l'abysme s'assemble :
Roger vient d'autre part qui fait bruit en courant,
Comme le flot grondant d'vn superbe torrant.
  A ce terrible choc les deux lances baissees
Iusques dans la poignee esclaterent froissees,
Mais les coups sont diuers. Rodomont qui donna
Dans l'escu de Roger seulement l'estonna
De la force du coup, sans luy faire nuisance :
Car l'escu qui s'oppose au fer fist resistance.
Roger semblablement dans l'escu s'adressa,
Mais le coup fut si grand qu'en outre il le faulsa,
Bien qu'il fust bon & fort, & que la couuerture
Fust d'vn acier luisant, bien trempee & bien dure :
Et ne fust que du coup Roger brisa son bois,
Il luy perçoit tout net le corps & le harnois.
  Les cheuaux estonnez de rencontre si fiere
Mettent la croupe en terre & panchent en arriere,
De bride & d'esperon ils les font releuer,
Puis d'extreme fureur viennent se retrouuer
Le coutelas au poing, tous deux brulans d'enuie
De voir leur sang en terre, & s'arracher la vie.
Leurs harnois martelez d'esclairs estinceloyent,
Ils tournent leurs cheuaux ainsi comme ils vouloyent.

[marginalia:] superflu et mal — rimé au milieu — et cestuy aussy — le meux estuit la doubleure puis le dessus est d'acier — suspend — mauvais

[bottom note:] ✠ que veut il dire de la couuerture d'vn escu on peut bien hors du combat tenir l'escu couuert de peur de la souffrure, mais au combat cela ne se fait point, & puis [...] la couuerture [...] neuf, sept etc qui [...] peut tomber [...] l'image [...]

RODOMONT. 234

Or' à gauche or' à dextre ils cherchent l'auantage,
Et taſtent les endroits pour ſe faire dommage.
   Roger teint ſon eſpee au ſang de Rodomont,
Et celle du Payen rebondiſt contremont
Sur l'armeure enchantee, & ne peut quoy qu'il face,
Entamer la ſallade, ou le corps de cuirace:
Dont il créue de rage eſcumant enflammé,
Et fait auſſi grand bruit que le flot animé
De la mer courroucee au temps qu'elle s'augmente,
Et que le froid Hiuer par les vents la tourmente.
Car Roger ſans repos le pourſuit furieux,
Empourprant de ſon ſang la terre en mille lieux.
   Rodomont qui blaſpheme & deſpite en ſoymeſme
La lumiere & le Ciel d'vne colere extréme,
Menaçant le Dieu Mars, a ſoudain arraché
Son eſcu qui pendoit par lambeaux detranché.
Le iette contre terre, & plein de violence,
Comme vn fort tourbillon, en bruyant il s'auance:
Prend l'eſpee à deux mains, qui ſiffle en deſcendant
De pareille roideur qu'vn tonnerre grondant,
Ou qu'vn cheſne eſbranlé par l'effort de l'orage
Qui foudroye en tombant les threſors d'vn bocage:
Sur l'armet de Roger le coup eſt deſcendu,
Qui ſans l'enchantement tout entier l'euſt fendu.
   Roger tout eſtourdi d'vne telle tempeſte
Trois fois contre l'arçon laiſſa pancher ſa teſte,
Ne ſçait plus où il eſt, s'il eſt iour, s'il eſt nuict,
Et touſiours Rodomont impiteux le pourſuit,
Et ſur le meſme endroit vn autre coup redouble
Qui fait que de Roger la lumiere ſe trouble:

          Gg iiij

RODOMONT.

Il laisse cheoir la bride, il ouure les genoux
Chancelant & tombant, l'autre double ses coups
Et martelle tousiours: car il ne veut attendre
Que l'esprit luy reuienne & se puisse defendre.
Mais en continuant trop furieux & prompt
Son espee à la fin iusqu'aux gardes se rompt.
Fay ce que tu voudras, sois moy tousiours contraire
Iupiter (ce dit-il) si ne sçaurois tu faire
Ny toy ny tout le Ciel contre moy coniuré
Que ce chetif m'eschape & demeure asseuré.
 Ce disant il s'approche, & hausse de la selle
Roger tout esblouy, qui encores chancelle,
Et ne se connoist point priué de sentiment,
Tant il est offusqué de cest estourdiment.
Rodomont le sousleue, il l'estreint, il le serre,
Et puis de grand' fureur le iette contre terre
Estendu de son long, & se rit de le voir,
Pensant l'auoir priué de vie & de pouuoir.
 Mais ainsi comme on dit que le Libyque Antee
Sentoit en combatant sa puissance augmentee
Lors qu'il touchoit la terre: & tel qu'il se leuoit,
Roger hastif se leue, & se leuant il voit
La belle Bradamant toute palle & troublee:
Dont de honte & d'ennuy sa force est redoublee,
Il'a le cœur si gros & si plein de dédain
Qu'il conclut de mourir ou se venger soudain.
 Rodomont vient encontre, & Roger plus adestre
La bride du cheual prend en la main senestre,
De l'autre il le chamaille aux cuisses & au flanc,
Et de cent mille endroits luy fait pisser le sang.

RODOMONT.

Martelle coup sur coup d'vn bras robuste & ferme,
Et ne luy donne point vn seul moment de terme.
Le Payen s'en estonne, & ne sçait où tourner:
Car Roger ne veut point le laisser seiourner,
Le presse & le poursuit à grand coup d'allumelle,
Et semble qu'il acquiere vne force nouuelle.
  Rodomont qui se voit en extreme danger,
S'auance vne autrefois pour estourdir Roger
Du reste de l'espee en sa main demeuree:
Mais il s'en donne garde, & d'vne ame asseuree
A chef baissé se coule, & luy saisit le bras,
Le demenant si fort qu'il le fait choir à bas:
Lors prompt il se releue, & l'estour recommence
Plus aspre que deuant d'art & de violence:
Roger touriours le suit ne cessant de trancher,
Et à coups de taillant l'engarde d'approcher.
  Rodomont tout brulant de fureur & de rage
S'arme plus que iamais d'vn genereux courage,
Il rassemble sa force, il ramasse son cueur
Frapant son ennemi de toute sa vigueur
A l'endroit de l'espaule, & du coup qu'il luy donne
Roger en chancelant tout estourdy s'estonne.
  Le Payen veut entrer, mais le pié luy faillit,
Roger plus que iamais courageux l'assaillit,
Le frape en la poitrine, en la teste, en la face,
Tant que de couleur rouge il teint toute la place:
L'autre desesperé, comme vn foudre elancé,
Se iette sur Roger & le tient embrassé,
Et luy de son costé l'estreint de toute force.
Alors chacun des deux à qui mieux mieux s'efforce

RODOMONT.

De choquer, de pousser, d'estreindre & se mouuoir,
Conjoignant l'artifice auec leur grand pouuoir.
Roger à ce combat est dextrement agile,
Et le fier Rodomont, qui tout par tout distile,
Et qui pisse le sang par tous les lieux du corps,
N'ha les bras si tendus ny les membres si forts:
Tellement qu'à la fin apres mainte secousse,
Maint tour & maint retour, Roger si fort le pousse
Mettant le pié deuant, qu'il le fait trebucher
Comme vne grosse tour, ou comme vn grand rocher
Quand ils sont emportez par l'effort du tonnerre,
Puis qu'auec vn grand bruit ils retombent en terre.
Roger sur l'estomach luy met les deux genoux,
Et d'vn bras vigoureux luy donne mille coups,
Luy fait crier le ventre, & le charge & le presse,
Le harnois retentit sous le fer qui ne cesse.
Comme aux mines de l'or bien souuent il aduient
Que tout à l'impourueüe vne ruine suruient
Qui suffoque les vns, & les autres à peine
Peuuent ouurir la bouche & r'auoir leur haleine:
Le Payen est ainsi, qui ne peut
Ny des poulmons pressez son haleine tirer.
Roger luy tient vainqueur le poignard à la face,
Et d'vne mort prochaine en parlant le menace,
S'il ne se vouloit rendre à fin de se sauuer:
Mais luy qui veut plustost mille morts esprouuer
Que d'abreger sa gloire en allongeant sa vie,
Fait voir en se taisant qu'il n'en a point d'enuie.
Il s'efforce, il remue, & met tout son pouuoir
De renuerser Roger, & dessus luy se voir,

RODOMONT.

Sans qu'auec tant d'efforts il auance sa paine:
Car celuy qui le tient rend sa puissance vaine.

   Qui a veu quelquefois vn mastin renuersé
Dessous vn puissant dogue au dos tout herissé,
Qui luy tient de la dent la machoire entamee,
Le mastin se debat d'vne rage enflamee,
Sa léure est escumeuse, il ha les yeux ardans,
Et monstre en rechignant de grands crochets de dents:
Il a veu Rodomont sous Roger se debatre,
Qui voudroit s'il pouuoit la Fortune combatre.
Il maugree, il escume & s'émeut tellement
Qu'il se depestre vn bras, dont tout soudainement
Du poignard qu'il tenoit il cherche par derriere
A priuer son haineux de la douce lumiere.

   Roger voyant l'erreur où il peut encourir,
S'il tarde plus long temps de le faire mourir,
Dresse le bras bien haut, puis comme vne tempeste
Desserre le poignard trois coups dessus sa teste,
Et autant sur le front tout rouge & tout souillé:
Le cerueau tombe à bas du test escarbouillé,
Et l'ame en blasphemant orgueilleuse & despite
Vers l'ombreux Acheron soudainement prend fuite,
Abandonnant le corps qui roidist froid & blanc,
Ondoyant tout par tout à gros bouillons de sang.

   LE peuple en s'estonnant d'vne telle victoire
Eleue iusqu'au Ciel le vainqueur plein de gloire,
Chacun à qui plustost le vient enuironner:
On oit l'air tout autour du grand bruit resonner,
Son nom deçà delà parmi les bouches volle,
Et ce mot de Roger est toute leur parolle.

En ce lieu l'Arioste finit son liure.

RODOMONT.

Les Paladins courans viennent tous l'embrasser,
Charlemagne le tient qui ne le veut laisser,
Tout raui de liesse il le baise, il l'embrasse,
Et d'vn pleur agreable il luy baigne la face:
Marfize en fait autant, Sobrin, Renaud, Roland,
Dudon, Grifon le noir, & le blanc Aquilant:
La belle Bradamant, la guerriere amoureuse,
Baise de son Roger la main victorieuse,
Rasserene sa face, & r'allume ses yeux
Encores tout troublez du combat furieux.
Combien helas, combien l'amante desolee
Sentit de dures morts durant ceste meslee,
Tremblit pour son Roger, son cœur, son tout, son dieu
Las qu'elle desira de se voir en son lieu!
Non que de sa prouesse elle eust aucune crainte:
Mais le fier Rodomont ne donne aucune attainte
Qui ne trouue son ame, & que son cœur blessé
D'vne tremblante peur ne deuienne glacé.
Maintenant au contraire elle est toute rauie,
L'appelle son esprit, sa lumiere & sa vie,
Et souhaitte en son cœur de voir la fin du iour,
Pour cueillir le doux fruict de si parfaite amour.
Le peuple en ce pendant à gras monceaux s'assemble
Tout à l'entour du corps, qui de grandeur ressemble
Le Cyclope Etnean sur la terre estendu,
Apres que le fin Grec l'eut aueugle rendu.
L'vn admire, estonné, son visage effroyable,
L'autre admire sa barbe & son poil admirable,
L'autre admire ses bras qui paroissent si forts,
L'autre admire, effroyé, la grandeur de son corps:

RODOMONT.

Et mesme en le voyant ils font doute de croire
Qu'il soit mort, & qu'vn homme en ait eu la victoire.
 Charles qui veut sacrer à l'immortalité
Ce haut fait de Roger par son sang acheté,
Fait desarmer le corps des armes redoutees,
Qui sont comme vn trophee au plus beau lieu plantees
De Paris la peuplee, à fin qu'à l'aduenir
Les François estonnez s'en peussent souuenir.
 La grand' masse de chair ja relante & pourrie
Est trainee à grand force & mise à la voirie,
Pasture des corbeaux de tous les prochains lieux
Qui font en croassant maint repas de ses yeux.
 L'ame de Rodomont en blasphemant arriue
Au fleuue d'Acheron, & voit dessus la riue
Mille images ombreux attendans sur le bord
Le nautonnier Caron pour les conduire au port.
Caron le nautonnier est dessus la riuiere
Conduisant les Esprits que la Parque meurtriere
A despouillé des corps, le nombre est si espais
Que sa vieille nasselle en gemist sous le faix.
 L'ombre du fier Payen qui n'a loisir d'attendre
Que le patron d'Enfer retourne pour la prendre,
S'efforce de passer, despitant, maudissant
Le Ciel, & les Enfers sans repos menaçant.
Caron le voit venir qui s'allume de rage
De ce qu'il le priuoit des droicts de son péage,
Et vient pour l'empescher la rame dans la main,
Tout prest à le charger s'il ne s'enfuit soudain.
L'Esprit audacieux sa force a mesprisee,
Et luy dit en iettant vne amere risee:

RODOMONT.

Si les ombres d'Enfer ne sont autres que toy,
Ie veux que tout l'Enfer obeisse à ma loy:
Ie le veux, & le puis, ma force est assez grande
Pour me faire seigneur de l'infernale bande.
Pource fuy t'en d'icy, Vieillard, va te cacher,
Ie veux pouruoir l'Enfer d'vn plus braue nocher.
 Caron qui veut donter sa folle outrecuidance
Venant la rame au poing tout rechigné s'auance:
Pensant le renuerser au plus profond de l'eau:
Mais l'Esprit se recule à costé du bateau,
Puis d'extreme vistesse il saute en la nacelle,
Qui de la pesanteur de son costé chancelle:
Prend Caron par la barbe & le crin blanchissant.
L'Enfer de ses hauts cris est tout retentissant,
Et se debat si fort que la barque froissee
Laisse au milieu de l'eau sa charge renuersee:
Les Manes font vn bruit, & Caron par ses cris
Reclame à son secours Pluton & ses Esprits.
L'ombre du Roy defunct hautaine & genereuse
Court à sa volonté dedans l'eau tenebreuse,
Entrainant les Esprits, la barque & le Nocher:
Et tasche tant qu'il peut de la riue approcher
Pour entrer par surprise en la maison ardente.
 Mais Pluton ce pendant tempeste & se tourmente,
Ne sçait qu'il doiue faire, à fin de resister
A ce fier ennemi, qui le veut debouter
Du Royaume des morts, qu'il eut pour son partage,
Quand, trois, du monde entier partirent l'heritage:
Et craint que Iupiter le vueille desloger
Pour auecques le Ciel son empire ranger.

RODOMONT.

Perséphone qui sent vne pareille crainte,
Dresse contre le Ciel son amere complainte,
Puis d'vne voix cassée esperdûment criant,
Auec ces mots plaintifs les Esprits va priant,
  O vagabonds Esprits, â malheureuses ames,
Qui brulez dans la glace, & gelez dans les flames,
Vous qui ne sentez point en ces lieux malheureux
De tourment si cruel que le mal amoureux :
Encor que la pitié n'ait point icy de place,
Resistez par pitié contre cil qui pourchasse
De m'oster la couronne, & se faire Empereur
De ces lieux pleins d'effroy, de silence & d'hôrreur.
Opposez vostre force à la sienne cruelle,
Et soyez animez par ma iuste querelle.
Si vous me secourez en ceste extremité,
Par le fleuue Styx, par ceste obscurité,
Par le fuzeau des Sœurs, par leurs trames fatales,
Et par les crins retors des Fureurs infernales
Ie iure & vous promets de si bien m'employer,
Que vos Dames vn iour pour leur iuste loyer
Viendront en ces bas lieux, & sentiront la paine
Que merite à bon droit toute Dame inhumaine.
  Et vous foibles Esprits, qui sentez seulement
(Francs de flammes d'Amour) l'ordinaire tourment
Qu'on endure aux enfers pour quelque erreur comise,
Si vous me secourez ie vous mets en franchise :
Ie veux qu'on vous deliure, & que sans endurer
Vous puissiez icy bas pour plaisir demeurer,
Si lon peut icy bas quelque plaisir attendre,
Et si quelque soulas aux Enfers se peut prendre.

RODOMONT.

Ainsi dict Proserpine, & les Esprits tenus
Au plus profond d'Auerne en bruyant sont venus
Rauder à l'entour d'elle, esmeus de sa promesse,
Et veulent sans delay monstrer leur hardiesse.
   Agrican le premier braue s'est presenté,
Agramant vient apres, & l'esprit redouté
Du vaillant Mandricard, qui brûle de combatre
Et veut de Rodomont l'outrecuidance abatre.
   Le Ciel tout courroucé de leurs si longs debats,
Pour les faire cesser courbé le sein en bas
S'anime de fureur, & de sa dextre armee
Delasche la tempeste & la foudre allumee.
On n'oit rien qu'vn tonnerre esclatant & bruyant,
On ne voit rien qu'esclairs sifflans en tournoyant:
Et tombent coup sur coup, comme fleches pendentes,
Du Ciel dans les Enfers de grand's flammes ardentes.
   La terre qui s'estonne en ces extremitez,
D'ouïr l'Enfer qui tremble, & les Cieux irritez
Bruire, éclairer, tonner, pense toute craintiue
Que c'est la fin du Ciel & d'Enfer qui arriue:
Tout ce qui est en haut, en bas de tous costez,
Bestes, hommes, démons sont tous espouuantez.
   L'Ombre de Rodomont de son corps separee
Est seule en cest effroy qui demeure asseuree,
Qui menace le Ciel, l'air & les elemens,
Et despitant l'Enfer, & tous ces tremblemens:
S'elle trouuoit la Mort comme elle a bien enuie,
Elle la contraindroit de luy rendre sa vie,
Et veut malgré Pluton & les Manes ombreux
Establir son empire aux Enfers tenebreux.

RODOMONT. 239

Chacun fuit au deuant, quelque part qu'il s'auance,
Et luy qui continuë en sa fiere arrogance,
Saute dessus le pont, & s'en fait possesseur:
Car de crainte surpris le Chien engloutisseur,
Et les tristes Fureurs de sang entretachees
S'estoyent au fond d'Auerne honteusement cachees.
 Pluton à ceste fois ne sçait que deuenir,
Et pense voir encor Hercule reuenir
Auec ses compagnons pour rauir Proserpine,
Pressez du feu d'Amour ardant en leur poitrine:
Il bruit, il se tourmente, & de fureur attaint,
Maudissant sa fortune, il sanglote & se plaint.
 Les esprits Stygieux sont esmeus de liesse,
Voyant leur fier tyran en peine & en destresse:
Mais luy qui voit sa perte & n'ha point de repos,
Les inuoque à son aide, & leur dit ces propos.
 Helas! chers Citoyens de ces lieux effroyables,
Maintenant au besoin soyez moy secourables:
Et si n'auez pitié de mes gemissemens,
Prenez au moins pitié de vos cruels tourmens.
Car qui s'opposera, braue, à ce temeraire
Ie le rens deliuré de toute sa misere,
Du gel, du feu, du fer, & des maux rigoureux
Que Minos fait souffrir aux esprits malheureux,
Et sera le premier aupres de ma personne,
Comme tenant de luy mon sceptre & ma couronne.
 A ces mots de Pluton on voit de toutes parts
Sortir du creux Manoir les plus braues soldarts,
Ceux qui durant leur vie auoyent troublé la terre,
Cerueaux ambicieux, par vne iniuste guerre:

RODOMONT.

Les tyrans conuoiteux, les meurtriers inhumains,
Qui du sang innocent auoyent souillé leurs mains:
Les traistres, les mutins, les semeurs de querelles,
Les esprits enuieux, les amis peu fidelles,
Ceux qui auoyent le droict par argent violé,
Ou vendu lachement leur pays desolé,
Chacun à qui mieux mieux veut mõstrer son courage,
Mais Pluton les renuoye, & leur tient ce langage.
Non ce n'est point en vous qu'il me faut esperer,
Esprits foibles & vains, allez vous retirer:
Il faut qu'vn Chef vaillant, vn conducteur d'armee,
Vn qui ait en cent lieux planté sa renommee
Par la glaiue tranchant, & qui d'vn braue effort
Aux guerriers plus fameux ait fait trouuer la mort,
Courageux & vaillant s'arme pour ma defense,
Et contre ce hautain espreuue sa puissance.
  L'esprit du Roy Gradasse entendant tout ceci,
Cesse (dit-il) Pluton de te mettre en souci.
Car puis qu'vn Chef vaillãt, vn conducteur d'armee,
Vn qui ait par le fer planté sa renommee,
Vn qui ait fait trembler les plus braues guerriers,
Vn qui soit couronné de cent mille lauriers,
Se doit armer pour toy, c'est moy qui le doy faire,
T'aidant contre le Ciel, si le Ciel t'est contraire.
  Au seul bruit de mon nom qui volle en mille lieux,
I'ay remply de frayeur les plus audacieux,
I'ay rendu par mon bras l'Espagne surmontee,
I'ay fait trembler de peur la France espouuantee,
Et suis venu à bout de deux vœux que i'ay faits,
Qui eussent peu courber le Dieu Mars sous le faix.

RODOMONT. 246

Pour les premiers essais de ma verte ieunesse,
Fuyant les voluptez & la molle richesse,
Peste des gras seigneurs, d'vn cœur bouillãt & chaud
Ie fey vœu de combatre & Roland & Renaud:
I'en le cheual de l'vn, de l'autre i'eu l'espee
Au sang des ennemis à toute heure trempee.
 L'Esprit audacieux ne cessoit de conter
Sans le fier Mandricard, qui ne peut supporter
Sa parolle orgueilleuse, ains tout plein de furie
L'œilladant de trauers horriblement s'escrie.
 Cest effroy des humains, ce guerrier si vaillant
Eschauffé d'vn beau sang & d'vn cœur si bouillant,
Ne s'est peu garantir auec tant de puissance,
Qu'il n'ait esté captif sous mon obeissance.
Astolfe qui n'est point de ces grands Cheualiers
Qu'on renomme pour estre au combat des premiers,
D'vne lance doree inutile à la guerre
Luy feit perdre la selle estendu contre terre:
Et encor il se vante, & pour mieux s'auancer
Il menace les Cieux, & nous veut denancer,
Nous dont la renommee en tous lieux espandue,
Immortelle & durable à bon droit s'est rendue.
 Gradasse est tout esmeu d'vn courroux vehement
Et le veut dementir: mais l'esprit d'Agramant
Le deuance à parler en voix terrible & forte
Et regardant Pluton commence en ceste sorte.
 Pourquoy font ils debat d'vn droit qui m'appartient?
Car puis que cest honneur par les armes nous vient,
On ne me le sçauroit iustement contredire:
I'ay peu trente deux Rois vassaux de mon Empire,

RODOMONT.

I'ay eu plus de soldats à mon commandement,
Qu'on ne voit de flambeaux la nuict au firmament:
I'ay fait planer les monts, i'ay tari les riuieres
Par le nombre infini de mes troupes guerrieres:
I'ay fait de sang humain les plaines ondoyer,
Et la mort nuict & iour par les champs tournoyer.
Pluton tu le sçais bien, la memoire est recente
Combien par ma valeur d'Esprits ont fait descente
Dans ces lieux tenebreux : Caron le sçait assez,
Qui de les traietter eut les membres lassez.
Mais à fin qu'à mon droit rien plus ils ne pretendent,
Monstre-nous le papier des Ombres qui descendent
A tant terme aux Enfers : on connoistra comment
I'ay plus accreu ton regne en deux iours seulement,
Qu'eux en toute leur vie, & que ma dextre armee
A peuplé de suiets ta grand' salle enfumee.

    Ainsi ces trois Esprits de propos combatoyent,
Et pour gaigner l'honneur leurs gestes racontoyent:
Mais Pluton ennuyé de tant ouir debatre,
Tâche à les appaiser, pour les faire combatre
L'ame du Roy d'Arger, qui tousiours cependant
Estoit dessus le pont hardiment attendant.
    Cessez (leur dit Pluton) cessez vostre querelle,
Vne plus iuste cause au combat vous appelle:
Quant à vos differens en quelque autre saison
Le iuste Rhadamant vous en fera raison.
Mais puis qu'en tant d'lieux vostre gloire est connuë,
Puis que iusques ici vous l'auez maintenuë
Claire & haute en degré, faites pour l'aduenir
Qu'auec le mesme honneur puissiez l'entretenir.

RODOMONT. 241

« Qui acquiert fait beaucoup, mais il fait d'auātage
« Qui l'ayant bien acquis garde son heritage.
Si vous auez bien fait quand vos corps ont vescu,
Or' qu'en estes priuez d'vn courage inuaincu
Faites encores mieux, monstrant par vostre force
Que les corps ne sont rien qu'vne debile escorce.
 Ainsi le Dieu d'Enfer animoit ses esprits,
Quand le preux Mandricard, qui de gloire est espris,
S'escrie: O Roy des morts, laisse moy l'entreprise,
De punir ce vanteur qui tes forces mesprise,
Ie le rans sans pouuoir, captif de ta grandeur:
Mais deuant (s'il te plaist) appaise vn peu l'ardeur
De la rage d'Amour qui me tient tout en flame,
Et qui comme vn vautour se repaist de mon ame.
Tous ces autres tourmens punisseurs des mesfaits,
Les cris, l'horreur, l'effroy, les serpens contrefaits,
La faim du Phrygien, le trauail des Belides,
Le fouet ensanglanté des fieres Eumenides,
Et tout le plus cruel qui soit icy dedans,
La torture, la roue, & les flambeaux ardans
Ne me blessent point tant que l'amoureuse rage
Qui d'ongles & de dents cruellement m'outrage.
S'il te plaist pour vn peu sa rigueur moderer,
Laisse moy faire apres, ie te veux asseurer
Non sans plus du Payen qui braue te fait craindre,
Mais ie veux Iupiter & Neptune contraindre
De te payer tribut, & que victorieux
Tu sois Dieu de la Mer, des Enfers, & des Cieux:
Il reste seulement que l'amour qui me tue
D'vn tresbas renaissant, sa fureur diminue.

RODOMONT.

Il se tourne à ces mots regardant fierement,
Comme par vn desdain, Gradasse & Agramant.
 Retournez (ce dit-il) retournez sur la terre,
Miserables Esprits, recommencez la guerre:
Que l'vn pour vne espee estonne l'Vniuers,
Faisant voller au vent mille estendars diuers, *a quel propos diuers*
Et que l'autre agité d'vne folle ieunesse
Sur vn courroux vengeur fonde sa hardiesse:
Ie n'ay point fait ainsi, tous mes faits entrepris
Ont eu l'Amour pour guide, & sa mere Cypris.
" Celuy seul est vaillant, qui deuôt sacrifie
" Au puissant Dieu d'Amour ses armes & sa vie.
Mais de grace, Pluton, cherche de m'alleger,
Ie pourray mieux apres te sortir de danger. *no*
 ⸿ Helas (ce dit Pluton) que veux-tu que ie face
Si la rage d'Amour comme toy me pourchasse?
Et si ses poignans traicts acerez de rigueur,   *onflerie*
Iusqu'au fond des Enfers viennent percer mon cueur?
Et bien qu'incessamment sa fureur me possede,
Ie n'ay peu, malheureux, trouuer vn seul remede
Qui m'en puisse exempter: mais plus ie vais auant *suspendu*
✠ Plus ie voy ce tyran contre moy s'eleuant.
 Voulant continuer, les ruisseaux qui descendent
Bouillonnans de ses yeux, le parler luy defendent:
Et va laschant du cœur des soupirs enflamez,
✝ Dont maints tas de Cypres soudain sont allumez.
 L'Ombre de Rodomont sur le pont se promaine, *pròmene et*
Continuant tousiours orgueilleuse & hautaine, *non promeine*
De menacer Pluton, de bruire & de crier,
Et les Esprits damnez au combat desfier.

✝ Hyperbole lourde

✠ qui a ouy parler qu'un tyran s'ef lour contre
ses sugetz. les sugetz se pourchen esleuent contre
vn tyran. mais non è contra

RODOMONT. 242

Le vaillant Mandricard pour resister se monstre,
Rodomont qui le voit soudain vient à l'encontre,
Tenant par l'vn des pieds Caron tout effroyé.
Apres que le Payen eut long temps tournoyé   tourné
Le vieillard miserable à l'entour de sa teste,
Il l'eslance en bruyant comme vn traict de tempeste
Droit contre Mandricard : & l'attaint tellement   suspendu
Que l'Esprit estourdi perd tout le sentiment.
Il tombe en chancelant, & Caron tout de mesme
Tombe aux pieds de Plutõ qui deuiẽt froid & blesme,
Et qui est de ce coup tellement estonné
Qu'il a de grand frayeur son sceptre abandonné :
Ce sceptre estoit de fer d'vne barre massiue,
Ayant vn croc au bout de grandeur excessiue.
Rodomont l'apperçoit, qui tout soudainement   foible
S'approche, & se courbant le saisit hardiment.
Ayant ce croc au poing, il ne sçauroit plus croire
Que les plus redoutez de la region noire
Osent luy faire teste : il commence à fraper   suspende
Pour renuerser le pont, & garder d'eschaper
Ceux qui voudront fuir : autant de coups qu'il donne   suspende
De son crochet de fer, tout l'abysme resonne :
Les Esprits font sortir de grands gemissemens,
Et maints tout esperdus rentrent aux monumens.
L'ame de Mandricard du grand bruit esueillee
Tenoit la veuë en bas toute rouge & souillee
De honte & de despit, & voit en se leuant   suspendu
Vn gros nœu de serpens enflammez par deuant,   dressé
Marquetez tout par tout de couleur bleue & verte,
Qui iettoyent par les yeux & par la bouche ouuerte +

Hh ij

RODOMONT.

[margin: on ne sçait a qui se rapporte sa honte, de Rodomont de Mandricart. Il devoit dire pensant vanger sa honte, les iette a Rodomont]

De grand's pointes de feu: le suc qui degoutoit
Tous les lieux d'alentour de venin infectoit.
Luy qui les recueillit d'vne allegresse pronte
Les iette à Rodomont pensant vanger sa honte:
Mais il n'en fait que rire, & comme en se iouant
D'vne main les suffoque & les va secouant.
  L'Esprit plus que iamais transporté de colere,
Voyant le peu de cas que son fier aduersaire
Fait de tous ses efforts, saute dessus le pont,
Puis de toute sa force il hurte Rodomont,
Et le choque si fort que l'Ombre malheureuse
La teste contre bas tombe en l'eau tenebreuse,
L'eau se fend au dessous & reiaillist en haut.
  L'Esprit est tout troublé de ce dangereux saut,
Et commence à nager pour gaigner le riuage,

[margin: il nagroit il est au fond de l'eau]

Brulant au fond de l'eau de fureur & de rage:
D'vne sueuse escume il est tout degoutant,
Et va l'eau par la bouche & par les yeux iettant.
  Pluton lors tout ioyeux animoit la canaille,
Sus compagnons (dit-il) qu'on saute la muraille,
Qu'on garde ce hautain de reuenir à port,
Qu'on luy face sentir vne seconde mort:
Si quelqu'vn le peut faire, à cestuy-la i'ordonne
D'vn cyprés mortuaire vne riche couronne.
  Mandricard entendant tout l'Enfer s'esmouuoir
Aux propos de Pluton, luy qui ne veut auoir
Vn second en sa gloire acquise à tant de paine,
Du creux de l'estomach pousse vne voix hautaine.
  Si tu ne veux (dit-il) Pluton t'en repentir,
Donne ordre à tes Esprits qu'ils ne puissent sortir:

Ou sinon contre toy ie tourneray mes armes,
Et temperay mes mains au sang de tes gensd'armes.
   Cependant Rodomont ayant bien trauaillé,
Malgré tous leurs efforts sort de l'eau tout mouillé
Si possedé de rage & d'ardeur violente
Que le fier Mandricard le voyant s'espouuente.
Rodomont s'en approche & le tient embrassé,
L'estreint estroictement & le rend tout froissé,
Luy fait tirer la langue, & fait que du martyre
L'Esprit tombe à l'enuers sans que plus il respire.
Le Payen ne s'arreste & marche plus auant
Vers la porte d'Enfer sa victoire suiuant:
Pluton pour l'empescher luy iette vne fiole
Pleine du desespoir, & du mal qui raffole
Les amoureux ialoux: mais luy qui n'en fait cas,
La reçoit dans la main & respand tout en bas.
   Garde, Roy des Enfers, garde ta mercerie
(Dit-il en se mocquant) pour la forcenerie
De ces foux abusez, esperdus, insensez,
Qui des ieux d'vn enfant se sentent offensez:
De moy ie ne crains point ny les feux, ny la glace,
Ny les monstres hideux, ny tout ce qui s'amasse
D'horrible en tes Enfers, & de plus odieux:
Et m'estonne aussi peu des Enfers & des Cieux,
Qu'Aquilon au sortir de sa caue declose
Fait cas de rencontrer vn voile qui s'oppose.
   Ainsi dist Rodomont, qui s'altere en parlant,
Et qui sent au dedans vn feu si violant
De trauail, de sueur, de passion & d'ire,
Qu'il abandonne tout, courant droit sans mot dire

RODOMONT.

Vers le fleuve d'Oubli tout noir & tout troublé,
Pour estancher sa soif d'vn long traict redoublé.
Mais il n'eut pas baissé la teste pour y boire
Que tout au mesme instant il perdit la memoire,
Et ne se souuient plus des combats entrepris,
Ny de retourner voir Pluton & ses espris,
Qui s'estoyent resolus, defaillis de courage,
De luy porter les clefs & de luy faire hommage.
　Luy qui de fait aucun ne s'est plus souuenu;
Se remet au chemin dont il estoit venu:
Il passe derechef l'infernale riuiere,
Et derechef encore il reuoit la lumiere
De nostre beau soleil, deçà delà courant,
Et ne seiourne point en vn lieu demourant,
Iusqu'à tant qu'à la fin il se trouue en la place,
Où gisoit son corps mort tout gasté par la face,
Puant & corrompu: les os en blanchissoyent,
Et cent mille corbeaux à l'entour croassoyent.
Alors tout furieux de voir sa sepulture,
Court apres les corbeaux qui prenoyent leur pasture
Des restes du cadaure, il les chasse, il les suit:
Les monts, riues, & bois retentissent du bruit,
Et ne cesse iamais, ardant à la poursuite,
Regardant tous les lieux où s'egare leur fuite.
　Mais ainsi qu'il les suit criant horriblement,
Il se trouue à la fin contre le monument
De l'heureuse Ysabelle au ciel victorieuse,
Pour auoir par sa fin fait preuue glorieuse
De foy, de chasteté, d'vn cœur constant & fort,
Et que la vraye amour se monstre apres la mort.

Le Payen tout soudain reconnoist la tour forte,
Il reconnoist le pont, il reconnoist la porte,
Il reconnoist le fleuue, & connoist les escus
De tant de Cheualiers qu'il y auoit vaincus,
Encor qu'il eust perdu toute autre souuenance:
Car le fleuue d'Oubly contre Amour n'ha puissance.
L'Esprit à ceste fois tout coy s'est arresté
Adorant le sainct lieu, tombeau de loyauté.

Et pource que des corps priuez de sepulture
Les Esprits sont errans cent ans à l'aduanture:
L'Esprit de Rodomont qui doit errer autant,
Erre autour du tombeau ses amours lamantant.
On le voit quelquefois apparoistre visible,
Plus grand qu'il ne souloit, plus fier & plus terrible,
Courant dessus le pont, & hurle toute nuict,
Faisant tout resonner d'vn effroyable bruit:
Et tousiours en criant il semble qu'il appelle
Rodomont Rodomont, Ysabelle Ysabelle.

FIN DE LA MORT
DE RODOMONT.

Hh iiij

IMITATION DE LA
COMPLAINTE DE BRA-
damant, au XXXII chant
de l'Arioste.

DONCQVES sera-til vray qu'il faille que ie suiue
Vne, helas! qui me fuit & se cache de moy?
Doncques sera-til vray qu'il faille que ie
Tousiours desesperé sous l'amoureuse loy?
Souffriray-ie tousiours l'orgueil qui me maistrise
Riant lors que mon œil plus de larmes espand?
Me faut-il estimer celle qui me desprise?
Me faut-il reclamer celle qui ne m'entand?

Las que mon esperance est douteuse & petite!
Celle dont l'œil diuin de mon ame est vainqueur,
Reconnoist les mortels si peu pour son merite
Qu'il ne faut moins qu'vn Dieu pour vaincre vn si
beau cueur:
Encor si quelque Dieu poingt d'amour & de gloire,
A si digne combat hazardoit son pouuoir,
Ie suis aussi certain qu'elle auroit la victoire,
Comme ie suis douteux qu'il la peust esmouuoir.

Elle sçait la rebelle ingratement hautaine,
Si mon cœur son esclaue est ferme à l'adorer:
Et pour le nom d'Amant que merite ma paine,
Du seul titre de serf ne me daigne honorer.

[marginal notes:] mal esprimé / iamais / bourre. / + Il y a bien de la discretion a vzer de ce mot de serf c'est bien dit ie suis serf de mes passions mais ce ne diroys pas uolontiers, ie suis serf de Madame, ny Madame me mesprise, elle ne me veut pas appeller son serf

COMPLAINTE.

Son œil cruel & beau voit le mal qui me presse
Et ne s'auance point pour me donner confort:
Elle voit que ie meurs implorant sa rudesse,
Et differe à m'aider lors que ie seray mort.

 Arreste, Amour cruel, arreste vn peu la belle,
Il semble qu'elle volle, & ie ne puis marcher:
Or fay que ie retourne en ma saison nouuelle,
Quãd ses yeux ny tes traits ne m'auoient sceu toucher:
Mais ah que mon attente est folle & miserable
De prier vn tyran qui s'egaye aux douleurs!
Car plus il est prié, moins il est exorable,
Et ne vit que de cris, de sanglots, & de pleurs.

 Mais dequoy, las chetif! dequoy me doy-ie plaindre
Fors que de mon desir qui m'esleue trop haut?
Et me passant en l'air en vn lieu veut attaindre
Où il se brûle l'aile, & tombe d'vn grand saut?
Lors vn vain Esperer des plumes me rattache,
Ie reuole & retombe ainsi que i'auois fait.
Voyla comme en souffrant ie n'ay point de relasche,
Et ce qu'vn iour auance vn autre le desfait.

 I'accuse mon desir, mais de meilleure sorte *mal pᵉ plus*
En me plaignant de moy ie me dois accuser. *iustement.*
Car seul de ma raison ie luy trahy la porte,
Tant il sceut finement ma simplesse abuser:
Et depuis à clos yeux comme il veut il me guide,
Et n'y puis resister: car il s'est fait trop fort.
Ioint que pour l'arrester ie n'ay ny frein ny bride,
Et si suis tout certain qu'il m'emporte à la mort.

 Mais ie me plains de moy qui n'ay point fait de faute
Que de vous aimer trop, m'en puis-ie repentir?

COMPLAINTE.

Certes non. Et qui plus, ma ieunesse peu caute
Des traits de vos regards n'eust sceu se garantir.
Deuoy-ie vser de force, ou d'vn art secourable,
Pour ne voir vostre teint à l'Aurore pareil,
" Vos yeux & vostre bouche? Il est trop miserable
" Qui refuse de voir la clairté du Soleil.

Cesse ô chant mortuaire, & trouuant l'inhumaine,
Qui met toute sa gloire à meurtrir & blesser,
Dy luy qu'elle peut viure & contante & hautaine,
Puis qu'en la mort des siens gist son plus doux penser.
Si tu vois au retour que de fureur contrainte
Ma pauure ame affligee ait ce corps delaissé,
Honore mon trespas d'vne petite plainte,
Et fay voir que l'Amour m'a mal recompensé.

FIN.

IMITATION DE L'A-
RIOSTE AV XXXIII CHANT.

CE n'estoit de mon bien que la fainte d'vn
songe,
Et mon mal au contraire est vn ferme ré-
ueil:
Mon heur s'est enuolé, comme vn coulant sommeil;
Et ma peine eternelle obstinément me ronge.

COMPLAINTE. 246

Pourquoy mes sens trôpez en veillant n'auez-vous
Le plaisir qu'en songeant i'ay veu de la pensee?
Que ne iouissez-vous de la gloire passee,
Et du bien fugitif qui m'a semblé si doux?
    Sous quel astre, ô mes yeux, le Ciel vous fist-il estre,
Que clos d'vn doux sommeil vos voyez tout mõ bien,
Et qu'ouuers, mon plaisir s'esuanouisse en rien?
Las au leuer du iour ma nuict commence à naistre!
    Le Veiller importun m'est combat inhumain,
Et le Songe agreable vne amoureuse tréue.
Las mon Songe est menteur, & l'ennuy qui me gréue
Ainsi que mon Réueil se trouue tout certain!
    Si du faux naist ma paix, si le vray me fait guerre,
Et si iamais au vray ie n'ay peu m'esiouir,
Faites de grace (ô Dieux!) que ie ne puisse ouir
Vn mot de verité tant que seray sur terre.
    Et si le dur Réueil me peut tant trauailler,
Et que le Songe doux de soucis me deliure,
Accordez à mes vœux ce qui me reste à viure
Que ie songe tousiours sans pouuoir m'esueiller.
    Le Réueil, comme on dit, à la Vie est semblable,
Et la Mort au Sommeil : mais contraire est mon sort.
Car le triste Veiller m'est pire que la Mort,
Et le Songe m'est vie heureuse & fauorable.
    Toutesfois s'il est vray qu'vn Sommeil gracieux
Nous figure la Mort, & le Veiller la Vie,
Las! de viure en veillant i'ay perdu toute enuie:
Pource (ô Mort) haste toy de me clorre les yeux.

FIN DES IMITATIONS
DE L'ARIOSTE.

ANGELIQVE.

CONTINVATION DV SVIECT DE L'ARIOSTE.

A MONSEIGNEVR LE DVC D'ANJOV, DEPVIS ROY DE France & de Polongne.

LIVRE PREMIER.

JE chante vne beauté des beautez la premiere,
Le paradis des yeux, & la viue lumiere,
Qui côme vn clair Soleil ici bas s'eſpãdoit
Du teps que Charlemagne aux François commandoit:
Celle qui receloit des attraits pour ſurprendre
Les braues qui penſoyent contre Amour ſe defendre,
Qui ſurmonta Renaud, Ferragut, & Roland:
Mais ſans aucun ſoucy de leur mal violant,
Ny de tant de combats qu'ils auoyent eus pour elle,
Se fiſt touſiours connoiſtre auſſi fiere que belle.

Race des Dieux de France, honneur de l'vniuers,
Mon Prince, mon Seigneur, le ſupport de mes vers,
Laiſſez vn peu la charge où voſtre eſprit s'applique,
Pour ouir les regrets de la belle Angelique.

(marginalia: foible †† trop propoſition eſtrange et de laquelle il ne dit pas vn mot ... [illegible handwritten notes])

ANGELIQVE.

Et la griefue douleur qui son ame oppressa,
Quand ingrat & ialoux son Medor la laissa,
Medor qui tenoit seul sa pensee asseruie, *sigmatismus*
Son cœur, son petit œil, son idole & sa vie.

   Amour voulant vn iour punir ses cruautez,
Et vanger les Amans qu'elle auoit mal traitez,
Luy tira droit au cœur vne fleche diuine, *mauuais epithete*
Et rompit le glaçon qui geloit sa poitrine:
Luy fist aimer Medor vn ieune homme inconnu, #
Vn mignon qui fut seul pour amant retenu,
Et qui iouit tout seul de la despouille aimee,
Recueillant la moisson par tant d'autres semee. *ie ne scay si c'est*
Trop rare & digne prix de ce nouuel amant, *bien dit vne mois-*
Qui des trauaux d'autruy receut le payemant! *son semee. pour*
   O Paladin Roland, ô Roy de Circassie, *moy ie ne le scay*
O valeureux Renaud, que vous sert, ie vous prie, *pas*
De vous estre aux hazards si librement trouuez,
Et d'auoir tant de fois les dangers esprouuez,
Rendans en mille endroits vostre vertu notoire, *mot qui sont d'ysle*
Puis qu'vn beau Ganymede en rapporte la gloire? *cest epitete en de-*
Et que ce qui vous est si iustement acquis *qu'il soit dit par moy*
Est sans aucun trauail par vn autre conquis: *n'est pa, bien, là*
Vn autre qui triomphe en heureuse abondance,
Et vous autres chetifs en mourez d'indigence?

   Or ce ieune Adonis d'Angelique adoré
Eut le chef tout couuert d'vn petit poil doré,
Qui flotte mollement quand le vent qui s'y ioue,
Raui de sa beauté, doucement le secoue.
Vne toison subtile au menton luy naissoit,
Qui comme vn blond duuet mollement paroissoit

ANGELIQUE.

Prime, douce, & frisee, & nouuellement creuë
Comme petits floccons de soye bien menuë.
De coral fut sa bouche, & son œil grossissant
Tressailloit de clairté comme vn nouueau croissant:
Il eut le teint de lis & d'œillets mis ensemble,
Ou comme la couleur d'vne rose qui tremble,
Nageant tout lentement dessus du laict caillé:
Bref, il semble à le voir d'vn pré bien esmaillé,
Qui decouure au Soleil mille beautez nouuelles
Quand la verte saison rend les campagnes belles.
Amour n'est point si beau, Angelique n'eust sceu
Se garder d'enflammer aux rais d'vn si beau feu.
Aussi la belle amante au fond du cœur blessee
Rien plus que son Medor ne loge en sa pensee.
Elle est tousiours aupres, & ne pourroit durer
S'il falloit tant soit peu de luy se separer.
C'est son Dieu, c'est son tout, c'est l'ame de son ame
Et luy qui sent au cœur vne pareille flame,
N'ha plaisir qu'à la voir, & à se contenter
De toutes les douceurs qu'vn amant peut gouster.
Soit quand Phebus reuient de la marine source,
Soit quand il a fourni la moitié de sa course,
Ou soit quand il descend de ses cheuaux lassez,
Il voit presque tousiours ces Amans embrassez.
Ores dans son giron Angelique est couchee,
Ores dedans sa main tient la teste panchee,
Et se mire en ses yeux, & or' en se haussant
Elle va son esprit sus la léure suçant.
Elle languit dessus sans dire vne parolle,
Et à peu que son ame en ces ieux ne s'enuolle,

[Handwritten marginalia throughout margins, partially illegible]

son poil est vne toyson qui luy sont comm'vn
duvet, prime et
douce comme
flocons de soye...

ANGELIQVE.

Son cœur est tout esmeu d'amoureux tremblement:
Et luy qui la regarde en ce doux mouuement
D'vn œil à demi clos tout rauy s'esmerueille
De voir tant de beautez sur sa bouche vermeille,
Et de mille baisers longs & delicieux
Va repaissant son ame, & sa langue, & ses yeux.
Ils passerent deux mois en ceste douce guerre,
Iouissans à souhait d'vn paradis en terre
Au logis d'vn pasteur, où leur contentement
Et leur parfaite amour eut son commencement.
Or il aduint vn iour qu'Angelique eut enuie,
Pour mieux continuer ceste agreable vie,
De reuoir son Royaume, & de s'en retourner
Pour faire son Medor nouueau Roy couronner.
Du Soleil tout-voyant la vermeille courriere
Chassoit l'humide Nuict par sa viue lumiere,
D'vne couleur dorée enrichissant les cieux,
Quand ces ieunes amans partirent de ces lieux,
Prenans congé deuant des gracieux ombrages,
Des antres, des rochers, des prez, & des riuages,
Et laissans pour tesmoins de leurs plaisirs passez
Sur l'escorce des bois leurs noms entrelacez.
Tandis la Renommée, hastiue messagere,
Met ses ailes aux piés, vollant prompte & legere
Aux quatre parts du monde, & par tout en passant
Va de ce nouueau fait la merueille annonçant,
Et crie à pleine voix qu'Angelique la belle,
Celle qui se monstroit si hautaine & rebelle,
A changé sa rigueur en douce priuauté,
Et qu'vn pauure soldat iouist de sa beauté.

ANGELIQVE.

Vn More bas de race, & plus bas de courage,
Pour ie ne sçay quel fard qui luist en son visage.
   Si iamais amoureux ont esté trauaillez,
Estans de Ialousie & d'Amour tenaillez,
Les amans d'Angelique à ceste fois le furent,
Lors que sans y penser ces nouuelles ils sceurent.
Ce ne sont que regrets & soupirs enflammez,
Ce ne sont que sanglots sur l'arene semez,
L'air retentit par tout de leurs cris pitoyables:
Ils inuoquent la Mort, recours des miserables,
L'œil iamais ne leur seiche, & de propos cuisans
Blasphement la Fortune, & les astres nuisans.
Mais comme leur amour fut de diuerse sorte,
Ils sentirent aussi de leur passion forte
Les effects differens: & cest aspre courroux
Aux vns estoit extreme, & aux autres plus doux.
Car selon qu'ils aimoyent d'amour grande ou petite,
Fureur petite ou grande au dedans les irrite.
   Or le premier de tous qui ce fait entendit,
Fut le Comte Roland vn iour qu'il se perdit
Cherchant vn Cheualier: car sa triste aduenture
L'egara dans vn pré tout fleuri de verdure,
Aupres de la fontaine, où les Amans heureux
Cueilloyent de leurs amours tant de fruits sauoureux.
   Là fut-il assailli d'vne ardante tristesse
Reconnoissant le nom de sa fiere Maistresse,
Et celuy de Medor, engrauez par endroits
De la main d'Angelique en l'escorce des bois:
Mais c'estoit peu de cas, & la ialouse flame
Ne prenoit comme point de vigueur en son ame,

N'eust

ANGELIQUE.

N'eust esté le pasteur hoste des deux Amans,
Qui luy fit les discours de leurs contentemens,
Et comme leur amour auoit là pris naissance,
Dont sans beaucoup languir ils eurent iouissance.
Ce fut lors que le Comte ardemment allumé,
Eut de mille cousteaux l'estomach entamé :
Ce fut lors qu'il ouurit à son dueil la carriere,
Ce fut lors qu'il maudit la celeste lumiere,
Ses cris furent de rage & de fureur guidez,
Et ses yeux furent faits deux torrens desbordez
Qui couloyent nuict & iour d'vne longue entresuite,
Laschant mints tourbillons de sa poitrine cuite.
Enfin luy defaillant le vent pour soupirer,
Ne pouuant plus du cœur vne plainte tirer,
Et de ses tristes yeux la source estant tarie
Sa debile raison fist place à la furie :
Bref, il courut les champs du mal qui l'agitoit,
Piés nuds, estomach nud, ignorant qu'il estoit.
 Renaud le sceut apres, mais ayant connoissance
Long temps auparauant par longue experiance,
De l'amour feminine, & de sa fermeté,
Ilcrent fort aisément telle legereté,
Et la dissimula d'vne façon plus sage,
Bien qu'il sentist au cœur de grands pointes de rage ;
Il se plaignit pourtant, mais ce fut tellement
Qu'on n'apperceuoit point son ennuy vehement,
Ny le poignant despit qui blessoit sa pensee.
Car il tenoit sa langue & sa léure pressee,
Soupirant sans mouuoir comme tout esperdu,
Et parlant dans le cœur sans qu'il fust entendu.

ANGELIQV[E]

Puis quand il eut fait trefue à sa douleur terrible,
Et qu'elle l'eut remis en estat plus paisible.
  Sera-til vray (dit-il) que i'aille plus suiuant
Vne ingrate, muable aussi tost que le vant?
Qui de flamme nouuelle à toute heure est saisie,
Suiuant pour tout conseil sa seule fantaisie,
Sans foy, sans iugement, qui a mis à mespris
Tant de grands Cheualiers de ses beautez espris,
Pour suiure vn estranger inconnu par le monde,
Qui n'a rien qu'vn beau teint & la perruque blonde?
  Ainsi parloit Renaud, & sur l'heure il sentit
Vn desdain violant qui sa flamme amortit:
Il n'a plus dans le cœur l'affection premiere,
Sa volonté n'est plus de l'amour prisonniere,
Sa Dame luy desplaist, & ne trouue plus beaux
Ses yeux qui luy sembloyent deux celestes flambeaux:
Il iuge pallissant le coral de sa iouë,
Et ne sçauroit souffrir que personne la louë,
Mais en s'appellant sot il nomme malheureux
L'an, le mois, & le iour qu'il deuint amoureux.
  Il reste Sacripant, lequel ne sent encore
La brulante poison qui les autres deuore,
Mais trop plus que iamais a le cœur enflammé:
Chetif, qui meurt d'Amour & qui n'est point aimé!
Toutesfois il le pense, & son mal il soulage
Croyant que pour le moins nul ne l'est dauantage.
  C'estoit en la saison que les prez sont couuerts,
Les forests & les champs d'accoustremés tous verds,
Que l'air est chaud d'Amour, & que le doux Zephyre
Nauré d'vn poignant traict si tendrement soupire,

ANGELIQUE. 250

Lors que les petits bleds seulement verdoyans
S'enflent au gré du vent comme flots ondoyans:
Que Progné se lamante, & que le bois resonne
Des accords de sa sœur qui ses plaintes entonne.

Il estoit fort haute heure, & le soleil bien haut,
Pour la saison si douce estoit ardant & chaud,
Quand ce gentil amant, dont la gloire esuantee
Estoit en mille endroits par sa vertu plantee,
Se trouua dans vn bois de sommeil agraué,
Ayant long temps deuant qui haut fait acheué.
Vn bois que la Nature auoit fait pour complaire,
Où couloit en serpent vne eau luisante & claire,
D'arbrisseaux & de fleurs ombragée à l'entour,
Dont le flot tremblotant sembloit parler d'Amour.
L'air rit à l'enuiron, & les haleines douces
Des Zephyres mollets d'agreables secousses
Font branler le fueillage, & vont refraichissant
Celuy qui trauaillé s'y repose s'apaisant.
Sacripant y demeure, & couché sur l'herbage
Pense à se reposer au frais de ce riuage,
Du trauail & du chaud, & de l'Amour cruel
Qui luy ronge le cœur, vautour perpetuel.
Ah! chetif, que fais-tu? fuy ce lieu ie te prie:
Car bien qu'il soit plaisant, que l'herbe y soit fleurie,
Le fueillage agreable, & le vent adouci.
Si ne dois-tu pourtant y demeurer ainsi.
Las! ne l'entens-tu point? ce ruisseau qui murmure,
Pleure & plaint de pitié ta prochaine aduenture.
Mais ie parle à vn sourd, l'Archer malicieux
L'a priué de l'ouye aussi bien que des yeux.

Ii ij

ANGELIQVE.

Ce Roy s'arresta là, n'ayant en la pensee
Que l'vnique beauté dont son ame est blessee,
Il en fait cent discours en son entendement,
Il se dit bien-heureux d'aimer si hautement:
Voire est si hors d'esprit en ses amours qu'il pense
Que l'honneur du tourment luy sert de recompense.
  Mais comme il est ainsi songeant & rauassant,
De l'vn de ses pensers vn autre renaissant,
Suruient vn messager qui entre en ce bocage
Pour y passer le chaud & se mettre à l'ombrage.
Sacripant se retourne en le voyant venir,
(Las on ne peut fuir ce qui doit aduenir !)
Il l'enquiert d'où il est, quel chemin il veut prendre,
Et qui luy fait ainsi son voyage entreprendre.
  Le Courrier qui le iuge à son geste hautain
Quelque grand Cheualier : Ie suis (dit-il soudain)
Messager d'Angelique, & ce mot vous suffise,
Vne que le Ciel mesme admire, honore & prise,
Qui sert de iour au monde, & dont l'œil gracieux
Recelle tous les traits qui surmontent les Dieux.
C'est elle qui m'enuoye en diuers lieux estranges,
Pour annoncer sa gloire & ses dignes louanges:
Et pour faire sçauoir qu'vn Cupidon nouueau,
Vn petit Dieu d'Amour tout celeste & tout beau,
La rend de ses beautez doucement embrasee,
Et que, vrayment heureuse, elle est son espousee.
C'est vn Dieu pour certain digne d'estre adoré,
Mais voyez (ce dit-il) son portraict figuré,
Et luy faites honneur, c'est vne chose sainte:
Car du pinceau d'Amour ceste image est depainte.

ANGELIQVE.   251

Ainsi dict le Courrier, despliant de la main
Vn parchemin couuert qu'il portoit dans le sein,
Où se voyoit au vif la belle portraicture
Du bien-heureux Medor, chef-d'œuure de Nature.
Ah Dieu que de beautez s'esbatoyent là dedans!
Que d'appas, que de traits, que de flambeaux ardans,
Que de lis, que d'œillets, que d'amoureuses graces,
Que d'agreables morts, de douceurs, & d'audaces!
L'œil y restoit perdu, l'esprit tout estonné,
Et le corps plein de feu de cœur abandonné.
  Si tost que Sacripant y eut ietté la veuë,
Il la sent aussi tost couuerte d'vne nuë:
Vne froide sueur par les membres luy court,
Il perd les sentimens, muet, aueugle, & sourd:
Son cœur enflé de rage au dedans se mutine,
Et pour sortir dehors combat dans sa poitrine:
Sa iouë est toute teinte en mortelle couleur,
Son ame est languissante en extreme douleur,
D'amertume & de fiel sa bouche est toute pleine,
Et tombe dessus l'herbe ayant perdu l'haleine.
  Qui a veu quelquefois vn qui n'y pense pas,
Par vn pront accident conduit pres du trespas,
Qui perd les mouuemens, la parole & l'ouye,
Et ne monstre d'vne heure aucun signe de vie:
Il a veu Sacripant de son long estendu
Ayant auec l'esprit tout sentiment perdu,
Il ne respire point, & reste en telle sorte
Qu'on ne peut l'estimer qu'vne personne morte:
En fin les yeux baignez vers le Ciel eleuant,
Par vn ardant soupir monstre qu'il est viuant.

I i iij

ANGELIQUE.

Lors il ouure la bonde à ses larmes brulantes,
Il fait de ses deux yeux deux riuieres coulantes,
Et de son estomach sans cesser haletant,
De grands flots de soupirs coup sur coup vont sortant,
Il reprend le portraict tout priué de soymême,
Et tremble en le voyant de passion extrême.
Tient l'œil fiché dessus, qui coule sans repos,
Et demeure long temps sans dire vn seul propos:
Mais voyant le Courrier il tasche à se contraindre,
Et retient au dedans l'ennuy qui le fait plaindre.

Va mon amy (dit-il) annonce le discours
En mille lieux diuers des nouuelles amours
De ta belle Maistresse, helas trop variable!
Et luy conte au retour pour nouuelle agreable
Que Sacripant est mort, qu'il est froid & transi,
Et que pour bien aimer on le guerdonne ainsi.

Ayant dit ces propos en voix basse & plaintiue,
S'enfuit au fond du bois d'vne course hastiue,
Taxant & maudissant par cris desesperez
Les astres sans raison contre luy coniurez.
Tout ha pitié de luy : les rochers qui l'entendent,
Esmeus de ses regrets, par le milieu se fendent:
Et les petits oiseaux de sa douleur touchez
Demeurent tous muets sur les branches perchez.

Le Messager surpris d'vne telle merueille
Le suit tant comme il peut de l'œil & de l'oreille,
Pour en sçauoir l'issue, & s'approchant de près
Se musse doucement dans vn lieu bien espés,
D'où sans estre apperceu faisant vn coy silance,
Il oit tous ses regrets, & voit sa contenance:

ANGELIQUE.   252

Contenance si triste & pitoyable à voir,
Qu'elle eust peu l'Enfer mesme à douleur esmouuoir.
Car il se laisse aller à ses tristes pensees;
Et mille passions contrairement poussees,
Le courroux, la douceur, la rage, la pitié,
La haine bien conceue, & la vraye amitié
Se font guerre en son ame, & ne veulent permetre
Qu'à l'vne des deux parts il se puisse remetre.
Ainsi comme vn vieux Chesne agité rudement
Par deux vents ennemis souflans diuersement,
L'air simple du grand bruit de leur forte secousse,
L'vn le pousse deçà, & l'autre le repousse
A l'enuy l'vn de l'autre, & diriez à les voir
Qu'il y a de l'honneur à qui le fera cheoir.
Durant que ces pensers sont guerre ainsi diuerse,
Le Roy qui n'en peut plus se iette à la renuerse
Sur l'herbe, où sans parler demeure longuement,
Puis parlant en soymesme il dit tout bassement.
Qui donnera conseil à mon ame oppressee?
Doy-ie pas pour vanger mon amour offensee,
Aller non au Catay, mais iusqu'en celle part
Où le Soleil iamais ses rayons ne depart,
Pour trouuer l'ennemy d'où procede ma perte,
Luy fendre l'estomach, voir sa poitrine ouuerte,
M'abreuuer de son sang, me nourrir de sa chair,
Et de son cœur indigne Angelique arracher,
Rendant par quelque fait euident tesmoignage,
Combien la Ialousie en soy porte de rage?
Mais las! que dy-ie? où suis-ie? Ay ie donc arresté
De vouloir offenser la diuine beauté,

Ii iiij

ANGELIQVE.

Qui me retient si ferme en son obeissance?
O Dieux pardonnez-moy s'il vous plaist ceste offanse,
Car elle est innocente, & suis tout asseuré
Qu'elle a de mes malheurs mille fois soupiré,
Et qu'elle a grand regret de son amour faulsee.
Mais quoy? le Ciel cruel contre moy l'a forcee,
Et luy a fait choisir ce nouuel amoureux.
Hé que ne peut le Ciel malin & rigoureux?
Vy donc en doux repos, ô ma belle Deesse,
Que iamais ton Medor pour autre ne te laisse:
Ayez tousiours vn cœur, vn vouloir, vne foy,
Et tout vostre malheur puisse tomber sur moy.
   Il se faisoit ia tard, & l'œil qui nous esclaire
Auoit presque mis fin à son cours ordinaire,
Toutesfois sa lumiere encor apparoissoit,
Mais en se retirant peu à peu s'abaissoit:
L'amant de plus en plus ses sanglots renouuelle
Il fait sortir du chef vne source eternelle,
Et pourroit-on iuger, voyant couler ses pleurs,
Qu'il pretend de noyer sa vie & ses malheurs,
Il tient les bras croysez, & tout transi regarde
Phebus qui de pitié sa carriere retarde,
Et les yeux vers le Ciel incessamment fichez
Sort ces derniers regrets de sanglots empeschez.
   Oyseaux qui voletez par ces lieux solitaires,
Eaux, chesnes, & buissons, mes loyaux secretaires,
Oyez à ceste fois ce qui doit m'aduenir,
Puis de mes actions perdez le souuenir.
Vents cessez vn petit, que ma voix espandue
Ne soit point autre part qu'en ce bois entandue:

ANGELIQVE.   253

Et toy luisant Soleil arreste vn peu ton cours,
Et assiste à la fin de mes malheureux iours,
Ce sera bien tost fait : car ie veux en peu d'heure
voir la fin de ma vie & du mal que i'endure.
Et toy Ciel inhumain qui tousiours m'as suiui
Comme vn fier ennemi, sois aumoins assouui
De ma mort auancee, & du sang que ie tire
Par ce fer de mon corps, pour appaiser ton ire.
   Ce dict, en se leuant de fureur transporté
Se saisit du poignard qu'il portoit au costé,
Le baise en soupirant, puis d'ardeur violante
Au creux de l'estomach iusqu'aux gardes le plante:
Le retire aussi tost rouge, escumeux & chaud,
Puis se laisse tomber les yeux leuez en haut.
Le sang va contremont d'vne force soudaine,
Comme on voit quelquefois les eaux d'vne fontaine
Reiallir en bruyant d'vn cours haut elancé
Par le petit pertuis d'vn grand tuyau percé.
   Le messager y court, qui voit comme il sanglote,
Qu'il a les yeux mourans, & que son ame flote
Sur vne mer de sang qui ne veut s'estancher,
Alors en haletant tasche à le desseicher.
Le Roy qui le connoist vers luy dresse la face:
Dycoimme tu m'as veu (dit-il) d'vne voix basse
Et voulant acheuer, vn sanglot il tira,
Et son esprit en l'air comme vent soupira.
   Le Ciel commençoit fort d'obscurcir son visage,
La clairté peu à peu faisoit place à l'ombrage,
Et desia dans le bois rien plus ne se voyoit
Qu'vn grand voile obscurci qui les cœurs effroyoit.

ANGELIQUE.

Parquoy le Messager qui sent son ame attainte
Ne voulant demeurer toute la nuict en crainte
Auprés de ce corps mort, en pleurant le laissa,
Et pour gaigner logis autre part s'adressa.
Son cœur est tout serré d'vn fait si pitoyable,
Il doute si c'est songe ou chose veritable:
Et luy tarde beaucoup qu'il ne trouue où loger,
Pour faisant ce recit son esprit alleger.
  Tant que la nuict dura les Nymphes des fontaines
Celles des clairs ruisseaux, celles qui sont aux plaines
Et dans les bois sacrez, toutes grosses d'ennuy
Pleurerent Sacripant, & firent dueil sur luy,
Honorans à l'enuy son obseque derniere:
L'vne arrosoit sa playe auec eau de riuiere,
L'autre essuyoit le sang: l'autre qui souspiroit,
La paupiere des yeux doucement luy serroit:
L'autre tenoit sa teste en son giron couchée,
L'autre amassoit des fleurs & en faisoit ionchée,
L'autre en plaignant sa mort la rigueur maudissoit,
Et quelqu'vne à l'escart l'œil au Ciel addressoit
Faisant priere ainsi: Pere de toutes choses,
Qui as fait, qui maintiens, qui conduis, qui disposes,
Qui iuges droitement, & qui plein d'equité
Regardes les ingrats d'vn œil tout despité,
Voy ce sang d'vn martyr qui te requiert vengence,
Et puni iustement d'vne ingrate l'offense:
Ingrate, outrecuidee, & qui n'estime pas
Que tu voyes du ciel les choses d'ici bas.
Fay, Pere, qu'elle porte vne peine cruelle
Pour auoir fait mourir vn amant si fidelle:

Ou si tu ne le fais, à bon droit les humains
Diront qu'en vain tu tiens le tonnerre en tes mains,
Que tu n'as point de soin de ce mõde où nous sommes,
Et que c'est pour neant que te craignent les hommes.
  Ainsi prioit la Nymphe, & le maistre des Dieux
Trois fois en se courbant tonna dedans les cieux,
Et d'vn esclair subtil fit scintiller la nue,
Signe que la priere au ciel estoit venue.

FIN DV PREMIER LIVRE D'ANGELIQVE.

MESLANGES,
CONTENANS

LES
DIVERSES AMOVRS.
BERGERIES, ET MASQVARADES.
EPITAPHES.

DIVERSES AMOVRS,
ET AVTRES OEVVRES MESLEES,
DE
PHILIPPES DESPORTES.

PLAINTE.

SEROIT-IL bien possible ! ô Dieu
  qu'ay-je entendu !
Celle à qui les destins & mes yeux
  m'ont rendu,
Qui viuoit toute en moy, dont i'estoy la pensee,
  Nostre amour a faulsee.
O Foy ! Foy dont le nom est si grand en vertu,
S'il est vray que tu sois, où te retires-tu ?
Ah tu m'as abusé ! i'esprouue à mon dommage
  Que tu n'es que langage.
Il n'y a dans les cœurs ny Foy ny Verité :
Il n'y a point de Dieux, c'est vn conte inuenté,
Et ne se trouue au Ciel ny raison ny iustice
  Pour l'humaine malice.
Si les Dieux estoyent vrais qu'elle a tant inuoquez,
Ils ne souffriroyent pas d'auoir esté mocquez,
Et qu'ainsi de leur nom elle se fust seruie
  Pour abuser ma vie.

DIVERSES,

Seuls les Dieux reclamez ne m'ont pas abusé,
Il a fallu s'aider de maint geste embrasé:
Les pleurs y ont eu part, les soupirs & les plaintes,
Et les œillades faintes.
Auec tant d'ennemis qui n'eust esté domté?
Mais, ô le beau lauuier qu'elle aura merité,
Ayant sceu deceuoir vn amoureux fidelle
Qui ne croyoit qu'en elle!
Il n'estoit grand besoin de s'en trauailler tant,
Vn seul trait de ses yeux tous mes sens enchantant
Ne suffisoit que trop pour me forcer à croire
Que la neige estoit noire.
Celuy qui maintenant s'en pense estre adoré,
Comment de son amour peut-il viure asseuré,
Puisqu'on ne peut trouuer d'assez ferme cordage
Pour vne ame volage?
S'il se fie aux sermens, les sermens m'ont deceu:
S'il croit à ses regars, d'eux mon mal est issu:
S'il voit pleurer ses yeux, en nos amours premieres
Ils versoyent des riuieres.
L'air tant que son esprit n'est propre aux changemens,
Ce qu'elle ha luy desplaist, & se sert des amans,
Comme l'on fait des fleurs qui ne nous semblēt belles
Qu'estans toutes nouuelles.
Sa parole & son cœur sont tousiours differens,
C'est vn Astre vrayment, mais c'est des plus errans,
Et la Lune est tardiue en sa course pressée
Auprés de sa pensée.
Son infidelité, l'hellebore sera
Qui d'vn ceruean troublé ma fureur chassera,

AMOVRS.

Et comme vn autre Achil' guarira salutaire
Le coup qu'elle a sceu faire.
Qu'elle n'espere donc me pouuoir ratraper:
Deux fois vn mesme lieu ne me fait point choper,
Contre toutes ses attraits & sa force magique
I'ay l'anneau d'Angelique.

SONNETS.

I.

Dieux que de tourbillons, de gresle & de nuages!
Que ie sens en l'esprit vn tonnerre grondant!
Est il en la Sicile vn fourneau plus ardant?
Les morteaux de Vulcan forgent-ils tant d'orages?
Yeux plus traistres que beaux, qui faisiez les messages
D'vne ame ingrate & feinte à ma mort pretendant,
Si ie le pensoy bien ie gaigne en vous perdant,
Mais las qu'en y pensant ie supporte d'orages!
Si faut-il se resoudre, & sans plus me flater,
Retrancher de mon Tout ce qui le peut gaster,
Hà i'en suis resolu, la chose est asseuree!
" Aux cœurs sans loyauté sot qui garde sa foy.
Si sa legereté la separa de moy,
Ma constance à iamais s'en tiendra separee.

DIVERSES,

II.

Prince, à qui les destins en naissant m'ont soumis,
  Quelle fureur vous tient d'aimer ceste infidelle?
  L'air, les flots, & les vés sont plus arrestez qu'elle.
Puisse vne telle erreur troubler mes ennemis!
Son œil, par qui tant d'heur vous est cre promis,
  Abusa mon esprit par la mesme cautelle:
  Ce coral souriant, qui les baisers appelle,
Mille fois ses thresors à souhait m'a permis.
Comment peut en l'aimant vostre ame estre asseuree?
  Me laissant pour vous prendre elle s'est pariuree,
Ce cœur qu'elle dit vostre estoit n'aguere à moy.
Elle eut pour me donter toutes les mesmes armes,
  C'estoyẽt mesmes sermẽts, mesmes vœus, mesmes lar-
Vous pourrez-vo⁹ fier à qui n'a point de foy? (mes,

III.

Non non ie veux mourir plustost que d'endurer
  Qu'vn autre aille cueillant la moisson de ma paine:
  Si parfaite beauté n'est pas vne fontaine
Où chacun puisse aller pour se desalterer.
Si le plus grand des Dieux vouloit vous adorer,
  Contre luy de fureur mon ame seroit pleine:
  Cõment donc souffrirois-ie vne personne humaine?
Les Rois & les Amans veulent seuls demeurer.
Descouurez à nos yeux quel est vostre courage,
  Gardant celuy des deux qui vous plaist d'auantage
Sans ainsi feintement l'vn & l'autre abuser.
I'aime mieux n'auoir rien, que si i'estois le maistre
  De la moitié d'vn bien qui tout à moy doit estre.
Vne si belle fleur ne se peut diuiser.

POVR

AMOVRS.

POVR LE PREMIER
IOVR DE L'AN.

L'An comme il a cessé rentre au mesme voyage,
Perdurable en trauaux, par sa fin renaissant:
Mes desirs comme luy ne vont point finissant
Et son cours violant ne leur peut faire outrage.

L'An fini, toute fin à mes maux puisse mettre:
L'An nouueau de mon heur soit le commencement.
Ie croy qu'il aduiendra, si le cœur d'vn amant
Par zele & par ardeur du bien se peut promettre.

Car tout ce que l'Amour peut allumer de flame,
Tout ce que les destins en sçauroyent amasser,
Tout ce qu'en entretient l'espoir & le penser,
Tout autant i'en recelle & conserue en mon ame.

L'An desia quatre fois a fourni sa carriere
Depuis que le beau jour de vos yeux m'esclaira:
Mais qu'il se renouuelle autant qu'il luy plaira,
Ie continu'ray ferme en ma course premiere.

Il est vray qu'en quatre ans, excusez mon offanse,
Ainsi que des saisons les tours sont inconstans,
I'auoue auoir senti maint changement de tans,
Mais la force d'Amour causoit ceste inconstance.

Bien souuent dans l'esprit l'ay serré maint orage,
I'ay clos en mesme lieu la glace & la chaleur,
I'ay voulu me tuer pour vous causer douleur,
Si fort la ialousie a troublé mon courage!

Quels tonnerres d'Esté furent iamais semblables?
Combien dedans le cœur ay-ie senti d'hyuers?
Quel Printemps, quel Automne en changemens diuers

K k

DIVERSES,

Peurent onc egaller mes pensers variables?
Ie me suis efforcé cent fois de vous desplaire,
I'ay fait mille desseins de plus ne vous aimer,
Mais sans trop de rigueur on ne m'en peut blasmer.
" Estre sage en aimant Dieu ne le sçauroit faire.

Amour par tels discords entretient sa puissance,
La longue paix le matte & le rend surmonté:
L'amant comme la mer soit tousiours agité,
Puis que la Cyprienne aux flots print sa naissance.

Toutesfois ie connois qu'en ma rage insensee
Le transport aueuglé bien souuent m'a deceu,
Ie connois que le faux pour le vray i'ay receu,
Et deteste en pleurant mon offense passee.

Pardonnez moy, Deesse, & perdant la memoire
De ces longues erreurs, n'y pensez nullement:
Et pour le temps suyuant songeons tant seulement
Combler nostre amour d'heur, de ioye & de gloire.

Rendons-la si parfaite, & si claire & si belle
Qu'elle serue d'exemple aux siecles à venir:
Et que l'effort des ans au lieu de la finir
Face que sa memoire à iamais soit nouuelle.

STANSES.

QV E L secours faut-il plus que i'attende à ma
    paine,
Si ce n'est par la mort, qui m'est toute certaine
Puis que mes longs soupirs, ma foy, mon amitié,
Le brasier de mon cœur, l'effroy de mon visage
Ne peuuent esmouuoir vostre obstiné courage
A se laisser toucher d'vn seul trait de pitié?

AMOVRS. 258

Tantale auprés de moy bien-heureux se peut dire,
Son trauail est petit : tout le bien qu'il desire
C'est d'auoir quelque pomme & sa soif estancher:
Ou moy ie brule, helas! & mourant ie pourchasse
Vn bien pour mon secours, qui tout autre surpasse,
Mais qui croist le desir d'autant qu'il est plus cher.

O que le feu d'Amour est d'estrange nature!
Mon cœur sans defaillir luy sert de nourriture,
Ie n'ay sang ny poulmon qui n'en soit consommé:
Mais different en tout de la commune flame,
Encor que ie vous touche il n'émeut point vostre ame,
Et rien qui soit en vous n'en peut estre allumé.

Ie te despite, Amour, & maudy ton empire:
Que me sert qu'en mon cœur tous tes traits ie retire?
Que me sert que le Ciel m'ait à toy destiné?
Que me sert que iamais de moy tu ne t'enuole,
Si tout remply de toy ie pers temps & parole,
Et ne puis amollir vn courage obstiné?

Non, ie n'auray iamais en vos yeux de fiance,
Leurs regars sont trompeurs, par leur douce influance
Et par des traits piteux ils me font esperer:
Ie vous pense vaincue, & que mon mal vous touche,
Mais voulant l'essayer, vn mot de vostre bouche,
Ou vostre blanche main me contraint retirer.

Belle & cruelle main, que vous m'estes mauuaise!
Ie vous laue de pleurs, tout rauy ie vous baise,
Ie sacre à vostre honneur mille vers amoureux,
Du feu de mes soupirs i'eschauffe vostre glace:
Mais rebelle tousiours vous m'empeschez la place,
Dont le trop de desir me rend si langoureux.

Kk ij

DIVERSES,

Il faut faire autrement, puis que rien ie n'auance
Partant de vains respects, vsons de violance:
Si la douceur n'y sert, gaignons-la par assaut.
Ie le veux, mais en vain : toute lasche & pesante
Ma vigueur s'affoiblist, mon ame est languissante,
Et par trop de desir la puissance me faut.

Seul but de mes desirs, ma celeste Deesse,
Helas! voyez-vous point la fureur qui me presse?
I'aspire à l'impossible & fuy ce que ie puis:
Vn chaos amoureux dans mon ame s'assemble,
Ioye & dueil, mal & bien, i'ose & brulant ie tremble,
Ie ne sçay que ie fay, ie ne sçay qui ie suis.

Fut-il iamais tyran si cruel que Madame?
Par mille doux baisers elle attise ma flame,
Et se plaist de me voir peu à peu desseicher:
Parmy ces priuautez ie l'esprouue inhumaine,
Car la cruelle, helas! me laisse à la fontaine
Sans souffrir que ie boiue, & que i'ose y toucher.

Que dira-ton de moy si lon sçait ma simplesse?
DESPORTES tout vn iour a tenu sa Maistresse
A part, sans compagnie, auec elle enfermé
Baisant ses beaux cheueux, ses yeux, & son visage,
Et n'osa le couard hazarder d'auantage:
Dites qu'vn tel amant est digne d'estre aimé.

AMOURS.

IIII.

Quand du doux fruit d'Amour ie me rēs poursuiuant
Le seul digne loyer de ma perseuerance,
Vous pensez m'arrester, opposant pour defanse
Ie ne sçay quel honneur, qui est moins que du vant.
Moy ie mets simplement le plaisir en auant,
Et l'heureux paradis de ceste iouissance,
Qui vous deust decharmer de la feinte apparance
De ces ombres d'honneur, qui vous vont deceuant.
Mais parlons librement, & me dites Madame,
Sentez vous de l'honneur quelque perfection,
Qui plaise au goust, au cœur, à l'esprit, ou à l'ame?
C'est vne vieille erreur, qui aux femmes se treuue,
Car tout ce bel honneur gist en l'opinion,
Et le plaisir consiste en chose qui s'espreuue.

V.

Soupirs bien aimez, que ma douce rebelle
Tire de ce beau sein, mon superbe vainqueur,
Dites moy, s'il vous plaist, nouuelles de mon cœur,
Comme il vit en prison, ce qu'il fait auec elle.
Le cœur qui fut à toy recogneu pour fidelle
N'est plus troublé d'ennuis, de peine, ou de rigueur:
La beauté que tu sers a guari sa langueur,
L'aime, le fauorise, & sien mesme l'appelle.
Est-il vray, chers soupirs? Rien n'est plus asseuré.
Mais sera-til long temps en ce lieu bien-heuré?
Faut-il point redouter que sa Dame l'en chasse?
Cependant que ie parle & qu'ils sont emportez,
Amour iure ses traits, ma flamme, & vos beautez,
Que iamais plus mon cœur ne changera de place.

DIVERSES

VI.

Que me sert d'aimer tant, & que l'on m'aime aussi,
Puisqu'à nos volontez toute chose est contraire?
Il le faut dire, Amour, tu n'es rien que misere,
Trauail, perte de temps, fureur, trouble & souci.
Maintenant sans profit on implore merci
D'vne dame cruelle, esclaue & tributaire:
L'absence vne autre fois fait qu'on se desespere,
Ou la peur d'vn riual nous rend le cœur transi.
Les graces que tu fais pour couurir ta coustume,
C'est sous vn peu de miel cent tōneaus d'amertume,
Et pour vn prompt esclair vn long aueuglement.
Ah maudit soit le iour qui premier me veit naistre
Sous vn si noir destin, qu'helas il me faut estre
D'vn enfant sans pitié le triste esbatement.

VII.

Deux que le trait d'Amour touche bien viuement,
N'ont riē qu'vn seul pēser, qu'vn desir, qu'vne flame
Ce n'est ded.is deux corps qu'vn esprit & qu'vne a-
Et leur souuerain bien gist en eux seulement. (me,
Ils ont en mesme temps mesme contentement,
Mesme ennuy d'vn seul coup leurs poitrines entame
Bref leur vie & leur mort pend d'vne seule trame,
Et cōme vn simple corps ils n'ont qu'vn mouuemēt.
Cét amour qui si rare en la terre se treuue, (ue,
Ne fait qu'vn de nos cœurs : les effets en font preu-
Nous n'auons qu'vn vouloir, qu'vn ardeur, qu'vn
    desir.
Qui nous peut honorer d'assez digne louange?
L'esprit qui se diuise & qui se plaist au change
N'est point touché d'amour, mais d'vn sale plaisir.

AMOVRS. 269

VIII.

Mon cœur qui iusqu'icy t'es si bien maintenu
  Des fortunes d'amour tresloyal secretaire,
  Sans que la langue prompte, ou l'œil trop volontaire
  Ait one rien descouuert qui te soit aduenu:
Si iamais vn secret fut par toy retenu
  Bien serré sous la clef, c'est or qu'il le faut faire,
  Cachant mesme aux pensers le celeste mystere,
  Par qui d'homme mortel Dieu ie suis deuenu.
O s'il m'estoit permis de raconter mon aise,
  Quel roc plein de glaçons ne deuiedroit fournaise?
  Quel cœur aux traits d'amour ne se tiuroit ouuert? *a quel propos*
Quel amant tout rauy ne beniroit ma vie?
  Quel Dieu du plus haut ciel sur moy n'auroit enuie?
  Mais ah! c'est trop, mon cœur, tu seras descouuert. *cette Ielousie est excelente a mon gre*

IX.

C'estoit vn iour d'Esté de rayons esclaircy
  (I'en ay tousiours au cœur la souuenâce emprainte)
  Quand le ciel nous lia d'vne si ferme estrainte
  Que la mort ne sçauroit nous separer d'ainsi. *bos*
L'an estoit en sa force & nostre amour aussi,
  Nous faisions l'vn à l'autre vne aimable coplainte: *Iaimerois mieux*
  I'estoy ialoux de vous, de moy vous auiez crainte, *le simple que*
  Mais rien qu'affection ne causoit ce soucy. *le composé plainte*
Amours, qui voletiez à l'entour de nos flames *qͥ complainte*
  Comme gays papillons, où sont deux autres ames
  Qui redoutent si peu les efforts enuieux?
Où la foy soit si ferme? où tant d'amour s'assemble?
  N'ayãs qu'vn seul vouloir tousiours d'accord enseble
  Fors qu'ils se font la guerre à qui s'aimera mieux?

Kk iiij

*estoit vn iour d'esté quand le ciel nos lia]
os de parler ne vaut rien. On dit ce fu le i[our]
st Jean & le roy arriua, et fut le lundy
[s]arht etc. et non ce fu le iour de s. Iehan
[qu]and le roy arriua / Ou bien il estoit lundy
[qu]and le roy arriua. §*

DIVERSES

X.

Ie n'ay plus dans le cœur que la branche estimee,
  Qu'Amour de la main droite y sceut si bien planter:
Autre fleur ne pourroit mon desir contenter,
Autre graine en mes vers ne doit estre semee.
I'espere auec le temps que sa belle ramee
  Pourra par mes escrits iusqu'aux astres monter,
Et que les Florentins cesseront de vanter
La desdaigneuse Nymphe en laurier transformee.
Ma foy viue tousiours pour racine elle aura,
  L'eau sortant de mes yeux d'humeur luy seruira,
Mon amour de chaleur, mon espoir de fueillage.
Puissé-ie en ses rameaux mes bras entrelasser,
  Et sur l'arbre estendu mon trauail delasser.
Ou prendre vn peu de frais sous vn si bel ombrage?
Ie ne veux plus penser que la fureur de Mars
  Ardemment allumee au milieu de la France,
Ait pouuoir desormais de me faire nuisance,
Bien que ie m'auanture au plus fort des hasars.
Car si i'ay soustenu l'assaut de vos regars
  Pleins de feux, pleins de traits poussez de violence,
Hardy ie ne craindray qu'autre chose m'offense,
Et ne douteray point les plus braues soldars.
Les balles que vos yeux ont tiré dans mon ame,
  Ont comblé mon esprit de martyre & de flame:
Mais vous m'auez blessé par vn si doux effort,
Que s'ils font de tels coups en l'armee ennemie,
  Huguenots tuez moy, ie vous donne ma vie,
Ie ne sçaurois mourir d'vne plus belle mort.

AMOVRS. 261

XII.

Non non n'estimez point pour m'estre ainsi rebelle,
Et pour favoriser vn autre plus que moy,
D'esbranler par ces flots le rocher de ma foy:
Car ie demeureray tousiours ferme & fidelle.
Ie confesseray bien que l'angoisse mortelle
Quelquefois me transporte & me rend hors de moy:
Mais ie reprens courage alors que ie vous voy,
Et me plais d'endurer pour Maistresse si belle.
Payez ma fermeté d'autant de cruautez
Que i'adore en vos yeux d'admirables beautez,
Ie ne plaindray ma vie en si triste auanture.
Seulement ie me plains & suis tout embrasé,
Quand ie connois qu'vn autre est plus favorisé,
Et que la pureté vous sert de couuerture.

Contre vne Nuict trop claire.

Nuict, ialouse Nuict, contre moy coniurce
Qui renflames le ciel de nouuelle clairté,
T'ay-ie donc auiourd'huy tant de fois
    desirce
Pour estre si contraire à ma felicité?
Pauure moy ie pensoy qu'à ta brune rencontre
Les cieux d'vn noir bandeau deussent estre voilez:
Mais comme vn iour d'Esté claire tu fais ta monstre,
Semant parmi le ciel mille feux estoilez,
Et toy sœur d'Apollon, vagabonde courriere,
Qui pour me découurir flambes si clairemant,
Allumes-tu la nuict d'aussi grande lumiere,
Quand sans bruit tu descens pour baiser ton amant?

DIVERSES

Helas ! s'il t'en souuient, amoureuse Deesse,
Et si quelque douceur se cueille en le baisant,
Maintenant que ie sors pour baiser ma Maistresse,
Que l'argent de ton front ne soit pas si luysant.
  Ah ! la fable a menty, les amoureuses flammes
N'eschaufferent iamais ta froide humidité:
Mais Pan qui te conneut du naturel des femmes,
T'offrant vne toison vainquit ta chasteté.
  Si tu auois aimé, comme on nous fait entendre,
Les beaux yeux d'vn berger de lōg sommeil touchez,
Durant tes chauds desirs tu aurois peu apprendre
Que les larcins d'Amour veulent estre cachez.
  Mais flamboye à ton gré, que ta corne argentee
Face de plus en plus ses rais estinceler:
Tu as beau découurir, ta lumiere empruntee
Mes amoureux secrets ne pourra deceler.
  Que de fascheuses gens ! mon Dieu quelle coustume
De demeurer si tard en la rue à causer !
Ostez-vous du serein, craignez-vous point le rheume?
La nuict s'en va passee allez vous reposer.
  Ie vay, ie vien, ie fuy, i'escoute & me promeine,
Tournant tousiours mes yeux vers le lieu desiré:
Mais ie n'auance rien, toute la ruë est pleine
De ialoux importuns dont ie suis esclairé.
  Ie voudrois estre Roy pour faire vne ordonnance
Que chacun deust la nuict au logis se tenir;
Sans plus les Amoureux auroyent toute licence,
Si quelque autre failloit ie le feroy punir.
  O Somme, ô doux repos des trauaux ordinaires,
Charmant par ta douceur les pensers ennemis,

AMOVRS. 262

Charme ces yeux d'Argus, qui me sont si contraires,
Et retardent mon bien faute d'estre endormis.

Mais ie pers (malheureux!) le temps & la parolle,
Le Somme est assommé d'vn dormir ocieux :
Puis durant mes regrets la nuict prompte s'enuolle,
Et l'Aurore desia veut defermer les cieux.

Ie m'en vay pour entrer, que rien ne me retarde,
Ie veux de mon manteau mon visage boucher :
Mais las ! ie m'apperçoy que chacun me regarde,
Sans estre découuert ie ne puis m'approcher.

Ie ne crains pas pour moy, i'ouurirois vne armee
Pour entrer au seiour qui recelle mon bien :
Mais ie crains que Madame en peust estre blasmee,
Son repos mille fois m'est plus cher que le mien.

Quoy? m'en iray-ie donc? mais que voudrois-ie fai-
Aussi bien peu à peu le iour se va leuant.   (re?
" O trompeuse esperance! Heureux cil qui n'espere
" Autre loyer d'Amour que mal en bien seruant.

DIALOGVE.

D.

AH Dieu que c'est vn estrange martyre,
Que d'endurer vn ennuy sans le dire :
Et quand il faut tellement se contraindre,
Qu'il n'est permis en mourant de se plain-
dre!   **L.**

Le feu couuert ha plus de violance
Que n'a celuy qui ses flammes élance :
L'eau qu'on arreste en est plus irritee,
Et bruit plus fort plus elle est arrestee.

DIVERSES

D.
Vous qui sçaueZ la fureur qui me donte
S'il n'est permis que mon mal ie vous conte,
Helas iugeZ si ie suis en mal-aise
Quand vous voyant il faut que ie me taise?

L.
Vous qui sçaueZ l'amour que ie vous porte,
N'estimeZ point ma peine estre moins forte:
Mais puis qu'Amour nos deux ames assemble,
C'est bien raison que nous souffrions ensemble.

D.
O vain penser! ô folle outrecuidance!
D'auoir espoir qu'vne humaine defance
Change deux cœurs, & forte deracine
Vne amitié, dont l'essence est diuine.

L.
Ceste rigueur nous peut bien interdire
Les doux propos que nous nous soulions dire,
Et de nos sens desguiser l'apparence:
Mais sur nos cœurs ne s'estend sa puissance.

D.
Au moins Deesse, au lieu de la parolle,
ConsoleZ-moy d'vn regard qui m'affolle:
Et d'vne œillade en secret elancee,
DonneZ confort à ma triste pensee.
Et vous, mon Cœur, vseZ-en de la sorte,
Ressuscitant mon esperance morte:
ChasseZ ma peine, & par la douce flame
De vos regards, donneZ vie à mon ame.

AMOVRS.
CHANSON.

ONCQVES ce tyran sans merci
Qui pour moy n'eut iamais des ailes,
N'a point maintenant de souci
Des vassaux qui luy sont fideles?
Doncques ceux qui plus viuement
Ont de son feu l'ame saisie,
Il laisse outrager durement
Par l'Enuie & la Ialousie?
Rien rien ne profite la foy,
L'ardeur, le Zele, & le martyre,
D'autres qu'Amour donnent la loy,
Et faut à leur gré se conduire.
Ce Dieu qui veit au temps passé
Sous luy toute force asseruie,
Maintenant luy mesme est forcé
Par les Ialoux & par l'Enuie.
Las! il faut mon pié retarder
D'aller où le desir me porte,
Mon œil n'ose plus regarder
L'obiect qui seul me reconforte:
Ma main tremble & n'ose tracer
L'image qu'au ciel i'ay choisie,
Et voy tous mes vers effacer
Par l'Enuie & la Ialousie.
Ie me defens de respirer,
De peur d'éuenter ma tristesse:
Ma bouche vn mot n'ose tirer,
Craignant de nommer ma Maistresse:

DIVERSES

Et pour rendre moins descouuerts
Les feux qui saccagent ma vie,
I'erre sauuage en ces deserts
Fuyant les Ialoux, & l'Enuie.
Mais si les propos enuieux,
O ma claire & celeste flame,
Separent mes yeux de vos yeux,
Ils n'en separent point mon ame.
Tousiours vostre vnique beauté
M'est presente en la fantaisie:
Tel bien ne me peut estre osté
Par l'Enuie & la Ialousie.
Car si vostre chaste froideur,
Et vos rigueurs pleines de glace
N'ont rien peu contre mon ardeur,
Moins y peut toute autre menace.
Plus d'ennuis s'iront eleuans,
Mieux de moy vous serez seruie,
Tousiours ferme aux flots & aux vants
Tant des Ialoux que de l'Enuie.

DIALOGVE.

Φ.

DONCQVES ces yeux bien aimez
A la fin se sont armez
De feux, d'esclairs, & d'orage?
Donc pour ne voir le tourment
Qui me presse iniustement
Vous destournez le visage?
Dieux que la femme est prôte à châger de courage!

AMOVRS. 164

D. Donc pour loyer d'amitié,
O cœur plein de mauuaistié,
Tu te plais quand tu m'abuses?
Et couurant ta faulseté,
Tu penses que ma bonté
Tousiours se paye d'excuses?
Mais pour te croire plus ie connoy trop tes ruses.
Φ. Helas! où prenez-vous ce courroux vehement
Contre vn qui ne veut rien que vous rendre seruie?
D. Mais toy-mesme où prés-tu ce nouueau chagement,
S'il est vray que ie t'aime, & que tu sois ma vie?
Φ. A bon droit les siecles vieux
Nous ont peint Amour sans yeux,
Monstrans comme il se doit croire:
Trop d'ardeur le plus souuent
Nos sentimens deceuant
En rapporte la victoire,
Et fait iuger le blanc estre vne couleur noire.
D. L'ardeur ne m'aueugle en rien,
Ce qui est ie le voy bien:
Ie trouue chaude la flame,
Le iour me semble luisant,
Et ne faux point en disant
Qu'Amour ne loge en ton ame,
Ou s'il te va brulant c'est pour vne autre Dame.
Φ. Peussé-ie à descouuert mon cœur vous faire voir,
Vostre image sans plus s'y trouueroit empreinte.
D. Mais peussé-ie aussi tost guarison receuoir
Au mal que tu me fais, comme ie sçay ta feinte.
Φ. Quelle preuue, ou quelle foy

DIVERSES

     Vous puis-ie donner de moy
     Qui ces creances efface?
D. Rien ne sçauroit m'asseurer.
     Car quelle foy peut iurer
     Vn cœur si plein de fallace,
     En qui iamais l'Amour ny la foy n'eurent place?
Φ. La mort que ie sens venir
     Pour mes angoisses finir,
     Vous monstrera le contraire.
D. Ah trompeur! tu vas pensant
     Que ce propos soit puissant
     Pour adoucir ma colere?
     Ie connoy ta feintise & ta ruse ordinaire.
Φ. Puissé-ie donc mourir si i'aime autre que vous.
D. Les sermens amoureux ne font moindre l'offense.
Φ. Qui peut donc appaiser vostre iuste courroux?
D. Le defit esperé d'vne prompte vengence.
Φ. Moderez ceste fureur.
     Il n'y a si grande erreur
     Qu'vne forte amour n'oublie.
D. Mais il n'est amour si fort
     Quand souuent on luy fait tort,
     Qui ne se change en furie
     Grand' amour en grād' haine est souuent conuertie.
Φ. Les courroux des vrais amans
     Font par leurs embrazemans
     Que l'amour plus fort s'enflame.
D. Helas ie l'espreuue assez.
     Car tant d'outrages passez,
     Au lieu d'esteindre ma flame,

AMOVRS.

La font plus violente & plus viue en mon ame.
D. Quelle preuue, ô mō biē, m'en peut rēdre asseuré?
Comment croiray-ie helas! que vostre ire est passée?
O. Vous reddonant mon cœur que i'auois retiré,
Et n'aimant rien que vous qui m'auiez delaissee.

XIII.

Quand ie pense aux douleurs dont i'estoy tourmenté
Durant que ie viuoy sous l'amoureux empire:
Ce penser me transporte, & fait que ie souspire,
Touché du souuenir de ma captiuité.
C'est en vain (dy-ie alors) que quelque autre beauté
Entreprend desormais de me penser reduire.
Car en me souuenant de mon passé martyre,
Ie sçauray mieux garder ma chere liberté.
Voila ce que i'asseure, & que ie pense faire,
Mais voyant vos beautez ie croy tout le contraire,
Et cours aueuglément au malheur preparé.
Adieu donc Liberté, tu m'as assez suiuie.
Ie ne redoute plus le trauail enduré:
En si belle prison ie veux perdre la vie.

CHANSON

QVe m'a serui de vous auoir seruie
Sept ans entiers à mon mal coniuré,
Le plus souuent de vos yeux separé,
Nō de vos yeux, mais de ma propre vie?
Que m'a serui d'auoir perdu mon ame,
Mes pleurs, mon temps, mon repos, ma raison,

DIVERSES

Et que vostre œil ait seché par sa flame
Les belles fleurs de ma ieune saison?
Que m'a serui ceste allegresse fainte,
Qui seurement ma douleur receloit:
Et quand l'amour plus ardant me bruloit,
M'estre gardé de lascher vne plainte?
Que m'a serui ceste libre apparance
Dont i'abusoy vos vallets curieux:
Et pour chasser toute leur desfiance
Auoir donné tant de loix à mes yeux?
Que m'a serui la peine que i'ay prise
A gouuerner vn mari mal-plaisant:
Et tant de iours auec luy m'amusant
Perdre à l'ouir le peu de ma franchise?
Que m'ont serui ces mespris ordinaires,
Qui l'empeschoyent de deuenir ialoux:
Ces libertez, & ces feintes coleres,
Dont quelquefois vous entriez en courroux?
Que m'ont serui tant d'errantes pensees,
Qui m'égaroyent loin des gens & du bruit?
Que m'ont serui sous l'horreur de la nuit
Tant de sanglots & de larmes versees?
Helas de rien! Tout me porte nuisance
Et mes respects vous rendent sans pitié:
Car vous croyez qu'en telle patiance
I'ay peu de mal & fort peu d'amitié.
Si i'aimòy bien, ie ne pourroy connoistre
Tant de dangers que ie vais euitant.
" Vn fort desir tout conseil va domtant.
" Auec l'Amour la Raison ne peut estre.

AMOVRS. 266

De tels propos tyrans de mon courage,
Vous me blasmez au lieu de m'estimer.
Qui voit si clair & qui demeure sage
(Ce dites-vous) ne sçauroit bien aimer.
Abuse t'usquons, & tiens pour veritable
Que loin d'Amour la sagesse s'enfuit:
I'en sers de preuue, aimant ce qui me nuit,
Et bannissant ce qui m'est profitable.
Respondez-moy, ma mortelle Deesse,
Vous qui m'auez en rocher transmué:
Est-ce monstrer d'auoir quelque sagesse
Que d'adorer vos yeux qui m'ont tué?
Quelle fureur peut estre tant extrême,
Qu'estre tousiours de soucis agité?
Pour l'appetit chasser la volonté,
Aimer vn autre & se hair soymême?
N'estre iamais vne heure en mesme sorte,
Pallir, rougir, esperer, & douter,
Aux ennemis laisser libre la porte,
Et pour les sens la raison reietter?
Mais plus encor insensé ie m'outrage:
Car en pouuant mon ardeur moderer
Par mes soupirs, ie ne veux soupirer,
Ny me douloir pour brûler dauantage.
C'est peu de cas qu'vn mal qui se peut dire,
Auprés du mal dans l'esprit retenu,
Quand en son dueil on est contraint de rire,
Le conseruant pour le rendre incognu.
Si toutesfois vous croyez le contraire,
Et que ie pense, en faisant autrement,

DIVERSES

Vous asseurer d'aimer plus ardemment:
Bien, ie suiuray la coustume ordinaire.
Mes passions ne seront plus contraintes,
En tous endroits nostre amour se dira:
L'air refrapé ne bruira que mes plaintes,
Et sur mon front ma douleur se lira.
Sans nul esgard par tout ie vous veux suiure,
I'ay trop long temps languy loin de vos yeux:
N'esperent plus les propos enuieux
Me separer du bien qui me fait viure.
Aucun respect de mari ny de frere
Ne me pourra desormais abuser:
A tous propos sans peur de leur desplaire,
Deuant leurs yeux ie viendray vous baiser.
Vallets fascheux, qui par vostre presance
De voir mon bien m'auez tant sceu garder,
Ne pensez plus me pouuoir retarder:
Bien peu me chault qu'en ayez connoissance.
Sur ses beautez i'auray tousiours la veue,
Mes chauds soupirs plus ie ne retiendray:
Ie baiseray ce bel œil qui me tue
Et de mon mal tout haut ie me plaindray.
M'aduienne apres ce qu'il faut que i'attande
De ces hazars, ie veux tout endurer:
Au moins ma mort pourra vous asseurer
Que non la peur, mais l'amour me commande.

AMOVRS.

XIIII.

Ie voyois foudroyer d'vn effort incroyable
  Les murs d'vne cité que l'ennemi tenoit :
  La place estoit en feu, l'air autour resonnoit
  Horrible de fumee & de bruit effroyable.
Le rebelle ennemi d'vn courage indomtable,
  Canonnant sans cesser nostre choc soustenoit :
  L'vn couroit à l'assaut, l'autre s'en reuenoit
  Remportant pour loyer vne playe honorable.
Or comme ie pensois estre hors du danger,
  Deux yeux qu'Amour luy mesme auoit voulu char- (ger,
  Me vindrent dans le cœur mortellement attaindre.
Las ! les plombs ennemis ne m'auoyent point blessé,
  Les balles de vos yeux sõt beaucoup plus à craindre
  Qui m'ont en mille endroits cruellement percé.

XV.

Ie la doy bien hair ceste main ennemie
  Qui decocha sur moy tant de traits rigoureux,
  Et du sang de ma playe encor tout chaloureux,
  M'escriuit dans le cœur le nom de Parthenie.
Toutesfois ie l'adore, & la peine infinie
  N'en sçauroit retirer mon œil trop desireux,
  Peussé-ie luy donner cent baisers amoureux
  Pour vanger mon outrage & la rendre punie.
Ce bel amas de neige excessif en froideur
  Pourroit en le pressant rafraichir mon ardeur,
  Si le secours d'vn mal se prend de son contraire.
Mais puis qu'vn si grand prix à ma foy n'est promis,
" Aumoins baisons son gand. Il est tousiours permis
" De baiser le dessus d'vn sacré reliquaire.

Ll iiij

DIVERSES

XVI.

Se peut-il trouuer peine en amour si diuerse
Que ce cruel enfant ne m'ait fait endurer?
A-til en son royaume vne seule trauerse,
Où ie ne me sois veu mille fois esgarer?
En mon cœur chacun iour sa rigueur il exerce,
Ayant tousiours dequoy mon esprit martyrer:
Et croy que sur moy seul pour me desesperer,
De tous les amoureux tous les tourmens il verse.
I'ay demeuré quatre ans viuant en liberté,
Sans ioye & sans douleur aupres d'vne beauté,
De tous les dons du ciel heureusement pourueuë.
Apres vn si long temps il m'en vient enflammer,
Et comme si i'auois vne nouuelle veue
Ie la sers, ie l'adore, & meurs de trop l'aimer.

XVII.

I'ay tant suiuy l'Amour sans auoir recompanse,
I'ay tant pour l'adoucir vainement soupiré,
Que le reconnoissant contre moy coniuré
Ie dois iusqu'au tombeau luy faire resistance.
Laschement toutesfois sans me mettre en defanse
Ie me rens pour vn traict que vos yeux m'ont tiré,
Bien que ie voye à l'œil mon malheur preparé,
Et que le desespoir soit ma seule esperance.
Mais qui pourroit fuir le desastre ordonné?
L'vn meurt dedans son lict, l'autre est predestiné
Pour mourir au combat, l'autre au milieu de l'onde:
De moy, par les effets on peut voir clairement
Que le Ciel arresta, quand ie vins en ce monde,
Que ie deuoy mourir pour aimer constamment.

AMOVRS.

XVIII.

Six iours? ah Dieu c'est trop! six iours sans l'auoir veuë
Plus fascheux à passer qu'vn long siecle d'ennuis:
Ie les appelle iours, c'estoyent obscures nuicts:
Car mes yeux aueuglez n'ont iour que de sa veuë.

Le mal qui tient au lict ma puissance abbatue
Ne m'est grief, que d'autant que voir ie ne la puis:
Medecins qui iugez du tourment où ie suis
Pour Dieu faites qu'il cesse, ou que tost il me tue.

Vostre art ne sçauroit-il me donner le pouuoir
D'aller iusqu'au chasteau seulement pour la voir?
Trouuez moy ce moyen, ma langueur est finie:

Sinon retirez-vous, c'est en vain consulté:
Saignee, herbes, onguents ne font pour ma santé,
Mon mal & son remede est l'œil de Parthenie.

COMPLAINTE.

Plus ie vais auant, plus ie suis ou-
 tragé
D'vn regret inhumain, qui me tient
 assiegé
Depuis le triste iour que i'ay laissé Madame,
Et que ie ne voy plus la clairté de ses yeux,
Plaisans flambeaux d'Amour, serains & gracieux,
Qui comme vn beau Soleil esclairoyent à mon ame!
Ce Dieu qui ne veut point mes tristesses finir,
Reueille mon esprit d'vn poignant souuenir,
Mettant deuant mes yeux tant de faueurs laissees,
Tant de rares beautez, tant de contentemens,

Ll iiij

DIVERSES

De discours, de baisers, de doux languissemens,
Et tant de briefues nuicts si doucement passees.
    Ie connoy maintenant qu'il me faisoit gouster
Les plaisirs amoureux, non pour me contenter,
Ny pour pitié qu'il eust de ma peine soufferte:
Mais à fin qu'en perdant ceste felicité,
Ie fusse puis apres aisément emporté
Par le grief souuenir d'vne si grande perte.
    O mer que i'abandonne auec mille douleurs,
Ie fay croistre tes eaux par les eaux de mes pleurs,
Et fay par mes soupirs eleuer vn orage:
Las ! ie serois heureux si la force du vent
Me noyoit à ce bord sans passer plus auant,
A fin que mon esprit errast sur ce riuage.
    Celuy qui bien au vif d'Amour n'est point épris
Abandonnant les yeux dont son cœur est surpris,
Appelle ceste absence vn aigre departie:
Mais de moy ie l'appelle vn rigoureux tourment,
Vne angoisse, vne rage, & vn gemissement,
Qui n'ha point d'autre fin que la fin de la vie.
    Las ie croy que le Ciel m'auoit predestiné
Pour souffrir des trauaux deuant que d'estre né,
Et pour n'auoir iamais de repos sur la terre!
I'ay couru sur la mer mille & mille dangers,
I'ay supporté, chetif, aux pays estrangers
Le froid, le chaud, la faim, les prisons & la guerre.
    Mais pour tant de combats dont i'estois assailli,
Iamais ie ne me vey le cœur lasche & failli,
Tousiours d'vn ferme esprit i'y faisois resistance
Maintenant au besoin le courage me faut,

AMOVRS.

Et voulant resister à ce dernier assaut,
Ie pers soudainement l'esprit & la puissance.
    Quand celuy qui voyage est surpris de la nuit,
Et qu'il s'est esgaré du chemin qu'il poursuit,
Il ha pour son recours la clairté de la Lune:
Mais las! où me faut-il desormais retirer
Suiuant l'aueugle Amour qui m'a fait esgarer,
Puis que ie ne voy plus de lumiere opportune?
    Quand le Nautonnier sage est au milieu de l'eau,
Et que les vens esmeus combattent son vaisseau,
Vers vn Signe luisant pour guide il se retire:
Mais las! que puis-ie faire en l'amoureuse mer?
Ie voy les vens esmeus, & les flots escumer,
Et si ie ne voy plus mon bel astre reluire.
    Viuant comme ie vy, dolent & soucieux,
I'accompare à mon sort ces monts audacieux,
Qui semblet faire aux Dieux vne autrefois la guerre:
Ils sont voisins du Ciel, & mon hautain penser
Iusqu'au plus haut des Cieux s'est bien osé hausser
Pour choisir la beauté que i'adore en la terre.
    Ils sont couuerts de neige en perdant leur soleil:
Dés que ie pers le mien mon sort est tout pareil,
I'ay le cœur tout serré de glace & de froidure.
Ils sont pleins de rochers, & mon dueil vehement
M'a priué tout d'vn coup d'ame & de sentiment,
Et m'a changé l'esprit en vne roche dure.
    Si ie n'eusse eu le cœur en rocher transmué,
L'excessiue douleur aussi tost m'eust tué,
Par vne seule mort mettant fin à mes peines:
I'eusse esté sous le faix mille fois abbatu,

DIVERSES

Sans durer aux soucis dont ie suis combatu,
Et souffrir sans mourir mille morts inhumaines.
  Soit de iour, soit de nuict, ie ne puis reposer:
Car mon iuste regret ne se veut appaiser,
Mes pensers importuns ne me font point de tréue,
Tant plus ie vais auant plus ie suis tourmenté,
Ie souhaitte le iour durant l'obscurité,
Et souhaitte la nuict quand le Soleil se leue.
  I'ay pour tout reconfort vn espoir mensonger,
Qui veut contre mon gré mes douleurs alleger
Par le doux appareil d'vn retour desirable:
Mais c'est vn vain recours. Car faut-il esperer
Qu'auec tant de tourmens ie puisse assez durer,
Pour attendre vn retour vainement fauorable?

COMPLAINTE,

Allant en Pouloigne.

PVIS que i'eu bien le cœur de me separer
  d'elle
Voyant ses deux beaux yeux si chaudement pleurer,
Ie l'auray bien aussi pour me desesperer
Et finir par ma mort mon angoisse immortelle.
  Mourons donc, & monstrons en ce dernier ouurage
Qu'il est tousiours en nous d'eschaper du malheur:
Si le coup de la mort me fait quelque douleur,
Celuy de mon depart m'en fit bien d'auantage.
  Mais quel fleuue de sang peut lauer mon offense
Et l'erreur que i'ay faite en m'éloignant de vous?

AMOVRS.

Il n'est point de trespas qui ne me fust trop doux:
Il faut qu'vn plus grand mal m'en face la vengence.

 Entre cent mille horreurs ie veux trainer ma vie,
Troublé, desesperé, trauaillé sans cesser:
Et le dur souuenir d'auoir peu vous laisser
Sera de mon esprit l'eternelle furie.

 I'auray pour me gesner tousiours en la memoire
Les biens que i'ay perdus, vos beautez, vos discours,
Tant d'estroites faueurs, tant de nuits, tant de iours
Qu'Amour ne m'espargnoit vn seul point de sa gloire.

 O deuoir rigoureux, grande est la tyrannie,
Que si superbement tu exerces en moy:
Puis que ces doux plaisirs n'ont rien peu contre toy,
Et que pour t'obeir toute amour i'ay bannie!

 Bannie, helas nenni! quant & moy ie la porte,
C'est le sang & l'esprit dont ie suis composé:
Et le cruel deuoir qui me rend maistrisé,
Au lieu de l'affoiblir la fait tousiours plus forte.

 Il est vray qu'il a peu ceste fois me contraindre,
Mais c'est ce qui l'augmente irritant son effort:
Amour n'est riē que flamme, & la flāme ard plus fort
Quand par vne closture on la pense restraindre.

 I'accuse mon deuoir d'vne erreur que i'ay faite,
Moy qui par trop d'esgard me suis veu deceuoir;
Car falloit-il connoistre en terre autre deuoir,
Qu'estre tousiours aupres de beauté si parfaite?

 Mais qu'eust-on dit de moy? I'eusse laissé mō maistre
Seruiteur infidele, ingrat & malheureux.
Ah! i'ay trop de raison pour vn homme amoureux,
Auec tant de respects Amour ne sçauroit estre.

DIVERSES

Ce Dieu sur tous les Dieux n'auroit pas la maistrise
Si tousiours par sagesse il se laissoit guider:
Pour ne connoistre rien l'amant se doit bander,
Et faut que toutes loix pour sa Dame il mesprise.

Ceux qui ne sont touchez de l'amoureuse flame,
Dont le sang est moins chaud, & le poil plus grison,
Gardent seuls le deuoir, l'honneur & la raison,
Ie dois tout violer pour complaire à Madame.

Et puis mon ieune Roy n'a pas l'ame sauuage,
Amour assez de fois l'a soumis à sa loy:
Quand il eust sceu mon mal, prenant pitié de moy,
Il m'eust bien dispensé d'vn si fascheux voyage.

Aussi bien ie le suy separé de moymême,
Sans cœur & sans esprit qu'en vos yeux i'ay laissé,
Et n'ay plus que le corps tout palle & tout glacé,
Animé seulement de ma douleur extréme.

Mais que le fier destin à son gré me promette
D'vn & d'autre costé par les temps plus diuers,
Sous l'Ourse en la Scythie, entre cent mille hiuers,
Tousiours de vostre amour mon ame sera pleine
Mes yeux pourront bien voir mainte chose admira-
Autre ciel, autre terre, autre peuple indomté: (ble
Mais ils ne verront point loin de vostre beauté,
D'obiect qui les contente & leur soit agreable.

ODE.

E pendant que l'honnesteté
Retenoit ta ieune beauté,
Empreinte au plus vif de mon ame:
Quand ie sentois bruler mon cueur,

AMOVRS.

Ie me plaisois en ma langueur,
Et nommois heureuse ma flame.
Les filés de ses blonds cheueux,
Primes, frisez, retors en nœux
De cent mille façons nouuelles,
Serroyent tellement mes esprits,
Que iamais ie n'eusse entrepris
De rompre des chaisnes si belles.
Ton œil, qui les Dieux esmouuoit,
Contraignant tout ce qui viuoit,
Sous l'amoureuse obeïssance:
Et l'esclat brillant de ton teint
M'auoyent si viuement atteint,
Que ie tremble encor quand i'y panse.
Bref, Ingrate, i'estois tant tien,
Que ie mettois mon plus grand bien
A te peindre en ma fantaisie
Pleine de tant de raritez
Que mesme les diuinitez
S'en esmouuoyent de ialousie.
Quantefois vne froide peur
M'a gelé le sang & le cœur?
Combien de fois mon ame attainte
A craint que le maistre des Dieux
Encore vn coup quittast les cieux,
Touché de ton œillade sainte?
Toutesfois or' en vn moment
Ie ne sens plus tant de tourment,
Mon ame n'est plus si craintiue,
Ton poil ne me semble si beau,

DIVERSES,

Ton œil ne me sert de flambeau,
Ny ta couleur ne m'est plus viue.
Sçais-tu pourquoy? C'est pour auoir
Ainsi manqué de ton deuoir,
Engageant ta gloire estimee.
Car ton honneur qui reluisoit,
Plus que la beauté me plaisoit,
Qui n'est sans honneur que fumee.
Encor si la longue amitié
Eust flechy ton cœur a pitié,
I'eusse moins senty cét outrage:
Mais en la fleur de son printans
Se vendre à beaux deniers contans,
C'est n'auoir amour ny courage.

XIX.

Liberté precieuse en mes vœux adoree,
Qui depuis si long temps m'auois voulu laisser,
Te puis-ie donc encore, ô Deesse, embrasser,
Affranchi des liens qui mon ame ont serree?
T'ayant trop follement en la France esgaree
Depuis tant de saisons, eussé-ie peu penser
Que si loin en Poloigne il fallust m'adresser
Pour voir sous ta faueur ma franchise asseuree?
I'estois serf doublement: mon Roy me retenoit,
Et l'œil d'vne beauté mille loix me donnoit:
I'ay congé de mon Prince, & Madame me laisse.
Car depuis mon depart son cœur elle a changé,
O moy trois fois heureux qui me voy deschargé
D'vn coup, à mõ honneur, de Maistre et de Maistresse.

AMOVRS.

XX.

Ie ne veux plus aimer vn cerueau si volage,
  Fantastique, incertain, qui n'a rien d'arresté:
I'ay trop souffert d'ennuis par sa legereté,
  I'ay trop fermé les yeux à mon propre dommage.
Et si pour l'aduenir il faut que ie m'engage
  Aux attraits enchanteurs de quelque autre beauté:
  Deuant que mon esprit rentre en captiuité,
Ie voudray voir le cœur plustost que le visage.
I'ay bien serui quatre ans, & n'ay rien auancé:
  Maintenant que l'Espoir m'a du tout delaissé,
  Au plus fort de mon mal ma guarison i'espreuue.
De ce prompt changement ie sçay que vous rirez,
  Mais pourtant quelquefois vous me confesserez,
  Qu'vn tel amant que moy tous les iours ne se treuue.

XXI.

Ie l'aime bien pour la douce puissance
  De ses beaux yeux si prompts à decocher,
  Pour tant d'attraits dont ie n'ose approcher,
Pour ses propos tant vrais en apparence:
Mais ie la hay pour sa grande inconstance,
  Pour tant d'amours qu'elle ne peut cacher,
  Pour se laisser à chacun rechercher,
Et des Amans ne faire differance.
On ne voit point au ciel tant de clairtez,
  Ny tant de fleurs en Auril par les plaines,
  Que son visage est orné de beautez.
Il n'y a point aux Enfers tant de paines,
  Ny sur la mer tant de flots despitez,
  Qu'elle refait & fait d'amours soudaines.

DIVERSES

XXII.

Comme vn chien que son maistre a long temps caressé,
S'il aduient qu'à la longue il change de nature,
S'enfuit, puis s'en reuient, esperant qu'il ne dure,
Et pour six coups de fouet ne peut estre chassé.

En fin d'ardante soif & de faim trop pressé,
Se voyant defaillir faute de nourriture,
Est contraint autre part chercher son aduenture,
Changeant pour vn nouueau celuy qui l'ha laissé.

I'en ay fait tout ainsi, dedaigné de Madame,
I'ay couru, i'ay tourné pensant flechir son ame,
I'ay demandé pardon triste & deconforté:

Mais puis qu'en ses courroux si ferme elle demeure,
Ie me pourchasse ailleurs de peur que ie ne meure,
Non par mon inconstance, ains par necessité.

VILLANELLE.

M'Ostant le fruit de ma fidelle attente,
On veut helas que ie sois vn rocher,
Que ie me taise, & que rien ie ne sente:
Mais si grand dueil que ie ne puis cacher
Fend ma poitrine, & fait que ie m'escrie,
Il est aisé de tromper qui se fie.

Ie m'asseuroy, plein d'amoureuse flamme,
Sur des sermens qui souuent m'ont deceu:
Mais quel serment peut iurer vne femme?
Helas trop tard pour mon bien ie l'ay sceu!
O que mon cœur est pressé de furie!
Il est aisé de tromper qui se fie.

AMOVRS. 273

Si tu te plains, ame volage & fainte,
  Du chaud despit mon courage irritant,
  Las contre toy i'ay bien plus iuste plainte!
  Tu fais le mal & ie le vay sentant,
  C'est tout le fruict de t'auoir bien seruie.
  Il est aisé de tromper qui se fie.
Iamais ton nom en mes vers ne se lise,
  A fin qu'au moins on ne puisse auerer
  Qui fut l'esprit si rempli de feintise:
  Ie t'aimoy trop pour te des honorer.
  En ma douleur il suffist que ie die,
  Il est aisé de tromper qui se fie.
Rens moy mon cœur, desloyale maistresse,
  Ce n'est raison que tu l'ayes à toy:
  Pour sa bonté trop grande est ta finesse,
  Il est fidelle & tu n'as point de foy,
  Assez tu as sa franchise asseruie,
  Il est aisé de tromper qui se fie.
Heureux amant, goustant la iouissance
  Du fruict que i'ay tant de fois sauouré,
  Sermens, soupirs, faueurs en abondance,
  De son amour ne te rende asseuré.
  A tels appas elle arresta ma vie:
  I'en fus trompé, iamais ie ne m'y fie.

DIVERSES.

XXIII.

Non, ie ne me plains pas de l'auoir adoree,
Ny que pour l'estimer i'aye tout mesprisé:
Ie me plains seulement que mon cœur peu rusé
Ait creu fonder en elle vne amour asseuree.
Ah! maudite esperance à mon mal coniuree,
Tu m'as bien ceste fois traistrement abusé,
Quand apres tant de peine en l'aimant enduree
Vn nouueau sans merite est plus fauorisé.
I'ay trouué la fontaine, on m'en oste l'vsage:
I'ay cultiué la plante, vn autre a le fruitage:
On reçoit le payment du temps que i'ay serui.
Destin malencontreux des amans miserables,
Que sert d'auoir Neptune & les vents fauorables,
Si le bien dans le port d'vn corsaire est raui?

CHANSON.

QVAND vous aurez vn cœur plein d'amour & de foy,
Pur, entier & constant, pour m'offrir en eschange
De celuy si loyal que vous auez de moy,
Ne vous desfiez point qu'autre part ie me range.
Mais tandis qu'en m'aimant ou feignant de m'aimer
Ie vous verray voller pour tât d'amours nouuelles,
N'esperez s'il vous plaist de pouuoir m'enfermer:
Car comme vostre esprit le mien aura des ailes.

AMOVRS. 274

Ie ne suis point de ceux qu'en doute il faut tenir,
  A fin que leur ardeur dure en sa violance:
La seule affection peut mon feu maintenir,
  Qui s'esteint aussi tost que i'entre en mesfiance.
I'aime mieux peu de bien l'ayant en seureté,
  Qu'un plus riche thresor prest à faire naufrage:
I'aime mieux m'asseurer d'une moindre beauté,
  Que d'une autre iouïr plus belle & plus volage.
Vostre bouche & vos yeux riches de mille appas,
  Meritent bien qu'on meure en leur obeïssance,
Mais vostre esprit leger ne le merite pas:
  A ce que l'un contraint, l'autre nous en dispanse.
Amour est vn desir de iouïr & d'auoir
  Pour soy tant seulement l'obiect qui beau nous semble,
Iamais de compagnon il ne veut receuoir,
  Cupidon ne sçauroit lier trois cœurs ensemble.
Ne vous estonnez donc que si soudainement
  Connoissant vostre humeur autre part ie me iette,
C'est que ie veux bastir sur meilleur fondement,
  A fin que mon amour au vent ne soit suiette.

DIVERSES

XXIIII. A l'Inconstance.

Franc du triste seruage où i'ay tant supporté, (panse,
Qu'vn seul des maux soufferts me transit quand i'y
Ie t'en vien rendre grace, ô deesse Inconstance,
Deuant à ta faueur l'ame & la liberté:
Vn songe imaginé, que lon dit Fermeté,
M'auoit si bien pipé par sa belle apparance,
Qu'abhorrāt tout secours i'embrassòy ma souffrāce
Et renforçoy les fers dont i'estois arresté.
Celle en fin qui seruoit à mon feu de matiere,
Oubliant ses sermens & changeant la premiere
M'a fait voir que la foy n'estoit qu'vn nō trōpeur.
Et mon ame aussi tost de toy fauorisee,
A rompu ses liens, sa prison a brisee,
Et de toute constance a deliuré mon cœur.

XXV.

Frisez vos blonds cheueux, adoucissez vos yeux,
De propos enchanteurs vostre bouche soit plaine,
Lâchez des soupirs feints, dressez la veue aux cieux,
Pleurez, cōtraignez-vous, vostre esperāce est vaine.
Ie n'y retourne plus. Tant de cris furieux,
Tant de iours consommez en angoisseuse paine,
Pour le poignant regret de vous voir si soudaine,
Feront qu'à l'aduenir ie me garderay mieux.
L'experience apprend, mon mal m'a rendu sage:
O malheureux qui aime vne Dame volage,
Et de ses feints propos se laisse deceuoir!
Non non si iamais plus vostre douceur m'abuse,
Ie ne veux ny plus ny garder receuoir:
Car la seconde erreur n'est pas digne d'excuse.

AMOVRS.

XXVI.

Ces discours enchanteurs par mes vers tant prisez,
 Ne sont que bas propos d'vne sotte ieunesse:
Ces yeux prômpts en regars, trompeurs & déguisez
 N'ont pas tant de clairté, d'attraits ny de rudesse.
Ceste viue couleur qui rauit & qui blesse
 Les esprits des Amans de la feinte abusez,
Ce n'est que blãc d'Espagne : & ces cheueux frisez
 Ne sont pas ses cheueux, c'est vne fausse tresse.
Trompeur aueugle-né tu m'as long temps deceu,
Mais en fin le Dédain pour conseil i'ay receu:
Tu m'aueuglois les yeux, & il m'ouure la veue.
Adieu volage enfant, adieu vaine beauté,
Vostre legere foy, que trop tard i'ay conneue,
Me fait rompre mes fers pour viure en liberté.

CHANSON.

AH Dieu, que la flamme est cruelle,
 Dont Amour me fait consumer!
Ie sers vne Dame infidelle,
 Et ne puis cesser de l'aimer.
La marine est plus arrestee,
Et du ciel les hauts mouuemens:
Bref tout ce qu'on list de Protee
Ne s'egale à ses changemens.
Ores ie suis seul en sa grace,
Ce n'est qu'amour, ce n'est que f[...]
Vn autre aussi tost prend ma place,
Et feint ne m'auoir iamais veu.

DIVERSES

Ce nouueau fier de mon dommage,
Qui se forge vn Destin constant,
Aussi tost se trouue en naufrage,
Et me voit au port tout contant.
I'ay fait par art & par nature
Tout ce qu'vn amant peut penser,
Afin d'arrester ce Mercure,
Sans iamais y rien auancer.
Las! ce qui plus me desespere
C'est qu'auec tout ce que i'en voy,
Mon esprit ne s'en peut distraire,
Et l'adore en despit de moy.
Si ialoux ie franchis sa porte
Iurant de n'y plus retourner,
Mon pied malgré moy m'y rapporte,
Et ne sçauroy l'en destourner.
C'est tousiours accord ou querelle,
(O miserable que ie suis!)
Ie ne sçauroy viure auec elle,
Et sans elle aussi ie ne puis.

AMOVRS. 276
XXVII.
Ce mignon si fraizé qui sert d'homme & de femme,
 A vostre esprit leger nouuellement surpris:
 Il est vostre Adonis, vous estes sa Cypris,
 Il vous nõme son cœur, vous l'appellez vostre ame.
Souuent entre vos bras il modere sa flame,
 Et se mire en vos yeux qui serfs le tiennent pris:
 Pour luy ceux du passé vous sont tous à mespris,
 Bref il n'est point d'amant mieux traité de sa dame.
O trop credule Enfant, auant qu'il soit long tans,
 Voyant de ceste mer les reflus inconstans,
 Tu maudiras les Dieux, ta vie, & ta fortune.
Expert i'en puis parler, qui lasche & tout trempé
 Du peril fraischement par miracle eschapé,
 Paye au port tout ioyeux mon offrande à Neptune.

XXVIII.
Il faudra bien qu'vne femme soit belle,
 D'œil & de port chastement composé,
 Et que l'esprit n'en soit trop aduisé,
 Pour m'abuser & me fier en elle.
Il n'y a rien qui soit plus infidelle,
 Ny cœur si feint, si traistre & si rusé
 Que d'vne Femme: animal desguisé,
 Qui iour & nuict ne discourt que cautelle.
A faire mal gist son entendement,
 Peu de ceruelle & moins de iugement
 La font superbe, erratique, inconstante.
A quel malheur nous ont soumis les Cieux!
 La plus fidelle aimeroit beaucoup mieux
 N'auoir qu'vn œil que d'vn estre contante.
Mm iiij

DIVERSES

XXIX.

J'auoy fait mille efforts pour rompre vne prison
Où la seule fureur rangeoit ma fantaisie,
Sans que le cours des ans, la peur, la ialousie
Eussent peu dedans moy reloger la raison.
Sentant au creux des os la brulante poison,
Dont mon ame insensee estoit toute saisie,
Forcé ie m'abandonne à ceste frenaisie
N'esperant iamais plus d'y trouuer guarison.
Mais en fin de bon-heur ie sceu que ma maistresse
Fauorisoit vn sot sans grace & sans adresse,
Durant qu'elle s'en mocque & s'en rit auec moy:
Lors vn noble desdain vient gaigner mon courage,
Qui m'affranchit du tout de l'amoureuse loy.
Doy-ie pas bien aimer le sot qui m'a fait sage?

XXX.

Quand ie portois le ioug de vostre tyrannie,
Priué, comme de cœur, d'yeux & de iugement,
Ie vous craignois si fort que l'ombre seulement
D'vn seul de vos desdains m'estoit peine infinie.
Mais or qu'auecques moy la raison s'est vnie
I'ay perdu ceste crainte, & connois clairement
Que i'estois bien troublé d'aimer fidellement
Celle de qui la foy pour iamais s'est bannie.
Foudroyez maintenant, pleuuez flammes & dards,
D'audace & de courroux aigrissez vos regards,
Changez à tous objects vostre cœur infidelle.
Et par despit de moy les autres caressez,
Iamais vous ne tiendrez mes esprits enlacez,
Soyez ferme ou legere, ou piteuse ou cruelle.

AMOVRS. 277

XXXI.

Ie l'aimay par deſſein la connoiſſant volage,
  Pour retirer mon cœur d'vn lieu fort dangereux:
  Auſſi que ie vouloy n'eſtre plus amoureux
En lieu que le profit n'auançaſt le dommage.
Ie duray quatre mois auec grand auantage,
  Gouſtant tous les plaiſirs d'vn amant biē-heureux:
  Mais en ces plus beaux iours (ô deſtin rigoureux!)
Le deuoir me força de faire vn long voyage.
Nous pleuraſmes tous deux, puis quand ie fu parti
  Son cœur n'agueres mien fut ailleurs diuerti:
  Vn reuint, & ſoudain luy voila rallice.
Amour ie ne m'en veux ny meurtrir ny bleſſer:
  Car pour dire entre nous, ie puis bien confeſſer
  Que plus d'vn mois deuant ie l'auois oubliée.

XXXII.

Fort Sommeil de quatre ans qui m'as ſillé la veuë,
  M'aſſoupiſſant du tout en la nuict des amours,
  Où eſt ce rare eſprit? où ſont ces hauts diſcours?
Et ceſte grand' beauté qu'eſt-elle deuenuë?
Or' que la connoiſſance vn peu m'eſt reuenuë,
  Ie voy que le ſuget de mes douloureux iours
  N'eſtoit rien que feintiſe & qu'impudiques tours
D'vne que pour mon bien trop tard i'ay reconnuë.
Ie rougis de ma honte, & voy trop clairement
  Qu'Amour n'eſt point aueugle, ains les ſiēs ſeulemēt,
  Puis qu'il leur vēd du fard pour des beautés diuines.
Ie t'embraſſe, ô Dédain, fin de tous mes malheurs,
  Par toy ie reconnois qu'au lieu de belles fleurs
  Ie cueillois des chardons & de ſeiches eſpines.

DIVERSES

XXXIII.

Ie connoy par essay que nostre esprit s'irrite
Et s'aigrit de fureur quand il est empesché:
Ainsi qu'vn grand torrēt, dont le cours est bouché,
Contre l'empeschement s'obstine & se despite.
Vne Alcine impudique en tous charmes instruite,
Par vengeance du Ciel & pour quelque peché
En ses foibles liens me tenoit attaché,
Bien qu'elle n'eust discours, ny beauté, ny merite.
Par pitié seulement ie l'aimoy quelque peu,
En fin sans y penser mon cœur deuint en feu
La voyant toute en proye à mainte amour nouuelle.
Ce despit furieux m'a trauaillé quatre ans
Essayant d'arrester ses pensers inconstans,
Et n'en eusse fait cas s'elle eust esté fidelle.

CHANSON.

ROMPE' d'atraits subtils & déguisez,
Long temps mon ame en vous fist sa demeure,
Et ne pensois voir oncq arriuer l'heure
Que nos esprits fussent moins embrasez.
Puis il vous pleut de changer sans raison,
A tous les vents tournant vostre courage:
Dont ie senti tant d'aigreurs & de rage
Que i'en rompi mes fers & ma prison.
Il est bien vray que souuent du depuis
Auec regret i'en ay eu souuenance,
Et blasphemant vostre aueugle inconstance
Sans reposer i'ay passé maintes nuits.

Mais cest ennuy peu à peu m'a laissé,
 Rien plus de vous en l'esprit ne me passe:
 Et maintenant ie vous rens plus de grace
 Du changement que du plaisir passé.
Car vos douceurs fort long temps m'ont deceu,
 Dans leurs filés ma liberté fut prise:
 Et le dédain m'a remis en franchise
 En m'apprenant ce qu'onc ie n'auois sceu.
Franc maintenant ie chante, & vay disant
 Que le dédain est vn ius salutaire,
 Propre à la veue & qui la rend plus claire,
 Purgeant d'Amour le venin plus nuisant.

XXXIIII.

Est-il vray qu'autrefois i'aye tant enduré
 Pour des yeux que ie voy sans plaisir & sans paine?
 Où sont tant d'hameçons dont elle estoit si plaine?
 Qu'est deuenu ce poil crespement blon-doré?
Ie regarde esbahi son teint decoloré,
 Dont l'esclat autrefois la rendoit si hautaine:
 Et me moque à par moy de ma poursuite vaine,
 Remerciant le temps qui m'en a retiré.
Ce que de mes amis le conseil salutaire,
 L'absence & les dédains en moy n'auoyent sceu
  faire,
 Le cours du temps l'a fait de mō amour vaincueur:
Et guarissant mon ame en fin m'a rendu sage.
 Car lors qu'il vous osta les roses du visage,
 Lors mesme il m'arracha les espines du cueur.

DIVERSES
XXXV.
De tout poinct maintenant libre ie me puis dire,
  Le fer de la Raison mon cordage a trenché:
  Celle par qui mon œil iamais n'estoit seché
Ore en la contemplant m'est vn subiect pour rire.
Ce que d'elle autrefois Amour me fit escrire
  Lorsque son trait de flamme au cœur m'estoit caché,
  Sont tous propos d'vn homme à la gesne attaché,
Qui dit ce qui n'est point forcé par le martyre.
Le bruit de ses beautez volant par l'vniuers,
  N'est qu'vn coté à plaisir, que i'ay feint en mes vers,
  Pour voir si ie pourroy bien chanter vne fable:
Bref ie n'y reconnois vn mot de verité,
  Sinon quand i'ay parlé de sa legereté,
  Car lors ce n'est plus conte ains discours veritable.

XXXVI.
Ceste fureur d'Amour de Raison la maistresse,
  Aueugle, impatiente, & qu'on ne peut cacher,
  Veiller, pleurer, iurer, s'appaiser, se fascher,
Lettres, faueurs, regars ce sont tours de ieunesse.
I'en ay fait le voyage, & faut que ie confesse
  Que iamais ieune cœur ne se veit mieux toucher,
  Et n'eusse iamais creu qu'on me peust arracher
L'aiguillon qui dix ans m'a tourmenté sans cesse.
Mais six lustres si tost n'ont mon âge borné,
  Que du chemin passé ie me suis destourné
  Tout honteux que si tard i'aye esté variable:
Et dy quand de quelcune à tort ie suis repris,
  " Qu'amour à l'hôme meur n'est que perte et mépris,
  " Au lieu que sa folie au ieune est profitable.

AMOVRS.

XXXVII.

Ceux qui liront ces vers qu'en pleurant i'ay chantez
Non pour gloire ou plaisir, ains forcé du martyre,
Voyans par quels destroits Amour m'a sceu coduire
Sages à mes despens fuiront ses cruautez.
Quels Esprits malheureux nuict & iour tourmentez
Souffrent vn mal si grand que le mien ne soit pire?
Il ne se peut penser, comment le veux-ie dire,
Ou peindre en du papier si grandes nouueautez?
Ie cherchois obstiné des glaçons en la flamme,
Foiblesse au diamant, constance en vne femme,
Pitié dans les Enfers, le Soleil en la nuict.
I'ay ioué tout mon âge à ce vain exercice,
I'ay recueilli des pleurs & semé du seruice,
Et de mes longs trauaux repentance est le fruict.

STANSES.
Pour le Roy CHARLES IX.
A CALLIREE.

CESSE, Amour, tes rigueurs, mets fin à ta
    poursuite,
Voy que deuant ton vol ie retarde ma fuite,
Et retourne au chemin que i'auoy delaißé:
Comme vn serf fugitif, l'œil en bas ie m'accuse,
Ie me iette à tes piés, les fers ie ne refuse.
« Vn Dieu doit pardonner quand il est offensé,
    l'aduoue auoir failli : la faute est excusable,
Qu'vn Roy tel que ie suis, courageux, redoutable,

DIVERSES

Qui sçait bien commander à vn peuple indomté:
Mais qui ne sçait que c'est de seruice & de crainte,
N'ait peu du premier coup flechir sous la contrainte,
Et se soit essayé de viure en liberté.
Moy que les cieux amis en ieunesse ont fait estre
De tant de nations le Monarque & le maistre,
Se faut-il estonner si m'estant veu domter,
Et ma libre vertu prisonniere estre mise,
Ie me sois efforcé de la mettre en franchise?
" Tousiours le changement est fascheux à porter.
Ie confesse auoir fait d'vn rebelle courage,
Tout ce que peut vn Prince ennemi du seruage:
Le repos ocieux en trauail i'ay mué,
I'ay comblé mon esprit de soucis & d'affaires,
Et forcé pour vn temps mes regars volontaires,
Les priuant à regret des yeux qui m'ont tué.
I'ay mille iours entiers, au chaud, à la gelee,
Erré la trompe au col par mont & par valee,
Ardant, impatient, crié, couru, brossé:
Mais en courant le Cerf emplumé de vistesse,
Tandis moy pauure serf d'vne belle Maistresse,
I'estoy d'Amour cruel plus rudement chassé.
Ce n'est pas sans raison qu'on te donne des ailes,
Vn carquois plein de traits, & de flammes cruelles,
Enfant victorieux, ie l'essaye au besoin:
Tu sçais lors que ie veux de toy libre me rendre,
Comme vn oiseau de proye en volant me reprendre:
Tu as les feux de pres, & les fleches de loin.
Tout ce que i'ay tenté pour le bien de mon ame
N'a serui que de gomme & de soulphre à ma flame,

AMOVRS. 280

Ie me suis fait nuisance en me pensant aider.
« Sus donc rentrons au ioug. C'est estre temeraire
« De vouloir resister quand on ne le peut faire.
« L'homme sage obeit ne pouuant commander.
 Mais ie suis tout confus quand il faut que ie panse
De quels yeux, de quel front, & de quelle asseurance
Ie me presenteray pour demander merci.
Las! que pourray-ie dire en voyant ma Deesse?
I'abaisseray la veue & pleureray sans cesse:
Les pleurs pourroyent cauer vn rocher endurci.
 La Royauté me nuist & me rend miserable,
Iamais à la grandeur Amour n'est fauorable.
Si ie n'estoy point Roy ie seroy plus contant,
Ie la verroy sans cesse, & par ma contenance,
Mes pleurs & mes soupirs elle auroit connoissance
Que ie sens bien ma faute & qu'en suis repentant.
 Digne obiet de mes yeux qui m'auez peu côtraindre
Par tát d'heureux efforts, vostre hôneur seroit moindre
Si i'auois obey dés le commencement:
Deux fois vous m'auez mis en l'amoureux cordage,
Deux fois ie suis à vous, c'est l'estre dauantage
Que si vous m'auiez pris vne fois seulement.
 Il est bien mal-aisé qu'vne amour vehemente
Soit tousiours en bonace & iamais en tourmente:
Venus mere d'Amour est fille de la mer,
Comme on voit la marine & calme & courroucee,
L'amant est agité de diuerse pensee.
« Qui dure en vn estat ne se peut dire aimer.
 Estre chaud & glacé, s'asseurer en sa crainte,
Couurir mille douleurs d'vne allegresse fainte,

DIVERSES,

Renouer son lien apres l'auoir desfait,
Monstrer de n'aimer point lors qu'on est tout en flame,
Vouloir en mesme temps bien & mal à sa Dame,
Ce sont les signes vrais d'vn amoureux parfait.

13.   † De ces diuersitez l'Amour est agitee,
Et par le desplaisir sa ioye est augmentee,
S'enrichist de sa perte, & renaist en mourant;
Les ennuis, les rigueurs, & tout autre amertume
D'absence & de courroux font que son feu s'allume,
Qui foible s'esteindroit en repos demeurant.

Expert i'en puis parler, mon ardeur retenue
Au lieu de s'amortir plus chaude est deuenue,
Et de ma resistance a pris accroissement.
Comme on voit vn ruisseau de paisible nature
S'accroistre & faire bruit trouuant vne closture,
Et n'estant empesché couler tout doucement.

O ma seule Deesse, ô belle Calliree,
Comme dans vostre temple en mon cœur adoree,
Helas! i'ay trop souffert eloigné de vos yeux.
Voyez ma repentance & m'ostez hors de peine.
Faillir aucunesfois est vne chose humaine,
Pardonner & sauuer c'est l'office des Dieux.

[marginalia left:] s'enrichist de sa perte ne vaut rien dire, c'est a dire s'enrichist de vers.

[marginalia bottom:] † Il ne dit pas ce qu'il pense dire, il dit: L'amour est agitée par ces diuersitez, et il veut dire: l'amour estant agitée par ces diuersitez en est plus grande. comme feu qui magis accenditur.

AMOVRS.

STANSES.

Pour monsieur le Duc d'Anjou, allant assieger la Rochelle, 1572.

AH Dieu! faut-il partir? est-ce donc l'or-
    donnance
Du Ciel trop rigoureux, maistre de ma
    puissance,
Que ie doyue esprouuer vn si cruel malheur?
Comment pourray-ie viure eloigné de mon ame?
Non non si ie ne meurs en vous laissant Madame,
Iamais fidelle amant ne mourut de douleur.
Ie mourray, i'en suis seur : & mon ame esgarée
Par ce cruel depart de son corps separee,
Me laissera tout froid, palle, & sans mouuement :
Et si ie dure apres, ce ne sera pas vie,
Plustost Amour au lieu de mon ame rauie
Animera mon corps de son feu vehement.
Abusé que ie suis! mais que pensé-ie faire?
Ie pars pour captiuer vne ville aduersaire,
Moy qu'Amour tient au ioug sans relasche arresté.
Si ie suis prisonnier doy-ie esperer la prendre?
Ie vay pour assaillir, & ne me puis defendre
Seulement d'vn enfant dont ie suis surmonté.
Que me sert le renom d'auoir dés mon enfance
Acquis par mes trauaux le repos de la France,
Et l'effort des mutins inutile rendu,
S'il faut que pour son bien à mon mal ie consente,
Et que de vos beaux yeux si souuent ie m'absente?

N n

DIVERSES

Repos de mon pays tu m'es trop cher vendu!
I'aimerois beaucoup mieux que le ciel m'eust fait naistre
Sans nō & sans honneur, pourueu que ie peusse estre
Tousiours aupres de vous doucement langoureux,
Baiser vos blonds cheueux & vostre beau visage,
Et n'auoir autre loy que vostre doux langage:
I'aurois assez d'honneur si i'estois tant heureux.
Que le monde estonné vante ma renommee,
Qu'elle soit par le Ciel comme vne astre allumee,
Que sur mō ieune front cent lauriers soyent plātez,
Que i'eleue vn trophee à iamais perdurable:
L'honneur est moins que rien quand l'homme est
  miserable:
Mon heur & mon honneur gist tout en vos beau-
  tez.
Ceux des siecles passez amoureux de la gloire,
Auec arcs triomphaux consacroyent leur victoire,
Ou la faisoyent durer par les doctes escrits:
Et moy vaincu de vous, rien plus ie ne demande
Sinon qu'à vostre honneur ma desfaite s'entande,
Et qu'on sçache comment de vos yeux ie fu pris.
O beaux Yeux mes vainqueurs, doux flabeaux de ma
Vostre belle clairté s'en va m'estre rauie!   (vie,
Ie vous laisse, ô beaux Yeux, côtraint de m'auancer
Mais ie suis transporté de ma fureur extrême,
Ie ne vous laisse point, ie me laisse moymême.
Laissant l'ame & le cœur n'est-ce pas me laisser?
Ie n'emporte de moy qu'vne charge mortelle,
Pleine de passions & d'angoisse cruelle,
Que ie n'espere pas supporter longuement:

AMOVRS. 282

Mais quãd mon corps mourra, ma foy restera viue.
Car l'esprit par la mort de l'amour ne se priue:
Celuy n'aime pas bien qui le croit autrement.

COMPLAINTE.

Pour monsieur le Duc d'Anjou, eleu
Roy de Polongne, lors qu'il
partit de France. 1573.

Vers masculins.

Q VI fera de mes yeux vne mer ondoyer,
A fin qu'à ce depart ie m'y puisse noyer?
Et quel dueil assez prompt me fera tre-
    passer,
O France, entre tes bras auant que te
laisser?
Quel Dieu plein de pitié me faut-il reclamer,
Qui me vienne en rocher maintenant transformer?
Non pour estre sans ame & pour rien ne sentir,
Mais plustost pour iamais de ce lieu ne partir?
Pensers trop inhumains, douleurs qui me troublez,
Desespoirs violans en mon ame assemblez,
Trauaux, soucis, regrets, ie vous inuoque tous,
Ne voulant plus auoir d'autre suite que vous.
Tout plaisir desormais loin de moy soit chassé:
Et s'il me reste rien du bien que i'ay passé,
Que s'en soit seulement l'eternel souuenir,
Pour tousiours ma douleur plus viue entretenir.
O France, où i'ay receu tant d'honneurs meritez,
Tant planté de lauriers, tant d'ennemis domtez.

DIVERSES

Ie te voy me perdant, toute en pleurs te bagner:
Ie veux donc de mes pleurs les tiens accompagner.
Comme vn cruel Lyon par les bois trauersant,
A la Biche trop foible vn fan va rauissant:
Le destin, que les Dieux ne sçauroyent empescher,
Me vient d'entre tes bras tout de mesme arracher.
Mais bien qu'vn tel ennuy presse assez ma vertu,
Si ne m'eust-il iamais de tout poinct abatu:
Et la douleur des miens, qu'ore il me faut quitter,
Pouuoit bien m'affoiblir non pas me surmonter.
Ainsi qu'vn haut Sapin par les vens menacé,
Bien qu'il soit esbranlé n'est pourtant renuersé:
Mais quand le fer cruel vient son pié destrancher,
Malgré sa resistance est contraint de broncher.
Mon cœur creu par la peine en ce poinct resistant,
Aux plus rudes efforts estoit tousiours constant:
Et quand quelque douleur me pensoit esmouuoir,
Tousiours pour l'empescher i'opposois mon deuoir.
Mais si grand desespoir ma raison va forçant
Que pour y resister ie me trouue impuissant,
Et me laisse aux ennuis par contrainte emporter,
N'ayant rien que les pleurs pour me reconforter.
Amour, l'aueugle enfant, m'auoit ouuert les yeux
Pour me faire connoistre vn chef d'œuure des cieux:
Mais si tost que mon cœur s'est mis à l'adorer,
Le malheur me le cache & m'en fait separer.
Toute que pour mon bien i'auois voulu choisir,
L'espoir de mes trauaux, la fin de mon desir,
Par vn cruel orage, helas se va perdant,
Et dés le poinct du iour ie voy mon Occidant.

AMOVRS.

Que deuiendra mon cœur eloigné de son bien?
  Que ferez-vous mes Yeux? vous ne verrez plus rien,
Vostre soleil s'en va, fermez-vous desormais:
  Ceste absence aussi bien vous aueugle à iamais.
Pourquoy, maudit Amour, l'as-tu voulu grauer
Si belle en mon esprit pour soudain m'en priuer?
Puis que ie ne pouuois long temps la regarder,
  Tu deuois par pitié comme toy me bander.
D'auoir veu sa beauté tout mon mal est venu,
  Mais ie me plains d'Amour, & ie luy suis tenu:
L'heur de voir vne fois tant de perfections
  Ne se peut acheter d'assez de passions.
Comme vn nouueau Printemps sa ieunesse florist,
Sa grace au mesme point nº blesse & nous guarist,
Et tant d'astres au ciel la nuict ne sont plantez
Qu'on voit luire en son front d'admirables beautez.
Amour par ses beaux yeux son empire maintient,
  Il y donne ses loix, s'y retire & s'y tient,
Et luy mesme d'amour s'est si bien affolé,
  Que pour plus n'en partir son plumage a brulé.
De là ce grand vainqueur tirant visiblement
  Ne blesse que les Dieux & les Rois seulement,
Comme digne conqueste, & ne veut employer
  Les beaux traits de ses yeux pour vn moindre loyer.
Comme de l'Ocean tous fleuues ont leurs cours,
  Puis y vont retournant apres diuers destours:
Ainsi de sa beauté toute beauté prouient,
  Et commençant par elle en elle elle reuient.
Ou comme le Soleil honneur du Firmament,
  Va de ses clairs rayons toute chose allumant:

A ceste imagination ne vaut rien

DIVERSES

A toutes les beautez son œil sert de flambeau,
Et quand il ne luit point rien n'apparoist de beau.
Ceux qu'vn si cher thresor a rendus desireux,
Ne font plus cas de rien, tout est trop bas pour eux:
Leur esprit seulement vers le ciel est porté,
Et leur ciel n'est ailleurs qu'auec sa deité.
Comment donc malheureux enduray-ie en viuant
Que d'vn tel paradis le ciel m'aille priuant?
Et pour vne grandeur qu'on me vient presenter
Puis-ie helas ! de ses yeux à iamais m'absenter?
Miserable grandeur, source de tous malheurs,
La butte des soucis, du soing & des douleurs,
Helas pourquoy si fort t'allons nous adorant,
Pour vn songe d'honneur nos esprits martyrant?
L'honneur tant desiré n'est qu'vne vision,
" Qui troublant nos esprits par son illusion
" Fait quitter l'heur present pour follement chercher
" Vne ombre qu'on ne peut voir, sentir ny toucher.
Quel royaume assez grand, quels ports, quelles citez
Pourront plaire à mes sens de douleurs trãsportez?
I'aimerois beaucoup mieux moins de cõmãdement.
" Que sert l'authorité qui n'ha contentement?
Comme vn que le Soleil sans lumiere a laissé
Dans vn bocage espais de buissons herissé,
Le chemin qu'il tenoit ne sçauroit plus choisir,
Et ce qui luy plaisoit luy cause desplaisir.
Ainsi ne voyant plus l'œil du mien adoré,
Ie seray miserable à toute heure esgaré:
Et ce qui plus contente vn esprit curieux,
Loin de vous, mon soleil, sera triste à mes yeux.

AMOVRS.

Prenant congé de vous, ie le veux prendre aussi
  De tant de beaux pensers conseruez iusqu'ici:
Ie veux de tous plaisirs pour iamais me bannir
Et le seul desespoir auec moy retenir.
Adieu traits & regards si doux & rigoureux,
  Adieu seul paradis des esprits amoureux,
  Adieu diuins propos dont le Ciel m'est ialous,
  Las faut-il pour iamais prendre congé de vous?
Adieu rares beautez dont mon cœur est blessé.
Mais que pensé-ie faire, ô moy pauure insensé?
Pourquoy vous dy-ie adieu pour cet eloignement,
Puis qu'helas! ie ne pars que de moy seulement?
Ie ne pars que de moy, puis qu'il me faut laisser
En vos yeux mon esprit, mon cœur & mon penser:
Et que ie n'ay plus rien qui me rende animé
Que l'ardant feu d'Amour dont ie suis consommé.

COMPLAINTE.

Pour luy mesme estant en Polongne.
1574.

E pleurs en pleurs, de complainte en com-
  plainte
Ie passe, helas! mes languissantes nuits,
Sans m'alleger d'vn seul de ces ennuis,
Dont loin de vous ma vie est si contrainte.
Belle princesse, ardeur de mon courage,
Mon cher desir, ma peine & mon tourment,
Que mon destin, las! trop soudainement
Par vostre absence a changé de visage.

DIVERSES

O temps heureux, quand le Ciel fauorable
Me faisoit voir vos diuines beautez!
O doux propos, ô biens si peu goustez,
Vn si grand heur n'a guere esté durable.

Comme la rose à l'espine est prochaine,
Comme le iour par la nuict est raui,
Comme l'espoir de la peur est suiui,
L'humain repos est voisin de la paine.

Le Dieu volant qui pour moy n'a point d'ailes,
Tant de faueurs m'auoit fait receuoir,
Non pour mon bien, mais pour me faire voir
Qu'il garde aux grands les douleurs plus cruelles.

Que i'auois d'heur viuant en sa presence!
Que i'ay d'ennuy m'en trouuant esgaré!
Lequel des deux est plus demesuré,
Le bien de voir, ou le mal de l'absence?

Ie n'en sçay rien : le dueil qui me commande
De iugement trop fort me va priuant:
Mais ie sçay bien, & sens en l'esprouuant,
Qu'il ne peut estre vn angoisse plus grande.

Helas! pourquoy le mal qu'Amour me donne
Ne finist il comme a fait mon plaisir?
Que ne s'esteint mon violant desir,
Lors que l'espoir de tout poinct m'abandonne?

Ie m'esbahi qu'estant loin de Marie,
Mon feu cruel ne cesse aucunement:
Toute flamme a besoin d'aliment,
Et si la mienne en ses yeux fut nourrie.

Ie m'esbahi comme ie puis tant viure
sans mon esprit dont ie suis separé:

AMOVRS. 285

Ie m'esbahi comme i'ay tant duré
En ces tourmens qu'vne absence me liure.
Ie n'ay penser qui n'outrage mon ame,
Ie ne voy rien qui ne soit desplaisant:
Le bien perdu me va tyrannisant,
Le souuenir de cent pointes m'entame.
Fier Souuenir, importune Memoire,
Pour mon repos vueillez vn peu cesser
Ne faites plus passer & repasser
Par mon esprit les beaux iours de sa gloire.
O douces nuicts, ô gracieuses veilles
De cent plaisirs ma vie entretenant!
O iours si courts, las si longs maintenant!
O chauds regards! ô beautez nompareilles!
Si pour iamais vne terre inconnue
Me doit cacher ses thresors precieux,
De grace, Amour, aueugle moy les yeux,
Pour autre obiet ie n'aime pas ma veue.
Ah pauure moy! pendant que ie souspire,
Toute esperance en mes larmes noyant,
Quelqu'vn peut estre, à son gré la voyant,
Feint l'amoureux, & plaint vn faux martyre.
Quiconque sois, mets fin à ta poursuite,
Et reconnois que c'est trop presumer:
Il n'appartient qu'à moy seul de l'aimer!
Toute autre amour pour elle est trop petite.
Et vous Deesse, heureux feu de ma vie,
S'il est ainsi que vostre grand' beauté
N'ait rien d'egal que ma fidelité,
Ne permettez d'vn autre estre seruie.

DIVERSES STANSES.

AMOVR guide ma plume, & me donne
　　　　l'adresse
Pour viuemēt portraire vne ieune deesse,
Qui prend les deitez aux filés de ses yeux,
Qui rend les plus hautains sous son obeissance,
Est allapi ici bas par sa douce presance
Ce qu'on voit de plus rare au cabinet des cieux.

　　Angelique beauté ie sacre à la memoire
Ces vers auantureux, courriers de vostre gloire,
Qui n'atteindront pourtant au ciel de vostre honneur:
Pour aspirer si haut ma force est trop petite,
Ie sçay mon impuissance & vostre heureux merite,
Et sçay qu'il vous faudroit vn plus diuin sonneur.

　　Que le grand œil du Ciel, quand il fait sa carriere
S'arreste à contempler & deuant & derriere,
En terre, au firmament, d'vn & d'autre costé,
Il dira qu'il ne voit tant de beautez ensemble,
Que tout le plus parfait en vous seule s'assemble,
Et mesme que vos yeux font honte à sa clairté.

　　Celuy qui delibere, & qui ferme s'obstine
De ne loger iamais l'Amour en sa poitrine,
Qu'il s'espreuue à vos yeux seulement vne fois,
Puis qu'il restiue apres s'il en a la puissance,
Faisant comme deuant à l'Amour resistance,
Et ne reconnoissant son empire & ses loix.

　　Vous auez pour compagne vne Grace amiable,
La Chasteté vous suit doucement venerable,

AMOVRS. 286

Et pour voit que l'amour ne vous fait soupirer:
L'attrayante rigueur, la graue courtoisie,
Les beautez, les vertus, toutes vous ont choisie,
Et se font icy bas en vous seule adorer.

En ces temps si troublez qui voit vos yeux reluire,
Il peut dire qu'il voit, quand le iour se retire,
La Lune qui rayonne & fend l'air obscurci:
Ou qu'il voit du Soleil la lumiere enflammee
Quand il veut commencer sa course accoustumee,
Et que l'eau de la mer le rend plus esclairci.

Le printemps gracieux, mignon de la Nature,
Ne nous estale point tant de riche peinture,
Tant de roses, d'œillets, & de lis blanchissans,
Comme vos doux regards font naistre de fleurettes,
D'agreables desirs, de douces amourettes,
Et de hautains pensers qui nous font languissans.

Telle qu'on voit Diane auec sa chaste suite,
Quand aux Cerfs plus legers elle donne la fuite,
Ayant l'arc dans le poing & la trousse au costé:
Bien qu'elle ait à l'entour mille & mille pucelles,
Elle apparoist tousiours sur toutes les plus belles,
Et leurs perfections font lustre à sa beauté.

Tout ainsi lon vous voit à la Court apparoistre,
Et parmy les beautez vostre beauté s'accroistre,
Et rien qu'on puisse voir ne vous peut egaler:
Vos propos gracieux domtent le plus sauuage,
Et vostre poil doré c'est le plaisant fueillage
Où les petits Amours apprennent à voler.

Les hauts môts de Sauoye où vous prinstes naissance,
De vos fieres beautez donnent bien connoissance:

DIVERSES

Ils sont tousiours remplis de neige & de froideur,
Deuant vostre blancheur toute neige s'efface:
Mais helas! vostre cœur est tout serré de glace,
Et si de vostre froid vous causez vne ardeur.

Quand i'admire, estonné, tant de graces parfaites
Dont vous rendez si bien nos franchises sugetes,
I'estime Amour heureux d'auoir les yeux bandez:
Car s'il auoit la veue, il ne se pourroit faire
Que de tant de beautez libre il se peust distraire,
Et se prendroit luymesme aux laqs que vous tendez.

Mais ie m'abuse trop : car voulant entreprendre
De pouuoir par mes vers vos vertus faire entendre,
I'entreprens de compter les estoiles des Cieux,
Les fueilles que l'Hiuer fait tomber du bocage,
Et les flots de la mer au temps d'vn grand orage,
Et d'amour les dédains & les jeux gracieux.

PLAINTE.

Pour vne Dame.

M A Foy mal reconnue, Amour, & la Fortune,
Font que le Ciel cruel de regrets i'importune:
Ma Foy me rend trop ferme aux assauts du malheur,
Et ne me veut souffrir d'alleger ma douleur,
Encor que iustement ie le peusse bien faire,
Puis qu'à mon plus grand heur elle est toute contraire.
Amour d'autre costé sans esgard à ma Foy,
Foule aux pieds ma franchise & triomphe de moy,

AMOVRS.

Laissant viue en mon ame vne immortelle braise:
Et ma foy toutesfois ne veut que ie l'appaise,
Ains que plustost ie meure, & qu'en ceste verdeur
Mon cœur serue d'hostie à l'amoureuse ardeur.

Et la Fortune encor sans raison mutinee,
Rend, las! plus que ces deux ma vie infortunee:
Car c'est par sa rigueur que ie me voy priuer
Des fleurs de mon printemps par vn fascheux hiuer:
Las c'est par sa rigueur que ie languy captiue,
Et me voy ieune & belle enterrer toute viue.

O Cieux fiers & cruels, ay-ie donc merité
Durant mes plus beaux iours telle captiuité?
Que n'auez-vous plustost, si i'auoy fait offense,
Mis en poudre mon corps pour plus douce vengence?
Helas que i'eusse eu d'heur, si le cruel flambeau
Qui bruloit à ma nopce eust orné mon tumbeau,
Finissant tant de morts dont il faut que ie meure!
Toutesfois en souffrant cest espoir me demeure,
Que la mort que i'attens, m'ouurira quelque iour
Les prisons de la Foy, de Fortune & d'Amour.

XLI.

Quoy que face le Ciel ie seray tousiours telle,
On perd temps d'essayer à forcer mon vouloir:
Tous les assauts des vés côtre vn roc n'ont pouuoir
Ma foy c'est vn rocher qui iamais ne chancelle.
I'ay iuré sainctement d'estre tousiours fidelle
Sous l'empire d'Amour : ie luy veux faire voir
Que ie puis pour ma foy mille morts receuoir.
Car mourir pour sa foy c'est vne chose belle.

DIVERSES

Les faueurs, la grandeur, les biens, l'eloignement,
La rigueur des parens, leur courroux vehement
De ce ferme vouloir ne me peuuent distraire.
L'or s'affine au fourneau: mon ame en est ainsi,
Elle s'affine au feu d'ennuis & de souci,
Et paroist aux malheurs plus costāte & plus claire.

COMPLAINTE.

QVAND ie viens à penser à mon cruel mal-
heur,
Et au poinct desastré de ma triste naissan-
ce,
Ie me sens si pressé d'angoisseuse douleur,
Qu'il faut qu'en soupirant mille plaints ie cōmance.
Ie sens l'air de regrets, ie despite les cieux
Tout forcené de rage:
Et les torrens de pleurs, que debordent mes yeux,
Me noyent le visage.
Desolé que ie suis ! à quoy puis-ie aspirer?
Où faut-il que ie tourne ? helas que doy-ie faire,
Si ie ne connoy rien qui me face esperer,
Et si ie ne voy rien qui ne me soit contraire?
Tout obiet me desplaist, toute chose me nuit:
Le Ciel, l'air, & la terre,
La chaleur & le froid, la lumiere & la nuit
A l'enui me font guerre.
Si i'ay quelque plaisir, c'est helas seulement
Quand i'inuoque la mort pour finir ma destresse:
Pour luy faire pitié ie luy dy mon tourment,
Et le mal importun qui iamais ne me laisse

AMOVRS. 188

Mais i'ay beau raconter ce qui me fait douloir
  A ceste inexorable:
Car helas ie ne puis ie ne puis l'esmouuoir
  A m'estre fauorable:
Lors que ie la requiers de finir mon esmoy,
  Elle ferme l'oreille à ma iuste priere.
Si i'en veux approcher, reculer ie la voy:
Si ie vais au deuant, elle fuit en arriere,
Et dit que c'est en vain que d'elle ie pretens
  Secours en mon dommage.
Car les dieux qui ne sont de mes malheurs contens,
  M'en gardent d'auantage.
Ils veulent que ie vine, à fin de faire voir
Toute l'ire du ciel dans vn homme assemblee,
Et tout ce que l'Enfer dedans soy peut auoir
Pour tourmenter vne ame, & la rendre troublee.
Car l'eternelle nuict ne couue point d'horreur,
  De tourments & de flame,
De pleurs, de peurs, de morts, de remors, de fureur,
  Qui ne loge en mon ame.
Ie ne sçay qui ie suis, ie ne me connoy point,
Sinon que pour vn homme où tout malheur abonde.
Las! ie me sens reduict à vn si piteux poinct,
Que me faschant de moy ie fasche tout le monde.
Et ce qui plus me trouble, & me fait blasphemer
  Nature & la fortune,
C'est que ie ne sçauroy seulement exprimer
  L'ennuy qui m'importune.
Il faut que ie le couure & l'estouffe au dedans,
Pour ne pouuoir pas assez tristement plaindre.

DIVERSES,

Dont ie viens à sentir mille charbons ardans,
Que larmes & soupirs n'ont puissance d'estaindre:
Seulement ie me plais, me mettant à penser
    Que tel est mon martyre,
Que quand le ciel voudroit plus fort se courroucer
    Ie ne puis auoir pire.
S'il aduient quelquefois qu'outre ma volonté,
Du logis où ie suis i'abandonne la porte,
Ie chancelle à tous pas d'vn & d'autre costé,
Tant l'extreme douleur hors de moy me transporte.
Ie ne parle à personne, & chemine incertain,
    Comme il plaist à ma rage:
Si quelcun me rencontre, il me prend tout soudain
    Pour vn mauuais presage.
Bien que ie sois comblé de toute affliction,
Et que mon iuste dueil par le temps ne s'appaise,
Mes amis seulement n'en ont compassion,
Et semble qu'en mon mal tout le monde se plaise:
Mesme aux plus durs assauts de ma calamité
    I'entr'oy comme vn murmure
De ceux qui vont disans que i'ay bien merité
    Le tourment que i'endure.
C'est trop c'est trop languy sans espoir de secours,
Pour finir ma douleur il faut que ie me tue,
Ie veux haster la fin de mes malheureux iours,
M'outrepercant le cœur d'vne lame pointue:
Mais helas ! ie ne sçay si par ce doux trespas
    I'auray banny mes paines,
Ou crains de les porter (maudite Ombre) là bas
    Tousiours plus inhumaines.

AMOVRS.

C'est assez, ma Complainte, il est temps de cesser
  Et d'arrester le cours de ton dueil larmoyable;
Mais en m'abandonnant où te puis-je adresser
S'il ne s'en trouve vn seul tant que moy miserable?
Va donc où tu voudras, & me laisse endurer
  La douleur qui m'affole,
Aussi bien c'est en vain que ie veux esperer
  Que ton chant me console.

CHANSON.

As que nous sommes miserables,
  D'estre serues dessous les loix
Des hommes legers & muables
  Plus que le fueillage des bois!
Les pensers des hommes resemblent
  A l'air, aux vents, & aux saisons,
Et aux girouettes qui tremblent
  Inconstamment sur les maisons.
Leur amour est ferme & constante
  Comme la mer grosse de flots,
Qui bruit, qui court, qui se tourmante,
  Et iamais n'arreste en repos.
Ce n'est que vent que de leur teste,
  De vent est leur entendement;
Les vens encore & la tempeste
  Ne vont point si legerement.
Ces soupirs qu'ils sortent sans paine
  De leur estomach si souuent,
N'est-ce vne preuue assez certaine
  Qu'au dedans ils n'ont que du vent?

Oo

DIVERSES

    Qui se fie en chose si vaine
Il seme sans espoir de fruict:
Il peut bastir dessus l'arene,
Ou sur la glace d'vne nuict.
    Ils font des Dieux en leur pensee,
Qui comme eux ont l'esprit leger,
Se riant de la foy faulsee
Et de voir bien souuent changer.
    Ceux qui peuuent mieux faire accroire
Et sont menteurs plus asseurez,
Entr'eux sont eleuez en gloire,
Et sont comme Dieux adorez.
    Car ils prennent pour grand' louange
Quand on les estime inconstans:
Et disent que le temps se change,
Et que le sage suit le tans.
    Mais las! qui ne seroit esprise
Quand on ne sçait leurs fictions,
Lors qu'auec si grande feintise
Ils soupirent leurs passions?
    De leur cœur sort vne fournaise,
Leurs yeux sont deux ruisseaux coulans,
Ce n'est que feu, ce n'est que braise,
Mesme leurs propos sont brulans.
    Mais cest ardant feu qui les tue
Et rend leur esprit consommé,
C'est vn feu de paille menue,
Aussi tost esteint qu'allumé.
    Et les torrens qu'on voit descendre
Pour nostre douceur esmouuoir,

AMOVRS.

Ce sont des appas à surprendre
Celles qu'ils veulent deceuoir.
Ainsi l'oiseleur au bocage
Prend les oiseaux par ses chansons;
Et le pescheur sur le riuage
Tend ses filés pour les poissons.
Sommes-nous donc pas miserables
D'estre serues dessous les loix
Des hommes legers & muables
Plus que le fueillage des bois?

STANSES DV MARIAGE.

I.

De toutes les fureurs dont nous sommes
  pressez,
De tout ce que les cieux ardemment cour-
  roucez
Peuuent darder sur nous de tonnerre & d'orage,
D'angoisseuses langueurs, de meurtre ensanglanté,
De soucis, de trauaux, de faim, de pauureté,
Rien n'approche en rigueur la loy de Mariage.

II.

Dure & sauuage loy nos plaisirs meurtrissant,
Qui, fertile, a produit vn Hydre renaissant
De mespris, de chagrin, de rancune & d'enuie:
Du repos des humains l'inhumaine poison,
Des corps & des esprits la cruelle prison,
La source des malheurs, le fiel de nostre vie.

III.

On dit que Iupiter ayant pour son peché

DIVERSES

Sur le dos d'vn rocher Promethee attaché,
Qui seruoit de pasture à l'Aigle insatiable,
N'eut le cœur assouuy de tant de cruauté:
Mais voulut pour monstrer qu'il estoit desspité,
Rendre le genre humain de tout poinct miserable.

IIII.

Il enuoya la Femme aux mortels ici bas,
Ayant dedans ses yeux mille amoureux appas,
Et portant en la main vne bouette feconde
Des semences du Mal, les Procés, le Discord,
Le Souci, la Douleur, la Vieillesse, & la Mort:
Bref, pour douaire elle auoit tout le malheur du mōde.

V.

Venus dessus son front mille beautez sema,
Pithon d'autant d'attraits sa parolle anima,
Vulcan forgea son cœur, Mars luy donna l'audace:
Bref, le Ciel rigoureux si bien la deguisa,
Que l'homme épris de flamme aussi tost l'espousa,
Plongeant en son malheur toute l'humaine race.

VI.

De là le Mariage eut son commencement,
Tyran iniurieux, plein de commandement,
Que la liberté fuit comme son aduersaire:
Plaisant à l'abordee : à l'œil, doux & riant:
Mais qui sous beau-semblant, traistre nous va liant
D'vn lien que la Mort seulement peut desfaire.

VII.

Il tient dessous ses piés le Repos abbatu,
De cordage & de fers son corps est reuestu:
Le Soing est à costé, le Trauail le regarde,

AMOVRS.

La Peur, la Ialousie, & le mal inconnu,
(Mal par opinion) qui rend l'homme cornu:
Puis vient le Repentir chef de l'arriere-garde.

VIII.

Le Dueil, & les Courroux apres le vont suiuant:
Amour fuit, le voyant, leger comme le vant,
Bien que le nom d'Amour masque sa tyrannie.
Car ce puissant vainqueur & des Dieux & des Rois
(Magistrat souuerain) n'est point suget aux loix,
Et de toute sa Court la contrainte est bannie.

IX.

Helas! grand Iupiter, si l'homme auoit erré
Tu le deuois punir d'vn mal plus moderé,
Et plustost l'assommer d'vn esclat de tonnerre
Que le faire languir durement enchaisné,
Hoste de mille ennuis, au dueil abandonné,
Trauaillant son esprit d'vne immortelle guerre.

X.

On parle des Enfers où les maux sont punis,
Vn cruel magazin de tourmens infinis,
Du Chien tousiours beant, des Sœurs pleines de rage,
Des douleurs de Titye, & des autres Esprits:
Mais ie ne puis penser que ce soit rien au pris,
Ne qu'il y ait Enfer si grand que mariage.

XI.

Languir toute sa vie en obscure prison,
Passer mille trauaux, nourrir en sa maison
Vne femme bien laide, & coucher aupres d'elle:
En auoir vne belle, & en estre ialoux,
Craindre tout, l'espier, se gesner de courroux,

DIVERSES

y a-til quelque peine en Enfer plus cruelle?

XII.

Ie t'ay tant de regrets, de soucis & d'ennuis,
Tant de iours ennuyeux, tant de fascheuses nuits,
Tant de rapports semez tant de plaintes ameres:
Qui les pense nombrer, aura plustost conté
Les fleurettes de May, les moissons de l'Esté,
Et des plaines du Ciel les flambeaux ordinaires.

XIII.

Hé donc parmi ces maux que n'auõs-nous des yeux
Pour connoistre en autruy la vengence des Dieux,
Euitant sagement nostre perte asseuree?
Mais au fort du peril nous nous allons ruer,
Nous forgeons (malheureux!) le fer pour nous tuer,
Et beuuons la poison par nos mains preparee.

XIIII.

Si d'vn sommeil de fer nos yeux n'estoyent pressez,
La Nopce seulement nous apprendroit assez
Quel heur & quel repos son lien nous appreste:
Le son des tabourins, les flambeaux allumez,
L'appareil, la rumeur, les bruits accoustumez
N'est-ce vn presage seur de prochaine tempeste?

XV.

Escoutez ma parole, ô Mortels esgarez,
Qui dans la seruitude aueuglement courez,
Et voyez quelle femme aumoins vous deuez prẽdre:
Si vous l'espousez riche, il se faut preparer
De seruir, de souffrir, d'n'oser murmurer,
Aueugle en tous ses faits, & sourd pour ne l'entendre.

XVI.

Dedaigneuse & superbe elle croit tout sçauoir,

AMOVRS. 292

Son mary n'est qu'vn sot, trop heureux de l'auoir,
En ce qu'il entreprend elle est tousiours contraire,
Ses propos sont cuisans, hautains & rigoureux:
Le forçat miserable est beaucoup plus heureux
A la rame & aux fers d'vn outrageux Corsaire.

XVII.

Si vous la prenez pauure, auec la pauureté
Vous espousez aussi mainte incommodité:
La charge des enfans, la peine & l'infortune,
Le mespris d'vn chacun vous fait baisser les yeux,
Le soin rend vos esprits chagrins & soucieux.
" Auec la pauureté toute chose importune.

XVIII.

Si vous l'espousez belle, asseurez-vous aussi
De n'estre iamais franc de crainte & de souci:
L'œil de vostre voisin comme vous la regarde,
Vn chacun la desire : & vouloir l'empescher,
C'est egaler Sisyphe & monter son rocher.
" Vne beauté parfaite est de mauuaise garde.

XIX.

Si vous la prenez laide, adieu toute amitié:
L'esprit tenant du corps est plein de mauuaistié.
Vous aurez la maison pour prison tenebreuse,
Le Soleil desormais à vos yeux ne luira:
Bref, on peut bien penser s'elle vous desplaira,
Puis qu'vne femme belle en trois iours est fascheuse.

XX.

Celuy n'auoit iamais les Nopces esprouué,
Qui dit qu'aucun secours contre Amour n'est trouué,
Depuis qu'en nos esprits il a fait sa racine.

Oo iiij

Car quand quelque beauté vient nos cœurs embraser,
La voulons-nous hair? Il la faut espouser.
Qui veut guarir d'Amour, c'en est la medecine.

XXI.

Mille fois Iupiter d'Amour tout esgaré
Pour les yeux de sa sœur a plaint & soupiré:
Toutesfois il la hait dés qu'il l'a espousee,
Et luy desplaist si fort, que pour s'en estranger
En beste & en oiseau ne feint de se changer,
Ne trouuant rien fascheux pour la rendre abusee.

XXII.

C'est vn estrange cas, que le palais des Dieux
Ne s'est peu garantir des debats furieux
Naissans du Mariage, autheur de toutes plaintes:
Et que ce Iupiter que tout l'vniuers craint,
Aguetté de Iunon, cent fois s'est veu contraint
De couurir sa grandeur sous mille estranges faintes.

XXIII.

La Nopce est vn fardeau si fascheux à porter,
Qu'elle fait à vn Dieu son empire quitter.
Elle luy rend le ciel vn enfer de tristesse,
Et trouue en ses liens tant d'infelicité,
Qu'il aime mieux seruir en terre vne beauté,
Que iouir dans le ciel d'vne espouse Deesse.

XXIIII.

A l'exemple de luy qui doit estre suiui,
Tout homme qui se trouue en ses laqs asserui,
Doit par mille plaisirs alleger son martyre,
Aimer en tous endroits sans esclauer son cœur,
Et chasser loin de luy toute ialouse peur:

AMOVRS. 293

plus vn homme est ialoux, plus sa femme on desire.

XXV.

O supplice infernal en la terre transmis
Pour gesner les humains, gesne mes ennemis,
Qu'ils soyent chargez de fers, de tourmẽs & de flâme:
Mais fuy de ma maison, n'approche point de moy,
Ie hay plus que la mort ta rigoureuse loy,
Aimant mieux espouser vn tombeau qu'vne femme.

A DIEV A LA POLONGNE.

ADIEV Polongne, adieu plaines desertes, *ceste piece*
Tousiours de neige ou de glace couuertes, *et tres bonne*
Adieu païs d'vn eternel adieu:
Ton air, tes mœurs m'ont si fort sceu
déplaire
Qu'il faudra bien que tout me soit contraire
Si iamais plus ie retourne en ce lieu.
Adieu maisons d'admirable structure,
Poisles adieu, qui dans vostre closture
Mille animaux pesle-mesle entassez,
Filles, garçons, veaux & bœufs tout ensemble: *i'eusse dit*
Vn tel mesnage à l'âge d'or ressemble, *bœufs et vaches ensemble*
Tant regretté par les siecles passez.
Quoy qu'on me dist de vos mœurs inciuiles,
De vos habits, de vos mechantes villes,
De vos esprits pleins de legereté,
Sarmates fiers, ie n'en voulois rien croire, *triste rime*
Ny ne pensois que vous peussiez tant boire:
L'eussé-ie creu sans y auoir esté!
Barbare peuple, arrogant & volage,

DIVERSES

Vanteur, causeur, n'ayant rien que langage:
Qui iour, & nuict dans vn poisle enfermé
Pour tout plaisir se ioue auec vn verre,
Ronfle à la table, ou s'endort sur la terre,
Puis comme vn Mars veut estre renommé.
Ce ne sont pas vos grand's lances creusees,
Vos peaux de loup, vos armes déguisees,
Où maint plumage & mainte aile s'estend,
Vos bras charnus ny vos traits redoutables,
Lourds Polonnois, qui vous font indontables:
La pauureté seulement vous defend.
Si vostre terre estoit mieux cultiuee,
Que l'air fust doux, qu'elle fust abreuuee
De clairs ruisseaux, riche en bonnes citez,
En marchandise, en profondes riuieres,
Qu'elle eust des vins, des ports, & des minieres,
Vous ne seriez si long temps indontez.
Les Othomans, dont l'ame est si hardie,
Aiment mieux Cypre, ou la belle Candie,
Que vos deserts presque tousiours glacez:
Et l'Alemand qui les guerres demande,
Vous dédaignant, court la terre Flamande,
Où ses labeurs sont mieux recompensez.
Neuf mois entiers pour complaire à mon maistre,
Le grand HENRY, que le Ciel a fait naistre
Comme vn bel astre aux humains flamboyant,
Pour ce desert i'ay la France laissee,
Y consumant ma pauure ame blessee
Sans nul confort sinon qu'en le voyant.
Face le Ciel que ce valeureux Prince

AMOVRS.

Soit bien tost Roy de quelque autre province,
Riche de gens, de citez & d'auoir:
Que quelque iour à l'empire il paruienne,
Et que iamais ici ie ne reuienne,
Bien que mon cœur soit brulant de le voir.

A ma Damoiselle de CHASTEAVNEVF.

IE ne veux desormais m'enquerir d'auantage
Que tu peux auoir fait, larron malicieux,
De tant de ieunes cœurs surpris en tant de lieux,
Laissant mesmes au Ciel marque de ton outrage.
Tu nous les rauissois pour bastir cest ouurage,
Ce royal CHASTEAVNEVF, ton palais glorieux,
Où tu vas reposer las d'outrager les Dieux,
Y retirant tes feux, tes traits, & ton cordage.
Deuant ce CHASTEAVNEVF pour embellir le front,
Tu pes les plus beaux cœurs, cõme les chasseurs font
Des grands cerfs & sangliers qu'à force ils peu-
uent prendre,
Le mien s'y fust peu voir au plus haut lieu planté:
Mais pource que sans crainte il t'auoit resisté,
O cruel, par despit tu l'as reduit en cendre.

Sur son pourtrait à I. DE-COVR, peintre du Roy.

TV t'abuses DE-COVR, pensant representer
Du CHASTEAVNEVF d'Amour la Deesse
immortelle:
Le Ciel peintre sçauant l'a pourtraitte si belle,
Que son diuin tableau ne se peut imiter.

VERSES

Comment sans t'esblouir pourras-tu supporter
De ses yeux flamboyans la planete iumelle?
Quelle couleur peindra sa couleur naturelle,
Et les graces qu'on voit sur son front voleter?
Quel or egalera l'or de sa blonde tresse?
Quels traits imiteront cesté douce rudesse,
Ce port, ce teint, ce ris, ces attraits gracieux?
Laisse au grand Dieu d'Amour ce labeur temeraire,
Qui d'vn trait pour pinceau la sçaura mieux pour-
    traire,
Non dessus de la toile, ains dans le cœur des Dieux.

Pour vn Miroir.

CE Miroir bien-heureux, à qui ie porte enuie
Pour le bien d'estre à vous qui luy doit aduenir,
Vous fera le voyant quelquefois souuenir
D'vne à qui vostre amour sert d'esprit & de vie:
Et croyez que le temps, la fortune & l'enuie,
Ou quelque autre accident qui me puisse aduenir,
Mon cœur de vostre cœur ne sçauroit desunir,
Vos celestes vertus m'ont trop bien asseruie.
Voyant en ce miroir vos yeux que i'aime tant,
Pensez comme du ciel ie m'iray lamentant
Loin de ces chauds regars & de ce beau visage.
Mais à tort toutesfois ie me plaindroy des cieux:
Car bien que mon destin m'esgare en diuers lieux,
Tout par tout dans le cœur ie porte vostre image.

AMOVRS.

Pour des pendans d'oreille, de teste de Mort.

IE vous donne vne mort, present mal conuenable
A la viue clairté de vos yeux amoureux:
  Mais que pourroit donner vn esprit malheureux
  Qui ne soit deplaisant, funeste & larmoyable?
Vn qui fuit tout espoir d'estat plus fauorable,
  Qui trouue aigre la ioye, & le pleur doucereux,
  A qui la clairté fasche, & qui n'est desireux
Que de voir comme luy tout amant miserable.
S'il faut offrir au ciel ce qu'on aime plus fort,
Son cœur desesperé n'aime rien que la mort,
Dont l'image effroyable en sa face est depeinte.
Donc, ô beauté du ciel, ne vous offensez pas
Si souffrant loin de vous tant de viuans trespas,
A sa mort veritable il offre vne mort feinte.

Pour mettre deuant vn Petrarque.

LE loheur glorieux d'vn esprit admirable
Triomphe heureusement de la posterité,
Comme ce Florentin qui a si bien chanté
Que les siecles d'apres n'ont trouué son semblable.
La beauté n'est ainsi : car elle est perissable,
Mais Laure auec ses vers vn trophee a planté,
  Qui fait que l'on reuere à iamais sa beauté,
  Et qui rend son laurier verdissant & durable.
Celle qui dans ses yeux tient mon contentement,
  La passant en beauté, luy cede seulement
  En ce qu'vn moindre esprit la veut rendre immortelle:

DIVERSES

Mais i'ay plus d'amitié s'il fut mieux escriuant.
Car sa Laure mourut, & il resta viuant:
Si ma Dame mouroit ie mourrois auec elle.

Sur les vers d'vne Dame.

Myrtis, Corinne, & la Muse de Grece
Sapphon qu'Amour fist si haut soupirer,
Tous leurs escrits n'oseroyent comparer
A ces beaux vers qu'a chantez ma maistresse.
Qui veut sçauoir de quels traits Amour blesse,
Sans voir vos yeux trop prompts à martyrer,
Lise ces vers qu'habile il sceut tirer
De vostre esprit digne d'vne deesse.
Pensers, desirs, soupirs, feux & glaçons,
Sont les sugets de ces belles chansons,
Où seule à part vous retenez vostre ame.
Cœur n'est si froid qui n'en fust allumé:
Cachez-les donc, ô mon mal bien aimé.
Car sans les voir ie n'ay que trop de flame.

Pour vne Faueur semee de diuerses branches.

LE Ciel qui mieux que moy vous peut fauoriser,
Soit à vostre grandeur pour iamais fauorable,
Couronnant vos vertus d'vn renom si durable
Que la force du temps ne le puisse briser.
Desia vos faicts guerriers par tout vous font priser,
Plantant sur vostre front maint trophee honorable:
Puis ceste grand' douceur, & ce cœur immuable
Maugré les ans vainqueurs vous peut eterniser.

AMOVRS.

Il restoit que l'Amour vous mist sous son empire
  Comme il fait tous les Dieux, à fin qu'on vous peust
    dire
  Pacifique, immuable, amoureux, & guerrier:
Et qu'vne qui vous est sainctement asseruie
  Vous offrist à bon droit en vous offrant sa vie,
  L'oliuier, le palmier, le meurte, & le laurier.

A ma Damoiselle DE SVRGERES.

Comme on voit au Printemps le bouton rougissant,
  Amoureux du Soleil, languir en son absence;
  Puis en le reuoyant changer de contenance,
  D'odeurs & de beautez le Ciel resiouissant.
Tout ainsi mon esprit tristement languissant
  Durant l'obscure nuict des miseres de France,
  Voyant de vos beautez l'agreable presance
  S'égaye & veut encor se monstrer florissant.
Or si la sainte ardeur qui vient de vous l'enflame,
  Ie vous nomme à bon droit le Soleil de mon ame,
  M'esforçant de monstrer sa diuine clairté:
Que si selon mon cœur i'y pouuoy satisfaire,
  Le vice deuiendroit de soymesme aduersaire,
  Voyant de vos vertus l'admirable beauté.

A ma Damoiselle IEANNE DE BRISSAC.

Comme quand il aduient que l'humaine pensee,
  Compagne d'vn desir vainement curieux,
  Entreprend de voler iusqu'au plus haut des cieux,
  Pour voir des deitez la grand' troupe amassée:
Alors qu'elle presume estre bien auancee,

DIVERSES AMOVRS.

C'est lors qu'elle connoist son vol audacieux.
Car tousiours le chemin s'eloigne de ses yeux,
Et ne voit point de fin à l'œuure commencee.
Tout ainsi qui voudra, plein de temerité,
S'essayer de trouuer fin à l'infinité
Des graces qui vous font diuinement reluire.
En pensant s'auancer ses labeurs accroistront,
Car d'vn subiect fini cent mille autres naistront,
Et faudra qu'à la fin tout court il s'en retire.

A ma Damoiselle de la Chastaigneraye, HELIETTE DE VIVONNE.

O Beaux cheueux chatains d'vne qui ce nom porte,
Ondez, crespes & longs, où les Ieux inconstans
Et les petits Amours, comme oiseaux voletans,
S'emprisonnêt l'vn l'autre en mainte et mainte sorte.
O bel œil qui d'Amour rens la maiesté forte,
Clair, brun, fier & piteux, seul Soleil de ce tans:
Le bois sec reuerdit au retour du Printans,
Et le tien fait fleurir mon esperance morte.
Il faudroit estre roche, acier ou diamant,
Pour ne deuenir flamme & mourir doucemant
Aupres d'vne beauté de beautez si pourueue.
O celestes rayons qui me donnez la loy,
Ie voudrois estre Argus alors que ie vous voy,
Et ne vous voyant point estre priué de veue.

BERGERIES ET MASQVARADES.

CHANSON.

Bien-heureux qui peut passer sa vie
Entre les siens franc de haine & d'enuie,
Parmi les champs, les forests & les bois,
Loin du tumulte & du bruit populaire:
Et qui ne vend sa liberté pour plaire
Aux passions des Princes & des Rois!

Il n'a souci d'vne chose incertaine,
Il ne se paist d'vne esperance vaine,
Nulle faueur ne le va deceuant,
De cent fureurs il n'a l'ame embrasee,
Et ne maudit sa ieunesse abusee,
Quand il ne trouue à la fin que du vant.

Il ne fremit quand la mer courroussee
Enfle ses flots, contrairement poussee
Des vens esmeus souflans horriblement:
Et quand la nuict à son aise il sommeille,
Vne trompette en sursaut ne l'esueille
Pour l'ennoyer du lict, au monument.

L'ambition son courage n'attise,
D'vn fard trompeur son ame il ne deguise,
Il ne se plaist à violer sa foy,
Les grands seigneurs sans cesse il n'importune:

BERGERIES.

Mais en viuant contant de sa fortune
Il est sa Court, sa faueur, & son Roy.
IE vous rens grace, ô Deitez sacrees
Des monts, des eaux, des forests, & des prees,
Qui me priuez de pensers soucieux,
Et qui rendez ma volonté contente,
Chassant bien loin la miserable attente,
Et les desirs des cœurs ambitieux.
Dedans mes champs ma pensee est enclose,
Si mon corps dort mon esprit se repose,
Vn soin cruel ne le va deuorant:
Au plus matin la fraischeur me soulage,
S'il fait trop chaud ie me mets à l'ombrage,
Et s'il fait froid ie m'echauffe en courant.
Si ie ne loge en ces maisons dorees,
Au front superbe, aux voûtes peinturees
D'azur, d'esmail, & de mille couleurs,
Mon œil se paist des thresors de la plaine
Riche d'œillets, de lis, de mariolaine,
Et du beau teint des printanieres fleurs.
Dans les palais enflez de vaine pompe,
L'ambition, la faueur qui nous trompe,
Et les soucis logent communément:
Dedans nos champs se retirent les Fees
Roynes des bois à tresses decoiffees,
Les Ieux, l'Amour, & le Contentement.
Ainsi viuant rien n'est qui ne m'agree,
I'oy des oyseaux la musique sacree,
Quand au matin ils benissent les cieux:
Et le doux son des bruyantes fontaines,

BERGERIES. 298

Qui vont coulans de ces roches hautaines
Pour arrouser nos prez delicieux.
Que de plaisir de voir deux Colombelles
Bec contre bec en tremoussant des ailes,
Mille baisers se donner tour-à tour!
Puis tout raui de leur grace naïue,
Dormir au frais d'vne source d'eau viue,
Dont le doux bruit semble parler d'Amour!
Que de plaisir de voir sous la nuict brune,
Quand le Soleil a fait place à la Lune,
Au fond des bois les Nymphes s'assembler,
Monstrer au vent leur gorge descouuerte,
Danser, sauter, se donner cotte-verte,
Et sous leur pas tout l'herbage trembler!
Le bal fini, ie dresse en haut la veue
Pour voir le teint de la Lune cornue.
Claire, argentee, & me mets à penser
Au sort heureux du pasteur de Latmie:
Lors ie souhaitte vne aussi belle amie,
Mais ie voudrois en veillant l'embrasser.
Ainsi la nuict ie contente mon ame,
Puis quand Phebus de ses rais nous enflame
I'essaye encor mille autres ieux nouueaux:
Diuersement mes plaisirs i'entrelasse,
Ores ie pesche, or' ie vais à la chasse,
Et or' ie dresse embuscade aux oiseaux.
Ie fay l'amour, mais c'est de telle sorte
Que seulement du plaisir i'en rapporte,
N'engageant point ma chere liberté:
Et quelques laqs que ce Dieu puisse faire

PP ij

BERGERIES.

Pour m'attraper, quand ie m'en veux distraire
I'ay le pouuoir comme la volonté.
Douces brebis, mes fidelles compagnes,
Hayes, buissons, forests, prez & montagnes,
Soyez tesmoins de mon contentement:
Et vous (ô Dieux) faites ie vous supplie,
Que ce pendant que durera ma vie,
Ie ne connoisse vn autre changement.

Recherche qui voudra les apparens honneurs,
Les pompes, les thresors, les faueurs variables,
Les lieux haut eleuez, les palais remarquables,
Retraites de pensers, d'ennuis & de douleurs:
I'aime mieux voir vn pré bien tapissé de fleurs,
Arrousé de ruisseaux au vif-argent semblables,
Et tout encourtiné de buissons delectables
Pour l'ombre & pour la soif durant les grands
  chaleurs.
Là franc d'ambition, ie voy couler ma vie
Sans enuier aucun, sans qu'on me porte enuie,
Roy de tous mes desirs, contant de mon parti.
Ie ne m'appaste point d'vne vaine esperance,
Fortune ne peut rien contre mon asseurance,
Et mon repos d'esprit n'est iamais diuerti.

II.
D'vne Fontaine.

Ceste fontaine est froide, & son eau doux-coulante
A la couleur d'argent semble parler d'amour:

BERGERIES. 299

Vn herbage mollet reuerdit tout autour,
Et les aunes font ombre à la chaleur brulante.
Le fueillage obeit à Zephyr qui l'esuante
Soupirant amoureux en ce plaisant seiour:
Le Soleil clair de flamme est au milieu du jour,
Et la terre se fend de l'ardeur violante.
Passant, par le trauail du long chemin lassé,
Brulé de la chaleur, & de la soif pressé,
Arreste en ceste place où ton bon-heur te maine.
L'agreable repos ton corps delassera,
L'ombrage & le vent frais ton ardeur chassera,
Et ta soif se perdra dans l'eau de la fontaine.

III.

Quel destin fauorable ennuyé de mes paines,
Rompra les forts liens dont mon col est pressé?
Par quel vent reuiendray-ie au port que i'ay laissé
Suiuant trop follement des esperances vaines?
Verray-ie plus le temps qu'au doux bruit des fontaines
Dans vn bocage espais mollement tapissé
Nous recitions nos vers, moy d'Amour offensé,
Toy bruyant de nos Rois les victoires hautaines?
Si i'eschape d'ici, DORAT, ie te promés
Qu'Apollon & Cypris ie suiuray desormais,
Sans que l'ambition mon repos importune:
Les venteuses faueurs ne pourront me tenter,
Et de peu ie sçauray mes desirs contenter,
Prenant congé de vous Esperance & Fortune.

Pp iij

BERGERIES.
IIII.

Sur la Bergerie de REMY BELLEAV.

> Ce sonet est a mon gré un des bons
> qui sont dans des
> portes.

Qvand ie ly tout raui, ce discours qui soupire
Les ardeurs des Bergers, ie t'appelle menteur,
(Pardonne moy) BELLEAV, de t'en dire l'autheur:
Car vn homme mortel ne sçauroit si bien dire.

> mauuais resone

Amour qui tient les Dieux au ioug de son empire,
A de rechef contraint Phebus d'estre pasteur,
Qui pour charmer sa peine & l'œil son enchanteur
Doit auoir fait ces vers, tesmoins de son martyre.

> pour
> pn puisse #

O Phebus, ô grand Dieu des Poetes inuoqué,
Parmy nos champs François si tu as remarqué
Quelque herbe ou quelque fleur qui les cœurs peut
    contraindre,

> cil ne vaut
> rien. dy, celuy

Change cil d'Hippolyte, & le rens enflammé:
Ou bien s'il faut que i'aime & ne sois point aimé,
Fay qu'en si beaux regrets mon mal ie puisse plain-
    dre.

DISCOVRS.

Qve faites-vous Mignons, mon desiré souci,
Le souci d'Apollon & des Muses aussi?
Amis que i'aime mieux, qu'vne ieune pu-
    celle
N'aime les belles fleurs de la saison nouuelle,
Ores que faites vous à la suitte du Roy?
Est-il possible au moins qu'ayez souci de moy,

> vous, oublié

De moy, qui chacun iour au ciel rien ne demande,
Que l'heur de tost reuoir vne si chere bande?

> # il faut dire, si vs sçauez alquun q
> soit bon seruiteur du Roy et non, q est

BERGERIES.

Et bien qu'absent de vous, mille contentemens,
Chassent de mon esprit tous fascheux pensemens,
Ie ne puis toutefois, quelque esbat qui me tienne,
Faire tant que tousiours de vous ne me souuienne:
Ie ne rêue autre chose, & l'obstiné desir
Que i'ay de vous reuoir amoindrit le plaisir,
Dont i'entretien ma vie, or que la Chienne ardente
De chaleur & de soif à l'egal nous tourmente:
Et qu'au clair de la nuict les Satyres cornus,
Les Siluains cheure-piés, & les Faunes tout nus
Vireuoltent en rond & font mille gambades,
Pour eschauffer les cœurs des fuitiues Naiades,
Et des Nymphes des bois: & or que sans cesser
Le Forgeron des dieux, hastif fait auancer
Haletant & suant, & tout couuert de poudre,
Le tonnerre grondans, les esclairs & la foudre.

Dés la pointe du iour, que l'Aube qui reluit
A fait esuanouir les frayeurs de la nuit,
Ie choisi quelque mont dont la cyme est hautaine,
Et m'y traçant chemin tout pensif ie ramaine
Et tourne en mon esprit mille & mille discours
Des succés incertains de vos vaines amours.
Ie crains la cruauté de vos fieres maistresses,
I'ay part à vos soupirs, ie gouste vos tristesses,
Et tout ce qui vous vient d'amertume & de doux,
Fidelle compagnon, ie porte comme vous.
Puis ie beni le Ciel, qui contant me fait viure,
Ie rens grace au Démon qui m'a gardé de suiure
Les faux pas d'vn aueugle, & qui fait reboucher
Ses traits lors qu'il les veut contre moy decocher.

BERGERIES.

Vn autre iour plus gay ie m'en vais à la chasse,
Ie cherche vn liéure au giste, ou le suis à la trace,
Ou auecques les chiens, qui de leurs longs abois
Font esclater les monts, les rochers, & les bois:
Or' auec vn Autour ie fay tomber de crainte
L'innocente Perdrix : or' sous vne vois fainte
Ie prens la simple Caille entr'imitant son chant:
Quelquefois ie retourne auec le Chien couchant
Luy dresser autre embusche, & le soir ie denise,
Quand elle est dans le plat, comme ie l'ay surprise.
    Puis las de ce mestier t'en choisis vn nouueau,
Et garni de filés ie vay chasser sur l'eau
A la Truite & à l'Vmbre, où si bien ie m'esprcuue
Qu'vn Saumon quelquefois dans mes filés se treuue.
Or' auecques la ligne, & le traistre hameçon,
Or' auecques le feu ie fay guerre au poisson:
I'en salle vne partie, & l'autre frais ie mange,
Et mille fois le iour de passetemps ie change.
    Ie fay faucher le foin, dont les diuerses fleurs
Gisent egalement veufues de leurs honneurs:
Ores demi lassé ie me couche sur l'herbe,
Ores plus mesnager i'aide à serrer la gerbe,
A faire des plongeons, & les bien entasser,
De crainte que le vent les face renuerser.
    Si c'est vn iour de feste, ou de quelque reinage,
Où qu'on chomme le iour d'vn patron de village,
Ie m'en vais à la dance, où courent à monceaux
De tous les lieux prochains les ieunes pastoureaux.
Mon Dieu que de plaisir de voir nos montagneres
Blanches comme le laict dispostement legeres,

BERGERIES. 301

Bondir en petits saults, reculer, auancer,
Et de mille façons leurs branles compasser!
    Là le plus amoureux à qui mieux mieux s'esforce:
« Car Amour tout par tout fait connoistre sa force,
« Et trauaille aussi bien à ranger sous ses loix
« Les plus simples Bergers, cóme les plus grans Rois.
Adon en sert de preuue, & le pasteur d'Amphryse,
Et l'ami de la Lune, & le vieillard Anchise,
Et le sac d'Ilion, pastoureaux amoureux,
Qui furent en aimant mille fois plus heureux,
Iouissans à souhait des plus grandes Deesses,
Que mille & mille Rois chargez de leurs richesses.
« Car l'Amour au village est simple & peu rusé,
« Il s'est tant seulement pour la Court desguisé,
« Et pour les grãs seigneurs, & pour les damoiselles,
« Mais il retient aux champs ses façons naturelles.
Il y demeure enfant plein de simplicité,
Il va nud, pour monstrer qu'il n'est point acquesté
Par argent ny presens, & sans vser de feinte
Il guarit aussi tost comme il donne l'atteinte,
Et non comme en ces lieux, où l'argent ha pouuoir
Par dessus la beauté, la grace & le sçauoir.
    Mais moy qui n'ay senti la cuisante poincture
De l'archer Paphien, i'aime mieux la verdure,
L'ombrage & la fraischeur des forests & des bois,
Que les saults & les ieux de tous ces villageois.
Aussi le plus souuent tout seul ie me retire
Au milieu d'vn taillis, où ie me mets à lire:
Mais ie n'ay commencé qu'vn sommeil gracieux
Me clost, sans y penser, la paupiere & les yeux.

BERGERIES.

O chãps plaisans & doux, ô vie heureuse & sainte,
Où francs de tout souci, nous n'auõs point de crainte
D'estre accablez en bas, quand plus ambicieux
Et d'honneurs & de biens nous voisinons les cieux!
Où nous viuons contans, sans que la chaude rage
D'auancer en credit nous brûle le courage:
Où nous ne craignons point l'effort des médisans,
Où nous n'endurons point tant de propos cuisans,
Où nous n'auons souci de tant nous contrefaire
Et ployer le genoil, mesme à nostre aduersaire:
Où tant de vains pensers, d'erreurs, d'afflictions,
De veilles, de trauaux, d'ennuis, d'ambitions,
De gesnes, de regrets, de desirs, de miseres,
De peurs, de desespoirs, de fureurs, de coleres,
De remors inhumains & de soucis mordans,
Comme loups affamez, ne nous rongent dedans,
Nous iaunissans la face, & la despite Enuie
D'vne seule douleur ne trouble nostre vie.
  O gens bien fortunez qui les champs habitez
Sans enuier l'orgueil des pompeuses Citez!
Que ie plains Nicolas, Bonnet, & la Fallaise,
Qui contens comme moy ne iouissent de l'aise
Que ie reçois icy deliuré de l'amour
Et du soing importun qui les suit à la Cour.
  Voila, Mignons des Dieux, les plaisirs qui me suiuent
Compagnon des Siluains qui par les forests viuent:
Voila ce que ie fais or' que l'Esté brulant
Tousiours en s'auançant se fait plus violant:
Et que Phebus laissant le Lion effroyable
Visitera bien tost la Vierge pitoyable.

BERGERIES. 302
Mais tant d'heureux plaisirs qu'ici ie puis auoir,
Sans regret i'abandonne, à fin de vous reuoir:
Et la beauté des champs, & l'abri des bocages,
Et la couleur des prez, & le frais des riuages.
Car ie vous aime plus cent mille & mille fois
Que les champs, que les prez, les riues & les bois.

METAMORPHOSES.

MON prompt & peu sage penser,
 Qui peut haut & bas s'elancer,
 Et se feint cent formes nouuelles,
Vn iour fantastique & leger
En Rose me voulut changer,
Royne des fleurettes plus belles:
Croyant que la ieune beauté
 Qui rend mes iours sans liberté
 Pourroit sur moy ietter la veue,
Et de ses doigts victorieux
Me poser au sein glorieux,
Le seiour du Dieu qui me tue.
Espoir trompeur tu m'as deceu,
 Si grand prix ie n'ay point receu:
 Car sa rigueur qui me fait guerre,
Ne m'a d'vn regard consolé,
Mais d'vn pied cruel m'a foulé
Comme vn ver rampant sur la terre.
Depuis, quand la viue clairté
 Du ciel aux plus grands iours d'Esté
 De chaud & de soif nous martyre,
La voyant languir foiblement

BERGERIES.

Il me change aussi promptement
Aux moites soupirs de Zephyre.
L'esuentant d'vn air addouci
I'esperoy de pouuoir aussi
Temperer mes flammes cruelles:
Baiser ses yeux mes ennemis,
Et du sein, qui ne m'est permis,
Refraichir les pommes iumelles.
Mais tousiours contraire à mes vœux
Dés que ses plus tendres cheueux
S'esmeurent sous ma douce haleine,
Et que ma fraicheur la toucha,
Toute en ses habits se cacha,
Trompant mon attente & ma peine.
En rosee il me change apres,
En ombre & en brouillas espés,
Que Phebus des vapeurs éleue:
Ombre pour la suiure en tous lieux,
Brouillas pour couurir ses beaux yeux,
Humeur pour arroser sa gréue.
Mais cest art peu me secourut,
Car dés que le feu m'apparut,
Dont mon ame est toute embrasee,
L'ombre à sa clairté se perdit,
Le brouillas prompte elle fendit,
Et secha l'humide rosee.

BERGERIES.

V.

Lycaste & Philemon qu'vn seul trait a blessez,
  Et qui n'ont leurs pareils en amour pure & sainte,
  O celeste Venus, te consacrent en crainte
Auec des myrtes verds ces lis entrelacez.
Fauorise leurs vœux à toy seule adressez,
  Fay que leur claire ardeur ne soit iamais esteinte,
  Et que leur pure foy chasse au loin toute feinte,
Rendant par sa blancheur les beaux lis effacez.
Ainsi qu'vn seul filet ces fleurettes assemble,
  Qu'vn seul nœu pour tousiours lace leurs cœurs ensemble,
  Et qu'aucun accident ne le puisse trencher.
Fay qu'vn mesme vouloir regne en leur fantaisie,
  Qu'ils n'esprouuent iamais que c'est que ialousie,
  Et l'enuieuse dent ne les puisse toucher.

DIALOGVE.

Berger, quelle aduenture estrange
  D'ennuis fraichement t'a priué?
Amour est cause en moy d'vn change.
  D'où tant de bien qui est arriué?
Quel succés assez fauorable
  Pouuoit t'exenter de souci?
Aimer d'amour ferme & durable
  En lieu qu'on m'aimast tout ainsi.
La gloire où ton esprit se fonde
  Est-elle pour long temps durer?
Si rien de ferme est en ce monde,
  Ie m'en dois tousiours asseurer.

BERGERIES.

Si ta Maistresse estoit volage,
Ton mal seroit-il vehement?
Las! changez ce triste langage,
Ie meurs en l'oyant seulement.
Qui sçait si quelque autre plus belle
Pourroit ton cœur faire changer?
Ie n'ay point de cœur que pour elle,
Et d'autre ie ne puis iuger.
Feins vn peu que dedans ton ame
Se loge vne autre affection.
Pour Dieu qu'en vous seruant, Madame,
Ie n'vse point de fiction.
Di vray, l'amour qui te surmonte
Est-il si plein de fermeté?
Qui vous en peut mieux rendre conte
Que vostre admirable beauté?
Quelquefois i'en prens asseurance,
D'autresfois i'en doute bien fort,
L'heur fauorable à ma constance,
En ce seul poinct me fait grand tort.

BAISER.

Ay que ie viue, ô ma seule Deesse,
Fay que ie viue, & change ma tristesse
En plaisir gracieux:
Change ma mort en immortelle vie,
Et fay mon Cœur, que mon ame rauie
S'enuolle entre les Dieux.
Fay que ie viue, & fay qu'à la mesme heure
Baissant les yeux, entre tes bras ie meure,

BERGERIES. 304

   Languissant doucemant:
Puis qu'aussi tost doucement ie reuiue,
Pour amortir la flamme ardante & viue
   Qui me va consumant.
Fay que mon ame à la tienne s'assemble,
Range nos cœurs & nos esprits ensemble
   Sous vne mesme loy:
Qu'à mon desir ton desir se rapporte:
Vy dedans moy comme en la mesme sorte
   Ie viuray dedans toy.
Ne me defens ny le sein ny la bouche,
Permets, mon Cœur, qu'à mon gré ie les touche
   Et baise incessamment,
Et ces beaux yeux où l'Amour se retire:
Car tu n'as rien qui tien se puisse dire,
   Ny moy pareillement.
Mes yeux sont tiens, des tiens ie suis le maistre:
Mon cœur est tien, le tien à moy doit estre,
   Amour l'entend ainsi.
Tu es mon feu, ie dois estre ta flame,
Et dois encor, puis que ie suis ton ame,
   Estre la mienne aussi.
Embrasse moy d'vne longue embrassee,
Ma bouche soit de la tienne pressee.
   Suçans egalement
De nos amours les faueurs plus mignardes,
Et qu'en ces ieux nos langues fretillardes
   S'estreignent mollement.
Au paradis de tes léures decloses
Ie vay cueillant de mille & mille roses

BERGERIES.

Le miel delicieux:
Mon cœur s'y paist, sans qu'il se rassasie
De la douceur d'vne saincte ambrosie
Passant celle des cieux.
Ie n'en puis plus, mon ame à demi folle
En te baisant par ma bouche s'enuolle
Dedans toy s'assemblant:
Mon cœur halete à petites secousses:
Bref ie me fons en ces liesses douces,
Soupirant & tremblant.
Quand ie te baise, vn gracieux Zephyre,
Vn petit vent moite & doux qui soupire,
Va mon cœur esuentant:
Mais tant s'en faut qu'il esteigne ma flame,
Que la chaleur qui deuore mon ame,
S'en augmente d'autant.
Ce ne sont point des baisers, ma Mignonne,
Ce ne sont point des baisers que tu donne:
Ce sont de doux appas
Faits de nectar, de sucre & de canelle,
Afin de rendre vne amour mutuelle
Viue apres le trepas.
Ce sont moissons de l'Arabie heureuse,
Ce sont parfums qui font l'ame amoureuse
S'esiouïr en son feu:
C'est vn doux air embasmé de fleurettes
Où comme oiseaux vollent les amourettes,
Les Plaisirs & le Ieu.
Parmy les fleurs de ta bouche vermeille
Amour oiseau volle comme vne abeille,

AMOHY

BERGERIES.

Amour plein de rigueur,
Qui est ialoux des douceurs de ta bouche:
Car aussi tost qu'à tes léures ie touche
Il me picque le cœur.

VI.

Ah mon Dieu ie me meurs! il ne faut plus attendre
De remede à ma mort, si tout soudainement,
Phyllis, ie ne te vole vn baiser seulement,
Vn baiser qui pourra de la mort me defendre.
Certes ie n'en puis plus, mon Cœur, ie le vay prendre,
Non feray, car ie crains ton courroux vehement,
Quoy? me faudra-til donc mourir cruellement
Pres de ma guarison qu'vn baiser me peut rendre?
Mais las ie crains mon mal en pourchassant mon bien.
Le doy ie prēdre ou nō? pour vray ie n'en sçay rien,
Mille debats confus agitent ma pensee.
Si ie retarde plus i'auance mon trespas.
Ie le prendray: mais non ie ne le prendray pas.
Car i'aime mieus mourir que vous voir courroucee.

STANSES.

'IL est vray, comme on dit, que les plus
belles ames
Meuuent les plus beaux corps & leur
donnent pouuoir,
Quelle ame est assez belle, à fin de vous mouuoir,
Astres clairs qui versez tant de celestes flames?
Il pleut de vos regars vne douceur extreme
Coulant les chastes cœurs d'aise & d'embrasement,

BERGERIES.

Qui fait croire qu'Amour quittant le firmament
Pour vous donner esprit s'est fait esprit luy-même.
Beaux Yeux, mes chers Soleils, las! par quelle auãture
Faut-il que si souuent vos rais me soyent celez?
Ceux du commun Soleil ne sont tant reculez,
Et la nuict pour chacun si longuement ne dure.
Ie suis vostre Phenix, ô lumiere immortelle,
En cendre à vos rayons ie me vay reduisant.
Ainsi parloit Philon, baisant & rebaisant,
Deuôt, les yeux diuins de Lycaste la belle.

QVELQVES EPIGRAMMES.

IE voulu baiser ma Rebelle,
Riant elle m'a refusé:
Puis soudain sans penser à elle,
Toute en pleurs elle m'a baisé.
De son dueil vint ma iouissance,
Son ris me rendit malheureux.
Voila que c'est, vn amoureux
A du bien quand moins il y pense.

AVTRE.

SI dessus vos léures de roses
Ie voy mes liesses decloses,
Mon esprit, ma vie, & mon bien,
Vous ne pouuez me les defendre:
Il faut que chacun ait le sien
Par tout le mien ie puis reprendre.

BERGERIES. 306
AVTRE.

Blanche aux yeux verds femme du vieux Tityre,
Autant de fois que sa vache elle tire
Dit bassement d'vn courage marri,
Ie ne voy point que ma tâche finisse:
Car toute nuict ie fay mesme exercice
Tirant le bout qui pend à mon mari.

AVTRE.

Tant de rapports fâcheux indignes de nostre ire,
Ne sortent que d'esprits ialoux ou malcontans:
Ie suis d'aduis de faire, & de les laisser dire,
Ils en auront la peine & nous le passerans.

AVTRE.

I'Aimois vn peu Phyllis, mais lors qu'elle m'aima,
Dans mon sang eschaufé du soulphre elle sema:
Mes yeux auparauant la iugeoyent assez belle,
Et depuis ie la trouue vne Venus nouuelle.
Phyllis continuez, aimez tousiours ainsi,
Mes feux & vos beautez continueront aussi:
Mais en ne poursuiuant les amours commencees
Vous rendez vos beautez & mes flammes passees.

AVTRE.

Hier Parthenie entre cent damoiselles
Sans y penser hautement soupira:
Helas, Amour, que n'auois-ie des ailes,
Pour decouurir où ce soupir tira!

BERGERIES.

AVTRE.

IE t'apporte, ô Sommeil, du vin de quatre annees,
Du laict, des pauots noirs aux testes couronnees,
Vueilles les ailerons en ce lieu desployer,
Tant qu'Alizon la vieille accroupie au foyer
(Qui d'vn poulce retors, & d'vne dent mouillee
Sa quenouille chargee a quasi depouillee)
Laisse cheoir le fuzeau, cesse de babiller,
Et de toute la nuict ne se puisse cueiller:
Afin qu'à mon plaisir i'embrasse ma rebelle
L'amoureuse Ysabeau qui souspire aupres d'elle.

AVTRE.

QVAND par les rochers montagneux
Pasiphaë de fureur contrainte,
Suiuoit son amant dedaigneux,
On dit qu'elle fist ceste plainte:
O Venus fille de la mer,
Qui causes ma flamme enragee,
Puis qu'vn bœuf tu me fais aimer,
Qu'en vache ne m'as tu changee?

STANSES.

IVPITER, s'il est vray que tu fusse' amoureux,
Quãd ton poil de toreau deceut vne pucelle,
Que tu pouuois te dire à bon droit bien-heureux
Portant dessur le dos vne charge si belle!
Dans l'eau que tu fendois d'vn pied souple & leger

BERGERIES. 307

L'heur si prest d'arriuer t'enflammoit la pensee:
Et l'Amour te faisoit oublier de nager,
Pour voir ce que monstroit sa cotte retroussee.
Mais quel heur de ce Dieu me pourroit egaler,
Si las! en quelque forme ou vraye, ou contrefaite,
Par la faueur d'Amour ie vous pouuois voler,
Vous qui trop plus qu'Europe estes belle & parfaite?
Ah non! ie ne voudroy vers vous me déguiser,
Et rẽdre en vous trompant ma grãd' flame amortie:
Or ne vous faschez donc si i'ose vous baiser,
Et si troublé d'Amour ie pers la modestie.

ODE.

QVAND tu ne sentirois aucun feu d'amitié,
Quand tu ne connoistrois ny deuoir ny pitié,
Quand tu serois conceue aux flancs d'vne
    lyonne,
Quand tu aurois le cueur d'vne froide colonne,
Tu ne pourrois souffrir de me voir en ce poinct
    Transir de grand' froidure.
Car l'ayant veu venir ie n'ay pris qu'vn pourpoint
    Pour toute couuerture.
N'ois-tu les Aquilons soufflans horriblement
Qui font par leur effort mouuoir ce tremblement?
N'entens-tu point Caurus qui donne à la trauerse,
Et sans dessus dessous toute chose renuerse?
Les forests en font bruit, où superbe il combat
    Les racines plus fortes.
N'ois-tu pas bien aussi le terrible debat
    Des fenestres & portes?

BERGERIES.

La neige couure tout, tout est paué de blanc,
L'excessiue froideur m'a tout gelé le sang,
Ie ne puis plus parler tant la glace me serre:
Mes nerfs sõt tous retraits, mes dés se font la guerre
D'vn choc continuel : & toute ma chaleur
    Au cœur est deuzlee,
Et commence desia comme aussi fait mon cœur,
    A se faire gelee.

Helas! aueugle Amour, où est ton grand pouuoir?
Où est ce feu diuin qui peut tout esmouuoir,
Qui des plus puissãs Dieux fait bouillir la poitrine,
Qui brûle les Enfers, la terre & la marine?
I'estimois que ton feu feroit à ma froideur
    Abandonner la place:
Mais ce froid au contraire a changé ton ardeur
    Et tous tes traits en glace.

IMITATION D'HORACE.

Audiuere, Lyce, dij mea vota.

EN fin mes vœux sont exaucez,
Lyse : tes beaux iours sont passez,
Tu deuiens laide & contrefaite,
Le temps ton visage a changé:
Et ce qui me rend mieux vangé,
Tu fais la ieune & la doucete.
Auec des appas desgoustans,
Et quelques vieux mots du bon tans
Tirez d'vne bouche blesmie,
Tu pensé eueiller nos esprits:

BERGERIES. 308

Mais la dedaigneuse Cypris
  Pres de toy languist endormie.
Amour du printemps compagnon,
  Est vn enfant, c'est vn mignon,
  Qui se plaist au fraiz des herbages:
  Parmy les fleurs il tend ses rets,
  Et fuyant les vieilles forests
  Fait son nid aux ieunes bocages.
Maintenant ce Dieu glorieux
  Courtise Amaranthe aux beaux yeux,
  Des Graces l'aimable compagne:
  Tes carcans ne l'emeuuent point,
  Ny ton contrefait en-bon-poinct,
  Ny ton rouge & ton blanc d'Hespagne.
Lyse, ne pers plus desormais
  Le temps, & le fard que tu mets
  A couurir ta face ridee,
  Ton poil n'en sera moins grison:
  Pour reuoir ta ieune saison
  Il faudroit les arts de Medee.
Las helas que sont deuenus
  Tant d'amours & tant de Venus,
  Qui troubloyent mon ame charmee?
  Chauds regars, propos rauisseurs,
  Feints souspirs, poignantes douceurs,
  Tous vos feux sont moins que fumee.
Apres Iane vnique en beauté,
  Le nom de Lyse estoit vanté:
  Mais Iane auoit l'ame naisue.
  Et n'aimoit point à deceuoir;

BERGERIES.

Où Lyse tousiours s'est fait voir
Mauuaise, inconstante & lasciue.
C'est pourquoy les destins amis,
Peu de iours à Iane ont permis,
Et l'ont d'entre nous retiree
Auant que sa ieune vigueur
De l'âge esprouuast la rigueur,
Et mille amans l'ont souspiree.
Mais les Dieux qui ne t'aiment pas,
Lyse, te font viure icy bas
Autant qu'vne vieille corneille:
Afin que l'amant s'effroyant,
Voye sa faute en te voyant,
Surpris de honte & de merueille.

DIALOGVE.

QVE ferez-vous, dites Madame,
Perdant vn si fidelle Amant?
Ce que peut faire vn corps sans ame,
Sans yeux, sans pouls, sans mouuemens.
N'en aurez-vous plus souuenance
Apres ce rigoureux depart?
Au cœur qui oublie en abscence
L'Amour n'a iamais eu de part.
De tant d'ennuis qui vous font guerre,
Lequel vous donne plus de peur?
La crainte qu'en changeant de terre
Il puisse aussi changer de cœur.
N'vsez iamais de ce langage,
A sa foy vous faites grand tort.

BERGERIE

C'est vn euident tesmoignage
Pour monstrer que i'aime bien fort.
Son amour si ferme & si sainte
Doit tenir vostre esprit content.
Ie ne puis que ie n'aye crainte
De perdre ce que i'aime tant.
Auriez-vous beaucoup de tristesse
S'il venoit à changer de foy?
Tout autant que i'ay de liesse,
Sçachant bien qu'il n'aime que moy.
Quel est le mal qui vous offense,
Attendant ce departement?
Tel que d'vn qui a eu sentence
Et attend la mort seulement.
Quoy? vous pensez doncques, à l'heure
Qu'il s'en ira mourir d'ennuy?
Il ne se peut que ie ne meure,
Mon esprit s'en va quant & luy.
Si tel accident vous arriue,
Vostre amour ne durera pas.
La vraye amour est tousiours viue,
Et ne meurt point par le trespas.

COMPLAINTE.

CHERCHEZ, mes tristes yeux, cherchez de tous costez
Vous ne trouuerez point ce que vous souhaitez
Vous ne verrez plus rien qui vous soit agreable:

[marginalia top left:] ✝ Je meure et * * *
vingt toe saw
moulin.

[marginalia middle left:] ce plains vostre
douleur de pitie
ne me plaist pas

Et vous bords tresors du printemps desirable,
O prez temoins secrets de mon contentement,
Où pleine de desir j'attendoy mon amant,
Accusant quelquefois sa trop longue demeure,
Las! portez le regret de son eloignement,
Et plaignez de pitié la douleur que j'endure.
Ce fut ici qu'il me dist sa pensee,
Dont ie feigny me sentir offensee,
L'appellant temeraire:
Mais ma feinte colere
Voyant ses pleurs, fut bien soudain passee.
Car eussé-ie voulu contre Amour me defendre?
Helas douce riuiere où est mon cher Philandre?

Voicy bien tous les lieux où ie le souloy voir,
Quand au commencement Amour par son pouuoir
Rangea mon ame libre en son obeissance.
I'eu pres de ce buisson sa premiere accointance,
Et senti dans mon cœur la sagette d'amour,
Qui perça le rocher que i'auois à l'entour,
Et le chaste rempart de ma poitrine dure.
Mais si tost que ie pense à ce malheureux iour
Ie sens renouueler la douleur que i'endure:
Ie recognoy ceste basse valee,
Où quelquefois à l'escart reculee
I'entretenoy mon ame
En l'amoureuse flame,
Par vn penser dont i'estoy consolee:
Et disois en mon cœur sans qu'on me peust entendre,
Helas douce riuiere où est mon cher Philandre?

[marginalia middle left:] a l'entour ne
me plaist pas
les absolum*
il falloit dire
a l'entour de
moy.

BERGERIES. 310

Voyla le clair ruisseau si souefuement coulant,
  Où pour passer le chaud du soleil violant
  Ie souloy demeurer sur l'herbage estendue,
  De mon fidelle Amant bien souuent attendue.
  Las tout est bien ici ! les bois delicieux,
  Les coustaux, les buissons, & les prez gracieux,
  Ie voy le clair ruisseau, i'enten son doux murmure:
  Mais les voyant, sans voir le soleil de mes yeux,
  Ie sens renouueller la douleur que i'endure.
    Aucunesfois mon ame ie contente:
    Car la trompant ie me le represente
    Dedans ceste prairie.
    O douce tromperie,
    Qui mes esprits heureusement enchante!
  Mais presque aussi soudain mon mal me vient reprandre.
  Helas douce riuiere où est mon cher Philandre?

Bien souuent ie l'appelle en criant dans ce bois,
  Mais rien sinon Echo ne respond à ma voix,
  Dont ie meurs de douleur s'il aduient que ie pense,
  Qu'il ne me respond point faute de souuenance,
  Ou que quelque autre amour son cœur a fait chager;
  Lors pleine de fureur me pensant bien vanger,
  Ie l'appelle infidelle, inconstant & pariure,
  Et dis en sanglotant, Helas cruel Berger,
  Regarde à tout le moins la douleur que i'endure!
    Mais tout soudain ma triste fantasie
    Auec raison pert ceste ialousie,
    Car sa foy trop louable

BERGERIES.

Est constante & durable,
Et d'autre ardeur son ame n'est saisie.
Car son cœur est à moy, nulle n'y peut pretendre,
Helas douce riuiere où est mon cher Philandre?

Quand ie suis en ces lieux ie n'y fay que penser,
Qu'egarer mon esprit, songer & rauasser,
Demeurer sans mouuoir comme vne souche morte.
Les Pasteurs de ces champs me voyant de la sorte
Chacun à qui mieux mieux vont criant apres moy:
Voy tes troupeaux, Bergere, esperdus comme toy,
Demeurans sans repaistre & fuyans la verdure.
Las! tout cela ne fait qu'augmenter mon esmoy,
Et tousiours redoubler la douleur que i'endure.
Voyla comment, ô ma seule pensee,
Loin de tes yeux mon ame est oppressee,
Ie languy solitaire,
Rien ne me sçauroit plaire,
Trop est en moy la tristesse amassee,
Qui fait de mes deux yeux deux grands fleuues descendre,
Helas douce riuiere où est mon cher Philandre?

VILLANELLE.

ROZETTE pour vn peu d'absence
Vostre cœur vous auez changé,
Et moy sçachant ceste inconstance
Le mien autre part i'ay rangé:
Iamais plus beauté si legere
Sur moy tant de pouuoir n'aura:

BERGERIES

Nous verrons volage Bergere,
  Qui premier s'en repentira.
Tandis qu'en pleurs ie me consume
  Maudissant cest eloignement,
  Vous qui n'aimez que par coustume,
  Caressez vn nouuel amant.
  Iamais legere girouette
  Au vent si tost ne se vira:
  Nous verrons, Bergere Rozette,
  Qui premier s'en repentira.
Où sont tant de promesses saintes,
  Tant de pleurs versez en partant?
  Est-il vray que ces tristes plaintes
  Sortissent d'vn cœur inconstant?
  Dieux que vous estes mensongere!
  Maudit soit qui plus vous croira:
  Nous verrons, volage Bergere,
  Qui premier s'en repentira.
Celuy qui a gaigné ma place
  Ne vous peut aimer tant que moy;
  Et celle que i'aime vous passe
  De beauté, d'amour & de foy.
  Gardez bien vostre amitié neuue,
  La mienne plus ne varira,
  Et puis nous verrons à l'espreuue
  Qui premier s'en repentira.

BERGERIES.

VII.

Bien-heureux le destin qui de moy fut vainqueur,
    Ordonnant que pour vous bassement ie soupire:
Bien-heureux mes yeux bruns, dons vous tenez l'empire,
    A tous autres suiets pleins d'extreme rigueur.
Ma ieune gayeté n'est que morne langueur
    Quand ie suis loin de vous, mon desiré martyre
C'est vostre seule amour qui m'anime & m'inspire,
    Vous me servez de sang, d'esprit, d'ame et de cueur.
Dieux, si vous estes Dieux, versez, ie vous en prie,
    Tous vos courroux sur moy plustost que ie varie,
Et me faites souffrir mille morts pour le moins.
Ainsi disoit Florelle, & pour plus d'efficace
    Elle escriuit ces mots tous dessus de la glace,
Presens les vents marins qui seruoyent de tesmoins.

COMPLAINTE.

Ie suis las de lasser les hommes & les dieux,
Ie suis las de verser tant de pleurs de mes yeux,
    Non pas yeux, mais fontaines:
Ie suis las de passer tant de fascheux détours,
Ie suis las d'appeller la Mort à mon secours,
    Pour la fin de mes paines.
Ces monts, ces prez, ces eaux, ces rochers, & ces bois
Sont lassez de respondre aux accens de ma voix
    Enrouee & cassee:
Ah cieux trop inhumains, pourquoy donc seulement

BERGERIES. 312

La douleur, qui me suit croissant incessamment,
   N'est-elle point lassée?
On voit changer les iours, les mois, & les saisons,
Le soleil se remue en ses douze maisons,
   Toute chose se change,
Rien n'est dessous le Ciel qui soit ferme & constant
Sinon l'aspre regret qui me va tourmentant
   D'vne fureur estrange.
Que maudit soit Amour, ses traits & son carquois!
  Que maudit soit le iour que ie suiui ses loix
   Pleines de tromperie!
Iamais Venus la douce aux flancs ne l'a porté,
Il est fils de Cerbere, & ieune il a teté
   Le sang d'vne Furie.
De libre que i'estois il m'a mis en prison,
Il a chassé bien loin la diuine raison
   Qui conduisoit mon ame:
Il a rendu mes yeux ennemis de mon cueur:
I'estois homme de chair, & or' par sa rigueur
   Ie suis homme de flame.
Ah! Prez où ie prenois tant de contentement,
Ie sens en vous voyant, dans mon entendement
   Mille nouuelles breches:
Las! vous me souliez plaire, et vous me tourmētez:
Vostre verd m'est obscur, & vos douces beautez
   Me semblent toutes seches.
O vie heureuse & libre, ô mon plaisir passé,
Hé pourquoy si soudain m'auez-vous delaissé
   D'vne fuitte inconnuë?
Et vous chefs desolez de ma calamité,

BERGERIES.

Dites, mes tristes Yeux, où est ma liberté?
   Qu'est-elle deuenue?
Or' mon pauure troupeau gist maigre & languissant
Sans boire & sans manger, bellant & gemissant
   Pour l'ennuy que ie porte:
Mon chalumeau n'est plus dans ces bois entendu,
Et mon triste Rebec est demeuré pendu
   A ceste branche morte.
Las! ils ne sont pas seuls qui plaignent mon malheur,
Les rochers l'ont pleuré, les oiseaux de douleur
   En ont fait mille plaintes:
Pan mesme en a gemi ayant la larme à l'œil,
Et les Nymphes des bois en ont porté le dueil
   De tristesse contraintes.
Mais qui me fait rentrer en ce dur souuenir,
Qui refraischist ma playe, & sert d'entretenir
   Mon rigoureux martyre?
Quoy? mõ Cœur, d'endurer n'es-tu donc pas laßé?
Et toy mon triste Esprit, l'ennuy que i'ay passé
   Te doit-il pas suffire?

                                  CARTELS

CARTELS ET MASQVARADES.

Pour les Cheualiers du Phenix.

AVX DAMES.

Sovs le Ciel plus serain vers l'heureuse
contree
D'où part le beau Soleil refaisant son
entree,
Et où d'vn feu plus doux ses rais sont allumez,
Naist l'oiseau merueilleux, dõt nous sommes nommez
Miracle de nature, & son plus bel ouurage:
L'or, le pourpre & l'azur s'esclate en son pennage,
Il s'engendre soy-mesme, & presqu'en vn moment
Se sent viure au berceau qui fut son monument.
Car lors qu'il a passé dix siecles de sa vie,
Et que le cours du temps, dont la force est rauie
L'a rendu plus debile, au Soleil recourant
Et couché sur le haut d'vn Palmier odorant
S'offre heureuse victime à la flamme celeste
Pour renaistre plus beau de sa cendre qui reste.
Auantureux oiseau! de qui l'embrazement
Et la vie & la mort naist du Ciel seulement.
   L'Amour qui dãs nos cœurs loge et prẽd nourriture
Oiseau tant renommé tient de ceste nature,
Il ressemble au Phenix, son destin est pareil,
Qu'on les nomme tous deux les oiseaux du Soleil.

MASQVARADES.

Car de deux beaux Soleils vient la flamme immortelle
Qui de sa propre fin nostre amour renouuelle,
Lors que les longs trauaux, le temps, ou la rigueur
De sa force premiere ont donté la vigueur.
    Donc, ô vous nos Soleils, par qui sont retournees
Auec vn seul regard toutes nos destinees,
Qui nous faites mourir & renaistre à l'instant
Consommez dans vn feu dont l'esprit est contant:
Or' que la longue peine en aimant supportee
De nos ieunes desirs a la force mattee,
Et qu'il semble qu'Amour decline en vieillissant,
Chassez la pesanteur qui le rend languissant,
Raieunissez sa vie, ô flambeaux salutaires,
A cest embrazement nous courrons volontaires
Inuoquant vos rayons, à fin d'estre brulez:
Et d'vn second trespas nous voir renouuellez,
Trop heureux de penser que la flayme diuine
Qui nous doit consommer ait celeste origine.

POVR VNE MASQVARADE
DE FAVNES.

ASSEMBLEZ vous, ô Deitez sacrees
De ces taillis, de ces eaux, de ces prees,
Assemblez vous en ce lieu gracieux
Pour receuoir trois diuines Princesses,
Trois belles sœurs immortelles Deesses,
Qui vont semant mille amours de leurs yeux.
Dessous leurs pas naissent les fleurs décloses,
Leurs doux regars font espanir les roses,
Ce bois en prend vne viue couleur:

MASQVARADES

Chacun des Vents son haleine retire,
Fors seulement le gracieux Zephyre,
Qui de soupirs allege sa chaleur.
Les chauds desirs, la ieunesse agreable,
L'espoir craintif, la constance immuable,
L'heureux repos, les douces cruautez,
Oiseaux legers vollent à l'entour d'elles,
Et doucement esuentent de leurs ailes
Les feux cuisans qu'allument leurs beautez.
Amour captif d'vne si belle bande,
De tous les lieux où vainqueur il commande
A retiré ses thresors precieux
Dedans ces trois qui font aux Dieux la guerre:
Aussi durant qu'elles seront en terre
Le paradis ne sera plus aux cieux.
Mon cœur saisi de flammeches nouuelles,
Est si raui de tant de choses belles,
Qu'il a plaisir en son nouueau tourment:
Heureux qui souffre en leur obeissance,
Puis que le mal est douce recompanse,
Et la douleur vaut tout contentement.
Tu as en vain ta clairté retiree,
Soleil ialoux, dans la mer azuree,
Où tu languis en paresseux seiour:
Car loin de toy les beaux yeux de ces Dames,
Soleils luisans, chauds d'amoureuses flames,
Chassent l'ombrage & nous donnent le iour.

MASQVARADES
Vers recitez en vne Masquarade.

Il n'est point d'autre liberté,
Que d'estre serf d'vne beauté.

NVICT, du Ciel la fille aisnee
Guidant tant d'astres nompareils,
Se veit-il onc vne iournee
Luisante en si diuins Soleils?
   Il n'est point, &c.
Qui voit vne troupe si belle
Sans qu'amour le vienne toucher,
Il est fils d'vne ourse cruelle,
Ou porte vne ame de rocher.
   Il n'est point, &c.
Que d'amours en leurs beaux visages,
Qu'en leurs yeux viuent de trespas!
Autrefois de moindres cordages
Ont tiré les Dieux ici bas.
   Il n'est point, &c.
D'vn regard disposer des ames,
Vaincre & commander en tous lieux,
D'vn glaçon tirer mille flames
C'est le moindre effort de leurs yeux.
   Il n'est point, &c.
Sont-ce pas de douces contraintes
Que de seruir si dignement?
Iamais nous ne ferons de plaintes
Languissans d'vn si beau tourment.
   Il n'est point d'autre liberté
   Que d'estre serf d'vne beauté.

MASQVARADES.

POVR MONSEIGNEVR LE DVC D'ANJOV.

Ces vers furent recitez en la Comedie
de I. A. de Baif.

LORS que le preux Achille estoit entre les Dames
 D'vn habit feminin deguisé finement,
  Sa douceur agreable en cest accoustrement
Allumoit dans les cœurs mille amoureuses flames.
En voyant ses attraits, sa façon naturelle,
 Les beaux lis de son teint, son parler gracieux,
 Les roses de sa ioue, & l'esclair de ses yeux,
On ne l'estimoit pas autre qu'vne pucelle.
Mais bien qu'il surpassast la plus parfaite image,
 Qu'il eust la grace douce & le visage beau,
 Le teint frais & douillet, delicate la peau,
Il cachoit au dedans vn genereux courage:
Dont il rendit depuis mille preuues certaines,
 Faisant sur les Troyens les siens victorieux:
 Et s'acquist tel renom par ses faits glorieux
Qu'il offusqua l'hōneur des plus vieux Capitaines.
Ainsi ceste beauté qu'on voit en vous reluire,
 Vous fait comme celeste à bon droit admirer:
 Amour dedans vos yeux s'est venu retirer,
Et de là droit aux cueurs mille fleches il tire.
Mais bien que vous ayez vne douceur naifue,
 Et que rien de si beau n'apparoisse que vous,
 Que vos yeux soyent rians, vostre visage doux,
Vous auez au dedans vne ame ardente & viue,

Rr iij

MASQVARADES.

Et serez comme Achille au milieu des allarmes,
 Foudroyant les plus forts, tuant & renuersant.
 Et tout ainsi qu'vn ours se fait voye en passant,
Vous passerez par tout par la force des armes.
Heureux en qui le Ciel ces deux tresors assemble,
 Qu'il ait la face belle, & le cœur genereux:
 Vous qui estes guerrier, aimé & amoureux,
Nous faites voir encor Mars & Venus ensemble.

STANSES.

A LA ROYNE.

Pour vn balet de xij. de ses filles.

OVZE Filles d'Afrique, honneur de
 leur contree,
 En qui du plus haut ciel la puissance est
 monstree,
Dont les yeux prennent tout, et ne sont iamais pris,
 Auoyent fait vn dessein de passer leur ieunesse
 Tousiours en liberté, n'adorans pour maistresse
Que la Chasteté seule, empreinte en leurs esprits.
Filles, si vous voulez (leur dist la voix certaine
 De l'oracle d'Ammon) vostre foy n'estre vaine,
 Et qu'vn si beau desir finisse heureusement,
Il faut aller en France où le Ciel vous appelle:
 Là toutes les Vertus dont la gloire est si belle,
 Couurent leur deïté d'vn mortel vestement.
La Royne du pays en beautez admirable,
 Est la Chasteté mesme, & viue & remarquable,
 Elle parle en sa bouche, elle luit en ses yeux:

Passez vostre bel âge à si digne seruice,
Et luy bruslez vos cœurs en deuôt sacrifice.
C'est estre en liberté que de seruir les Dieux.
Elles s'acheminoyent au destiné voyage
Toutes pleines de flame & d'aise en leur courage,
Le trauail leur est doux esperant si haut pris,
Lors que douze Geans, qui n'ont dieux que leurs armes,
Marchans pour les rauir, comblent leurs yeux de larmes,
De frayeur leur poitrine, & leur bouche de cris.
Tout espoir leur defaut, & toute aide celeste,
Quand ces petits guerriers, dont la taille et le geste
Est semblable aux amours, courent à leur support:
Et bien qu'vn tel secours causast peu d'esperance,
Leur bras eust tant d'adresse & leur cœur d'asseu-
rance,
Que les monstres cruels furent tous mis à mort.
Depuis par leur conduitte & leur force incroyable
Elles ont surmonté maint danger effroyable,
Auant que d'aborder à ce port desiré:
Mais tant de maux soufferts & de peines passees
Maintenant à souhait leur sont recompensees,
Voyans l'astre immortel en leurs vœux adoré.
Royne, honneur de nostre âge & sa gloire premiere,
Si vostre œil tout diuin est leur seule lumiere,
Adorans sainctement son pouuoir nompareil,
Fauorisez le zele & la foy de leurs ames:
Et pour humble present vous le soleil des Dames,
Receuez de leurs mains l'image du soleil.

Rr iiij

MASQVARADES.

CARTEL.

'HOMME est bien malheureux qui pen-
se en bien aimant
Recueillir à la fin quelque contentement,
Et se voir satisfait au prix de son seruice.
Car si l'Amour est Dieu, c'est vn Dieu d'iniustice,
Vn enfant, vn aueugle, vn tyran inhumain,
Qui porte au lieu de sceptre vn flābeau dans la main,
Dont il brule les cœurs de flammes eternelles,
Et tourmente plus fort ceux qui sont plus fidelles.
   De ce mechant Amour, iniuste & rigoureux
Quatre amans estrangers, courtois & genereux
Ont fait (à leur malheur!) beaucoup d'experien(ces)
Et tiré des rigueurs pour toutes recompenses
Apres auoir long temps fidellement aimé,
Nourrissans dans le cœur vn brasier allumé:
Apres auoir passé les plus cruels allarmes,
Et de sang & de pleurs souuent baigné leurs armes:
Apres auoir souffert, serui, pleuré, prié,
Et n'auoir leur esprit qu'en vn lieu dedié,
Lors qu'ils pēsoyent cueillir le doux fruit de leurs pai-(nes
Ont receu pour tout bien des esperances vaines,
Des propos incertains, des refus, des longueurs,
Qui gesnent leurs esp[rits] d'eternelles langueurs,
Et qui les font mourir en cruelle souffrance,
Pitoyable loyer de leur obeissance.
   Or bien que ces guerriers si durement traitez,
Peussent estre à bon droict contre Amour despitez,
Et blasphemer ses traits, son pouuoir, & sa flame:

MASCARADES. 317

Chacun d'eux en mourant honore tant sa Dame,
Qu'il inuoque son nom au milieu du tourment,
Et reçoit son trespas comme vn doux payement.
Voire & sont eschauffez d'ame si genereuses,
Qu'ils veulent maintenir leurs douleurs amoureuses
Passer toutes douceurs, & qu'ils sont plus heureux
Que les plus iouïssans & contans amoureux.

 Or donc si quelque Amant cheri de sa Maistresse
A desir d'essayer au combat leur addresse,
Au hazard de sa vie il la peut esprouuer
S'il veut tout aussi tost en armes se trouuer:
Soit pour courre vne bague, & pour donner carriere,
Ou rompre à camp ouuert vne lance guerriere,
Donner six coups d'espee, & soudain faire voir
Au combat de la pique vn amoureux deuoir.
Car ils s'asseurent tant en leur iuste querelle
Qu'ils esperent l'honneur d'entreprise si belle.

CARTEL.

Pour monsieur le Duc du Maine, & sa troupe.

Sur la mort d'Amour.

E ducil que nous portons aux habits &
  aux ames
N'est pour nos parens morts, nos amis, ou
  nos femmes,
Plus iuste occasion noircist nos vestemens:
C'est pour la mort d'Amour iadis tant redoutable,

MASQVARADES.

Que la race mortelle, ingrate & miserable
Par force a fait mourir entre mille tourmens.
 Luy qui fut vn Démon nompareil en puissance
Apres auoir long temps fait au mal resistance
(Les Démons de tout poinct immortels ne sont pas)
En fin a veu sa vie esteinte & consumee
Non d'vn coup de pistole au milieu d'vne armee,
La feinte & l'inconstance ont causé son trespas.
 Tout ainsi comme vn corps fort & sain de nature
S'alterant à la longue en sa temperature,
Se voit de maux diuers l'vn sur l'autre assaillir:
Or' il se plaint d'vn bras, or' d'vne autre partie,
Tant qu'il sente d'vn coup sa puissance amortie,
Et luy faille à la fin tout entier defaillir.
 Ainsi de ce Démon la deïté connue,
Ayant tant de saisons sa vigueur maintenue,
Tousiours plein de ieunesse, entier, pur, saint, & beau
A la fin peu à peu dans luy se sont glissees
Les infidelitez, les legeres pensees,
La feinte & le mespris qui l'ont mis au tombeau.
 Nous trois fusmes presens à ce piteux office,
Detestans la fureur de l'humaine malice,
Mere des changemens qui le faisoyent perir:
Nous l'eussions bien voulu racheter de nous mesmes,
Mais nos cris furēt vains, nostre aide et nos blasphemes
Tout remede en ce temps ne l'eust peu secourir.
 Or comme cet Amour fut mis en sepulture,
Vn volage Desir de mauuaise nature,
Double, fardé, trompeur, pariure & mensonger,
Se fist son successeur par mechantes cautelles:

[marginalia:]
ceste imagi-
nation ne
vaut rien

il veut dire
qu'il n'y eust
... remede
qui l'eust peu
seruir, mais
il est [?] tout remede ne [?] peu seruir. Or sçait
bien qui tout remede ne guerit pas vne maladie

MASQVARADES. 318

Mais du defunct Amour il n'a rien que les ailes,
Pour voler en tous lieux comme oiseau passager.
　C'est luy qui maintenant du nom d'Amour s'honore,
Qui commande en sa place, & que le peuple adore:
C'est le prince & le dieu des amans de ce temps,
C'est luy qui verse aux cœurs tant de durables flâmes,
Et qui rend auiourd'huy si constantes les femmes,
Que les flots & les vens sont beaucoup plus constans.
　L'autre estoit de deux cœurs vne vnion parfaite,
Que l'oublieuse mort n'eust sceu rendre defaite:
L'Oubly sur cestuy ci d'heure en heure est vainqueur,
L'autre à vn but sans plus addressoit son attente.
Quelle amour maintenant d'vn obiect est contente?
Selon le temps qui court c'est n'auoir point de cœur.
　Aussi pour tant de biens comblans l'humaine vie,
Tant d'estroites faueurs dont l'ame estoit rauie,
De desirs mutuels, de doux languissemens,
Ce ne sont auiourd'huy que trompeuses caresses,
Feints regards, feints soupirs, peu certaines promesses,
Pensers dissimulez, mespris & changemens.
　Plus d'amour veritable en la terre n'habite,
Il n'y a plus d'amant qui ce beau nom merite,
Tel tiltre à l'aduenir ne doit estre permis:
Car puis que leur desir à toute heure varie,
Et que leur dernier but n'est rien que tromperie,
Il faut au lieu d'amans les nommer ennemis.
　Or c'est ce qui nous fait en main les armes prendre,
Pour maintenir à tous ce qu'auons fait entendre,
Qu'il n'y a plus d'amour ny de vrais amoureux:
A fin que telle erreur n'abuse plus les Dames;

MASQVARADES.

Et qu'on s'aille mocquant des glaçons & des flames
De tant d'esprits legers à credit langoureux.
   Donc si quelcun de ceux qui se donnent la gloire
D'aimer parfaitement, & qui le font accroire,
Demeure en son erreur follement endurci,
Qu'il s'auance au combat plein du dieu qui le donte,
A fin qu'vn de nous trois face voir à sa honte
Qu'Amour est mort du tout & les Amans aussi.

   Pour la Masquarade des Cheualiers fidelles, aux nopces de monsieur le
       Duc de Ioyeuse.

   Stanses recitees par vn des Flamines.

FOY, grand' deité iadis tant reueree
Des innocentes mœurs de la saison doree,
Mais dont rien que le nom en ce temps
   n'est connu:
Fille de Iupiter, & sa ministre sainte,
Qui ioins la terre au ciel d'vne aimable contrainte,
Et par qui ce grand Tout en deuoir est tenu:
   Fauorise & conduis, ô Deesse immortelle,
   Ceste troupe guerriere, amoureuse & fidelle.
Ce sont neuf Cheualiers deuots à ton seruice,
Qu'vn despit genereux de l'humaine malice
D'vn des coings de la terre a conduits en ces lieux:
Amour est le suiect de leur iuste querelle:
Ils ne sçauroyent souffrir que l'audace mortelle
Le conduise en triomphe à la honte des Dieux.
   Aide vn si beau dessein, fortune leur prouesse,
   Et deliure vn grand Dieu toy plus grande Deesse.

MASQVARADES. 319
La Foy.

Allez mes Cheualiers, marchez à la bonne heure,
Ie vous suiuray par tout : ma plus chere demeure
Sera dedans vos cœurs pleins de ma deïté:
Pour auoir constamment gardé la foy promise
Ie vous ay reseruez à si haute entreprise,
Ornant de ce laurier vostre fidelité.

Le Chœur de tous les Flamines.

Dames, qui par vos yeux rompez tous les ombrages
Changeant la nuict en iour, esclairez leurs courages,
Et de vos doux regars animez leur valeur.
Rien ne leur donne crainte ayant ceste assistance,
Sinon peu leur vaudra leur fidelle constance:
Si vous n'en faites cas la Foy n'est que malheur.

Pour la masquarade des Visions.
La Nuict.

HORS de mon humide seiour
Ennemy du bruit & du iour
Ie sors des Dieux la plus aisnee,
Auec mes Astres argentez,
Pour voir vos diuines beautez
Honorant vn sainct Hymenee.
Paisible en mon char ie conduis
Le Sommeil charmeur des ennuis,
Le repos & l'oubly des paines:
A fin qu'en tout contentement
Vous puissiez passer doucement
De ce soir les heures soudaines.

MASQVARADES.
L'Aurore.

Fille du Chaos solitaire,
En ce lieu que penses-tu faire
Auec ces larueux appareils?
Si Phebus d'vn regard te chasse,
Comment pourras-tu trouuer place
Parmi tant de plus beaux Soleils?
Mere des soucis & des craintes
Fuy d'ici, remmene tes faintes,
Et tous ces fantosmes défaits:
Retourne en tes demeures sombres,
Sans plus receler sous tes ombres
L'honneur des Cheualiers parfaits.

Pour des Cheualiers portans des
testes d'Hydra.

L'HYDRE D'AMOVR.

A QVOY se peuuent mieux nos desirs
comparer,
Et les tourmens diuers qu'on nous fait
endurer
Qu'au serpent merueilleux dont Lerné estoit couuerte
Qui plus estoit b'essé plus ses forces croissoyent?
Car pour vn chef coupé sept autres luy naissoyent,
Trouuant vie en sa playe, & profit en sa perte.
Par sentence des cieux Amour cruel serpent
Nourri dedans nos cœurs s'y traine & va rampant:
Pour vn chef qu'on luy tresche on en voit sept renaistre
Traictemens rigoureux, trauail, peine & langueur
Au lieu de l'affoiblir maintiennent sa vigueur:

MASQVARADES. 320

Ce qui deuſt le tuer le conſerue en ſon eſtre.
 Plus fertile qu'vn Hydre il produit des tourmens,
Des fureurs, des regrets, des ſoucis vehemens,
Et non point ſept à ſept, ains ſans nôbre & ſans côte:
Si l'eſpoir fauorable en a tranché quelcun,
Mille & mille à l'inſtant en renaiſſent pour vn,
Il n'y a ny rigueur, ny douceur qui les donte.
 Quel ſecourable Hercule à noſtre aide arriuant
Pourra faire mourir vn ſerpent ſi viuant,
Et de l'Hydre d'Amour deliurera nos ames?
Las! pour noſtre ſecours peu vaudra ſon effort
Puis qu'auecques du feu l'Hydre fut mis à mort,
Quand le noſtre au côtraire eſt nourri dans les flames.

Autre maſquarade, pour le Roy Henry III.

LEs deux enfans de Mars, dont la gloire indontée
 Aux deſerts plus cachez par le fer s'eſt plâtee,
La terreur du Leuant, en tous lieux redoutez,
Du butin qu'ils ont fait courans toute la terre
Viennent payer ces vœux non au Dieu de la guerre,
Mais à vos yeux vainqueurs, Deeſſes des beautez.
Ce ſont ſix priſonniers grands d'honneurs & de race
Qui de tout l'Vniuers faiſoyent trembler l'audace,
Auant que la Fortune euſt ſoubmis leur valeur:
Beaux, courtois & diſcrets, en l'Auril de leur âge,
De qui les accidens n'ont flechi le courage,
Mais ſont moins abbatus plus ils ont de malheur.
Acceptez ce preſent d'vn œil doux & propice.

MASQUARADES.

Retenant les captifs pour vous faire seruice,
Ou pour les immoler à vostre cruauté:
Ils sont tous resolus d'endurer vostre empire:
Et, quoy qu'il en arriue, vn seul d'eux ne desire
Que si belle prison se change en liberté.
Que pour eux la rigueur loin de vous soit bannie:
Aux Ours & aux Dragons propre est la felonnie,
Mais non aux Deitez qui dominent sur nous.
" Vne beauté cruelle est vn monstre en nature.
" La fierté des Lions se lit en leur figure:
" Où le visage est beau le cœur doit estre doux.

Pour la Masquarade des Chasseurs.
STANSES AVX DAMES.

I.

NOVS sommes six chasseurs de la belle
Cypris,
Nourris en ses forests de Paphos & d'E-
ryce,
Entre les ieux mignars : où nous auons appris
De Nature & d'Amour ce plaisant exercice,
Qui par diuers sentiers, & par lieux inconnus
En chassant iour & nuict, sommes ici venus
Bien fournis de courtaux, de limiers & de toiles,
Pour chasser aux forests des ieunes Damoiselles.

II.

On dit que leur taillis sont assez frequentez,
Et que tout ce terroir est fort propre à la chasse,
Les piqueurs seulement ne sont pas bien montez,
Leurs courtaux & leurs chiens sont de mauuaise race:

Ils

MASQVARADES.

Ils n'ont iamais appris comme l'on doit chasser,
Faire enceinte és deuants, rembuscher, & lancer,
Requester, redresser, mettre bien sa brisee:
Mais souuent redresser c'est chose malaisee.

III.

Ce n'est pas peu de cas de chasser comme il faut,
A la perfection mainte chose est requise:
Les piqueurs bien rusez souuent sont en defaut,
Et sans plus redresser laissent leur entreprise.
Pour estre bon chasseur, il faut premierement
Estre ferme & bien roide, & piquer viuement,
Garder l'ordre & le temps, & l'art & la mesure,
Et non comme les foux courir à l'aduanture.

IIII.

Il faut vn bon limier, penible & poursuiuant,
Nerueux, le rable gros, & la narine ouuerte,
Qui roidisse la queue & s'allonge en auant
Si tost qu'il sent la beste, ou qu'il l'a descouuerte:
Et lors c'est le plaisir quand vn Veneur parfaict
Le sçait tenir de court, ou luy lascher le traict,
L'arrester, l'eschauffer, comme il ha connoissance
Ou que la beste ruse, ou bien qu'elle s'auance.

V.

Tous endroits pour courir ne sont pas approuuez,
Et chacune forest n'est duisante à la chasse:
Les champs marescageux, qui sont trop abbreuuez,
Bien souuent à nos chiens ont fait perdre la trace.
Les lieux d'autre costé raboteux & pierreux
Sont fascheux à piquer, & sont fort dangereux.
Qui veut que sans danger le plaisir l'accompagne,

ss

MASQVARADES.
Il n'est que de chasser en la plaine campagne.

VI.
Ces cousteaux verdissans en gazons releuez,
Qui commencent encore à pousser vn herbage,
Des Chasseurs bien experts les meilleurs sont trouuez:
Mais ils veulent des chiés qui soyent de grãd courage.
Vn chien foible de reins se romt soudainement,
On a beau forhuer & sonner hautement,
Quand il a fait vn cours, sa force diminue,
Et sans plus requester il va branlant la queue.

VII.
Nos chiés ne sont pas tels, mais tousiours vigoureux,
Eschauffez du plaisir vont supportant la peine:
Ils ne craignent l'Hiuer, ny l'Esté chaloureux,
Vn cri les resiouit, & les met en haleine,
Et sans estre en defaut legers comme le vant,
Tousiours bien ameutez le droit ils vont suiuant:
Et n'y a lieu si fort, ne si serré bocage
Qu'ils n'y mettent la teste, & n'y treuuent passage.

VIII.
Quel plaisir pẽsez-vous qu'vn chasseur doit auoir
Poursuiuant finement vne beste rusee,
Qui tournoye en son fort pensant le deceuoir,
Ou qui donne le change & fait sa reposee:
Quand apres grand trauail il la voit commencer
A se feindre le corps & sa teste baisser,
Chanceler coup sur coup, à la fin renuersee
Tomber à sa mercy toute molle & lassee?

IX.
Dames, qui par vos yeux amoureusement doux

Rendez comme il vous plaist vne ame asſuiettie,
Sans perdre ainſi le temps chaſſez auecques nous,
Et la chaſſe en commun vous ſera departie :
Preſtez-nous ſeulement vos bois & vos foreſts,
Nous fournirons de chiens, de courtaux, & de rets :
Et bien que ſur nous ſeuls la peine ſoit remiſe,
Vous aurez le plaiſir & le fruit de la priſe.

POVR LA MASQVARADE DES CHEVALIERS AGITEZ,

Plainte en forme d'Echo.

OV ſuis-ie ? ô miſerable ! où m'a ietté l'orage ?
Eſt-ce plaine, eſt-ce mont, eſt-ce bois, ou riuage
Qui benin me reçoit, & me va ſecourant,
Des naufrages d'Amour le piteux demourant ?
Malheureuſe ma vie à ſouffrir condamnee !
Quel deſtin me pourſuit d'vne haine obſtinee ?
Le ciel veut-il nommer vne mer de mon nom,
Où ſi c'eſt le courroux de quelque autre Iunon ? Non.
Nō. Dieux ! qui me reſpõd ? quel bruit me fait la guerre ?
Quoy ? n'auray-ie repos ſur l'eau ny ſur la terre ?
Mais ô fille de l'Air, Echo, n'eſt-ce point toy
Qui viens à ce beſoin conſoler mon eſmoy ? Moy. *hors d'vſage*
Narciſſe à tes langueurs puiſſe eſtre ſecourable,
Belle & gentille Nymphe aux amans fauorable,
Dy moy que ie dois eſtre en ſi grand deconfort ? Fort.
Quel remede eſt plus propre au trauail que i'endure ?
Dure.

Le duxer ne ſignifie pas ce la faut, le durare des Latins.

EPITAPHES.

Hé! n'ay-ie pas duré fideslment seruant?
Qu'ay-ie en fin recueilly si long têps poursuiuāt? Vant.
Dōc que doy-ie plus faire en ce malheur extrême? Eme.
Helas! i'aime si fort que ie m'en hay moy-méme:
Mais ie n'auance rien: les destins trop constans
Contre ma loyauté sont tousiours combatans. Atans.
Et bien, i'attendray donc, sans que tant de trauerses
De flots, de vents, d'escueils, & d'iniures diuerses,
Dont foible & sans secours ie me trouue assailly,
Puissent rendre vn seul iour mon courage failly.
Non que l'espoir m'allege au mal que ie supporte,
L'esprit n'est pas constant que l'espoir reconforte,
Mais celuy seulement qui sans rien esperer
Peut d'vn cœur inuaincu toute chose endurer.

EPITAPHES.

DE TIMOLEON DE COSSÉ, COMTE DE BRISSAC.

Mort contente toy, ton char est honoré
D'vne riche despouille, & de trop bel-
    les armes:
Tu peux bien t'assouuir si tu te pais de
    larmes,
Heros ne fut iamais si iustement pleuré.
Mars ne doit desormais se tenir asseuré,
Ains redouter craintif, & fuir les allarmes,

EPITAPHES.

Voyant deuant ses yeux entre mille gens-d'armes
Le ieune Mars Gaulois palle & defiguré.
Mais las! que sçay-ie moy si Mars esmeu d'enuie,
A point forcé la Mort à le priuer de vie?
O Mars, s'il est ainsi, tu t'es bien abusé!
Car s'il a remporté tant d'honneur sur la terre,
Or qu'il est immortel il sera plus prisé,
Et sera reueré comme Dieu de la guerre.

De luy mesme.

Brissac estoit sans peur, ieune, vaillant & fort,
Il est mort toutesfois : Passant, ne t'en estonne.
Car Mars le Dieu guerrier pour monstrer son effort,
Se prend aux plus vaillans, & aux lasches pardonne.

De Diane de Cosse' Comtesse de Mansfeld.

Quand le Soleil nous laisse, & que tout radieux
Il va luire à son tour parmi l'autre hemisphere,
Tout se couure d'ombrage, & ce qui souloit plaire
Prend vn visage triste, & se fait ennuyeux.
Ainsi chaste Diane, en quittant ces bas lieux,
Pour faire luire au ciel ta flamme ardante & claire:
Quel nuage de pleurs, quelle horreur solitaire,
Quelle ombre & quelle nuit laisses-tu sur nos yeux?
Helas! ton occident d'autant plus nous ennuye
Qu'il vient deuant le soir, & que ta belle vie
Presque dés le matin nous couure sa clairté.
Mais que dis-ie? ah ie faux tãt l'ennuy me transporte!
Ta vertu luist tousiours, la Mort n'est assez forte
Pour faire que son iour nous soit iamais osté.

S s iij

EPITAPHES.

De madame la Mareschalle de BRISSAC.

DE palme & de lauriers tout autour soit planté
Ce sacré monument : car le corps qu'il enserre
En viuant triompha des vices de la terre,
Et l'orna de vertus, d'honneurs & de bonté.
BRISSAC fut son espoux, ce guerrier indonté,
Qui fut des ennemis la foudre & le tonnerre:
BRISSAC fut son enfant, cest astre de la guerre,
Qui trop tost des François retira sa clairté.
Tant que des faits Gaulois durera la memoire,
De ces preux cheualiers sera viue la gloire.
Elle donc mere & femme à deux si grãds guerriers,
Qui sema de lauriers & de palmes la France,
Doit auoir son tombeau pour digne recompance,
Au lieu de belles fleurs tout semé de lauriers.

De SEBASTIEN DE LVXEMBOVRG Duc de Martigues.

CEluy que la Mort mesme en viuant redoutoit
Lors qu'il ouuroit les flancs de la mutine armee,
Et qui chaud d'vn beau sang & de gloire animee,
Sans crainte de la Mort aux dangers se iettoit.
Ceste fatale Sœur qui tousiours l'aguettoit
D'enuieuse fureur & d'ire enuenimee,
Se mêlant dans l'estain d'vne balle enflammee,
Perça son front vainqueur où la Gloire habitoit.
Puis se restouissant d'vn si piteux ouurage:
Voy (ce dit-elle alors) que te sert ton courage,
Et comme les plus forts sont subiets à ma loy.

EPITAPHES.

Tu t'abuses (dit-il) ô Mort pleine d'enuie:
Car ie laisse vn renom qui n'a point peur de toy,
Et vay reuiure au ciel d'vne immortelle vie.

Du sieur de SILLAC.

C'Est en vain desormais que la mere Nature
Trauaille à faire voir des ouurages parfaits,
Puis qu'ils sont par la mort si promptement défaits,
Et que le plus parfait est celuy qui moins dure.
Peintres mal-auisez, qui par vostre peinture
Faites la mort sans yeux, reformez vos pourtraits:
Toussiours au plus beau but elle addresse ses traits,
Et n'en tire iamais vn seul à l'auanture.
Elle a choisi SILLAC entre mille soldars,
SILLAC choisi d'Amour, d'Apollon & de Mars,
Et d'vn coup de trois Dieux l'attente elle a rauie.
Mais las! elle est sans yeux: car s'elle eust veu les pleurs
Qu'ont respandu sur luy les beaux yeux de ses sœurs,
Elle eust esté contrainte à luy rendre la vie.

De CLAVDE DE BASTARNAY sieur d'Anton.

IVste posterité qui liras la vaillance
De tant de grans guerriers à iamais glorieux,
Qui par le fer vainqueur se sont ouuerts les cieux,
Achetant de leur sang le repos de la France:
Honore incessamment l'heureuse souuenance
Du vaillant Bastarnay digne race des Dieux,
Qui dés le doux printemps de ses ans gracieux
S'offrit pour son pays d'vne belle asseurance.

Ss iiij

EPITAPHES.

Pour le recompenser de sa fidelité
Les Dieux benins luy ont le corps mortel osté,
Luy donnant dans le Ciel vne gloire immortelle.
Car il luit maintenant en astre transformé,
Et sera bien-heureux à bon droict estimé,
Qui naistra desormais sous planette si belle.

A la France.

DV sommeil qui te clost les yeux & la pensee,
Sus reueille toy, France, en ceste extremité:
Voy le Ciel contre toy par toy-mesme irrité,
Et regarde en pitié comme tu t'es blessee.
C'est assez contre toy ta vengence exercee,
C'est assez en ton sang ton bras ensanglanté:
Et quand ton cœur felon n'en seroit contenté,
Pourtant de t'affoler tu dois estre lassee.
Toy qui fus autrefois l'effroy de l'estranger,
Or tu es sa risee, & soumise au danger,
Tandis que dessus toy tu t'acharnes cruelle,
Qu'il sorte pour donter ton cœur enuenimé,
Et face comme on voit vn grand loup affamé,
Qui de tout vn troupeau separe la querelle.

De GILLES BOVRDIN Procureur general du Roy.

BOurdin eut vn esprit veillant incessamment,
Et vn corps endormi chargé d'âge & de graisse.
L'esprit prost se plaignoit du corps tousiours dormant:
Le corps lourd, de l'esprit qui n'auoit point de cesse.
Le Ciel pour appaiser ces estranges discors,

EPITAPHES.

A fait venir la Mort ce pendant qu'il sommeille,
Qui d'vn somme eternel a fait dormir son cors,
A fin que son esprit plus à son aise veille.

De BREVET, Eunuque & Chantre excellent.

A M. Nicolas Secretaire du Roy.

DAns ce tumbeau tout parfumé de roses,
D'vn Amphion les cendres sont encloses,
Qui tout diuin les rochers esmouuoit,
Qui de sa voix leur inspiroit des ames,
Qui comme Orphee estoit haï des femmes,
Et mieux que luy les trauaux deceuoit.
Peut estre (Amy) ta voix melodieuse
Dans ce tumbeau soupire vne chanson
Pour NICOLAS : mais la terre enuieuse,
De tes fredons nous dérobe le son.

De la Barbiche de Madame de VILLEROY.

CEste chienne au vif contrefaite
Estoit de beauté si parfaite
Qu'on ne veit que rien de si beau :
Le poil blanc dont elle fut riche
L'honora du nom de Barbiche,
Nom qui n'est point clos du tumbeau.
Car vne sçauante Deesse
Qui fut ici bas sa maistresse,
Luy fait part de sa deité,

EPITAPHES.

Et par mille vers memorables,
Et mille portraits honorables
La sacre à l'immortalité.
Apres qu'elle eut passé sa vie
De mille delices suiuie,
Bien aimant, bien aimee aussi,
Baisant le beau sein de sa dame
Doucement elle rendit l'ame.
Qui ne voudroit mourir ainsi?
Or si le ciel qui tout embrasse,
Comme iadis aux chiens fait place,
Il ne faut douter nullement
Que ceste Barbiche si belle
Bien tost d'vne clairté nouuelle
Ne flambe au haut du firmament.

De IEAN DES IARDINS, Medecin du Roy, qui mourut subitement.

Apres auoir sauué par mon art secourable
Tant de corps languissans que la Mort menaçoit,
Et chassé la rigueur du mal qui les pressoit,
Gaignāt cōme Esculape vn nom tousiours durable:
Ceste fatale Sœur, cruelle, inexorable,
Voyant que mon pouuoir le sien amoindrissoit,
Vn iour que le courroux contre moy la poussoit,
Finis quant & mes iours mon labeur profitable.
Passant, moy qui pouuois les autres secourir,
Ne dy point qu'au besoin ie ne me peu guarir:
Car la Mort, qui dontoit l'effort de ma science,
Ainsi que ie prenois sobrement mon repas,

EPITAPHES.

Me print en trahison, sain & sans deffiance,
Ne me donnant loisir de penser au trespas.

De Damoiselle IEANNE de LOYNES,
pour M. SOREAV son mary.

HE! las Ciel inhumain, & toy dur Monument,
Vous auez entre vous partagé ma richesse!
L'vn a raui l'esprit de ma chere Maistresse,
L'autre enserré son corps qui luy sert d'ornement.
Desolé que ie suis! pour tout allegement
Mes yeux noircis de pleurs en ces deux pars ie dresse:
Or' ie les leue au ciel, & or' ie les abbaisse
Vers ce lieu qui retient mon seul contentement.
Las! si mes iustes cris se peuuent faire entendre,
Puis que mō cher thresor vous ne voulez me rendre,
Ciel, & tumbeau de grace octroyez moy ce bien.
Ciel r tuis mon esprit comme cil de Madame,
Assemble-les ensemble: & toy, cruelle lame,
Sers de tumbe à mon corps comme tu fais au sien.

De Madame MARGVERITE
Duchesse de Sauoye.

TV nous veux perdre, ô Dieu plein de vengeance,
Tu nous veux perdre, & ton cœur despité
Comme vn torrent respand sa cruauté
Noyant du tout nostre foible esperance.
Il ne restoit rien d'entier de la France,
De pur, de sainct, d'vne antique bonté,
Que MARGVERITE humaine deïté,
Et ta rigueur couure ceste influance.

EPITAPHES

Que serons-nous, ô chetifs, desormais?
L'appuy des bons, le recours & la paix
Reuole au ciel, sa premiere origine.
Ton cœur (ô Dieu) deuoit estre assouui
Du sang Gaulois, du Roy si tost raui,
Sans arracher ceste plante diuine.

Sur les Cœurs de messieurs les Cardinaulx de Lorraine & de Guise.

Pour madame de S. Pierre leur sœur.

Deux cœurs sacrez à Dieu sont clos sous ceste pierre
Des deux plus grãs prelats que l'Europe ait cõnus:
Leur sœur pour tout thresor se les est retenus,
Qui quant & ces cœurs morts le sien viuãt enserre.
Quel desert si caché, quel recoint de la terre
N'est plein de leurs combats pour la foy soustenus?
En quel lieu leurs trauaux ne sont ils paruenus,
Leur constance, leur zele, & leur fidelle guerre?
En vain de vostre temps, Athletes glorieux,
Qui pour prix Olympique auez acquis les cieux,
Tant de monstres cruels l'Eglise ont combatue:
Honorant vostre tumbe on doit peindre en ce lieu
La foy, la verité, l'ardente amour de Dieu,
Et grondant sous vos pieds l'heresie abatue.

Sur la mort de LOYS DV GAST maistre de Camp de la Garde du Roy.

Ne semez point des fleurs sur la tumbe sacree
Du valeureux le GAST viue flamme de Mars,

EPITAPHES. 327

Mais des marques de guerre, escus, lances & dards:
Autre ornement funebre à sa cendre n'agree.
Qu'on n'entende à l'entour les accens miserables
De Nymphes, des Pasteurs, des Amours lamentans:
Mais que la forte voix des meilleurs combatans
Celebre son obseque & ses faits memorables.
Iamais le Ciel ne mist plus d'adresse & de grace,
Ny de force en vn corps, ny cœur plus asseuré:
Et s'il ne l'eust si tost d'entre nous retiré
La France auroit son Mars aussi bien que la Thrace.
Dés sa premiere enfance en vertus accomplie
Ayant d'vn beau desir le courage embrasé,
Il s'estoit comme vn but en l'esprit proposé
Que pour aimer la gloire il faut haïr la vie.
En cent & cent combats, dont France est trop fertile,
Soustenant de son Roy le fidele parti,
Cent fois les plus vaillans son effort ont senti.
Et l'estimoyent des siens le rempart & l'Achille.
En fin demeuré sauf des guerres plus cruelles,
Durant qu'en temps de paix il se va moins gardant
Vn soir on le massacre, & tombe en respandant
Plus d'hôneur que sang de vingt playes mortelles.
O rigoureux destins dont France est combatue!
Mars au discord commun luy rauit ses enfans,
Puis ceus qu'on voit rester vainqueurs & trionfans
Au giron de la Paix laschement on les tue.

De luy-mesme.

LEGAST qui sous Brissac nourriture auoit prise,
Et qui seul imita ses desseins genereux,

EPITAPHES.

Eut le cœur grand & beau, l'esprit auantureux,
Pour luy du plus haut ciel basse estoit l'entreprise.
En ce temps traistre & feint il vescut sans feintise,
N'estima les plus grands, mais les plus valeureux:
D'argent il fit ionchee : & ne fut desireux
Pour tout bien que de gloire ouuertement acquise.
Il aida ses amis, ses ennemis chassa,
Et tous ses compagnons en faueurs surpassa,
Fut fidelle à son maistre, & gaigna son courage:
En fin la nuict, au lict, foyble & mal disposé
Se voit meurtri de ceux qui n'eussent pas osé
En plein iour seulement regarder son visage.

DE REMY BELLEAY.

O Qu'vn grand reliquaire est clos en peu d'espace!
Viateur prens y garde, en ce lieu si serré
Auec vn seul BELLEAY tu peux voir enterré
Phebus, Amour, Mercure, & la plus chere Grace.
I'auois creu iusqu'ici que la celeste race
S'exemptoit du passage aux mortels preparé,
Mais ie voy par sa fin le contraire auéré,
Voyant mourir en luy tout le chœur de Parnasse.
Iamais plus rare esprit d'vn corps ne fut vestu,
Ce n'estoit que douceur, que sçauoir, que vertu,
Dont mainte grand' lumiere en terre estoit randue.
Maintenant d'vn cercueil tous ces biens sont enclos.
Non ie faux : le Tombeau n'en serre que les os,
Et par tout l'vniuers sa gloire est espandue.

EPITAPHES.

Sur la mort de IAQVES de LEVY sieur Quelus.

QVELVS que la Nature auoit fait pour plaisir,
Côme vne œuure accôplie, admirable et diuine,
Portoit Amour aux yeux, & Mars en la poitrine,
Rien d'egal entre nous ne se pouuoit choisir.
Le voyant on bruloit d'ennie ou de desir,
Il fut de grand courage, & d'antique origine,
Ayant l'ame inuincible aux vertus toute encline,
Que la soif d'amasser n'eust sceu iamais saisir.
En fin croyant trop fort son cœur & sa ieunesse,
Vn cômbat sans pitié de trois à trois se dresse,
Où côme ils monstrent tous maint valeureux effort,
L'vn des siens est tué : deux du parti contraire.
Luy blessé peut guarir, mais il ne le veut faire,
Ayant honte de viure apres son ami mort.

De luy-mesme.

QVELVS auoit du Ciel les beautez plus parfaites,
Il n'estoit point humain, l'œil, le geste & le port
L'accusoyẽt pour vn Dieu: croyõs puis qu'il est mort,
Que les deïtez mesme au trespas sont subietes.
La fin de Sarpedon, de Memnon, & d'Achille
Iamais au cœur des dieux n'esmeut tãt de douleurs:
Phœbus sur Hyacinthe espandit moins de pleurs,
Et l'ennuy de son fils luy sembla plus facile.
Au bruit de son trespas soudain Venus la belle
Eschauffa tout le ciel des soupirs infinis,
Renouuellant l'obseque & le dueil d'Adonis.

EPITAPHES.

Et pour mourir sur luy se souhaita mortelle.
Diane aux noms diuers, qui les forests habite,
Encor que la pitié peu la puisse esmouuoir,
Brisa son arc d'angoisse, estimant de reuoir
Le beau corps tout sanglāt du trop chaste Hippolyte.
Les Graces sans confort rompans leurs blondes tresses
En semoyent son tumbeau, qui de lis blanchissoit:
La Ieunesse affligee à l'entour gemissoit,
L'Honneur, la Courtoisie, & mille autres Deesses,
Et bref les Deïtez furent toutes contraintes
En ce triste accident de monstrer leur ennuy:
La Beauté seulement ne feit lors point de plaintes,
Car elle print naissance & mourut quand & luy.

Sur la mort du ieune Maugiron.

AMOVR ayant là haut quelque malice faite
Courrouça Iupiter, & fut banni des cieux:
Luy qui cherche en la terre vn beau lieu pour retraite,
Comme il voit Maugiron vient loger en ses yeux.
Là plus chauds que les siens des brandons il aduise
Et des traits acerez d'vn plus aigre souci.
Dequoy fier & contant tout l'Olympe il mesprise,
Et veut forcer les Dieux à luy crier merci.
Mais deuant se iouant des feux dont il abonde
Dés qu'il en tire aux cœurs vn essay seulement,
On croit que Phaëthon vient rebruler le monde,
Fors que chacun se plaist en cest embrasement.
Iupiter qui voit tout, son malheur considere
S'il ne romt les desseins de l'enfant Cyprien,

EPITAPHES.

Ie sçauray, ce dit-il plein d'ardente colere,
Qui sera le plus fort de ses feux ou du mien,
D'entre tous les esclairs, le tonnerre & l'orage
Choisissant vn long traict de trois pointes ramé,
L'elance à Maugiron, qui plein d'ardant courage
Marchoit lors à l'assaut pour son Roy tant aimé.
Ceste diuine foudre ainsi roide iettee
Long temps contre l'esclair de ses yeux combatit,
Tous deux estoyent du Ciel : en fin elle est dontee,
Mais deuant de ses yeux le gauche elle amortit.
Apres ce grand combat Amour croist en audace,
Car il reconnoist bien dés qu'il s'est rasseuré
Qu'il n'a pas moins d'atraits, ny de force et de grace
Et que touljours son coup droit aux cœurs est tiré.
I'asseure vn fait certain, bien que tel il ne semble,
Depuis il fut plus beau, plus clair, plus redouté :
Car le feu de ses yeux s'vnit lors tout ensemble
Et perça tous les cœurs de plus viue clairté.
Le grand Iupiter mesme en eut l'ame rauie,
Mais pour punir Amour à regret & forcé,
Enioint à Lachesis de luy trencher la vie.
Vn Dieu sans se venger n'endure estre offensé.
Ceste fatale Sœur qui iamais ne repose,
Et n'aime que le sang, la tristesse & l'ennuy,
Comme pour son ami courageux il s'expose,
L'est'a mort dessus l'herbe & l'Amour quãt & luy.
Plusieurs ont soustenu que la Mort rigoureuse
Pour plaire à Iupiter n'auança son trespas :
Mais que de ses beautez elle estoit amoureuse,
Et voulant en iouir le rauit d'ici bas.

EPITAPHES.

De luy-mesme.

QVel nouueau Diomede alteré de mon sang,
T'a meurtri cher enfant? disoit Venus la belle.
O celeste impuissance! ô cruauté nouuelle!
Qu'vn dieu mesme en ce têps des mortels me soit frâc?
Lauant de pleurs son corps, d'où sortoit vn estang
De couleur Tyrienne, à sa tresse est cruelle,
Et par maint chaud soupir de puissance immortelle
S'efforce à r'animer ce marbre froid & blanc.
Ce n'est pas Cupidon, c'est Maugiron, Deesse,
Luy dist quelcun tout bas pour l'oster de tristesse:
Mais elle iette alors des cris plus enflammez,
Et sent de sa douleur, la poison plus amere.
Car ainsi que d'Amour, de l'autre elle estoit mere,
Et les derniers enfans sont tousiours mieux aimez.

Sur la mort de Madamoiselle de ROSTAIN.

LA clairté du Soleil deuint palle & desfaite
Sur le poinct que Rostain d'entre nous disparut.
Rostain? non, mais le iour que la Beauté mourut.
Car Rostain fut le nom de la Beauté parfaite.
Elle suit en terre aux Graces de retraite:
Amour sous son adueu toute France courut,
Qui la veit, l'adora. Clothon qui la ferut,
Ne fust qu'elle est aueugle, eust esté sa sujete.
Rostain, autrefois l'aise, or le dueil de nos yeux,
Clair flambeau d'ici bas, luysant Soleil des Cieux,
Les destins aux amans ta lumiere ont voilee,
A fin que leurs esprits trop en terre arrestez,

EPITAPHES.

Recogneussent le Ciel pour seiour des beautez,
Te voyans si soudain dans le Ciel reuolee.

DE CLAVDE DE L'AVBESPINE
Secretaire des Commandemens.

Tout ce que la Nature & le Ciel fauorable
Pouuoyent pour rendre vn homme heureux par-
faitement,
L'AVBESPINE l'auoit, L'AVBESPINE or-
nement
De ce siecle maudit ingrat & miserable.
Il estoit grand & beau, dispos, ieune, amiable,
Riche en biens, aux honneurs auancé iustement:
Pur, sans ambition, qui marchoit droitement,
Tres-fidelle à son Prince, & aux bons secourable.
Le Ciel qui l'auoit fait craignant de l'offenser,
Ici bas longuement ne l'a voulu laisser
Dans vn pays de sang, de meurtres & de guerre:
Mais amoureux de luy, comme vn pere tresdoux,
En l'auril de sa vie il l'a cueilli de terre,
Et en a fait vn Dieu qui aura soin de nous.

De luy-mesme.

SI les Dieux par pitié se fussent peu flechir,
Ils n'eussent de ce corps si tost l'ame enleuee:
Mais ils ne pouuoyent pas de l'esprit s'enrichir
Sans que la pauure terre en demeurast priuee.

De luy-mesme.

L'AVBESPINE mourût aux beaux iours de so[n] âge,
Et le bandeau fatal couurant ses yeux esteints,

Tt ij

EPITAPHES,

La France en souspiroit, l'air resonnoit de plaints,
Et la mort despitoit son malheureux ouurage.
Comme il est arriué iusqu'au dernier passage,
L'esprit sain departant de ses membres mal-sains,
Ioyeux il leue au Ciel & la veue & les mains,
Et fist ouir ces mots auec vn doux langage:
Seigneur, tu me prens ieune, & ie meurs nonobstant
Sans regreter le monde heureusement contant,
Veu les longues erreurs & l'abus qu'il enserre:
Louange à ta bonté qui prend de moy souci,
Donnant cesse à ma peine. Et finissant ainsi,
Rendit son ame au Ciel & son corps à la Terre.

Autour de mon esprit, qui iamais ne repose,
Iour & nuict vont errant effroyables tumbeaux,
Conuois, habits de dueil, mortuaires flambeaux,
La porte de mes sens ne reçoit autre chose.
Helas que le Destin iniustement dispose
Des ouurages mortels plus parfaits & plus beaux!
Tuant les Rossignols il laisse les Corbeaux,
Espargnant les buissons il moissonne la rose.
Entre tant de milliers, son coup malicieux
A bien sceu remarquer ce chef d'œuure des Cieux,
Et rauir tout l'honneur de ce monde où nous sommes.
Ce qu'est l'herbe à la terre, à l'herbage les fleurs,
L'or aux autres metaux, la blancheur aux couleurs,
Cher amy, tu l'estois à la race des hommes.

EPITAPHES. 331

Du Latin de M. DE PIMPONT.

O Le plus doux souci iadis de ma pensee,
Maintenant le regret dont elle est si pressee,
Qui sans moy, trop cruel, es party de ce lieu,
Damon, ie te salue, & si te dis adieu:
Ie t'espan de mes yeux ces offrandes funebres,
Mes yeux ores couuerts d'eternelles tenebres.
Ie t'offre ces cheueux sur ta tumbe semez,
Presens de toy, mon cœur, autrefois tant aimez.
  Voy côme vn double amour vn double autel te dres-
Voy de quels desespoirs i'entretiens ma tristesse, (se,
Et que la cendre helas! qui reste icy de toy,
Sente en beuuant mes pleurs, mon office & ma foy.
Nostre amour plein de feu passe aux nuicts eternelles;
Il trauerse le Styx en ramant de ses ailes,
Par tout il t'accompagne & te veut ramener;
Mais en vain : car iamais tu n'en peux retourner.
  Aumoins donne toy garde, ô seul bien de ma vie,
Que des eaux de Lethés ne prennes quelque enuie:
Retien de nos desirs la memoire à iamais,
Ainsi que saintement du cœur le te promés,
Que la course des ans, la mort, l'onde & la flame
N'effaceront iamais ton portraict de mon ame.

P Ourquoy contre mon gré ce corps est-il si fort
  Que ma iuste douleur ne le puisse desfaire?
  Qui retient tant mon ame en ce lieu de misere
Sans reuoler au ciel où gist tout son confort?
Las! tout ainsi qu'Amour auec vn seul effort

Tt iij

EPITAPHES.

Traversa nos deux cœurs & n'en fist qu'vn vlcere,
Pourquoy le Ciel ialoux, enuieux & contraire
N'a-til fini nos iours par vne seule mort?
La femme d'Amphion, iustement affligee,
Par son dueil excessif en rocher fut changee,
Qui ses enfans meurtris semble encore pleurer.
Que ie serois heureuse ayant telle aduanture!
Car ie pourrois seruir d'aimable sepulture
A celuy dont la mort ne me peut separer.

O Bienheureux Esprits nouueaux Anges des cieux,
Le seul ardant desir de mon cœur miserable,
Dont la memoire sainte est en moy si durable
Que tousiours ie vous porte en l'esprit & aux yeux.
Si de la vraye amour rien n'est victorieux,
Et que nostre amitié n'en eut onc de semblable,
Tournez vers moy la veue & douce & fauorable,
Et ne m'abandonnez sans guide en ces bas lieux.
Voyez moy tout en pleurs sur vostre sepulture
Qui plains, non vostre mal, mais ma triste auanture
Laissé seul icy bas de miseres rempli:
N'endurez plus long temps mon ame estre captiue,
Mais impetrez du Ciel que bien tost ie vous suiue,
Puis que mō heur sans vous ne peut estre accompli.

Pour faire vne guirlande à son chef blondissant
La soigneuse pucelle, à qui le cœur soupire
Du plaisant mal d'Amour, cueille au mois de Ze-
phyre
La rose apres l'œillet, puis le lis blanchissant.

EPITAPHES.

Ainsi la prompte main du monarque puissant,
  Qui de tout l'Vniuers a borné son Empire
  Pour couronner son chef trois lumieres retire,
  Qui rendoyent nostre siecle heureux & florissant
France, qui tousiours folle est sanglante & couuerte
  Du massacre des siens, ne fist onc tant de perte,
  Ny le Ciel tant de gain qu'au iour de leur trespas.
Le Soleil n'a depuis rien veu qui leur ressemble,
  C'estoyēt trois ieunes Mars, & trois Amours ensēble,
  Qui sous l'habit mortel conuersoyent icy bas.

Daphnis gisoit au lict mortellement attaint,
  Daphnis l'heur de nostre âge & sa gloire premie-
  Son œil iadis si clair defailloit de lumiere,   (re:
  Comme vn ray du Soleil, qui la nuict se destaint.
Amour sur son cheuet se tourmēt: & se plaint
  Nommāt les Cieux cruels, & la Parque meurtriere,
  Que ceste mort, dit-il, soit mon heure derniere,
  Puis que ie pers les yeux qui m'ont rendu si craint.
Les amis de Daphnis aux regrets s'abandonnent,
  L'air se fend à leurs cris, les hauts cieux en resonnēt,
  Seul ie ne pleure point, ô chetif que ie suis!
Si c'est que la douleur tout en rocher m'enserre,
  Niobe ainsi que moy fut bien changee en pierre,
  Et ne laisse pourtant de pleurer ses ennuis.

De l'annee M. D. LXX.

IE te doy bien haïr, malencontreuse Annee,
Qui m'as durant ton cours tāt de maux fais auoir,
Et tant d'ennuis diuers sur mon chef fait pleuuoir,

EPITAPHES.

Ren laisse ma vie au dueil abandonnee.
Lors que commença ta course infortunee
Ie fu remis captif sous l'amoureux pouuoir,
Où i'eu mille douleurs pour cacher mon vouloir,
Et receler ma playe au cœur enracinee.
Hois vn seul amy, sage, heureux & parfait,
La mort en son printemps sans pitié l'a desfait,
Comblant mes yeux de pleurs & mon ame de rage.
Depuis ie fu six mois dans vn lict languissant,
Et or' pour m'acheuer, quand tu vas finissant,
Ie trouue que Madame a changé de courage.

Aux Ombres de C. de L'AVBESPINE Secretaire des Commandemens.

Pensant à toy i'ay fini cest ouurage,
    Cher L'AVBESPINE, heureux ange des cieux:
    Et ce penser tiroit de mes deux yeux
Des pleurs amers roulans sur mon visage.
Tandis la fiéure enuenimoit sa rage
    Au suc mortel de mon dueil ennuyeux,
    Pour tourmenter d'vn bras plus furieux
Mes sens troublez & faillis de courage.
Depuis six mois que tu partis d'icy,
    Hoste d'vn lict ie languy sans mercy,
    Criant sans cesse à Dieu qu'il me deliure:
Non qu'il octroye à mon corps guarison,
    Mais que l'esprit franc de ceste prison,
    Oyseau leger au ciel te puisse suiure.

Regrets funebres sur la mort de Diane. 333

I.

ENtre les dons du Ciel qui sont de plus haut pris,
  Il n'est rien de si cher qu'vne amour ferme et sainte:
  Aucun bien n'est parfait sans ceste douce estrainte,
  Qui de chaisnes d'Aymant vnit les beaux esprits.
Deux corps par sa vertu d'vn vouloir sont compris,
  Ils ont mesme desir, mesme espoir, mesme crainte,
  Tousiours d'vn mesme trait leur poitrine est attainte
  Et rien que vueille l'vn de l'autre n'est repris.
Mais en tant de douceurs & d'agreables flames,
  S'il aduient que la mort rompe vne de ces trames,
  Quels desespoirs pareils & quels gemissemants?
Est-il nuict infernale en horreurs plus feconde?
  Dieux vous deuiez du tout oster l'amour du môde,
  Ou trencher d'vn seul coup la vie aux vrais amâts.

II.

Vn Soleil clair de flamme apparut à nos yeux,
  Par qui des vrais amours la force estoit connue,
  Tousiours clair, tousiours beau, sâs eclipse et sâs nue
  Qui passoit en splendeur l'autre Soleil des Cieux.
Las! faut-il que l'enuie ait place entre les Dieux?
  Phebus voyant sa gloire estre moins reconnue
  Esmeut la Mort cruelle à son secours venue,
  Qui couurit d'vn bâdeau ses beaux traits radieux.
Comme quand l'Arondelle a perdu sa nichee,
  Elle crie, elle vole amerement touchee,
  Ne peut laisser son nid, y fait maint & maint tour.
Ainsi le pauure Amour gemit, soupire & pleure,
  Sans partir du tumbeau vole & reuole autour,
  Ayant perdu les yeux où il fist sa demeure.

EPITAPHES.

III.

O peu durables fleurs de la beauté mortelle!
Vne seconde Aurore, vn Soleil de ce tans,
Vne ieune Deesse helas! en son Printans
Sent l'iniuste rigueur de la Parque cruelle.
Mais elle n'est pas morte, Amour la renouuelle
En mille & mille esprits des amans plus constans,
Qui des yeux & du cœur maintes larmes sortans
S'arrachent les cheueux & sanglottent sur elle.
Quand le bandeau fatal ses beautez nous voila,
Amour rompant son arc d'entre nous s'enuola
Laissant ceste prouince en discorde & en guerre:
Le Ciel comme lon dit, la voulut retirer,
Pour apprédre aux mortels trop pronts à s'esgarer
Que la beauté parfaite est ailleurs qu'en la terre.

IIII.

Ce cœur qui t'aima tant, & qui fut tant aimé
De toy, chere Phyllis, sera ta sepulture:
Le plus riche thresor du Ciel & de Nature
Dans vn moindre tumbeau ne doit estre enfermé.
Mon œil par ton trespas en ruisseau transformé,
Ne voit plus d'autre obiect que ta douce peinture:
Helas pourquoy du Ciel n'ay-ie egale auanture
Au Sculpteur qui rendit son ouurage animé?
Si le chaud & l'humeur sont causes de la vie,
I'espere encor vn iour l'effect de mon enuie
Par tant d'eaux & de feu que ie pousse dehors,
Mes yeux versent l'humeur, mon estomach la flame,
Et puis pour t'inspirer il ne faut que mon ame,
Nous n'en eusmes iamais qu'vne seule en deux corps.

EPITAPHES.

V.

Comme on voit parmy l'air vn esclair radieux
   Glisser subitement & se perdre en la nue,
   Ceste ame heureuse & saincte aux mortels incônue
Coula d'vn ieune corps pour s'ennoller aux Cieux.
Mon penser la suiuit au defaut de mes yeux
   Iusqu'aux voûtes du Ciel tout clair de sa venue,
   Et voit qu'en tant de gloire où elle est retenue
Elle ha dueil que ie sois encore en ces bas lieux.
Mais tu n'y seras guere, ô Deesse, à m'attendre,
   Car ie n'estois resté que pour cueillir ta cendre,
   Et ta memoire sainte orner comme ie doy:
Maintenant que i'ay fait ce deuoir pitoyable,
   Las de pleurer, de viure, & d'estre miserable,
   I'abandonne la terre & vole aupres de toy.

VI.

Vante toy maintenant, outrageuse deesse,
   D'auoir fait tout l'effort de ta plus grand' rigueur,
   Priuant Amour de traits, d'allaigresse mon cueur,
La terre d'ornement, de gloire & de richesse.
On ne sçait plus que c'est de vertu ny d'adresse,
   L'honneur triste languit sans force & sans vigueur:
   Bref de cent deïtez ton bras s'est fait vainqueur,
Morte gist la beauté, la grace & la ieunesse:
L'air, la terre & les eaux cest outrage ont pleuré,
   Le monde en la perdant sans lustre est demeuré,
   Côme vn pré sans couleurs, vn bois sans robe verte:
Tandis qu'il en iouit il ne la connet pas,
   Moy seul ie la conneu qui la pleure icy bas,
   Cependant que le Ciel s'enrichit de ma perte.

EPITAPHES.

VII.

Auec vn si beau nœu l'Amour m'auoit contraint,
  Qu'encor qu'il soit rōpu i'en sens tousiours l'estrain:
  Il m'auoit embrasé d'vne flamme si sainte, (te.
  Que quand elle defaut ma chaleur ne s'estaint.
Iamais plus, ô mon Cœur, tu ne seras attaint,
  Ie me suis despouillé d'esperance & de crainte,
  Contre vn aueugle enfant ie ne fay plus de plainte,
  La Mort & non l'Amour a fait pallir mon taint.
La Constance & la Foy de moy tant reueree
  Plus ferme que iamais au cœur m'est demeuree,
  Qui destourne bien loin toute autre passion.
Que la Mort donc se vante ayant frapé Madame,
  Qu'elle a tranché d'vn coup dans vne seule trame
  La beauté de ce monde & mon affection.

VIII.

Tout le iour mes deux yeux sont de pleurs degoutans,
  Puis quand la Nuict paisible au repos nous appelle,
  Ma douleur s'enuenime & deuient si rebelle,
  Que du tout ie me lasche aux regrets esclatans.
En si piteux estat ie despense mon tans,
  Me paissant de mon cœur qui sans fin renouuelle,
  Depuis que des hauts Cieux l'ordonnance cruelle
  Des saisons de ma vie arracha le Printans.
Tel amas de tristesse en mon ame s'assemble,
  Que ie n'y puis penser que d'horreur ie ne tremble,
  M'estonnant que mon cœur du fardeau n'est donté.
Ah despiteuse mort! ah rigoureuse vie!
  L'vne a presque en naissant mon attente rauie,
  L'autre icy me retient contre ma volonté.

EPITAPHES.

IX.

Puis-ie bien tant souffrir mon ame estre captiue
Pouuant rompre d'vn coup sa caduque prison?
Fiere loy des destins, iniuste & sans raison
De vouloir que par force vn homme en terre viue!
Quel espoir desormais faut-il plus que ie suiue?
I'ay veu seicher mes fleurs en leur prime saison,
Le doux miel de mes iours se changer en poison,
Ma nef faire naufrage estant pres de la riue.
O Mort mon seul recours qui t'eloignes de moy,
Las! si ie suis mortel & sujet à ta loy,
Ne m'espargne dōc plus & me mets de ton nombre.
La Mort contrerespond : I'en ay fait mon deuoir,
Mais sur les corps mortels seulement i'ay pouuoir,
Et ce qui fut tō corps n'est plus maintenāt qu'ombre.

COMPLAINTE.

Contre le temps ma douleur se rend forte,
Et quand son cours toutes choses emporte,
Elle y resiste, & prend ferme racine
Au lieu plus vif de ma triste poitrine.
Loin tout confort au dueil qui me possede,
Conseil, raison, esperance & remede
Comme ennemis mon esprit vous reiette,
Car son angoisse à vos loix n'est suiette.
De mes amis qu'vn seul ne s'auanture
A me parler fors d'vne sepulture,
De sang, de mort, d'ombres noires & faintes,
D'effroy, de cris, de soupirs & de plaintes.

EPITAPHES.

Toute lumiere est horrible à ma veue,
Rien ne me plaist que l'ennuy qui me tue:
La nuict m'est iour, mon repos c'est ma paine,
Que i'aime mieux plus elle est inhumaine.
O pauure corps, iusqu'à quelle iournee
Retiendras-tu mon ame emprisonnee
En tant de fers, la gardant qu'elle volle
Apres son bien dont l'espoir me console?
La seule mort a causé ma tristesse,
La seule mort y pourra mettre cesse,
Ne m'empeschant plus longuement de suiure
Cest autre moy, pour qui i'aimois à viure.
Toute douceur de mon ame est bannie,
Ie me consumme en langueur infinie,
Le ciel me fasche, & rien ne me peut plaire
Que de mon mal la memoire ordinaire.
Fier accident que sans fin i'imagine:
Las qui l'eust creu! qu'vne grace diuine,
Vn port celeste, vne beauté parfaite
Si promptement par la mort fust desfaite?
Mais c'est l'erreur des œuures de Nature:
Long temps le beau sur la terre ne dure,
Le Ciel ialoux aussi tost l'en retire,
A fin qu'en haut nos pensers il attire.
L'humaine vie à bon droit se compare
Aux vaines fleurs dont le Printemps se pare,
Au froid d'Esté, au fueillage d'Autonne,
Et au Soleil quand l'Hiuer il rayonne.
Ta gloire, Amour, de tout poinct est tombee,
La fiere Mort ta trousse a desrobee,

EPITAPHES.

Rompu tes traits dont ma playe est sortie,
Brise ton arc, & ta flamme amortie.
Ne vante plus ta puissance indontee,
Toute victoire à ce coup t'est ostee:
C'est maintenant qu'aueugle on te peut dire
Ayant perdu l'astre de ton empire.
O triste Auril, à grand tort on t'appelle
Du plaisant nom d'Aphrodite la belle
Mere d'Amour, par qui tout prend naissance,
Puis qu'en mon cœur tu meurtris l'esperance.
Las que me sert ta saison tant aimee,
Qui le Printans est des autres nommee,
Si pour serain ou pour chaleur qu'il face
Ie ne sens rien que nuages & glace?
Champs, prez & bois prennent tous couleur verte,
Seul par le noir ie tesmoigne ma perte,
Et n'ay pour fleurs en mon ame amassees
Que souci double & fascheuses pensees.
Donc que l'an change en saisons differantes,
Ie seray ferme & mes plaintes constantes:
Et quand le ciel sera plus clair de flame,
Tousiours le dueil obscurcira mon ame.

COMPLAINTE.

Lieux de moy tãt aimez, si doux à ma naissãce,
Rochers qui des saisons dedaignez l'incõstan-
    Francs de tout changement: (ce,
Effroyables desers, & vous bois solitaires
Pour la derniere fois soyez les secretaires
    De mon dueil vehement:

EPITAPHES.

Ie ne suis plus celuy, dont la grace & la veuë
Rendoit ceste contree en tout temps si pourueuë
   D'amours & de plaisirs:
Qui donnoit à ces eaux vn si plaisant murmure,
Tant d'émail à ces prez, aux bois tant de verdure,
   Aux cœurs tant de desirs.

Ma fortune amiable a tourné son visage,
Mon air calme & serain n'est plus rië qu'vn orage
   D'ennuis & de malheurs.
Mes iours les plus luisans sont changez en tenebres,
Et mes chants de victoire en complaintes funebres,
   Mes plaisirs en douleurs.

Quand i'approche de vous, belles fleurs Printanieres,
Vostre teint se flestrit, les prochaines riuieres
   Cerchent d'autres destours:
Ie fay tarir l'humeur de ces fontaines claires,
Qui craint que de mes yeux les sources mortuaires
   Ne profanent son cours.

Pleust au Ciel, dont les loix me sont si rigoureuses,
Que ie fusse entre vous, ô grands masses pierreuses,
   Vn rocher endurci.
On dit qu'vne Thebaine y fut iadis changee,
Hé pourquoy ne fait donc mon angoisse enragee
   Que ie le sois aussi?

Helas! ie le suis bien: car se pourroit-il faire,
Si i'auoy d'vn mortel la nature ordinaire,
   Que ie peusse porter
Si long temps les efforts des ennuis & des paines?
Non, ie suis vn rocher, dont on voit cent fontaines
   Nuict & iour degouter.

I ay

EPITAPHES

I'ay le cœur si comblé d'amertume & d'oppresse,
  Que par contagion ie rens pleins de tristesse
    Ceux qui parlent à moy:
Et qui pense adoucir le regret qui m'entame,
Sent en me consolant couler dedans son ame
    La tristesse & l'esmoy.
De tous plaisans discours mon courage s'offense
  Vn mal tel que le mien estant sans esperance
    Est aussi sans confort:
Ce qui sonne plus doux à mes tristes oreilles
Ce sont cris de hibous, d'importunes corneilles,
    Et d'oiseaux de la mort.
La mort est seule propre au dueil qui me possede,
  Mon mal est venu d'elle, en elle est mon remede.
    O vous pleins d'amitié
Qui plaignez mes douleurs, d'vne main secourable
Auancez mon trespas. Meurtrir vn miserable
    C'est acte de pitié.
Que n'accourt à mes cris quelque beste sauuage,
  Qui d'excessiue faim sentant croistre sa rage,
    Me deuore les os?
Mourant ie beniroy sa cruauté meurtriere:
Car l'heure de ma fin sera l'heure premiere
    De mon plus doux repos.
Nymphes de ces forests mes fideles nourrices,
Tout ainsi qu'en naissant vous me fustes propices,
    Ne m'abandonnez pas
Quand i'acheue le cours de ma triste auanture:
Vous fistes mon berceau, faites ma sepulture,
    Et pleurez mon trespas.

FIN.

AD PHILIPPVM PORTÆVM.

ORPHEVS hinc ieras alter, testudine mulcens
Cyaneæ causis sibi concurrentia saxa:
Téque lyram pulsante tuus nouus alter Iason
HENRICVS redijt glaciali sospes ab Arcto,
Magna viæ referens sibi præmia parta suísque,
Ipse duplex regnum, duplicem sua turba fauorem.
Hos inter primum tibi Musa fidelis honorem
Iure dedit, sibi quem non æmulus occupet alter.
Macte igitur fide tu Lyrica, PORTAEE, fidéque
Macte piæ mentis candore & simplice sensu,
Qui semel admissos non fallere nouit amicos.
Praxitelem memorant qualem sit passus amorem
Depinxisse, nec hac celebratior vlla tabella,
Quàm sibi quæ affectum domini præferret amantis:
Forsan & exemplar, quem tu describis, amoris
Suchorus es ipse tibi: sic & non improbus ille,
Et pius, & formæ tantùm mirator honestæ.
Qualis erat dum paruus erat simpléxque Cupido:
Nulláque purus adhuc nisi fortè sororia libans
Oscula, & innocuas iaculans sine vulnere flammas,
In vultu mentis contemplabatur honores.

Anagrammatismus.
PHILIPPVS PORTÆVS.
PVPPI TALIS ORPHEVS.

YANEOS fluctus dum prima carina secaret,
Heroas reuehens Æmoniúmque ducem;
Et concurrentú scopulorum angusta, vel ipsum
Terrerent Tiphyn, nę peritura foret:
Protinus ecce lyram cum pectine corripit Orpheus,
Tangit & argutæ fila canora lyræ:
Nec mora quæ iam se collidere saxa parabant,
Et collisa cauæ frangere texta trabis,

Sic quasi diuinis præberetat cantibus aures
  (Vt quibus auditus motus vt ipse fuit)
Fixa suis vtrinque locis citróque nec vltro
  Sunt progressa, per hæc sospes ijtque ratis:
Maximus hinc & honos, & gloria summa poetæ,
  Morti tot celebres eripuisse viros.
Prisca sed illa forent vix nunc credenda, recente
  Si non sint etiam tempore nacta fidem.
Namque Poloniacis rediens HENRICVS ab oris,
  Alter vt Æsonides per mare veliuolum
Mille simul comites heroum è sanguine ducens
  Mille per infestæ cæca pericla viæ,
Non modò per rupes, per fluctiuorásque Charybdes,
  Sed magis & duros rupe fretóque viros:
Quum iam iam classis posset peritura videri,
  Et velut in puncto vitáque mórsque foret:
Ilicet hymnisonam chelyn arripiente Philippo
  Et modulante animos edomitura feros,
Fixa velut quercus mox barbara corda manebant,
  Hostica nec poterant tela nocere duci.
Quid ni diuini parent ad carmina vatis
  Ipsi homines, quamuis pectore & arte rudes?
Ipsæ etiam rupes, ipsæ siluæque, feræque,
  Portææ modulis adstupuere lyræ:
Atque ita per Rheni, per sæua pericula ponti,
  Pérque tot infestas hoste latrone vias,
Tertius HENRICVS triplici diademate dignus,
  Tertia cui cælo certa corona manet,
Sospes ijt, sospésque redit cum sospite classe
  Auricomæ referens vellera lætus ouis,
Atque sua saluos procul à tellure reduxit,
  Quotquot erant comites, quotquot erántque duces.
Ergo Threicij maior quàm gloria vatis
  Te Portæe tuo sospite rege manet.
Testis vtrumque tuum nomen, quod numine certo,
  Omine pro certo sors tibi certa dedit:
Qualis Iasoniæ puppi vates suus ORPHEVS
  TVTALIS PVPPI Regis & ipse tui.

  Io. AVRÆVS Poeta Regius.

TABLE DES POESIES

contenues en ce volume.

SONNETS.

AH mon Dieu ie me meurs! 305, a
Aimons-nous, ma Deesse 60, a
A la beauté du Ciel 124, a
A mon terrestre Ciel 105, b
Amour a mis mō cœur 17, a
Amour, à qui i'ay fait 93, a
Amour brule mō cœur 15, b
Amour, choisis mon cœur 109, a
Amour de sa main propre 42, b
Amour en mesme instant 85, a
Amour peut à son gré 75, a
Amour quād fus-tu né? 11, a
Amour qui vois mon cœur 17, b
Amour qui vois mon cœur à tes pieds 75, b
Amour sceut vne fois 74, b
Amour si i'ay souffert 102, a
Amour, s'il t'en souuient 137, b
Amour, trie & choisi 39, a
A pas lents & tardifs 96, a
A peine vn doux Printems 133, a

Arreste vn peu, mon cœur 39, b
Aspre & sauuage cœur 96, a
Auec vn si beau nœud 134, b
Au nid des Aquilons 110, a
Auoir pour toute guide 95, b
Au sainct siege d'Amour 45, b
Autour de mon esprit 130, b
Autour des corps 100, a
Aux plus rudes assaux 71, a
Ayant brulé d'Amour 5, a
Ayāt trois ans entiers 130, b
Beaux nœuds crespes & blons 66, b
Beaux yeux, par qui l'Amour 140, a
Belle & cruelle main 49, a
Belle & guerriere main 66, a
Bié-heureux le destin 111, b
Bien que le mal d'Amour 99, a
Bien que l'onde pesante 126, a
Bien que ma patience 104, a
Bien qu'vne fiéure tierce 99, b

TABLE.

Bien souuāt Hippolyte 98, b
Ce bras qui m'a tiré 126, b
Ce cœur qui t'aima tāt 333, b
Ce iour vn pauure amant 93, b
Celle à qui mes escris 57, a
Celle qui de mon mal 107, a
Celle à qui i'ay sacré 11, a
Celuy que l'Amour range 10, a
Celuy qui n'a point veu 76, a
Ce mignon si fraizé 276, a
Ce Miroir bien-heureux 254, b
Ce n'est assez 76, b
Cent & cēt fois le iour 61, a
Cent fois tout courroucé 139. a
Ces discours enchanteurs 275, a
Ces eaux qui sās cesser 14, a
Ces froideurs, ces desdains 126, a
Ces pleurs tirez du cœur 134, b
Cesse, ô maudite main 138, a
Cesse, ô trop foible esprit 75, b
Ceste belle ennemie 123, b
Ceste fontaine est froide 298, b
Ceste fureur d'amour 278, b
Ceste humeur qui m'aucugle 64, a
Cest habit trop heureux 124, b

Cest œil du firmamēt 129, a
C'estoit vn iour d'esté 160, a
Ceux que trop d'auarice 124, b
Ceux qui liront ces vers 279, a
Chacū iour mō esprit 66, a
Chacun nous est contraire 146, a
Chassez de vostre cœur 49, a
Chaste sœur d'Apollō 70, b
Cercher depuis trois iours 139, b
Chere & chaste deesse 143, a
Cheueux, present fatal 59, b
Comme on voit au Printemps 296, a
Comme on voit parmi l'air 334, a
Comme quand il aduient qu'vne place 106, b
Cōme quād il aduient 296, a
Comme vn chien que son maistre 272, b
Comme vn pauure malade 18, a
Daphnis gisoit au lict 332, a
De ces yeux rigoureux 131, b
Demain i'espere voir ibid.
Depuis deux ans entiers 102, b
Depuis que sous vos loix 47, a
De quels couteaux 109, b
Dés le iour que mō ame 3, a
De tout poinct maintenant 278, b

V ii iij

TABLE.

Deux cfairs Soleils 90, b
Deux que le trait d'Amour 259, b
Dieu des hômes perd' 64, b
Dieu qui fais de mon cœur 75, a
Dieux que de tourbillons 256, a
Doncques sera-til vray 11, b
Douce fin de mes vœux 113, b
D'où vient qu'vne beauté 54, a
Dressez moy sās cesser 64, b
Du bel œil de Diane 3, b
D'vne douleur poignante 119, a
Durant les grās chaleurs 4, a
Durant que ie vous chante 22, a
Durant qu'vn feu cruel 94, b
Du sōmeil qui te cloſt 324, b
Echo, nymphe iadis 132, b
Elle pleuroit 8, a
Eloignant vos beautez 7, a
Encore aucunefois 48, a
En fin l'Amour cruel 134, a
En moy seul la douleur 143, b
En pire estat 90, b
Entre les dons du ciel 333, a
Espoir faux & trompeur 144, a
Espouuantable Nuict 106, a
Est il vray qu'autrefois 278, a
Fort Sommeil de quatre ans 277, a
Frāc du triste seruage 274, b
Frisez vos blonds cheueux ibid.
Grand Iupiter 85, a
Helas chassez 47, b
Helas de plus en plus 14, b
Helas que veux ie faire 132, a
Hé ne suffit-il pas 43, a
Hé que n'est il permis 49, b
Heureux anneau 14, b
I'accompare Madame 18, b
Iamais au grād iamais 68, b
Iamais d'vn si grand coup 146, a
Iamais fidelle Amant 57, b
I'attens en transissant 146, b
I'auoy creu que l'espoir 129, b
I'auoy fait mille efforts 276, b
I'ay couru, i'ay tourné 72, b
I'ay dit à mon Desir 118, b
I'ay fait de mes deux yeux 60, a
I'ay lāguy malheureux 83, a
I'ay lōg temps voyagé 16, b
I'ay par long temps 18, b
I'ay tāt souffert d'ēnuis 65, b
I'ay tāt suiuy l'Amour 267, b
Icare est cheut icy 73, a
Ie connoy par essay 277, b
Ie croy que tout mon lict 96, b
Ie la doy bien haïr 267, a
Ie l'aimay par dessein 277, a
Ie l'aime bien 272, a

TABLE.

Ie le confesse Amour 6, b
Ie le sçay trop 5, a
Ie me laisse bruler 1, b
Ie m'estoy dãs le tẽple 62, a
Ie me trauaille assez 13, a
Ie me veux rendre Hermite 42, a
Ie n'ay plus dans le cœur 260, b
Ie ne me plains 8, b
Ie ne puis par mes pleurs 143, b
Ie ne puis pour mon mal 74, b
Ie ne suis point ialoux 48, b
Ie ne veux desormais 294, a
Ie ne veux plus aimer 72, a
Ie ne veux plus pẽser 260, b
Ie pars non point de vous 130, b
Ie porte plus au cœur 133, a
Ie recherche à toute heure 15, a
Ie ressemble en aimant 95, a
Ie sçay qu'ell'ont des yeux 43, a
Ie sens fleurir 76, b
I'estoy dans vne sale 103, a
I'estoy sans cognoissance 63, a
Ie suis chargé d'vn mal 3, b
Ie suis repris 17, a
Ie te l'auois bien dit 15, b
Ie vay contant les iours 110, a
Ie verray par les ans 139, a
Ie veux iurer ces vers 110, b

Ie vous donne vne mort 295, a
Ie vous offre ces vers 1, a
Ie voy mille clairtez 125, b
Ie voyois foudroyer 267, a
I'excuse le mari 33, b
Il faudra bien 276, a
Iunõ royne des Dieux 54, a
La beauté de nostre âge 135, a
La Foy, qui pour son temple 68, a
La garnison d'ennuis 133, a
La Mort qui porte enuie 97, a
Langue muette 109, a
L'arc de vos bruns sourcils 77, b
Las ! ie ne verray plus 59, a
Las on dit que l'espoir 17, b
L'aspre fureur 6, a
Las que me sert de voir 5, b
Las que me sert quand 9, a
Las que puis-ie auoir fait 84, a
Las qui languit iamais 4, b
Las temperez vn peu 142, a
Las trop iniuste Amour 40, a
L'eau tombant d'vn lieu 98, b
Le ciel qui mieux que moy 295, b
Le iour malẽcõtreux 142, b
Le iour que ie fu né 2, a
Le labeur glorieux 295, a
Le pẽser qui m'enchãte 1, b

V u iiij

TABLE.

Le rayon d'vn bel œil 129, a
Le robuste animal 65, b
Les celestes beautez 121, a
Les côbats renômez 125, b
Le Sçulpteur excellêt 122, a
Le serain de mes iours 139, b
Les sanglots côrinus 105, b
Les premiers iours qu'Amour 14, a
Lettres le seul repos 71, a
Le tệps leger s'enfuit 124, a
Le tyrã des Hebreux 108, a
Liberté precieuse 271, b
Loin du nouueau Soleil 94, a
Lors que le trait 8, a
Lycaste & Philemon 303, a
Ma belle & chere mort 140, b
Ma bouche à haute voix 84, b
Madame, Amour, Fortune 42, a
Madame, apres la mort 17, a
Malheureux fut le iour 13, b
Malheureux que ie suis 43, b
Ma nef passe au destroit 19, a
Marchans qui recherchez 9, b
Mari ialoux 53, a
Ma vie à vn enfer 57, b
Mer, qui quelquefois calmé 144, b
Mes yeux accoustumez 105, b
Mettez moy sur la mer 84, b

Miserables trauaux 145, a
Mon cœur qui iusqu'icy 260, a
Mon Dieu, mon Dieu 8, a
Mon Dieu que de beautez 77, a
Myrtis, Corinne 295, b
Ne dites plus, Amans 58, b
Non, ie ne me plains pas 273, b
Non non, ie veux mourir 256, b
Non non, n'estimez point 261, a
Nuict mere des soucis 142, b
Ny les dédains 5, b
O beaux cheueux chatains 296, b
O beaux Yeux inhumains 85, b
O biê-heureux esprits 331, b
O champs cruels volleurs 96, b
O doux venin mortel 95, a
O Foy, qui dans mon ame 143, a
O iournee incôstante 121, a
O grand démõ volant 2, b
O lict s'il est ainsi 2, b
O miserables Yeux 130, a
O mon Cœur plein d'ennuis 93, b
O mon petit Liuret 40, a
O mort, tu pers tõ têps 63, a
On lisoit en ses yeux 132, b
On ne voit rien 7, a

TABLE.

On verra defaillir 70, a
O peu durables fleurs 333, b
Or' que bien loin de vous 12, b
Or' que mō beau Soleil 7, b
O sagesse ignorante 145, b
O songe heureux & doux 13, a
O souspirs bié-aimez 259, a
O vers que i'ay châtez 71, b
Où sont ces chastes feux 144, b
Parmi ses blons cheueux 118, b
Par vos graces, Madame 10, b
Pauure cœur desolé 144, a
Pendant que mon esprit 70, b
Plus i'ay de cognoissance 119, b
Pour alleger 128, a
Pource que ie vous aime 129, a
Pour estre absent 7, b
Pour faire vne guirlande 331, b
Pour me recompenser 10, b
Pourquoy contre mon gré 331, a
Pourquoy ne l'aimeroy-ie 121, b
Pourquoy si folement 77, b
Pourquoy si plein d'orgueil 76, a
Pour tant d'ennuis diuers 102, b
Prince, à qui les destins 256, b
Priué des doux regards 40, b
Puis donc qu'elle a changé 145, a
Puis ie bien tāt souffrir 335, a
Puis ie pas à bon droit 11, b
Puis que ie ne fay rien 16, b
Puis que mon plus bel âge 48, b
Puis que par tō secours 38, b
Puis que pour mon malheur 54, b
Puis que tous les malheurs 138, b
Puis que vos̄ le voulez 74, a
Puis qu'il vous plaist Madame 65, a
Puis qu'on veut que l'image 21, b
Puissent tousiours durer 138, a
Quand du doux fruict d'Amour 259, a
Quād i'admire estōné 69, b
Quand i'approche de vous 13, b
Quand ie li tout raui 299, b
Quand ie pense aux douleurs 265, b
Quand ie portois le ioug 276, b
Quād ie pouuois me plaindre 73, a
Quand ie suis tout le iour 74, a

TABLE.

Quand ie vous voy si belle 128, b
Quãd ie voy flaboyer 106, a
Quand la fiere beauté 15, a
Quand l'ardente ieunesse 126, b
Quand le Soleil doré 90, a
Quand l'ombrageuse nuict 108, b
Quand nous aurons passé 62, a
Quand premier Hippolyte 94, b
Quand quelque fois ie pése 82, b
Qu'auancé-ie en l'aimant 133, b
Que d'agreables feux 140 b
Que ie hay l'inconstance 69, a
Que ie suis redeuable 108, b
Quel Ciel noirci de pluye 131, a
Quel destin fauorable 299. a
Quel martyre assez fort 147, a
Quel supplice infernal 64, a
Que maudits soyent mes yeux 61, b
Que me sert d'aimer tant 259, b
Que ne suis ie endormi 137, a
Que trop d'amour me seiche 47, b
Qui fait plainte d'Amour 85, b
Qu'il souffre incessammẽt 118, a
Qui veut fermer l'entree 125, a
Qui voit vos yeux diuins 119, b
Qu'on m'arrache le cœur 146, b
Qu'on ne me prenne pas 142, a
Quoy que face le ciel 287, a
Quoy que vous en pensiez 67, a
Qu'vne secrette ardeur 77, a
Rauy de mon penser 108, a
Recherche qui voudra 298, b
Rendez-vous plus cruels 107, b
Se fascher des propos 141, b
Se peut-il trouuer peine 267, b
Si c'est aimer 9, a
Si ce n'est qu'amitié 18, a
Si ceste grand beauté 94, b
Si doucement 103, a
Si i'aime autre que vo' 70, a
Si i'aime iamais plus 16, a
Si ie me fiés à l'ombre 39, b
Si ie puis desloger 145, b
Si la foy plus certaine 3, a
Si la fureur d'Amour 103, b
Si la loy des Amours 147, a
Si l'amour de ma foy 71, b
Si la pitié 16, a
Si la vierge Erigone 131, a
Si le mari ialoux 43, a

TABLE.

Si le past. de Troye 107, b
Si les pleurs que i'espans 102, a
S'il est vray que le Ciel 12, a
S'il n'y a rien si froid 100, a
Si l'outrageuse loy 147, b
Simulacres diuins 127, a
Si par vostre beauté 120, a
Si tost qu'au plus matin 10, a
Si trop en vous seruāt 120, b
Si vostre esprit diuin 129, b
Si vous m'aimez Madame 49, b
Si vous voulez 45, b
Six iours? ah Dieu c'est trop 268, a
Solitaire & pensif 12, b
Sommeil, paisible fils 107, a
Souci chaud & glacé 106, a
Sur le tombeau sacré 68, b
Tāt d'amour, tāt de foy 65, a
Tant d'outrageux propos 95, b
Tourne mon Cœur 101, a
Tout le iour mes deux yeux 334, b
Trois fois les Xanthiens 120, a
Tu r'abuses, Decour 294, a
Vallon ce Dieu tyran 4, a
Vante toy maintenāt 334, a
Venus cherche son fils 73, b
Vers, engeance maudite 138, b
Vn iour l'aueugle Amour 4, b
Vn soleil clair de flāme 333, a

Vn yuoire viuant 121, b
Voicy du gay printēps
Vostre bouche ô Deesse 61, a
Vostre cœur s'est changé 58, a
Vouloir ambitieux 103, b
Vous l'auiez inuenté 58, b
Vous le voulez 48, a
Vous me cachez vos yeux 83, a
Vous m'auez tant appris 141, b
Vous n'estes point mes yeux 100, a
Vous n'aimez rié que vous 119, a
Vous qui fuyez les pas 127, a
Vous voulez estre Hermite 42, b
Voyant le beau Soleil 125, a
Vrays souspirs qui sortez 84c, a
Yeux qui guidez mon ame 45, a

CHANSONS.

Ah Dieu que la flamme est cruelle 275, a
Amour grand vainqueur 67, a
Amour oyant tant renommer 128, a
Blessé d'vne playe inhumaine 97, a
Celuy que le Ciel tout puissant 63, b

Ceux qui peignent Amour
sans yeux 6, a
Doncques ce tyran sans
mercy 263, a
Douce liberté desiree 81, a
Helas que faut-il que ie fa-
ce 141, a
Helas que me faut-il faire
31, b
Helas tyran 12, a
Ie ne veux iamais plus pen-
ser 46, a
L'Amour qui loge en ma
poitrine 33, a
Las en vous esloignât, Ma-
dame 19, a
Las que nous sommes mi-
serables 289, a
Le mal qui me rend mise-
rable 113, a
M'ostant le fruit 272, b
O beaux ennemis de mon
cœur 132, a
O bien heureux 297, a
O nuict, ialouse nuict 261, a
Pour faire qu'vne affection
113, b
Pour voir ma fin toute as-
seuree 111, b
Pour vous aimer 86, a
Quãd vous aurez vn cœur
273, b
Quel feu par les vents ani-
mé 86, a
Que m'a serui 265, a
Que n'ay-ie la langue aussi
prompte 97, b

Que vous m'allez tour-
mentant 69, a
Que ie suis redeuable 83, b
Rozette pour vn peu d'ab-
sence 310, b
Sçauez-vous ce que ie desi-
re 112, a
Si tost que vostre œil 115, a
Tant que i'ay eu du sang
111, a
Trompé d'attraits 277, b
Vn doux trait de vos yeux
46, a

ODES.

Ce pendãt que l'honneste-
té 270, b
De mes ans la fleur se de-
staint 147, b
Quãd tu ne sentirois 307, a
En fin mes vœux ibid. b

STANSES.

Ah Dieu faut-il partir 282, a
Alors qu'aupres de vous
130, a
Amour, guide ma plume
285, b
Belle & fiere Deesse 71, a
Cesse, Amour, tes rigueurs
279, a
De la Chasse 320, b
Douze filles d'Afrique 315, b
D'où vient qu'vn beau 81, a
En fin les Dieux benins
136, b
Iupiter s'il est vray 306, b

TABLE.

Lors que i'escry ces vers 78, a
Lors qu'vn de vos rayons 60, a
du Mariage 290, a
Quand au matin 99, a
Quand i'espreuue en aimant 104, a
Que ie vous plains 134, b
Quel secours faut-il plus 257, b
Si ie langui 98, a
Si l'angoisse derniere 115, a
S'il est vray comme on dit 305, a
Soit que mon haut desir 127, b
Sōmeil qui trop cruel 63, a
Sōt-ce dars ou regars 122, b
Vous m'auez fait ietter 58, a

RYMES TIERCES.

Pleurs & soupirs 50, a
Si iamais plus 37, b

DIALOGVES.

Ah Dieu que c'est 262, a
Amour ame des cœurs 21, b
Berger qu'elle aduenture estrange 303, a
Doncques ces yeux bien aimez 263, b
Que ferez-vous, dites Madame 308, b
Que sera-ce de vous 130, b
Qui vous rend ô mes Yeux 66, b

EPIGRAMMES.

Blāche aux yeux verds 306, a
Hier Parthemie ib. b
I'aymois vn peu Phyllis 305, a
Ie t'apporte ô Sōmeil ib. b
Ie voulu baiser ma Rebelle 305, b
Priué du bel astre 123, a
Qnād par les rochers 306, b
Si dessus vos léures de roses ib.
Tant de rapports 306, a

COMPLAINTES.

Cherchez mes tristes yeux 309, a
Contre le temps 335, a
Cruelle loy d'Amour 80, a
De pleurs en pleurs 284, a
Depuis l'aube du iour 20, a
En quel desert 40, b
Ie suis las de lasser 311, b
Ie veux maudire Amour 31, a
Las ie me meurs 19, a
Las plus ie vais auant 268, a
La terre nagueres glacée 51, a
Lieux de moy tant aimez 336, a
Ma foy mal recōnuë 286, b
Or' que ie suis absent 24, a
Puis que i'eu bien le cœur 269, b
Puis qne le ciel cruel 23, b

Quand ie pense aux plaisirs
Qui ie viens à peser 287, b
Quelle manie 101, a
Qui fera de mes yeux 282, a
Seroit-il bien possible 255, a
Sus sus mon Lut 25, a

ELEGIES.

Apres auoir passé, 153, a
Ayez le cœur d'vn tygre 89, a
Beauté si chere aux yeux 179, b
Celuy n'auoit d'Amour 189, b
Celuy qui n'aime point 164, a
C'est en vain qu'on s'essaye 176, a
Comme le Pelerin 186, b
Cōme dedās vn bois 166, b
De tous ceux qui d'amour 169 a
En la saison premiere 170, b
Iamais foible vaisseau 91, a
Ie delibere en vain 78, b
Ie ne refuse point 201, a
Ie ne veux point blasmer 173, b
Ie recōnoy ma faute 202, a
Las faut il que mō mal 183, b
Le iour nō iour pour moy 293, b
Lors que le trait d'Amour 185, a
Maistresse, en t'escriuāt 181,

Pit t'esloigne les yeux 157, b
Pour gage de ma foy 162, a
Que doit faire vn amant 178, a
Que ie feu malheureux 155, a
Que seruiroit nier 198, a
Rompons tous les presens 200, a
Si l'amour est vn dieu 194, b
Vous qui pipez d'Amour 191, b
Vous qui tenez ma vie 160, a

CARTEIS ET MAS-QVARADES.

A quoy se peuuent mieux 319, b
Assemblez-vous 313, b
Ce dueil que nous portons 317, a
Ces deux enfans de Mars 320, a
Douze filles d'Afrique 315, b
Hors de mon humide seiour 319, a
Il n'est point d'autre liberté 314, b
L'homme est bien malheureux 316, b
Lors que le preux Achille 315, a
Nous sommes six chasseurs 320, b
O Foy grand' Deité 318, b
Où suis ie ô miserable 321, a

TABLE.

Sous le ciel plus serain 313, a

DISCOVRS.

Que faites vous Mignons 299, b
Si l'amour est vn dieu 194, b
Chant d'Amour 26, a
Procez contre Amour 28, a
Contr'Amour 54, b
Priere au Sommeil 44, a
Songe 50, a
De la ialousie 54, b
Tombeau d'Amour 110, b
Grand Dieu d'Amour 80, b
Du cours de l'An 88, a
Pour vn mal d'yeux 134, b
La Pyromance 206, b
Aduenture I. Cleophō 215, b
Aduenture II. Eurylas 216, b
Pour le premier iour de l'an 257, a
Adieu à la Poloigne 293, a
Metamorphoses 302,
Baiser 303, b

EPITAPHES.

De M. de Brissac 321, b
De Madame la Comtesse de Mansfeld 323, a
De Madame la Mareschale de Brissac ibid.
De M. de Martigues 323, b
De M. de Sillac 324, a
De M. d'Anton ibid.
A la France ibid. b
De M. Bourdin ibid.
De Breuet, Eunuque 325, a
D'vne Barbiche ibid.
De M. des Iardins ibid. b
De Damoiselle Ieanne de Loynes 326, a
De M. Marguerite Duchesse de Sauoye ibid.
De M. du Gast ibid. b
De Remy Belleau 327, b
De M. de Quelus 328, a
Du ieune Maugiron ibid. b
De Madamoiselle de Rostain 329, b
Sur les Cœurs de messieurs les Cardinaux de Lorraine & de Guise 326, b
De M. de l'Aubespine 330, & 332, b
Regrets funebres sur la mort de Diane 333, a
De l'annee M. D. LXX. 332,

IMITATIONS DE L'ARIOSTE.

Roland fureux 123, a
Rodomont 232, a
Imitation de la complainte de Bradamant 244, b
Autre imitation 245, b
Angelique 246, b
Imitation d'Horace 307, b

FIN.

Fautes à corriger.

Fueillet 38, b. ligne 1. lisez Lors sans 40, b. 6. voir mourir mes 264, b. 16. iniuste courroux? 267, b. 26. l'autre est pred. 269, b. 23. dernier outrage.

Extraict du Priuilege.

PAR Lettres patentes du Roy donnees à Rouen le 21. Iuin 1597. signees Par le Roy en son Conseil, NICOLAS. & scellees du grand seau en cire iaune sur simple queue: il est permis à Mamert Patisson Imprimeur dudict seigneur, d'imprimer, ou faire imprimer les œuures tant en prose qu'en vers du sieur Des Portes, sans qu'autres les puissent imprimer ou faire imprimer, vendre ny distribuer, sans le vouloir & consentement dudict Patisson, iusques au temps de neuf ans accomplis du iour & date de l'impression desdictes œuures. Et ce sur peine de confiscation desdicts liures & d'amende arbitraire.

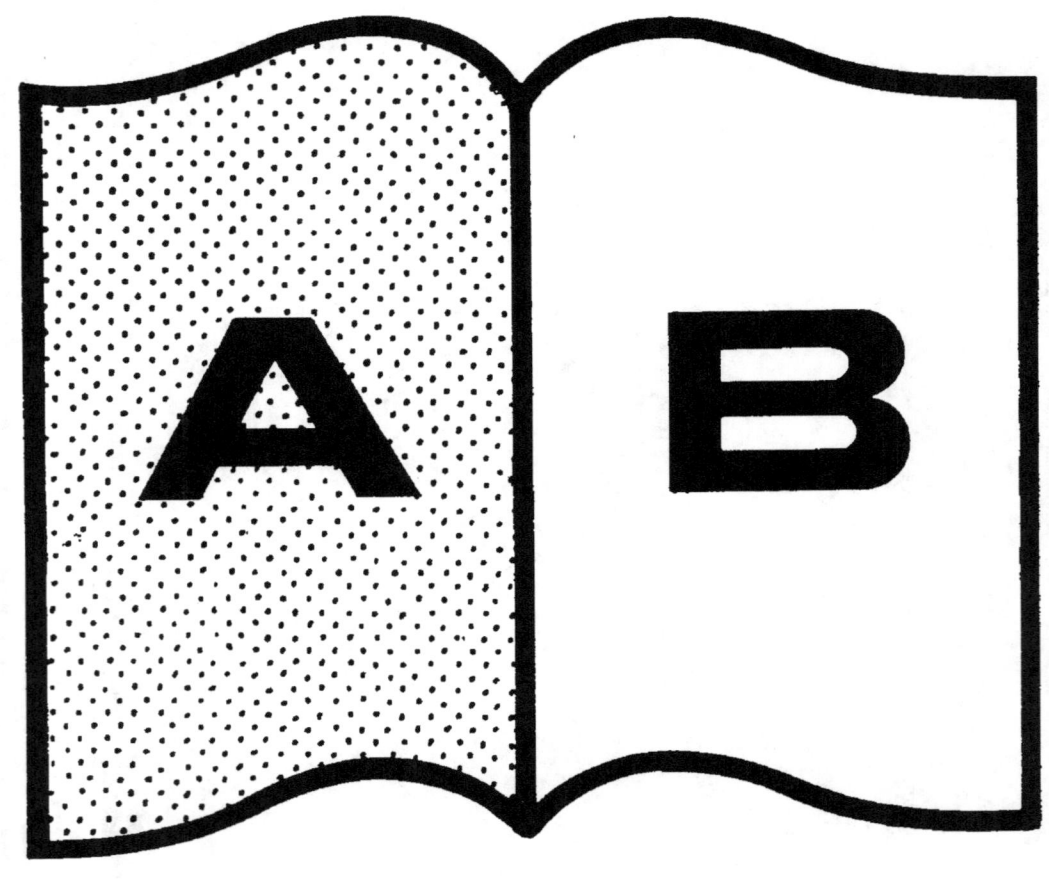

Contraste insuffisant